4급 II

한자능력 검정시험

한자능력 검정시험 4급Ⅱ

저자 강태립(姜泰立)

- 원광대 중어중문학과 졸업
- 공주대학교 교육대학원 중국어전공 교육학 석사
- 전문 한자지도자 연수 강사
- 한국 한자급수검정회 이사
- 한국 한문교육연구원 경기도 본부장
- 다중지능연구소 일산센터장
- 웅산서당 훈장

감수 강태권(康泰權)

- 前) 국민대 중어중문학과 교수 역임

이병관(李炳官)

- 연세대 중어중문학과 졸업
- 문학박사
- 대만 동해대학 중문연구소 주법고(周法高) 교수 문하에서 수학
- 현 공주대학교 중어중문학 교수

머리말

우리 나라 최고의 지성이라는 사람들도 한글 전용의 폐해로 우리 고전보다 영어를 더 잘하는 세대가 되었습니다. 중·고등학교에서도 국어 점수보다 영어 점수가 높은 학생이 점점 많아지고 있습니다. 이런 상황에서 한자능력검정시험이 생겨나면서 한자 교육에 대한 생각이 바뀌고 한자의 중요성을 알게 되어 참으로 다행스런 일입니다.

우리말은 70% 이상이 한자어로 이루어져 있습니다. 예를 들면 중학교 1학년 교과서에 나오는 선상지(扇狀地)는 '부채〔扇:부채 선〕 모양〔狀:모양 상〕의 땅〔地:땅 지〕'으로, 한자를 알면 그 뜻을 바로 알 수 있습니다. 하지만 한자를 몰라서 무작정 그 뜻을 외우는 학생들이 많습니다. 이 얼마나 안타까운 일입니까? 또한 한자를 알면 일본어나 중국어를 공부할 때도 많은 도움이 됩니다. 물론 중국에서는 간체자라고 하여, 우리가 쓰는 한자와는 다소 다릅니다. 하지만 한자를 알면 이 간체자는 누구나 쉽게 터득할 수 있습니다.

「국가공인 한자능력검정시험 4급Ⅱ」는 기존에 나와 있는 교재와 달리 좀더 쉽게 한자를 익힐 수 있게 구성하였습니다. 4급Ⅱ 이상이 되면 한자가 많아져 비슷한 글자끼리 혼동하여 한자 학습이 어려워집니다. 그래서 본 책에서는 각 한자의 중요 몸체 부분을 생성 과정(갑골문－금문－소전)을 통해 이해하도록 했습니다. 또한, 부수에 따라 뜻이 변하고 음이 변한 글자를 한곳에 모아 한눈으로 비교 분석하여 짧은 시간에 최대한 많은 글자를 쉽게 익히게 하였습니다. 이와 함께 일선 서당에서 학생들을 지도하면서 느낀 현장 체험을 바탕으로 본 교재를 만들었습니다.

이 책으로 시험을 준비하는 독자 여러분 모두에게 좋은 결과가 있기를 기원하며, 한자 교육에 앞장서는 어시스트하모니(주) 사장님 이하 출판진에게 감사의 인사를 전합니다.

－ 지은이

이 책의 구성과 특징

하나 4급 II 배정 한자 확실히 익히기

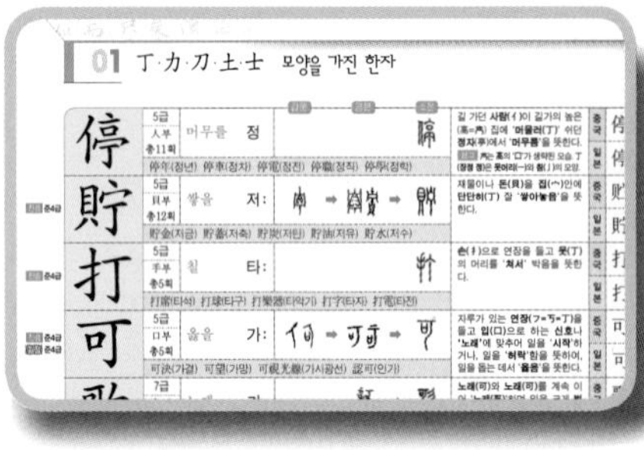

1단계 배정 한자 익히기

한자의 생성 원리를 바탕으로 빠른 시간 내에 최대한 많은 한자를 효과적으로 익힐 수 있습니다.

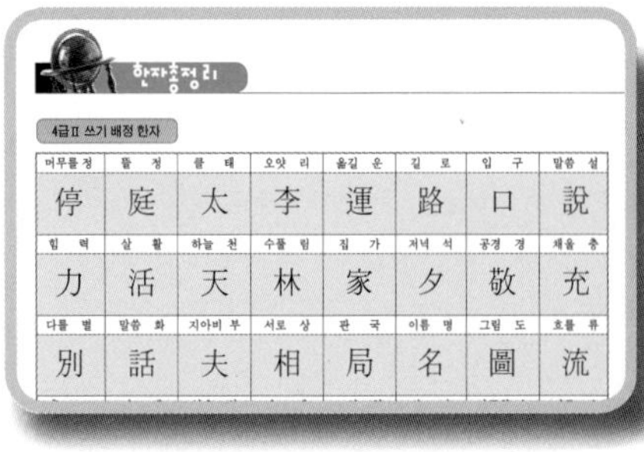

머무를 정	뜰 정	클 태	오얏 리	옮길 운	길 로	입 구	말씀 설
停	庭	太	李	運	路	口	說
힘 력	살 활	하늘 천	수풀 림	집 가	저녁 석	공경 경	채울 충
力	活	天	林	家	夕	敬	充
다를 별	말씀 화	지아비 부	서로 상	판 국	이름 명	그림 도	흐를 류
別	話	夫	相	局	名	圖	流

2단계 배정 한자 총정리

그 동안 학습했던 한자를 직접 쓰고, 읽어 보면서 스스로 자신의 학습 상태를 확인·정리할 수 있습니다.

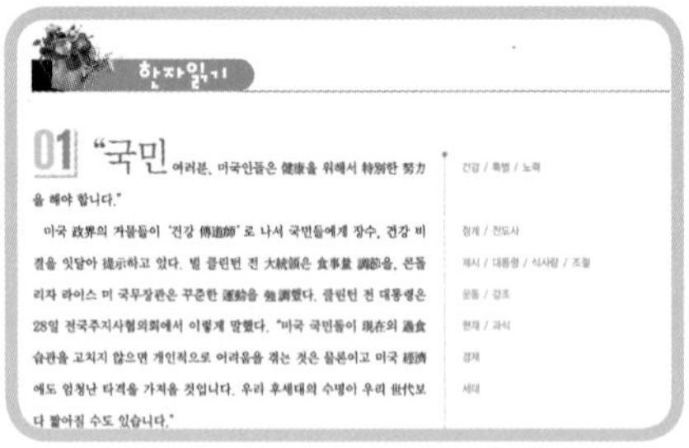

3단계 한자읽기

실제 문장 속에서 4급II 배정 한자에 속하는 한자를 직접 읽어 보면서 한자의 중요성을 인식함과 동시에 한자를 실생활에서 활용할 수 있도록 구성하였습니다.

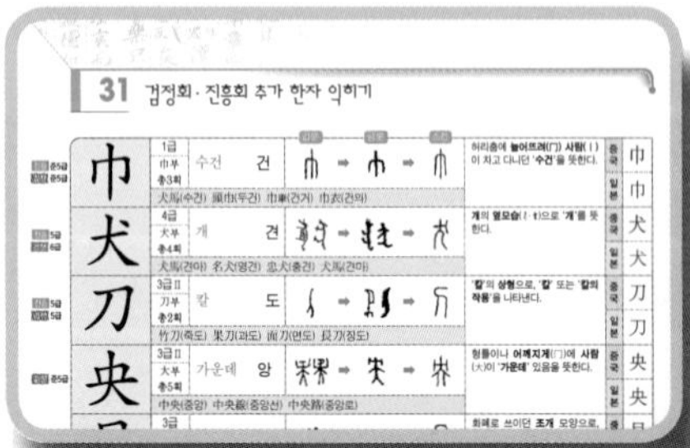

4단계 검정회, 진흥회 추가 한자 익히기

어문회, 진흥회, 검정회 한자 학습을 이 책 한 권으로 공부할 수 있도록 만들었습니다.

부록

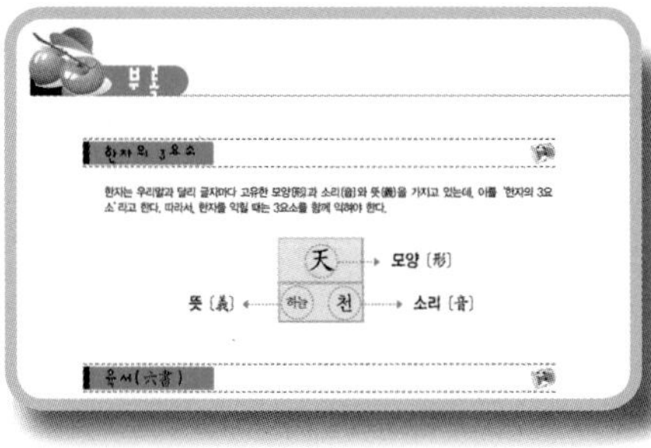

생성 원리를 통한 체계적인 한자 학습

- 한자의 3요소와 육서
- 한자어의 짜임과 한자의 필순
- 부수의 위치와 명칭 및 기본 부수와 변형된 부수

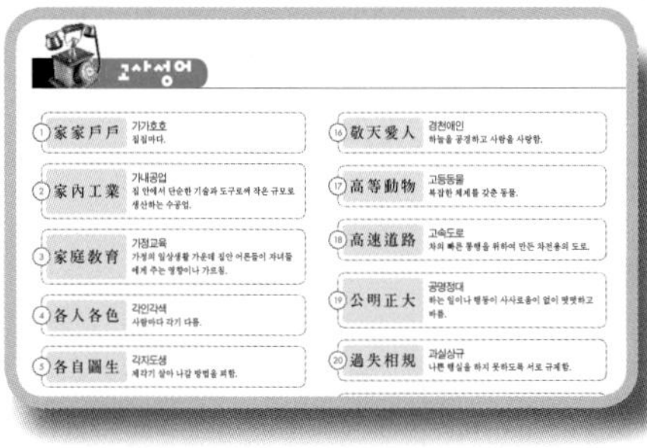

한자능력검정시험 철저 대비

- 고사성어
- 유의자
- 상대자·반대자
- 상대어·반의어
- 약자·속자
- 동음이의어
- 동자이음어
- 읽기 어려운 글자

책 속의 책

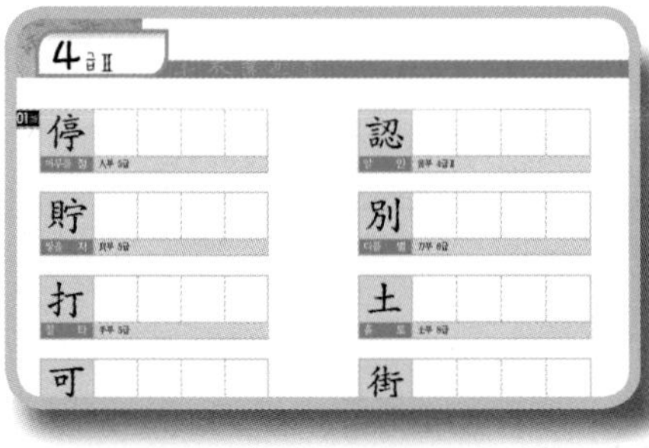

4급Ⅱ 배정 한자 쓰기

4급Ⅱ 배정 한자를 직접 쓰면서 익힐 수 있도록 쓰기 노트를 통해 학습의 편의를 극대화하였습니다.

이 책의 차례

한자능력검정시험 안내

1 한자능력검정시험이란?

사단법인 한국어문회가 주관하고 한국한자능력검정회가 시행하는 한자능력검정시험은 초·중·고·대학생, 직장인, 주부, 일반인 등을 대상으로 한자의 이해 및 활용 능력을 평가하는 제도입니다.

한자능력검정시험의 목적

한자 급수제를 통해 한자의 학습 의욕을 고취시키고, 개인별 한자 능력에 대한 객관적인 급수 부여와 사회적으로 한자 능력이 우수한 인재 양성을 목적으로 합니다.

한자능력검정시험의 취지

우리말 중 약 70%는 한자어로 이루어져 있습니다. 따라서, 한자를 알면 우리말을 좀더 쉽게 이해할 수 있을 뿐만 아니라 효과적인 의사 전달을 할 수 있습니다. 한자 교육은 미래에 대한 확실한 투자이며, 정보화 시대를 대응하고 진학·취업 대비를 위한 평생 학습의 하나로 반드시 필요합니다. 그래서 한자 능력을 객관적으로 평가·인정받을 수 있는 길을 마련하여 공공 기관이나 기업체의 채용 시험, 인사 고과 또는 각종 시험 등에 활용할 수 있도록 하는 데 있습니다.

한자능력급수 취득자에 대한 혜택

1 국가 자격 취득자와 동등한 대우와 혜택

사단법인 한국어문회가 주관하는 검정급수 중 공인급수는 특급·특급Ⅱ·1급·2급·3급·3급Ⅱ이며(특급, 특급Ⅱ는 제 54회부터), 교육급수는 4급·4급Ⅱ·5급·5급Ⅱ·6급·6급Ⅱ·7급·7급Ⅱ·8급입니다.
자격기본법 제 27조에 의거 국가자격 취득자와 동등한 대우 및 혜택을 받습니다.

2 대학 입학시 다양한 혜택

2005학년도 대학수학능력시험부터 '漢文'이 선택과목으로 채택되었습니다.
(대입 전형과 관련된 세부사항은 해당 학교 홈페이지, 또는 입학담당부서를 통하여 다시 한 번 확인하여 주시길 바랍니다.)
※ 한국한자능력검정회 홈페이지(www.hanja.re.kr)를 참고하세요.

3 대학 학점에 반영되거나 졸업시 필요

자격증 취득을 학점에 반영해 주거나 졸업을 하기 위해서는 반드시 몇 급 이상을 취득하도록 의무화 시킨 대학들도 있습니다.

4 입사시 유리하게 작용

(1) 경제 5단체, 신입사원 채용 때 전국한자능력검정시험 응시 권고(3급 응시요건, 3급 이상 가산점)하고 있습니다.
(2) 경기도교육청 유치원, 초등학교, 특수학교(유치원·초등)교사 임용시험 가산점 반영하고 있습니다.

5 인사 고과에 반영

육군간부 승진 고과에 반영됩니다.(대위-대령/군무원 2급-5급 : 3급 이상, 준·부사관/군무원 6급-8급 : 4급 이상)

2 한자능력검정시험 응시 방법 및 시험 내용

시험 일시

자세한 시험 일정은 한국한자능력검정회 홈페이지(www.hanja.re.kr)에서 확인할 수 있습니다.

접수 방법

1 방문 접수

(1) 응시 급수 : 모든 급수
(2) 접수처 : 각 고사장 지정 접수처
(3) 접수 방법

01 응시급수 **선택**	02 준비물 **확인**	03 원서작성 및 **접수**	04 수험표 **확인**
급수배정을 참고하여, 응시자의 실력에 알맞는 급수를 선택합니다.	반명함판사진 2매 (3×4cm·무배경·탈모) 급수증 수령주소 응시자 주민번호 응시자 이름(한글·한자) 응시료	응시원서를 작성한 후, 접수처에 응시료와 함께 접수합니다.	접수완료 후 받으신 수험표로 수험장소, 수험 일시, 응시자를 확인하세요.

2 인터넷 접수

(1) 접수급수 : 모든 급수
(2) 접수처 : www.hangum.re.kr
(3) 접수 방법 : 인터넷접수처 게시

접수처

한국한자능력검정회 홈페이지 www.hanja.re.kr에서 전국의 각 지역별 접수처와 응시처를 약도와 함께 안내 받으실 수 있습니다.

검정료

(1) 창구 접수 검정료는 원서 접수일로부터 마감시까지 해당 접수처 창구에서 받습니다.
(2) 인터넷으로 접수하실 때 검정료 이외의 별도 수수료가 부과되지 않습니다.

특급·특급Ⅱ·1급	2급·3급·3급Ⅱ	4급·4급Ⅱ·5급·5급Ⅱ·6급·6급Ⅱ·7급·7급Ⅱ·8급
50,000	30,000	25,000

한자능력검정시험 급수 배정

급수	읽기	쓰기	수준 및 특성	권장 대상
특급	5,978	3,500	국한혼용 고전을 불편 없이 읽고, 연구할 수 있는 수준 고급 (한중 고전 추출한자 도합 5978자, 쓰기 3500자)	대학생 · 일반인
특급Ⅱ	4,918	2,355	국한혼용 고전을 불편 없이 읽고, 연구할 수 있는 수준 중급 (KSX1001 한자 4888자 포함, 전체 4918자, 쓰기 2355자)	대학생 · 일반인
1급	3,500	2,005	국한혼용 고전을 불편 없이 읽고, 연구할 수 있는 수준 초급 (상용한자+준상용한자 도합 3500자, 쓰기 2005자)	대학생 · 일반인
2급	2,355	1,817	상용한자를 활용하는 것은 물론 인명지명용 기초한자 활용 단계 (상용한자+인명지명용 한자 도합 2355자, 쓰기 1817자)	대학생 · 일반인
3급	1,817	1,000	고급 상용한자 활용의 중급 단계 (상용한자 1817자 - 교육부 1800자 모두 포함, 쓰기 1000자)	고등학생
3급Ⅱ	1,500	750	고급 상용한자 활용의 초급 단계(상용한자 1500자, 쓰기 750자)	중학생
4급	1,000	500	중급 상용한자 활용의 고급 단계(상용한자 1000자, 쓰기 500자)	초등학생
4급Ⅱ	750	400	중급 상용한자 활용의 중급 단계(상용한자 750자, 쓰기 400자)	초등학생
5급	500	300	중급 상용한자 활용의 초급 단계(상용한자 500자, 쓰기 300자)	초등학생
5급Ⅱ	400	225	중급 상용한자 활용의 초급 단계(상용한자 400자, 쓰기 225자)	초등학생
6급	300	150	기초 상용한자 활용의 고급 단계(상용한자 300자, 쓰기 150자)	초등학생
6급Ⅱ	225	50	기초 상용한자 활용의 중급 단계(상용한자 225자, 쓰기 50자)	초등학생
7급	150	–	기초 상용한자 활용의 초급 단계(상용한자 150자)	초등학생
7급Ⅱ	100	–	기초 상용한자 활용의 초급 단계(상용한자 100자)	초등학생
8급	50	–	한자 학습 동기 부여를 위한 급수(상용한자 50자)	초등학생

※ 상위 급수 한자는 하위 급수 한자를 모두 포함하고 있습니다.
※ 쓰기 배정 한자는 한두 급수 아래의 읽기 배정 한자이거나 그 범위 내에 있습니다.
※ 초등학생은 4급, 중 · 고등학생은 3급, 대학생은 2급과 1급 취득에 목표를 두고, 학습하시기를 권해 드립니다.

한자능력검정시험 문제 유형

1 讀音(독음) : 한자의 소리를 묻는 문제입니다. 독음은 두음 법칙, 속음 현상, 장단음과도 관련이 있습니다.
2 訓音(훈음) : 한자의 뜻과 소리를 동시에 묻는 문제입니다. 특히 대표 훈음을 익히시기 바랍니다.
3 長短音(장단음) : 한자 단어의 첫소리 발음이 길고 짧음을 구분하고 있는가를 묻는 문제입니다. 4급 이상에서만 출제됩니다.
4 反義語/反意語(반의어) · 相對語(상대어) : 어떤 글자(단어)와 반대 또는 상대되는 글자(단어)를 알고 있는가를 묻는 문제입니다.
5 完成型(완성형) : 고사성어나 단어의 빈칸을 채우도록 하여 단어와 성어의 이해력 및 조어력을 묻는 문제입니다.
6 部首(부수) : 한자의 부수를 묻는 문제입니다. 부수는 한자의 뜻을 짐작할 수 있는 중요한 부분입니다.
7 同義語/同意語(동의어) · 類義語(유의어) : 어떤 글자(단어)와 뜻이 같거나 유사한 글자(단어)를 알고 있는가를 묻는 문제입니다.
8 同音異義語(동음이의어) : 소리는 같고 뜻은 다른 단어를 알고 있는가를 묻는 문제입니다.
9 뜻풀이 : 고사성어나 단어의 뜻을 제대로 알고 있는가를 묻는 문제입니다.
10 略字(약자) : 한자의 획을 줄여서 만든 略字(약자)를 알고 있는가를 묻는 문제입니다.
11 漢字(한자) 쓰기 : 제시된 뜻, 소리, 단어 등에 해당하는 한자를 쓸 수 있는가를 확인하는 문제입니다.
12 筆順(필순) : 한 획 한 획의 쓰는 순서를 알고 있는가를 묻는 문제입니다. 글자를 바르게 쓰기 위해 필요합니다.
13 漢文(한문) : 한문 문장을 제시하고 뜻풀이, 독음, 문장의 이해, 한문법의 이해 등을 측정하는 문제입니다.

한자능력검정시험 급수별 출제 기준

급수	특급	특급Ⅱ	1급	2급	3급	3급Ⅱ	4급	4급Ⅱ	5급	5급Ⅱ	6급	6급Ⅱ	7급	7급Ⅱ	8급
讀音(독음)	45	45	50	45	45	45	32	35	35	35	33	32	32	22	24
訓音(훈음)	27	27	32	27	27	27	22	22	23	23	22	29	30	30	24
長短音(장단음)	10	10	10	5	5	5	3	0	0	0	0	0	0	0	0
反義語(반의어)	10	10	10	10	10	10	3	3	3	3	3	2	2	2	0
完成型(완성형)	10	10	15	10	10	10	5	5	4	4	3	2	2	2	0
部首(부수)	10	10	10	5	5	5	3	3	0	0	0	0	0	0	0
同義語(동의어)	10	10	10	5	5	5	3	3	3	3	2	0	0	0	0
同音異義語(동음이의어)	10	10	10	5	5	5	3	3	3	3	2	0	0	0	0
뜻풀이	5	5	10	5	5	5	3	3	3	3	2	2	2	2	0
略字(약자)	3	3	3	3	3	3	3	3	3	3	0	0	0	0	0
漢字(한자) 쓰기	40	40	40	30	30	30	20	20	20	20	20	10	0	0	0
筆順(필순)	0	0	0	0	0	0	0	0	3	3	3	3	2	2	2
漢文(한문)	20	20	0	0	0	0	0	0	0	0	0	0	0	0	0
출제 문항수	200	200	200	150	150	150	100	100	100	100	90	80	70	60	50

※ 출제 기준표는 기본 지침 자료로서, 출제자의 의도에 따라 차이가 있을 수 있습니다.

한자능력검정시험 시험 시간과 합격 기준

1 시험 시간

특급·특급Ⅱ	1급	2급·3급·3급Ⅱ	4급·4급Ⅱ·5급·5급Ⅱ·6급·6급Ⅱ·7급·7급Ⅱ·8급
100분	90분	60분	50분

2 합격 기준

급수	특급·특급Ⅱ·1급	2급·3급·3급Ⅱ	4급·4급Ⅱ·5급·5급Ⅱ	6급	6급Ⅱ	7급	7급Ⅱ	8급
출제 문항수	200	150	100	90	80	70	60	50
합격 문항수	160	105	70	63	56	49	42	35

※ 특급, 특급Ⅱ, 1급은 출제 문항수의 80% 이상, 2급~8급은 70% 이상 득점하면 합격입니다.
※ 1문항 당 1점으로 급수별 만점은 출제 문항수이며, 백분율 환산 점수를 사용하지 않습니다.
※ 합격 발표시 제공되는 점수는 응시 급수의 총 출제 문항수와 합격자의 득점 문항수입니다.

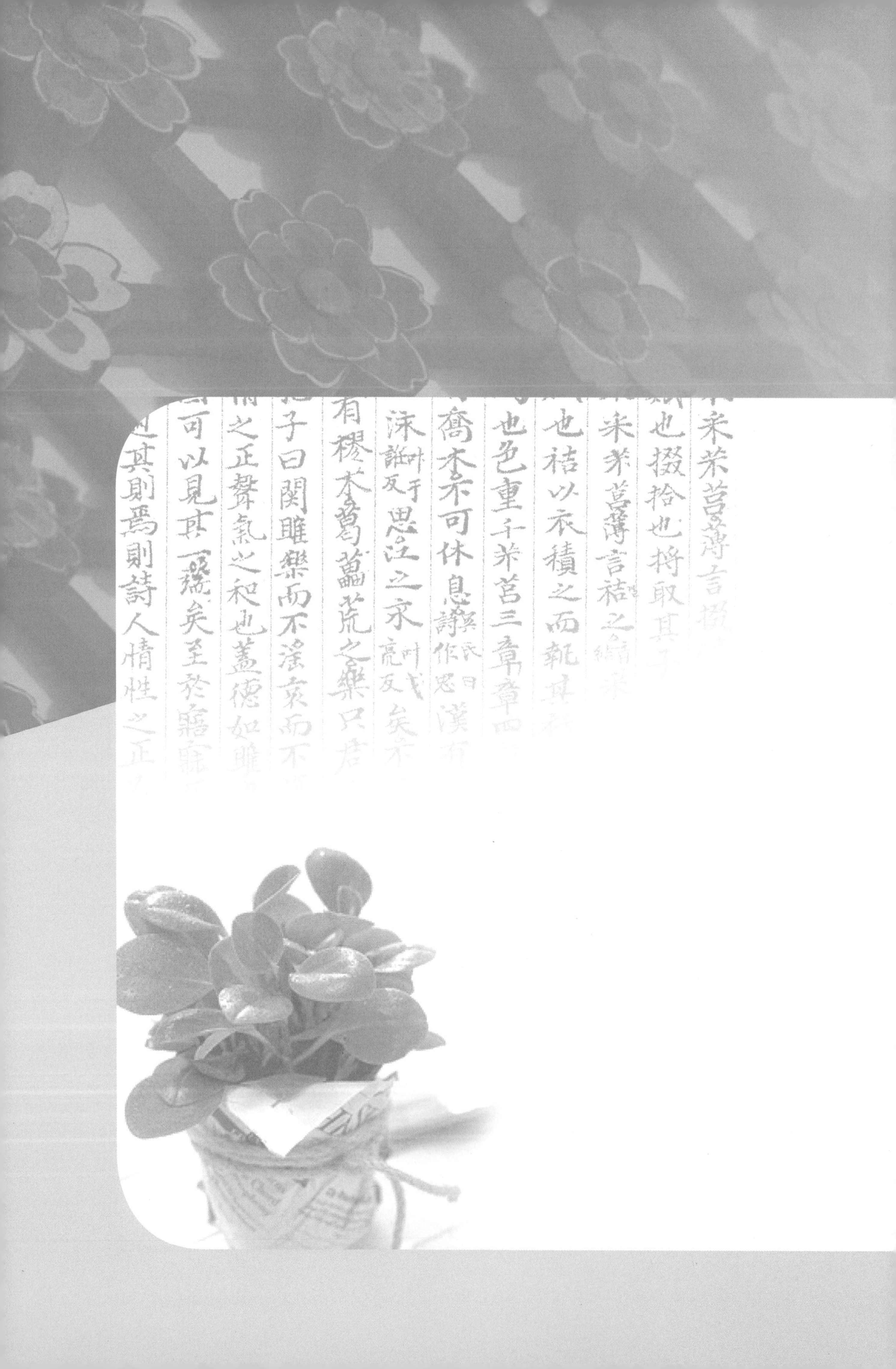

4급Ⅱ 한자익히기

01 丁·力·刀·土·士 모양을 가진 한자

시험	한자	급수	부수	총획	훈음	어휘	풀이	중국	일본
	停	5급	人부	총11획	머무를 정	停年(정년) 停車(정차) 停電(정전) 停職(정직) 停學(정학)	길 가던 **사람(亻)**이 길가의 높은(高=亭) 집에 '**머물러(丁)**' 쉬던 **정자**(亭)에서 '**머무름**'을 뜻한다. 참고 亭는 高의 '口'가 생략된 모습. 丁(장정 정)은 못머리(一)와 침(亅)의 모양.	停	停
진흥 준4급	貯	5급	貝부	총12획	쌓을 저:	貯金(저금) 貯蓄(저축) 貯炭(저탄) 貯油(저유) 貯水(저수)	재물이나 **돈(貝)**을 **집(宀)**안에 **단단히(丁)** 잘 '**쌓아놓음**'을 뜻한다.	贮	貯
진흥 준4급	打	5급	手부	총5획	칠 타:	打席(타석) 打球(타구) 打樂器(타악기) 打字(타자) 打電(타전)	**손(扌)**으로 연장을 들고 **못(丁)**의 머리를 '**쳐서**' 박음을 뜻한다.	打	打
진흥 준4급 검정 준4급	可	5급	口부	총5획	옳을 가:	可決(가결) 可望(가망) 可視光線(가시광선) 認可(인가)	자루가 있는 **연장(ㄱ=丂=丁)**을 들고 **입(口)**으로 하는 **신호**나 '**노래**'에 맞추어 일을 '**시작**'하거나, 일을 '**허락**'함을 뜻하여, 일을 돕는 데서 '**옳음**'을 뜻한다.	可	可
진흥 준5급 검정 5급	歌	7급	欠부	총14획	노래 가	歌曲(가곡) 歌手(가수) 歌謠(가요) 農歌(농가) 祝歌(축가)	**노래(可)**와 **노래(可)**를 계속 이어 '**노래(哥)**'하며 입을 크게 **벌리고(欠)** 큰 소리로 '**노래**'함을 뜻한다.	歌	歌
진흥 준4급 검정 준4급	河	5급	水부	총8획	물 하	河口(하구) 河川(하천) 河海(하해) 黃河(황하) 運河(운하)	**강물(氵)**이 크게 **노래하듯(可)** 큰소리 내며 흐르는 중국의 黃河(황하)에서 '**물**' '**강**'을 뜻한다.	河	河
진흥 7급 검정 준5급	力	7급	力부	총2획	힘 력	力道(역도) 力士(역사) 體力(체력) 協力(협력)	땅을 파는 **농기구**의 **모양**으로 농사일을 할 때 힘쓰는 모양에서 '**힘**'을 뜻한다.	力	力
	協	4급Ⅱ	十부	총8획	화할 협	協調(협조) 協同(협동) 協力(협력) 協商(협상) 協定(협정)	**많은(十)** 사람이 농기구인 **쟁기(劦: 힘 합할 협)**를 합해 서로 '**화합함**'을 뜻한다.	协	協
진흥 준4급 검정 준4급	加	5급	力부	총5획	더할 가	加減(가감) 加速(가속) 加工(가공) 加害(가해) 加味(가미)	남을 모함하거나 칭찬하기 위해, **힘(力)**써 **말을(口)** '**더한다**'는 뜻이다.	加	加
진흥 준4급 검정 준4급	初	5급	刀부	총7획	처음 초	初步(초보) 初級(초급) 初代(초대) 初等(초등) 初期(초기)	**옷(衣=衤)**을 만들 때 처음 **칼(刀)**을 대는 천 부분에서 '**처음**'을 뜻한다.	初	初
	認	4급Ⅱ	言부	총14획	알 인	認識(인식) 認可(인가) 認定(인정) 認許(인허) 確認(확인)	남의 **말(言)**을 잘 **참고(忍)** 들어 그 말을 잘 '**알고**' '**인정함**'을 뜻한다. 참고 忍(참을 **인**) **칼**(刀)의 **날**(丶)인 '**칼날**(刃;칼날 **인**)'처럼 **마음**(心)에 '참고' 받아들임.	认	認
진흥 5급 검정 5급	別	6급	刀부	총7획	다를/나눌 별	別味(별미) 別種(별종) 別名(별명) 區別(구별) 特別(특별)	**뼈(骨)**에서 **살(肉=月)**을 **발라내는(冎=另: 살발라낼 과) 칼(刂)**로, 뼈와 살이 '**다름**', 뼈와 살을 '**나눔**' 등으로 쓴다.	别	別

검정	한자	급수	부수	총획	훈	음	갑문 → 금문 → 소전	풀이	중국	일본	낱말
흥 8급 정 8급	土	8급	土부	총3획	흙	토	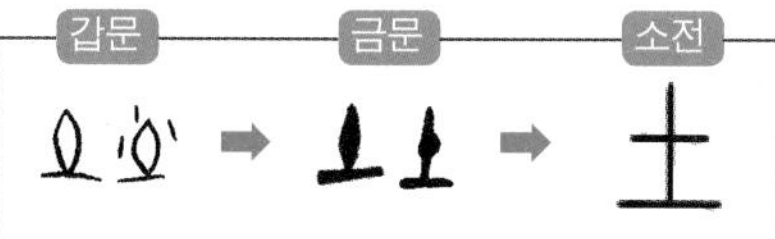	**흙덩이 모양**으로 원시사회에서 제사에 쓰이던 신성한 '**흙**'을 뜻한다.	土	土	土地(토지) 土質(토질) 土種(토종) 土器(토기) 領土(영토)
	街	4급Ⅱ	行부	총12획	거리	가(:)		**서옥(圭)**같이 단단하고 화려한 큰 **네거리(行)**에서 '**거리**'를 뜻한다. 참고 **圭**(서옥/쌍토 **규**) **땅(土)**과 **땅(土)** 사이 경계, **흙(土)**시계, '**서옥**'으로 만든 '**홀(笏)**' 등을 뜻한다.	街	街	街道(가도) 街路樹(가로수) 街路燈(가로등) 商街(상가)
	陸	5급	阜부	총11획	뭍	륙		**언덕(阝)**과 흙이 **쌓인 땅**(坴 : 흙덩이 **륙**)에서 크고 높은 '**뭍**'을 뜻한다. 참고 **坴**(언덕 **륙**) **싹(屮)**이 **집(六)**모양인 '**버섯**(兲 : 버섯 **록**)' 처럼 솟은 **땅(土)**인 '뭍' '**육지**'.	陆	陸	陸地(육지) 陸上競技(육상경기) 大陸(대륙) 着陸(착륙)
흥 준4급	熱	5급	火부	총15획	더울	열		**나무(木=圥)**를, **흙(土)**을 **쌓아(坴)** 손으로 **잡고(丸)** 심듯(埶 : 심을 예), 흙을 **쌓아(坴)** 화덕에 **불(灬)**을 지핌에서 '**더움**'을 뜻한다. 참고 **丸(환)**은 **丮**(잡을 **극**)의 변형.	热	熱	熱氣(열기) 熱火(열화) 熱情(열정) 熱帶地方(열대지방)
	勢	4급Ⅱ	力부	총13획	형세	세:		**땅**(坴 : 흙덩이 **륙**)에 손으로 **잡고(丮=丸) 심은**(埶 : 심을 **예**) 그 작물이 **힘(力)** 있게 잘 자라나는 '**형세**'를 뜻한다.	势	勢	勢力(세력) 勢道(세도) 勢家(세가) 權勢(권세) 勢(강세)
	藝	4급Ⅱ	艸부	총19획	재주	예:		**埶**(심을 **예**)가 본래 글자로, **초목(艹)**을 **심어(埶)** 잘 **모아(云)** 가꾸는 '**재주**'를 뜻한다.	艺	芸	藝術(예술) 藝能(예능) 書藝(서예) 學藝(학예) 文藝(문예)
정 5급	社	6급	示부	총8획	모일	사		**신(示)**이 있는 **땅(土)**에 함께 '**모여**' 제사를 올림을 뜻한다. 집단 농경지나 나라의 땅에서 '**모이다**'로 쓰이기도 한다.	社	社	社員(사원) 社長(사장) 社訓(사훈) 社交(사교) 會社(회사)
흥 준5급 정 준5급	士	5급	士부	총3획	선비	사:		**도끼 모양(**⊥**=**士**)**으로 **도끼**를 사용할 수 있는 '**무사나 군사**'를 뜻하며, 나이 든 군사가 사무(事務)를 담당하면서 '**선비**'라는 뜻이 되었다.	士	士	士兵(사병) 士大夫(사대부) 戰士(전사) 講士(강사) 力士(역사)
흥 준4급 정 준4급	仕	5급	人부	총5획	벼슬/섬길	사(:)		**사람(人=亻)**이 배워서 '**벼슬**'하여 **선비(士)**가 되고 임금을 '**섬김**'을 뜻한다.	仕	仕	仕官(사관) 仕進(사진) 出仕(출사) 奉仕活動(봉사활동)
흥 준4급 정 준4급	吉	5급	口부	총6획	길할	길		**도끼(士)**를 **받침대(口)**에 놓아둔 전쟁 없는 평화를 상징하여 '**길함**' '**좋음**'을 뜻한다. **선비(士)**가 **입(口)**으로 하는 말에서 '**길하다**'를 뜻한다고도 한다.	吉	吉	吉凶(길흉) 吉運(길운) 吉日(길일) 吉人(길인) 吉鳥(길조)
흥 준4급 정 준4급	結	5급	糸부	총12획	맺을	결		**실(糸)**로 **길한(吉)** 것끼리 잘 '**묶거나**' 서로의 관계를 잘 '**맺음**'을 뜻한다.	结	結	結果(결과) 結合(결합) 結婚(결혼) 結末(결말) 結實(결실)
흥 준4급	志	4급Ⅱ	心부	총7획	뜻	지		**선비(士) 마음(心)** 속 '**뜻**'으로 보이나, **가는(止=之=士) 마음(心)**, 즉 **마음(心)**이 하고자 하는 '**뜻**'을 뜻한다. 참고 한자에서 止와 之와 士는 옛글자 모양이 같다.	志	志	志望(지망) 志願(지원) 志操(지조) 志士(지사) 意志(의지)
정 준4급	任	5급	人부	총6획	맡길	임:		**사람(亻)**에게 **실패(壬)**에 실을 감아놓듯 '**맡기어**' '**짐**'이 되게 함을 뜻한다. 참고 (壬북방 **임**) **실패(工)** 가운데 불룩 감은 **실(一)**로, '**천간**' '**북방**' '**불룩함**'의 의미가 있다.	任	任	任命(임명) 任期(임기) 任務(임무) 任用(임용) 任員(임원)

01 확인학습

1 다음 漢字의 訓과 音을 쓰세요.

(1) 停 (2) 貯 (3) 打 (4) 可
(5) 歌 (6) 河 (7) 力 (8) 協
(9) 加 (10) 初 (11) 認 (12) 別

(13) 土 (14) 街 (15) 陸 (16) 熱
(17) 勢 (18) 藝 (19) 社 (20) 士
(21) 仕 (22) 吉 (23) 結 (24) 志
(25) 任

2 다음 漢字語의 讀音을 쓰세요.

(1) 停車 (2) 貯油 (3) 打席 (4) 可望
(5) 歌手 (6) 河川 (7) 體力 (8) 協力
(9) 加速 (10) 初等 (11) 認可 (12) 別種

(13) 土質 (14) 街道 (15) 大陸 (16) 熱情
(17) 權勢 (18) 藝術 (19) 社訓 (20) 士兵
(21) 仕官 (22) 吉日 (23) 結婚 (24) 志願

(25) 任用 (26) 加減 (27) 山河 (28) 區別
(29) 初終 (30) 陸海 (31) 冷熱 (32) 終末
(33) 吉凶

3 다음 訓과 音에 맞는 漢字를 쓰세요.

(1) 맺을 결	(2) 화할 협	(3) 칠 타	(4) 알 인
(5) 뭍 륙	(6) 노래 가	(7) 물 하	(8) 힘 력
(9) 더할 가	(10) 쌓을 저	(11) 처음 초	(12) 다를 별
(13) 흙 토	(14) 거리 가	(15) 더울 열	(16) 벼슬 사
(17) 형세 세	(18) 머무를 정	(19) 재주 예	(20) 모일 사
(21) 길할 길	(22) 뜻 지	(23) 옳을 가	(24) 선비 사
(25) 맡길 임			

4 다음 밑줄 친 漢字語를 漢字로 쓰세요.

(1) 가수가 꿈인 친구가 있다. ( )

(2) 체력이 밑받침되어야 공부도 잘 할 수 있다. ( )

(3) 너무 멀어 눈으로 구별이 되지 않는다. ( )

(4) 농부에게 토지는 재산, 그 이상의 의미가 있다. ( )

(5) 오랜 항해 후라 육지의 흙냄새가 그립다. ( )

(6) 회사의 성장으로 직원수도 늘어났다. ( )

(7) 시작이 좋으면 결과도 좋다. ( )

02 壬·舌·午·牛·大 모양을 가진 한자

시험 급수	한자	급수	부수	총획	훈	음	갑문 → 금문 → 소전	설명	중국	일본	단어
	程	4급Ⅱ	禾부	총12획	길/한도	정		**벼(禾)**의 양이 **나타나게(呈)** 수평을 잡던 도구에서 일정한 '**한도**'나 '**길**'을 뜻한다. 참고 (呈;드릴 **정**) **둥근**(○=口) 우뚝세운 **그릇**(壬:줄기 **정**)으로 '**드러남**'을 뜻함.	程	程	程度(정도) 程道(정도) 工程(공정) 旅程(여정) 日程(일정)
진흥 준4급 검정 준4급	庭	6급	广부	총10획	뜰	정		**집(广)**안에 많은 백관이 **우뚝(壬) 길게(廴)** 줄지어 선 '**조정(廷)**' 같이 넓은 '**뜰**'을 뜻한다.	庭	庭	庭園(정원) 校庭(교정) 親庭(친정) 家庭教育(가정교육)
	聖	4급Ⅱ	耳부	총13획	성인	성:		**귀(耳)**로 듣고 **말(口)**이 잘 통하는, 땅에 **우뚝**(壬) 선 사람인 '**성인**'을 뜻한다.	圣	聖	聖父(성부) 聖堂(성당) 聖人(성인) 聖經(성경) 聖歌(성가)
	將	4급Ⅱ	寸부	총11획	장수	장(:)		**나뭇조각(爿)**을 쌓은 제단에 제물인 **고기(肉=月)**를 **손**(寸)으로 바쳐 무리의 안녕을 위해 제사하는 '**장수**'를 뜻한다.	将	将	將軍(장군) 將來(장래) 將次(장차) 將兵(장병) 將校(장교)
진흥 5급 검정 5급	活	7급	水부	총9획	살	활		**물(氵)**이 **막힌(𠯑=昏=舌)**틈에서 용솟음치며 '**살아**'있는 듯 '**콸콸**' 흘러나오는 소리를 뜻한다. 참고 舌(**설**)은 **뿌리(氏)**가 **입구**(口)를 막은 모양 昏(𠯑:입 막을 **괄**)의 변형이다.	活	活	活力(활력) 活字(활자) 活氣(활기) 快活(쾌활) 復活(부활)
진흥 5급 검정 5급	話	7급	言부	총13획	말씀	화		**말(言)**하는 **혀(舌)**로 보이나, 훌륭한 **말(言)**로 다른 사람의 잘못된 말을 **막는(𠯑=昏=舌)** '**말씀**'을 뜻한다.	话	話	話法(화법) 話題(화제) 對話(대화) 電話(전화) 童話(동화)
	舍	4급Ⅱ	舌부	총8획	집	사		**지붕(人)**과 **기둥(干)**과 **방(口)**으로 이루어진 '**집**'으로, 객이 머무르던 **客舍**(객사)를 이른다.	舍	舎	舍宅(사택) 舍監(사감) 客舍(객사) 黨舍(당사)
진흥 준4급	宅	5급	宀부	총6획	집 집	택 댁		**집(宀)**에 사람이 **의지하여**(乇;부탁할 **탁**) 사는 데서 '**집**'을 뜻한다. 참고 乇(부탁할 **탁**) ; **줄기(丿)**가 **땅**(一)에 튀어나온 **뿌리(乚)**에 '**의지하는**' 데서 '**부탁함**'을 뜻한다.	宅	宅	宅配(택배) 宅地(택지) 家宅(가택) 舍宅(사택) 宅內(댁내)
진흥 5급 검정 5급	半	6급	十부	총5획	반	반:		반으로 **나눈(八) 소**(牛=⺧)에서 '**반쪽**' '**반**' '**중간**'을 뜻한다.	半	半	半島(반도) 半導體(반도체) 相半(상반) 半開(반개)
진흥 준5급 검정 5급	午	7급	十부	총4획	낮	오:		양끝이 둥글고 허리가 가는 모양인 해시계의 **절굿공이**(杵:공이 저)자의 본자로 '**낮**'을 뜻한다. 12지지(地支)로 쓰이면서 '**말**'을 뜻하기도 한다.	午	午	午前(오전) 午後(오후) 午熱(오열) 正午(정오) 端午(단오)
진흥 준4급 검정 4급	許	5급	言부	총11획	허락할	허		**말(言)**하듯 **절구질(午)** 할 때 '**영차 이영차**' 소리 내며 일을 하도록 하는 데서 '**허락**'을 뜻한다.	许	許	許容(허용) 許多(허다) 許可制(허가제) 認許(인허)
진흥 6급 검정 7급	年	8급	干부	총11획	해	년		**벼(禾)**를 수확하여 짊어진 **사람**(人=千)인 **秊(해년)**이 본자나, 후에 속자인 지금의 자형(年)으로 쓰였다.	年	年	年度(연도) 年初(연초) 送年(송년) 豊年(풍년) 新年(신년)

갑문 금문 소전

흥 준5급 정 6급	牛	5급 牛부 총4획	소	우		소뿔과 귀 등 **소머리**의 특징을 그려 '**소**'를 뜻한다.	중국 牛	일본 牛	牛乳(우유) 牛黃(우황) 牛步(우보) 牛耳讀經(우이독경)
	件	5급 人부 총6획	물건	건		**사람(亻)**이 **소(牛)**를 잡아 '**나눔**'이 본뜻. 나뉜 각각의 하나 또는 **일**, 각각의 '**물건**'을 뜻한다.	중국 件	일본 件	物件(물건) 事件(사건) 文件(문건) 人件費(인건비)
	牧	4급Ⅱ 牛부 총8획	기를/칠	목		**소(牛)**를 손에 채찍을 들고 **다스려(攴=攵)** 몰아 방목하여 '**침**' '**기름**'을 뜻한다.	중국 牧	일본 牧	牧童(목동) 牧場(목장) 牧者(목자) 牧阜(목조) 牧師(목사)
흥 준4급 정 준4급	告	5급 口부 총7획	고할 청할	고: 곡		소(牛)가 **울어(口)** '**알림**', **소머리**(牛)를 **제단(口)**에 올려 신에게 '**고함**', **소머리(牛)**를 걸어 **함정(口)**을 **알림** 등의 설이 있다. '**알리다**' '**고하다**'가 본뜻으로 쓰인다.	중국 告	일본 告	告白(고백) 告發(고발) 告解聖事(고해성사) 廣告(광고)
	造	4급Ⅱ 辵부 총11획	지을	조:		**알리고(告) 나아가(辶)** 일을 하거나 건물을 '**지음**'을 뜻한다. 고문은 배를 건조함을 뜻했다.	중국 造	일본 造	造景(조경) 造成(조성) 造花(조화) 造形(조형) 改造(개조)
	笑	4급Ⅱ 竹부 총10획	웃음	소:		바람 맞은 **대(竹)**가 **기울어(丿) 크게(大) 굽어짐**(夭; 어릴/굽을 요)이 허리를 굽혀 '**웃는**' 모습과 같음을 뜻한다. 참고 夭(일찍죽을 요) 몸을 **기울인(丿) 어른(大)**의 모습.	중국 笑	일본 笑	談笑(담소) 冷笑(냉소) 失笑(실소) 苦笑(고소) 可笑(가소)
흥 5급 정 5급	高	6급 高부 총10획	높을	고		**지붕(亠)·구조물(口)·누대(冂)·출입구(口)**나 창고의 구조인 망루에서 누대위에 '**높은**' 집을 뜻한다.	중국 高	일본 高	高空(고공) 高價(고가) 高等(고등) 高血壓(고혈압)
흥 준4급	橋	5급 木부 총16획	다리	교		두 개 이상의 **나무(木)**를 놓은 **높고**(喬; 높을 교) 굽은 장식이 있는 '**다리**'를 뜻한다. 참고 喬(높을 **교**)는 **굽은(夭)** 장식이 있는 높은(高=高) 지붕에서 '**높음**'을 뜻함.	중국 桥	일본 橋	鐵橋(철교) 石橋(석교) 陸橋(육교) 漢江大橋(한강대교)
흥 준5급 정 7급	大	8급 大부 총3획	큰	대(:)		**양팔(一)**을 벌리고 **우뚝 선 사람(人)**에서 '**크다**'란 뜻이 된다. 점점 커진 사람인 **어른**이란 뜻도 있다.	중국 大	일본 大	大小(대소) 大將(대장) 大賞(대상) 偉大(위대)
흥 5급 정 5급	太	6급 大부 총4획	클/처음	태	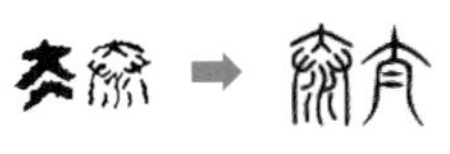	大(대)를 **겹쳐(二=丶)** 거듭하여 크고도 '**큼**'을 나타낸다. 또는 **큰(大)** 사이로 미끄러지듯 **빠져나감(丶)**에서 '**크다**'를 뜻한다.	중국 太	일본 太	太初(태초) 太陽(태양) 太白山(태백산) 太平洋(태평양)
흥 7급 정 6급	天	7급 大부 총4획	하늘	천		**사람(大)**의 **머리(口=一)**부분을 크게 그린 상형으로 머리꼭대기에서 '**하늘**'의 뜻이 되었다.	중국 天	일본 天	天堂(천당) 天命(천명) 天氣(천기) 天地(천지) 雨天(우천)
흥 준4급	送	4급Ⅱ 辵부 총10획	보낼	송:		옛날에 딸이 시집갈 때 **몸종**(媵 : 몸종/보낼 잉=关=关)을 딸려 **보내던(辶)** 데서 '**보내다**'를 뜻한다. 참고 关(笑의 고자)	중국 送	일본 送	送金(송금) 送年(송년) 送別(송별) 送舊迎新(송구영신)
흥 6급 정 준5급	夫	7급 大부 총4획	지아비/사내	부		여자의 비녀 같은 **동곳(一)**을 꽂은 **성인(大)**의 머리 모양으로, 다 자란 성인남자에서 '**사내** '**지아비**' '**대장부**'를 뜻한다.	중국 夫	일본 夫	夫婦(부부) 農夫(농부) 士大夫(사대부) 令夫人(영부인)

02 확인학습

1 다음 漢字의 訓과 音을 쓰세요.

(1) 程 ☐ (2) 庭 ☐ (3) 聖 ☐ (4) 將 ☐
(5) 活 ☐ (6) 話 ☐ (7) 舍 ☐ (8) 宅 ☐
(9) 半 ☐ (10) 午 ☐ (11) 許 ☐ (12) 年 ☐

(13) 牛 ☐ (14) 件 ☐ (15) 牧 ☐ (16) 告 ☐
(17) 造 ☐ (18) 笑 ☐ (19) 高 ☐ (20) 橋 ☐
(21) 大 ☐ (22) 太 ☐ (23) 天 ☐ (24) 送 ☐
(25) 夫 ☐

2 다음 漢字語의 讀音을 쓰세요.

(1) 工程 ☐ (2) 庭園 ☐ (3) 聖歌 ☐ (4) 將次 ☐
(5) 快活 ☐ (6) 電話 ☐ (7) 舍監 ☐ (8) 宅地 ☐
(9) 半身 ☐ (10) 正午 ☐ (11) 許容 ☐ (12) 豐年 ☐

(13) 牛步 ☐ (14) 文件 ☐ (15) 牧草 ☐ (16) 告白 ☐
(17) 造景 ☐ (18) 談笑 ☐ (19) 高空 ☐ (20) 石橋 ☐
(21) 大賞 ☐ (22) 太陽 ☐ (23) 天氣 ☐ (24) 送別 ☐

(25) 夫婦 ☐ (26) 死活 ☐ (27) 家宅 ☐ (28) 年歲 ☐
(29) 許可 ☐ (30) 造作 ☐ (31) 高低 ☐ (32) 送迎 ☐
(33) 午夜 ☐

3 다음 訓과 音에 맞는 漢字를 쓰세요.

(1) 뜰 정	(2) 지을 조	(3) 장수 장	(4) 기를 목
(5) 말씀 화	(6) 하늘 천	(7) 집 택	(8) 소 우
(9) 허락할 허	(10) 해 년	(11) 집 사	(12) 클 태
(13) 살 활	(14) 물건 건	(15) 고할 고	(16) 반 반
(17) 웃음 소	(18) 높을 고	(19) 큰 대	(20) 다리 교
(21) 낮 오	(22) 길 정	(23) 성인 성	(24) 지아비 부
(25) 보낼 송			

4 다음 밑줄 친 漢字語를 漢字로 쓰세요.

(1) 결혼 후 첫 친정 나들이다. ………… (　　　　)

(2) 학교는 개학 후 학생들로 활기가 넘친다. ………… (　　　　)

(3) 야산을 정리하여 택지를 조성했다. ………… (　　　　)

(4) 모든 문제는 대화로 풀어야 한다. ………… (　　　　)

(5) 주말 오후 공원에는 산책 나온 사람들로 가득하다. ………… (　　　　)

(6) 일제의 만행을 국제기구에 고발해야 한다. ………… (　　　　)

(7) 지구는 태양을 중심으로 돈다. ………… (　　　　)

03 失·未·木·束·車 모양을 가진 한자

급수	한자	급 / 부수 / 총획	훈음	어휘	풀이	중국	일본
진흥 5급 검정 준4급	失	6급 大부 총5획	잃을 실	失望(실망) 失格(실격) 失手(실수) 失業(실업)	물건이 **삐져(丿)**나와 잃어버린 **사내(夫)**처럼 보이나, **손(手)**에서 물건이 **빠지는 모양(㇏)**에서 '**잃어버림**'을 뜻한다.	失	失
진흥 준4급 검정 준4급	知	5급 矢부 총8획	알 지	知識(지식) 知能(지능) 知性(지성) 知行合一(지행합일)	사물의 이치를 **화살(矢)**처럼 빨리 알아 **입(口)**으로 그 '**앎**'을 말함을 뜻한다. 참고 신호용 **화살(矢)**이나 **입(口)**으로 일을 알리는 데서 '**알다**'를 뜻한다.	知	知
진흥 5급 검정 5급	短	6급 矢부 총12획	짧을 단:	短期(단기) 短命(단명) 短打(단타) 短信(단신) 短文(단문)	길이를 **화살(矢)**로 재는데 **재기(豆)**는 화살로 재기에 그 길이가 '**짧음**'을 뜻한다. 또는 **화살(矢)**을 만들 때, **제기(豆)** 위의 곡식을 가지런히 하듯 '**짧은**' 것을 기준으로 잘라냄.	短	短
진흥 5급 검정 준4급	果	6급 木부 총8획	실과 과:	果實(과실) 果樹(과수) 結果(결과) 成果(성과) 藥果(약과)	**과일(田)**이 **나무(木)**에 열린 모양으로, '**실과**' '**과일**' '**결과**'를 나타낸다. 참고 '田(전)'은 과일 모양의 변형.	果	果
진흥 준4급	課	5급 言부 총15획	과정/공부할 과	課外授業(과외수업) 課稅(과세) 課程(과정) 課長(과장)	**말(言)**로 공부의 **결과(果)**를 물어봄에서 '**공부함**'을 뜻하며, **결과(果)**에 대한 **말(言)**에 따른 '**세금**'을 뜻한다.	课	課
진흥 준4급	未	4급Ⅱ 木부 총5획	아닐 미(:)	未來(미래) 未定(미정) 未成年(미성년) 未安(미안)	**나무(木)**의 중간에 무성한 **한(一)** 가지를 더해 **무성함**을 뜻하며, 나무가 다 크지 '**아니함**' 또는 **아직** 낙엽이 지지 '**아니함**'을 뜻한다.	未	未
진흥 준4급	味	4급Ⅱ 口부 총8획	맛 미	口味(구미) 意味(의미) 興味(흥미) 別味(별미) 眞味(진미)	**입(口)**으로 잎이 무성한 나무에 달린 아직 익지 **않은(未)** 과일의 '**맛**'을 봄을 뜻한다.	味	味
진흥 준5급 검정 준5급	末	5급 木부 총5획	끝 말	末年(말년) 末日(말일) 末期(말기) 末端(말단) 末世(말세)	긴 가지 **하나(一)**를 **나무(木)** 위에 더해 사물의 '**끝**'을 뜻한다.	末	末
진흥 8급 검정 8급	木	8급 木부 총4획	나무 목	木手(목수) 木馬(목마) 木板(목판) 木刀(목도) 樹木(수목)	나무의 가지와 뿌리([illegible] · [illegible])를 나타낸 글자, **草木(초목)**의 종류나 **나무**로 만든 도구를 나타낸다.	木	木
진흥 준5급 검정 준5급	本	6급 木부 총5획	근본 본	本質(본질) 本性(본성) 本論(본론) 本國(본국) 根本(근본)	**나무(木)**의 뿌리 부분을 **가리켜(一)**, 나무의 **뿌리**에서 '**근본**'을 나타낸다.	本	本
진흥 5급 검정 준4급	李	6급 木부 총7획	오얏 리:	(姓) 李氏(이씨) 李朝(이조) 李花(이화) *季(계절 계)	**나무(木)**중에도 특히 **열매(子)**가 많이 열리는 '**오얏(자두)**'를 뜻한다. 주로 姓(성)으로 쓴다. 참고 **子(자)**는 '**자손**' '**씨**' 등으로 쓰인다.	李	李
	床	4급Ⅱ 广부 총7획	상 상	溫床(온상) 酒案床(주안상) 平床(평상) 起床(기상)	**집(广)**안에 **나무(木)**로 만들어 눕거나 쉴 때 쓰는 '**상(床)**'을 뜻한다. 참고 **조각(爿) 나무(木)**로 만든 **침구(寢具)**인 **牀(상)**이 본자.	床	床

급수	한자	급수/부수/총획	훈	음	갑문 → 금문 → 소전	풀이	중국	일본
흥 준5급 정 6급	林	7급 木부 총8획	수풀	림	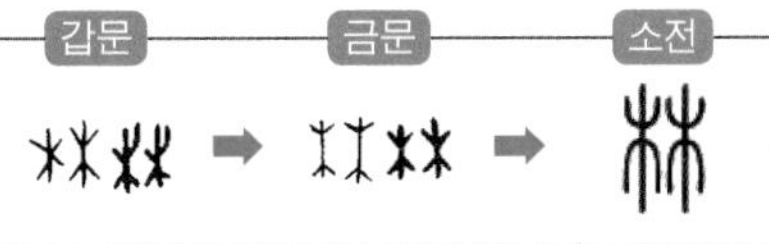	**나무(木)**에 **나무(木)**를 거듭하여, 나무가 많은 '**수풀**' 또는 '**숲**'을 뜻한다.	林	林
		林野(임야) 林産物(임산물) 竹林(죽림) 密林(밀림)						
	禁	4급Ⅱ 示부 총13획	금할	금:		신성한 **숲(林)**속의 **신(示)**을 모시는 곳의 출입을 '**금함**'을 뜻한다.	禁	禁
		禁止(금지) 禁煙(금연) 禁書(금서) 禁酒(금주) 通禁(통금)						
흥 준4급	極	4급Ⅱ 木부 총13획	극진할/다할	극		**나무(木)**기둥 **양끝(二)** 사이에 **사람(亻)**이 끼어 **소리(口)**내며 **손(又)**짓하여 위급함을 '**빨리(亟 : 빠를 극)**' 알리듯, 건물을 받치는 기둥에서 '**다하다**' '**극진함**'을 뜻한다.	极	極
		極端(극단) 電極(전극) 極東(극동) 極樂往生(극락왕생)						
흥 준4급 정 준4급	相	5급 目부 총9획	서로	상		**나무(木)**를 **눈(目)**으로 살펴보거나, 나무의 생장을 보살피는 데서 '**서로**' '**돕다**'로 쓰인다.	相	相
		相生(상생) 相談(상담) 相對(상대) 相思病(상사병)						
	想	4급Ⅱ 心부 총13획	생각	상:		**서로(相)**를 보살피는 **마음(心)**, 또는 자기의 바라는 마음에서 '**생각**'을 뜻한다.	想	想
		想念(상념) 空想(공상) 發想(발상) 回想(회상) 感想(감상)						
	深	4급Ⅱ 水부 총11획	깊을	심(:)		**물(氵)**이 흐르는 **동굴(穴=罒)** 속을 **나무(木)** 횃불을 들고 '**깊이**' 들어감을 뜻한다.	深	深
		深夜(심야) 深山(심산) 深海(심해) 深度(심도) 深遠(심원)						
흥 준5급 정 5급	來	7급 人부 총8획	올	래(:)		꼿꼿이 서있는 **보리**의 상형이다. 참고 힘든 보릿고개가 자꾸 오는 데서 '**오다**'를 뜻했다. **나무(木)**아래 **사람들이(从)** 모여들어 '**오다**'로 보면 알기 쉽다.	来	来
		來日(내일) 來年(내년) 來歷(내력) 未來(미래) 去來(거래)						
	束	5급 木부 총7획	묶을	속	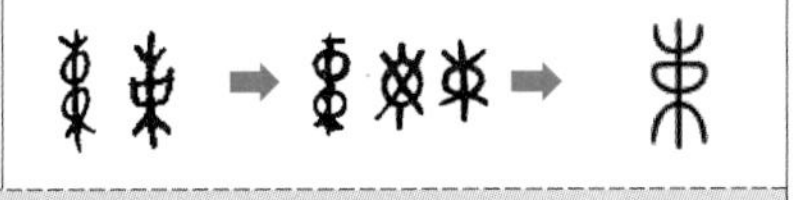	**나무(木)**를 다발로 모아 **둥글게(O=口)** **묶은(束)** 데서 '**묶다**'가 뜻이 된다.	束	束
		束數(속수) 束手(속수) 約束(약속) 結束(결속) 團束(단속)						
흥 5급 정 준4급	速	6급 辵부 총11획	빠를	속		다발로 **묶어(束)** 한 번에 **가니(辶)** '**빠름**'을 뜻한다.	速	速
		速度(속도) 速報(속보) 速成(속성) 速戰速決(속전속결)						
흥 6급 정 8급	東	8급 木부 총8획	동녘	동	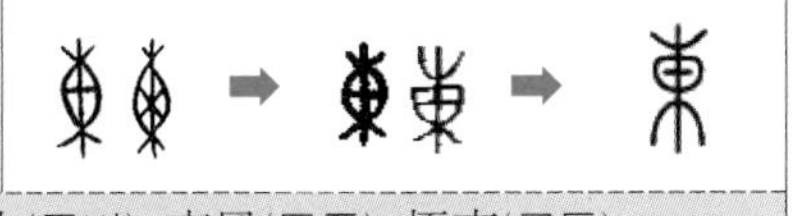	**나무(木)**에 떠오르는 **해(日)**가 있는 모습에서 '**동쪽**'으로 보기 쉬우나, 양끝을 묶어놓은 **자루모양(束)**으로 음이 같아 '**동쪽**'을 나타낸다.	东	東
		東海(동해) 東洋(동양) 東方(동방) 東風(동풍) 極東(극동)						
	練	5급 糸부 총15획	익힐	련:		**실(糸)**을 삶을 때, **열(熱)**이 적당한지 '**익숙하게**' **분별(柬)**함에서 '**익히다**'로 쓰인다. 참고 **柬**(가릴 간) **묶여(束)**있는 물건을 나누어(八=丷) '**가림**'을 뜻한다.	练	練
		練習(연습) 訓練(훈련) 修練(수련) 洗練味(세련미)						
흥 준5급 정 준5급	車	7급 車부 총7획	수레 수레	거 차		주로 전차(戰車)로 사용되던 '**마차**'의 상형으로, '**수레**' '**마차**' '**전차**'를 뜻한다.	车	車
		人力車(인력거) 停車(정차) 車費(차비) 洗車(세차)						
	連	4급Ⅱ 辵부 총11획	이을	련		**수레(車)**가 연달아 **이동(辶)**하거나 둥글게 무리지어 있는 데서 '**잇다**'를 뜻한다.	连	連
		連結(연결) 連續(연속) 連發(연발) 連戰連勝(연전연승)						

03 확인학습

1 다음 漢字의 訓과 音을 쓰세요.

(1) 失 ☐	(2) 知 ☐	(3) 短 ☐	(4) 果 ☐
(5) 課 ☐	(6) 未 ☐	(7) 味 ☐	(8) 末 ☐
(9) 木 ☐	(10) 本 ☐	(11) 李 ☐	(12) 床 ☐
(13) 林 ☐	(14) 禁 ☐	(15) 極 ☐	(16) 相 ☐
(17) 想 ☐	(18) 深 ☐	(19) 來 ☐	(20) 束 ☐
(21) 速 ☐	(22) 東 ☐	(23) 練 ☐	(24) 車 ☐
(25) 連 ☐			

2 다음 漢字語의 讀音을 쓰세요.

(1) 失格 ☐	(2) 智識 ☐	(3) 短文 ☐	(4) 成果 ☐
(5) 課稅 ☐	(6) 未定 ☐	(7) 興味 ☐	(8) 末期 ☐
(9) 木板 ☐	(10) 本論 ☐	(11) 李朝 ☐	(12) 平床 ☐
(13) 林野 ☐	(14) 禁止 ☐	(15) 極東 ☐	(16) 相對 ☐
(17) 回想 ☐	(18) 深夜 ☐	(19) 來日 ☐	(20) 團束 ☐
(21) 速成 ☐	(22) 東風 ☐	(23) 練習 ☐	(24) 車費 ☐
(25) 連結 ☐	(26) 失敗 ☐	(27) 仁果 ☐	(28) 末端 ☐
(29) 本末 ☐	(30) 深淺 ☐	(31) 往來 ☐	(32) 四季 ☐
(33) 李氏 ☐			

3 다음 訓과 音에 맞는 漢字를 쓰세요.

(1) 알 지	(2) 실과 과	(3) 금할 금	(4) 나무 목
(5) 아닐 미	(6) 맛 미	(7) 생각 상	(8) 짧을 단
(9) 근본 본	(10) 상 상	(11) 이을 련	(12) 묶을 속
(13) 수풀 림	(14) 극진할 극	(15) 동녘 동	(16) 서로 상
(17) 깊을 심	(18) 올 래	(19) 과정 과	(20) 잃을 실
(21) 빠를 속	(22) 수레 거	(23) 오얏 리	(24) 익힐 련
(25) 끝 말			

4 다음 밑줄 친 漢字語를 漢字로 쓰세요.

(1)공부는 지능보다 노력이 중요하다. ( )

(2) 옛날에는 단명한 왕이 많다. ( )

(3) 삼촌이 회사에서 과장으로 승진했다. ( )

(4) 이번 경기 상대는 지난해 우승자였다. ( )

(5) 내년에는 꼭 금연을 해야지. ( )

(6) 교통위반 단속을 강화하고 있다. ( )

(7) 학교 앞 도로에서는 속도를 줄여야 한다. ( )

04 豕·尸·侖·僉·夕 모양을 가진 한자

시험	한자	급수 / 부수 / 획수	훈	음	어휘	풀이	중국	일본
진흥 준5급 검정 5급	軍	8급 車부 총9획	군사	군	軍人(군인) 軍士(군사) 軍隊(군대) 軍服(군복) 軍旗(군기)	둘러싼(勹또는勹=冖) **전차(車)** 옆의 '**군대**'로, 대장을 **둘러싸**(勹또는勹=冖)고 **수레(車)**를 보호하는 '**군사**' '**군대**'로 보기도 한다.	军	軍
진흥 5급 검정 준4급	運	6급 辵부 총13획	옮길	운:	運動(운동) 運送(운송) 運命(운명) 運河(운하) 幸運(행운)	**군대(軍)**의 보급품을 나르기 위해 **이동(辶)**하는 데서 '**옮기다**'가 뜻이 된다.	运	運
진흥 준5급 검정 5급	家	7급 宀부 총10획	집	가	家庭(가정) 家族(가족) 家訓(가훈) 畫家(화가) 作家(작가)	**집(宀)**아래 **돼지(豕)**를 기르면서, 뱀이나 독충을 막던 옛날 '**집**'의 모습이다.	家	家
	隊	4급Ⅱ 阜부 총12획	무리	대	隊長(대장) 隊員(대원) 隊列(대열) 軍隊(군대) 部隊(부대)	**언덕(阝)**옆 **여덟(八)** 마리의 **돼지(豕)** '**무리**'로 보이나, 산**언덕(阝)**을 **따라(㒸)** '**떨어짐**'이 본뜻으로, **언덕(阝)**에서 **떨어진(丷)** 물체같이 모인 **돼지(豕)** '**무리**'로 쓰인다.	队	隊
	假	4급Ⅱ 人부 총11획	거짓	가:	假面(가면) 假設(가설) 假令(가령) 假登記(가등기)	**남(亻)**에게 임시로 **빌려온(叚)** 데서 '**거짓**'을 뜻한다. 참고 **叚(빌 가/하)** 언덕 **돌조각(𠂤)**을 떼어낸 임시 계단을 **양손(コ·又)**으로 오르는 데서 '**임시**' '**빌리다**'를 뜻한다.	假	假
진흥 준4급	屋	5급 尸부 총9획	집	옥	屋上(옥상) 屋外(옥외) 家屋(가옥) 韓屋(한옥) 舍屋(사옥)	**몸(尸)**이 **이르러(至)** 쉬는 '**집**'으로 보이나, 본래 집을 덮은 '**지붕**' 모양의 변형자이다.	屋	屋
	局	5급 尸부 총7획	판	국	局內(국내) 局長(국장) 對局(대국) 藥局(약국) 當局(당국)	사람 **몸(尸)**의 **일부(㇏=㇆)**가 일정한 **구역(口)**에 제한을 받는 데서, '**판**'을 뜻한다.	局	局
	研	4급Ⅱ 石부 총11획	갈	연:	研究(연구) 研究所(연구소) 研究員(연구원) 研修(연수)	**돌(石)**을 연이은 **방패(干)**처럼 '**평평하게**(幵 : 평평할 견)' 가는 데서 '**갈다**'를 뜻한다.	研	研
진흥 5급 검정 5급	形	6급 彡부 총7획	모양	형	形式(형식) 形質(형질) 形態(형태) 形勢(형세) 人形(인형)	사물의 모양을 **나란히(幵=开)** 똑같이 **그린(彡)** 모양에서 '**모양**'을 뜻한다.	形	形
진흥 준4급 검정 준4급	展	5급 尸부 총10획	펼	전:	展開(전개) 展示會(전시회) 展望(전망) 發展(발전)	**몸(尸)**에 **붉은 비단옷**(襄=𧘇)을 펼쳐 입고 앉은 데서 '**펴다**'가 뜻이 된다.	展	展
진흥 7급 검정 7급	出	7급 凵부 총5획	날	출	出席(출석) 出力(출력) 出動(출동) 特出(특출) 出入(출입)	**움집(凵)**에서 **발(止=屮)**이 밖으로 나가는 모양에서 '**나오다**' '**나가다**'의 뜻이 된다.	出	出
	戶	4급Ⅱ 戶부 총4획	집	호:	戶主(호주) 戶口(호구) 戶數(호수) 窓戶(창호)	**문(門)**의 **반쪽(戶)** 모양으로 '**문**' '**집**' 등을 나타낸다.	户	戸

급수	한자	급수/부수/획수	훈	음	설명	중국	일본
흥 준4급 정 준4급	典	5급 八부 총8획	법	전:	중요한 **책**(冊=冊)을 **두 손**(廾=丌)으로 잡고 있는 데서 삼황오제의 경전이나 '**법**'을 뜻한다.	典	典
		典禮(전례) 法典(법전) 祝典(축전) 盛典(성전) 經典(경전)					
	論	4급Ⅱ 言부 총15획	논할	론	이치 있는 **말**(言)을 **모아**(侖) 조리 있게 말함에서 '**논하다**'가 뜻이 된다. 참고 侖(둥글/뭉치 **륜**) 가지런히 **모아**(亼) 잘 다스린 **冊**(**책**)에서, '**모이다**' '**뭉치다**' '**둥글다**'를 뜻한다.	论	論
		論說(논설) 衆論(중론) 論壇(논단) 論理(논리) 議論(의논)					
	檢	4급Ⅱ 木부 총17획	검사할	검:	**나무**(木)상자의 **모든**(僉) 문서를 조사하고 겉에 표시를 하는 데서 '**봉함**' '**검사함**'으로 쓴다. 참고 僉(다 **첨**) **모여**(亼) **시끄럽게 말하는**(吅;시끄러울 **훤**) **사람**(从)들에서 '**다**' '**모두**'로 쓰인다.	检	検
		檢查(검사) 檢問(검문) 檢定(검정) 檢印(검인)					
	驗	4급Ⅱ 馬부 총23획	시험	험:	**명마**(馬)의 **모든**(僉) 능력을 '**시험함**'을 뜻한다. 본래 명마의 이름이다.	验	験
		試驗(시험) 經驗(경험) 效驗(효험) 實驗室(실험실)					
흥 5급 정 5급	各	6급 口부 총6획	각각	각	각자 **돌아가**(夂) 자기 **움집**(口)에 이르는 데서, '**각각**' '**여러**' '**따로**'가 된다.	各	各
		各各(각각) 各種(각종) 各別(각별) 各處(각처)					
흥 준4급	格	5급 木부 총10획	격식	격	**나무**(木)마다 **각각**(各) 자란 가지나, **나무**(木)로 **각각**(各)의 법식에 맞게 엮어 짠 틀에서 '**격식**'을 뜻한다.	格	格
		格式(격식) 格調(격조) 性格(성격) 合格(합격)					
흥 준4급 정 준4급	落	5급 艸부 총13획	떨어질	락	**초목**(艹)의 잎이 **물**(氵)방울이 **각각**(各) 떨어지듯 시들어 '**떨어짐**'을 뜻한다.	落	落
		落書(낙서) 落下(낙하) 落水(낙수) 落鄕(낙향) 當落(당락)					
흥 준4급 정 준4급	客	5급 宀부 총9획	손	객	**집**(宀)에 **각각**(各) 이른 '**손님**'. 남의 **집**(宀)에 **뒤쳐**(夂)들어오는 **사람**(口)에서 '**손님**'을 뜻한다.	客	客
		客地(객지) 客席(객석) 客室(객실) 客觀的(객관적)					
흥 5급 정 준4급	路	6급 足부 총13획	길	로:	**발**(足=⻊)로 **각각**(各) 자기 뜻을 따라 다니는 '**길**'을 뜻한다.	路	路
		路線(노선) 路面(노면) 進路(진로) 高速道路(고속도로)					
흥 6급 정 준5급	夕	7급 夕부 총3획	저녁	석	달(☾)을 보고 만든 글자로 해질 무렵인 '**저녁**'이나 '**밤**'을 나타낸다.	夕	夕
		夕陽(석양) 夕月(석월) 朝夕(조석) 秋夕(추석) 七夕(칠석)					
흥 6급 정 6급	名	7급 口부 총6획	이름	명	**저녁**(夕)이 되어 보이지 않아 **입**(口)으로 서로의 '**이름**'을 부름을 뜻한다.	名	名
		名曲(명곡) 名聲(명성) 名醫(명의) 名物(명물) 名單(명단)					
흥 5급 정 5급	夜	6급 夕부 총8획	밤	야:	**사람**(大)이 팔 벌린 **사이**(八)인 **겨드랑이**(亦)까지 **달**(夕)이 올라 어두운 '**밤**'을 뜻하거나, **달**(夕)에 비친 **사람그림자**(大)로 '**밤**'을 뜻한다.	夜	夜
		夜景(야경) 夜間(야간) 夜行性(야행성) 深夜(심야)					
	液	4급Ⅱ 水부 총11획	액체	액	**물**(氵)방울이 생기는 **밤**(夜)처럼, 사람의 **겨드랑이**(亦)나 나무의 갈라진 틈 또는 가지 사이의 가려져 **어두운**(夜) 부위에서 나오는 **액체**(氵)인 '**진**'을 뜻한다.	液	液
		液體(액체) 水液(수액) 液化(액화) 樹液(수액) 血液(혈액)					

04 확인학습

1 다음 漢字의 訓과 音을 쓰세요.

(1) 軍 (2) 運 (3) 家 (4) 隊
(5) 街 (6) 屋 (7) 局 (8) 硏
(9) 形 (10) 展 (11) 出 (12) 戶

(13) 典 (14) 論 (15) 檢 (16) 驗
(17) 各 (18) 格 (19) 落 (20) 客
(21) 路 (22) 夕 (23) 名 (24) 夜
(25) 液

2 다음 漢字語의 讀音을 쓰세요.

(1) 軍服 (2) 運動 (3) 家庭 (4) 隊員
(5) 假令 (6) 舍屋 (7) 藥局 (8) 硏究
(9) 形態 (10) 展開 (11) 出席 (12) 戶口

(13) 經典 (14) 論說 (15) 檢印 (16) 效驗
(17) 各別 (18) 合格 (19) 落書 (20) 客室
(21) 路線 (22) 朝夕 (23) 名單 (24) 深夜

(25) 液體 (26) 運河 (27) 連打 (28) 眞假
(29) 家舍 (30) 法典 (31) 試驗 (32) 各種
(33) 名物

3 다음 訓과 音에 맞는 漢字를 쓰세요.

(1) 떨어질 락	(2) 집 가	(3) 액체 액	(4) 검사할 검
(5) 집 옥	(6) 판 국	(7) 갈 연	(8) 격식 격
(9) 펼 전	(10) 날 출	(11) 집 호	(12) 군사 군
(13) 논할 론	(14) 시험 험	(15) 각각 각	(16) 거짓 가
(17) 옮길 운	(18) 손 객	(19) 무리 대	(20) 모양 형
(21) 길 로	(22) 저녁 석	(23) 이름 명	(24) 밤 야
(25) 법 전			

4 다음 밑줄 친 漢字語를 漢字로 쓰세요.

(1) 이번 바둑 결승 대국은 텔레비전으로 방송했다. ( )

(2) 여자 아이들은 인형을 좋아한다. ( )

(3) 인사동에서는 매주 다양한 작품을 전시한다. ( )

(4) 조선시대 왕실의 전례를 연구한 서적을 출판했다. ( )

(5) 성인병에는 각종 야채가 좋다. ( )

(6) 1등 객실과 2등 객실간의 요금 차이가 크다. ( )

(7) 초보자에게 야간 운전은 위험하다. ( )

05 包·勹·口·元 모양을 가진 한자

시험	한자	급수	부수	총획	훈	음	어휘	풀이	중국	일본
진흥 5급 검정 5급	多	6급	夕부	총6획	많을	다	多少(다소) 多感(다감) 多福(다복) 多幸(다행) 多讀(다독)	**제육(肉=月=夕)**을 많이 쌓아 놓은 모습으로 '**많다**'를 뜻한다.	多	多
	移	4급Ⅱ	禾부	총11획	옮길	이	移職(이직) 移民(이민) 移動(이동) 移植(이식) 移住(이주)	**벼(禾)**를 모판에 **많이(多)** 길러 논에 옮겨 심음에서 '**옮기다**'가 된다.	移	移
	列	4급Ⅱ	刀부	총6획	벌릴/벌	렬	列擧(열거) 列島(열도) 列車(열차) 行列(행렬) 配列(배열)	**뼈(歹)**와 살을 **칼(刂)**로 '**벌려**' '**분해**'한다는 뜻으로, 살을 칼로 베어 '**벌림**'을 뜻한다.	列	列
진흥 준4급 검정 준4급	例	6급	人부	총8획	법식/본보기	례:	例文(예문) 例外(예외) 例示(예시) 法例(법례) 事例(사례)	**사람(亻)**이 비슷한 물건들을 **벌려(列)**놓고 비교하는 데서 '**본보기**' '**보기**' '**법식**'이 됨.	例	例
진흥 5급 검정 5급	死	6급	歹부	총6획	죽을	사:	死亡(사망) 死別(사별) 死守(사수) 死生決斷(사생결단)	**죽은(歹)** 사람에게 몸을 **굽혀(匕)** 예를 갖추거나, 죽은 사람의 **뼈(歹)**를 수습하는 **사람(匕)**에서 '**죽다**'가 된다.	死	死
	包	4급Ⅱ	勹부	총5획	쌀	포(:)	包有(포유) 包容(포용) 包紙(포지) 內包(내포) 小包(소포)	뱃속에 **감싸고(勹)**있는 미성숙한 **아이(子=巳)**의 모습에서 '**싸다**' '**포함하다**'를 뜻한다.	包	包
	砲	4급Ⅱ	石부	총10획	대포	포	空砲(공포) 砲門(포문) 祝砲(축포) 大砲(대포) 銃砲(총포)	**돌(石)**을 **감싸(包)** 멀리 쏘아 보내던 원시 '**대포**'를 뜻한다.	炮	砲
진흥 준4급 검정 준4급	的	5급	白부	총8획	과녁	적	的中(적중) 目的(목적) 法的(법적) 公的(공적) 標的(표적)	**해(日)**처럼 밝고, **감싸(勹) 물건(丶)**을 뜨는 **구기**(勺;구기 **작**)처럼 둥근 '**과녁**'을 뜻한다.	的	的
진흥 준4급	約	5급	糸부	총9획	맺을	약	約束(약속) 約婚(약혼) 約定(약정) 節約(절약) 協約(협약)	**실(糸)**로 **감싸(勹) 물건(丶)**을 묶듯 서로 '**약속**'을 '**맺음**'을 뜻한다.	约	約
	獨	5급	犬부	총16획	홀로	독	獨立(독립) 獨身(독신) 獨創的(독창적) 孤獨(고독)	**개(犭)**는 사냥감을 **벌레(蜀)**처럼 홀로 다 먹어 치운다는 데서 '**홀로**'를 뜻한다. 참고 **蜀**(벌레 **촉**) 큰 **눈(目=罒)**과 몸을 둥글게 **감싼(勹) 벌레(虫)**인 '**애벌레**'.	独	独
진흥 8급 검정 7급	口	7급	口부	총3획	입	구(:)	口語(구어) 口頭(구두) 口號(구호) 口傳(구전) 港口(항구)	'**입**'모양(ㅂ)으로 '**먹는 일**'이나 '**소리**'를 뜻하고, 사람을 세는 단위나 '**구멍**'을 뜻하기도 한다.	口	口
	句	4급Ⅱ	口부	총5획	글귀	구	句節(구절) 句文(구문) 一言半句(일언반구) 結句(결구)	두 개의 **갈고리(乚ㄱ)**를 **고리(口)**에 걸어둔 모습, 덩굴이 **엉킨**(丩;얽힐 **구**) 모양, **말(口)**이 **굽어(丩)** 끊어진 한 '**글귀**' 등을 뜻하며, **勾**(굽을/갈고리 **구**)와 같이 '**굽다**'를 뜻한다.	句	句

급수 표시	한자	급수	부수	총획	훈	음	자원	어휘	중국	일본
흥 준4급 정 준4급	敬	5급	攴부	총13획	공경	경ː	**머리장식(艹=艹)**한 제사장(卩)이 몸을 **굽혀(句)** '**조심히**' '**공경**'(茍: 경계할 **극**)하는 모양으로, **다스려(攵)** '**공경**'하게 함을 뜻한다. 茍(극)이 苟(진실로 **구**)처럼 잘못 쓰였다.	敬禮(경례) 敬愛(경애) 敬天(경천) 敬老(경로) 尊敬(존경)	敬	敬
	警	4급Ⅱ	言부	총20획	깨우칠	경ː	악습을 **경계(茍=苟)**하도록 **다스리는(攵) 말(言)**로, **공경하게(敬) 말(言)**로 '**깨우쳐줌**'을 뜻한다.	義警(의경) 警告(경고) 警句(경구) 警備(경비) 警語(경어)	警	警
흥 준4급	回	4급Ⅱ	口부	총6획	돌아올	회	**밖(口)**과 **안(口)**이 같이 둥글게 **도는(㔾)**데서 '**돌다**' '**돌아오다**'가 된다.	回信(회신) 回答(회답) 回路(회로) 回線(회선) 回想(회상)	回	回
흥 5급 정 준4급	圖	6급	口부	총14획	그림	도	**사각형(口)** 넓은 곳에 **마을(啚)**을 그린 '**지도**'를 뜻한다. 참고 啚(인색할 **비**) **거주지(口)**와 곡식을 **높게(亠) 빙빙(回)** 쌓아 놓은 농촌의 '**지도**'에서 '**시골**' '**인색함**'을 뜻한다.	圖面(도면) 圖案(도안) 圖畫紙(도화지) 地圖(지도)	图	図
흥 준4급 정 준4급	因	5급	口부	총6획	인할	인	왕골이나 골풀로 짠 **사각형(口)** 자리에 누운 **사람(人)**이나 **무늬(大)**로 **일정한 장소**로 부터라는 뜻에서 '**인하다**' '**말미암다**' '**친하다**' '**연유**' 등을 뜻한다.	要因(요인) 因子(인자) 因習(인습) 因果(인과) 原因(원인)	因	因
	恩	4급Ⅱ	心부	총10획	은혜	은	남이 베푼 혜택으로 **인하여(因)** 생긴 **마음(心)**에서 '**은혜**'를 뜻한다.	恩惠(은혜) 恩功(은공) 恩德(은덕) 恩師(은사) 報恩(보은)	恩	恩
흥 준4급 정 준4급	溫	6급	水부	총13획	따뜻할	온	**물(氵)**과 밥을 **죄수(囚)**의 **그릇(皿)**에 주는 **온화하고**(𥁕=昷: 온화할 **온**) '**따뜻한**' 마음을 뜻한다. 참고 囚(죄인 **수**) **사방(口)**에 갇힌 **사람(人)**에서 '**죄인**'을 뜻한다.	溫冷(온냉) 溫氣(온기) 溫情(온정) 溫順(온순) 體溫(체온)	温	温
흥 5급 정 준4급	品	5급	口부	총9획	물건	품ː	여러 사람의 **입(口)**, 여러 물품 등에서 '**물건**' '**품평**'을 뜻한다.	品目(품목) 品種(품종) 品切(품절) 品格(품격) 性品(성품)	品	品
정 5급	區	6급	匚부	총11획	구분할/지경	구	**상자(匸)**에 **물건(品)**을 '**구분하여**' 둠, 또는 여러 **노예(品)**가 **숨은(匸)** 곳으로 '**구분하다**' '**숨기다**' '**구역**'을 뜻한다.	區內(구내) 區分(구분) 區別(구별) 區間(구간) 特區(특구)	区	区
	操	5급	手부	총16획	잡을	조(ː)	**손(扌)**으로 **떼지어 우는(品) 나무(木)** 위의 새를 온힘을 다하여 '**잡아**' 제압함, 또는 **손(扌)**으로 시끄럽게 **우는**(喿;울 **소**) 새를 다스리거나 조종함에서 '**잡다**'를 뜻한다.	操心(조심) 操作(조작) 操業(조업) 體操(체조) 志操(지조)	操	操
흥 5급 정 5급	元	5급	儿부	총4획	으뜸	원	솟은 **머리(一)**로 **우뚝하게(兀)** 옆으로 서있는 **사람(儿)**으로, 신체의 가장 위에서 '**으뜸**'을 나타내고 '**처음**' '**지도자**' '**사람의 머리**' 등을 뜻하기도 한다.	元來(원래) 元祖(원조) 元利(원리) 元首(원수) 元老(원로)	元	元
정 준4급	院	5급	阜부	총10획	집/병원	원	**집(宀)**안에서 **으뜸(元)**인 방을 잘 수리한 데서 '**완전함**' '**끝내다**'로 쓰임.	院長(원장) 院生(원생) 大學院(대학원) 病院(병원)	院	院
흥 준4급	完	5급	宀부	총7획	완전할	완	**언덕(阝)**같이 **완전하게(完)** '**담**'으로 둘러싸인 '**집**'을 뜻한다.	完全(완전) 完決(완결) 完成(완성) 完結(완결) 完快(완쾌)	完	完

05 확인학습

1 다음 漢字의 訓과 音을 쓰세요.

(1) 多 (2) 移 (3) 列 (4) 例
(5) 死 (6) 包 (7) 砲 (8) 的
(9) 約 (10) 獨 (11) 口 (12) 句

(13) 敬 (14) 警 (15) 回 (16) 圖
(17) 因 (18) 恩 (19) 溫 (20) 品
(21) 區 (22) 操 (23) 元 (24) 院
(25) 完

2 다음 漢字語의 讀音을 쓰세요.

(1) 多讀 (2) 移民 (3) 配列 (4) 例外
(5) 死別 (6) 小包 (7) 銃砲 (8) 公的
(9) 約定 (10) 孤獨 (11) 口號 (12) 結句

(13) 敬愛 (14) 警告 (15) 回想 (16) 地圖
(17) 原因 (18) 恩師 (19) 溫冷 (20) 品切
(21) 區別 (22) 操業 (23) 元朝 (24) 院長

(25) 完結 (26) 死生 (27) 移運 (28) 約束
(29) 畫圖 (30) 溫暖 (31) 完全 (32) 恩怨
(33) 例式

3 다음 訓과 音에 맞는 漢字를 쓰세요.

(1) 벌릴 렬	(2) 많을 다	(3) 쌀 포	(4) 공경 경
(5) 죽을 사	(6) 대포 포	(7) 과녁 적	(8) 깨우칠 경
(9) 옮길 이	(10) 홀로 독	(11) 입 구	(12) 맺을 약
(13) 그림 도	(14) 따뜻할 온	(15) 집 원	(16) 법식 례
(17) 은혜 은	(18) 물건 품	(19) 돌아올 회	(20) 잡을 조
(21) 구분할 구	(22) 으뜸 원	(23) 글귀 구	(24) 인할 인
(25) 완전할 완			

4 다음 밑줄 친 漢字語를 漢字로 쓰세요.

(1) 화목하고 다복한 가정이 많다. ( )

(2) 성공한 사람은 예외 없이 성실하다. ( )

(3) 전쟁 때문에 부모와 사별한 고아가 많다. ( )

(4) 문화인은 약속을 중요하게 여긴다. ( )

(5) 산업화는 독신 가구를 양산했다. ( )

(6) 온화한 성품의 지도자를 좋아한다. ( )

(7) 수학은 원리를 아는 것이 중요하다. ( )

06 兄·充·世·台·古·豆 모양을 가진 한자

급수	한자	급수/부수/획수	훈	음	갑문 → 금문 → 소전	설명	중국	일본
진흥 5급 검정 5급	光	6급 儿부 총6획	빛	광		**불빛(火)** 아래 **사람(儿)**인 '炗'의 변형, **불(火)**을 머리에 이고 불을 비추는 **노예(儿)** 등에서 **'빛'**을 뜻한다.	光	光
		光明(광명) 光線(광선) 光復節(광복절) 光速(광속)						
진흥 준4급 검정 준4급	兒	5급 儿부 총8획	아이	아		**총각모양(臼)**으로 머리를 묶은 **어린아이(儿)**, 또는 머리 **숨구멍(臼)**이 아직 여물지 않은 **아이(儿)**에서 어린 **'아이'**를 뜻한다.	儿	児
		兒童(아동) 健兒(건아) 産兒(산아) 小兒(소아)						
진흥 7급 검정 8급	兄	8급 儿부 총5획	형/맏	형		**입(口)**을 벌려 제사나 일을 주관하는 **사람(儿)**에서, 일을 주관하는 **'형'**을 뜻한다.	兄	兄
		兄夫(형부) 老兄(노형) 師兄(사형) 長兄(장형)						
진흥 준4급	祝	5급 示부 총10획	빌	축		**제단(示)**에서 **입(口)**으로 신께 무리의 안녕을 비는 **사람(儿)**인 **형(兄)**에서 **'빌다'**를 뜻한다.	祝	祝
		祝福(축복) 祝電(축전) 祝歌(축가) 慶祝日(경축일)						
	競	5급 立부 총20획	다툴	경ː		**죄인(辛=立)**인 **머리(口)**에 墨刑(묵형)을 당한 **사람(儿)**이 서로 다툼. 또는 **악기(辛=立)**를 **입(口)**에 문 **사람(儿)**이 서로 연주를 **'다툼'**을 뜻한다.	竞	競
		競爭(경쟁) 競賣(경매) 競馬(경마) 競合(경합) 競技(경기)						
	稅	4급Ⅱ 禾부 총12획	세금	세ː		**곡식(禾)**으로 **기쁘게(兌)** 바치던 **'세금'**을 뜻한다. 참고 **벼(禾)**로 **바꾸어(兌)** 내던 **'세금'**. 참고 兌(바꿀/기쁠 **태**) **팔자(八)**가 **입(口)**가에 생기도록 **사람(儿)**이 **'바꿔어' '기뻐함'**.	税	税
		稅金(세금) 課稅(과세) 稅法(세법) 印稅(인세)						
진흥 준4급	說	5급 言부 총14획	말씀 달랠 기쁠	설 세ː 열		**말(言)**하여 남을 **기쁘게(兌)**함에서 **'말하다' '기쁘다' '달래다'** 등을 뜻한다.	说	説
		說敎(설교) 說明(설명) 說往說來(설왕설래) 解說(해설)						
진흥 준4급 검정 준4급	充	5급 儿부 총6획	채울	충		거꾸로 낳은 **아이(𠫓=去)**가 **걸을(儿)** 만큼 충실히 잘 자람에서 **'채우다' '가득함'**을 뜻한다. 참고 '𠫓'(돌아 나올 **돌**)은 **아이(子)**가 거꾸로 태어나는 모양.	充	充
		充滿(충만) 充分(충분) 充實(충실) 充電器(충전기)						
	銃	4급Ⅱ 金부 총14획	총	총		**쇠(金)**로 만든 **'도끼구멍'**에 나무를 **채워지게(充)** 끼워 쓰는 데서, **쇠(金)**로 만들어 화약을 **채워(充)** 쏘는 **'총'**을 뜻하게 되었다.	铳	銃
		銃器(총기) 長銃(장총) 銃聲(총성) 銃砲(총포)						
진흥 준4급	統	4급Ⅱ 糸부 총12획	거느릴	통ː		여러 **실(糸)**을 **가득(充)**모아 하나로 묶어 **'거느림'**을 뜻한다. 기준이 되는 **'벼릿줄'**을 뜻함.	统	統
		統合(통합) 統監(통감) 統計(통계) 統一(통일) 統長(통장)						
진흥 준4급 검정 준4급	流	5급 水부 총10획	흐를	류		**물(氵)**에 던져진 죽은 **아이(𠫓=去)**가 **냇물(川 ⇒ 川)**에 **흘러가는** (㐬 : 깃발/흐를 류) 모양에서 **'흐르다'**가 뜻이 된다.	流	流
		流水(유수) 流動(유동) 流通(유통) 流行(유행) 暖流(난류)						
진흥 준5급 검정 5급	育	7급 肉부 총8획	기를	육		**거꾸로(𠫓)** 나온 아이의 **몸(肉=月)**이 자라는 데서, **'기르다'**를 뜻한다. **산모(每)**가 머리부터 **낳은 아이(㐬)** 모양인 **毓**(기를 **육**)의 변형.	育	育
		育兒(육아) 育成(육성) 體育(체육) 發育(발육) 敎育(교육)						

시험	한자	급수 / 부수 / 획수	훈음	갑문 → 금문 → 소전	풀이	중국	일본
준5급 / 준5급	世	7급 / 一부 / 총5획	세상/인간 세:		세 개의 **가지(丨)**와 **잎(一)**모양(㔺)으로, **잎**처럼 해마다 거듭 이어지는, 인간의 '**세대**'에서 '**인간**' '**세상**' 등으로 쓰인다.	世	世
		世代(세대) 世紀(세기) 世界(세계) 新世代(신세대)					
준4급	葉	5급 / 艸부 / 총13획	잎 엽		**초목(艹)**의 **잎(世)**이 달린 **나무(木)** 위의 '**잎**'을 나타낸다. 참고 枼(엷을 **엽**) 葉의 古字.	叶	葉
		葉書(엽서) 葉錢(엽전) 落葉(낙엽) 觀葉植物(관엽식물)					
준4급	船	5급 / 舟부 / 총11획	배 선		**배(舟)** 중에 나무를 잇대어 **늪(㕣)**처럼 넓게 만든 '**배**'를 뜻한다. 참고 㕣(산속늪 **연**) 산 사이 **갈라진(八) 골짜기(口)**에 이룬 '**산속 늪**'을 뜻한다.	船	船
		船長(선장) 船員(선원) 船室(선실) 造船所(조선소)					
준4급	治	4급Ⅱ / 水부 / 총8획	다스릴 치		**물(氵)**이 흐르듯 **기쁘게(台)** 일이 잘 '**다스려짐**'을 뜻한다. 참고 台(별 **태**,기쁠/기를 **이**) **태아**(㠯=厶)가 **태포(口)**에서 '**자람**'에서 사물의 '**시초**' '**기름**' '**기쁨**' '**별**'을 뜻함.	治	治
		治國(치국) 治水(치수) 治世(치세) 治安(치안) 自治(자치)					
5급 / 준4급	始	6급 / 女부 / 총8획	비로소 시:		**여자(女)**의 몸에 태아가 생긴 **기쁨(台)**에서 '**비로소**' '**처음**'의 뜻이 된다.	始	始
		始作(시작) 始動(시동) 始初(시초) 始末書(시말서)					
준5급 / 준5급	古	6급 / 口부 / 총5획	예 고:		선조 **열(十)**명의 **입(口)**을 전해 온 수백 년 전 '**옛**'일이라 하나, 고문을 보면 악기를 연주하거나 옛일을 기록한 신주나 모양으로, '**옛날**' '**오래**' 등으로 쓰인다.	古	古
		古宮(고궁) 古物(고물) 古今(고금) 古典主義(고전주의)					
5급 / 준4급	苦	6급 / 艸부 / 총9획	쓸 고		**풀(艹)**싹이 **오래(古)**되면 '**씀바귀**'처럼 쓴맛이 나는 데서 '**쓰다**'가 된다.	苦	苦
		苦生(고생) 苦學(고학) 苦樂(고락) 病苦(병고)					
	故	4급Ⅱ / 攴부 / 총9획	연고 고(:)		일을 **오래(古) 다스려(攵)** 하던 데서 '**원인**' '**까닭**' '**연고**' 등으로 쓴다.	故	故
		故鄕(고향) 故障(고장) 故事成語(고사성어) 無故(무고)					
준4급	固	5급 / 口부 / 총8획	굳을 고		**사면(口)**을 막아 **오래(古)**토록 단단히 지켜 막음에서 '**굳다**'가 된다.	固	固
		固體(고체) 固定(고정) 固着(고착) 固有性(고유성)					
준4급	個	4급Ⅱ / 人부 / 총10획	낱 개(:)		**사람(亻)**마다 각자의 단단히 **굳은(固)** 특징에서 '**낱**' '**따로**'의 뜻이 된다.	个	個
		個人(개인) 個別(개별) 個體(개체) 個人技(개인기)					
준4급	湖	5급 / 水부 / 총12획	호수 호		**물(氵)**이 **오래(古)**된 소 턱에 늘어진 **살(月)**처럼 사방 땅에 늘어져 널리 퍼진 '**호수**'를 뜻한다.	湖	湖
		湖水(호수) 湖西(호서) 江湖(강호) 牛角湖(우각호)					
	豆	4급Ⅱ / 豆부 / 총7획	콩/제기 두		나무로 만든 '**제기**'로, **荳**(콩 **두**)와 음이 같고, '**고문**( )'은 콩과 모양이 같아 '**콩**'을 뜻한다.	豆	豆
		豆乳(두유) 綠豆(녹두) 黑豆(흑두) 種豆得豆(종두득두)					
5급 / 5급	頭	6급 / 頁부 / 총16획	머리 두		**제기(豆)**의 모양 같은 **머리(頁)**에서 '**머리**'를 뜻한다.	头	頭
		頭角(두각) 念頭(염두) 頭目(두목) 出頭(출두) 先頭(선두)					

06 확인학습

1 다음 漢字의 訓과 音을 쓰세요.

(1) 光 ☐	(2) 兒 ☐	(3) 兄 ☐	(4) 祝 ☐
(5) 競 ☐	(6) 稅 ☐	(7) 說 ☐	(8) 充 ☐
(9) 銃 ☐	(10) 統 ☐	(11) 流 ☐	(12) 育 ☐
(13) 世 ☐	(14) 葉 ☐	(15) 船 ☐	(16) 治 ☐
(17) 始 ☐	(18) 古 ☐	(19) 苦 ☐	(20) 故 ☐
(21) 固 ☐	(22) 個 ☐	(23) 湖 ☐	(24) 豆 ☐
(25) 頭 ☐			

2 다음 漢字語의 讀音을 쓰세요.

(1) 光線 ☐	(2) 健兒 ☐	(3) 師兄 ☐	(4) 祝福 ☐
(5) 競賣 ☐	(6) 課稅 ☐	(7) 說敎 ☐	(8) 充實 ☐
(9) 銃器 ☐	(10) 統計 ☐	(11) 流行 ☐	(12) 敎育 ☐
(13) 世代 ☐	(14) 葉錢 ☐	(15) 船員 ☐	(16) 治安 ☐
(17) 始作 ☐	(18) 古宮 ☐	(19) 苦生 ☐	(20) 故鄕 ☐
(21) 固定 ☐	(22) 個體 ☐	(23) 湖西 ☐	(24) 豆乳 ☐
(25) 先頭 ☐	(26) 光名 ☐	(27) 兒童 ☐	(28) 祝願 ☐
(29) 說話 ☐	(30) 育成 ☐	(31) 競爭 ☐	(32) 古今 ☐
(33) 治理 ☐			

3 다음 訓과 音에 맞는 漢字를 쓰세요.

(1) 아이 아	(2) 빌 축	(3) 머리 두	(4) 인간 세
(5) 채울 충	(6) 낱 개	(7) 쓸 고	(8) 배 선
(9) 흐를 류	(10) 기를 육	(11) 빛 광	(12) 총 총
(13) 잎 엽	(14) 다스릴 치	(15) 다툴 경	(16) 세금 세
(17) 비로소 시	(18) 예 고	(19) 연고 고	(20) 말씀 설
(21) 굳을 고	(22) 호수 호	(23) 콩 두	(24) 거느릴 통
(25) 형 형			

4 다음 밑줄 친 漢字語를 漢字로 쓰세요.

(1) 백화점에는 아동 전문 매장이 있다. ( )

(2) 유능한 강사는 설명을 쉽게 한다. ( )

(3) 약속은 충분히 생각해서 해야 한다. ( )

(4) 체육시간에 줄넘기를 했다. ( )

(5) 취미로 오래된 고물을 수집한다. ( )

(6) 고생 끝에 낙이 온다. ( )

(7) 다음 세대의 행복은 교육에 있다. ( )

07 曲·與·艮·良·目 모양을 가진 한자

樹 (진흥 5급 / 검정 준4급)
6급 · 木부 · 총16획 · 나무 수
나무(木)를 심기 위해, 나무(木=士)를 그릇(豆) 위에 손(寸)으로 잡고 심는 모양(尌 : 세울 주)으로 나무(木)를 세워(尌) 심는 데서 '나무' '세우다'를 뜻한다.
樹林(수림) 樹種(수종) 樹液(수액) 樹木(수목) 果樹(과수)
중국: 树 / 일본: 樹

曲 (진흥 준4급 / 검정 준4급)
5급 · 曰부 · 총6획 · 굽을 곡
굽은 자(…)나 속이 비어 굽은 대바구니, 또는 굽은 도구에서 '굽다'가 된다.
曲線(곡선) 曲直(곡직) 曲藝(곡예) 選曲(선곡) 樂曲(악곡)
중국: 曲 / 일본: 曲

農 (진흥 준5급 / 검정 5급)
7급 · 辰부 · 총13획 · 농사 농
숲 사이 밭(林+田=曲)에서 조개껍질(辰)을 들고 '농사'함을 뜻한다. 참고 辰(별 진) 큰 조개껍질(蜃)로, 주로 '농사'에 사용되고 12지로 쓰여 '때' '별'을 뜻한다.
農業(농업) 農夫(농부) 農園(농원) 農樂(농악) 農場(농장)
중국: 农 / 일본: 農

豐
4급Ⅱ · 豆부 · 총13획 · 풍년 풍
산(山)처럼 무성히(丰) 무성히(丰) 제기(豆)에 담긴 햇곡식에서 '풍년'을 뜻한다. 豊(풍)은 속자. 참고 丰(예쁠/무성할 봉) 지금은 '豐'과 '豊'를 구별 없이 쓴다.
豐年(풍년) 豐富(풍부) 豐盛(풍성) 豐足(풍족) 豐作(풍작)
중국: 丰 / 일본: 豊

禮 (진흥 5급 / 검정 준4급)
6급 · 示부 · 총18획 · 예도 례
신(示)에게 풍성한 예물(豊)을 갖춰 제사함에서 '예절' '예도'를 뜻한다. 참고 豊(굽높은그릇 례) 제기(豆)에 보옥(玉)을 담아 '예'를 갖춤을 뜻한다.
禮節(예절) 禮物(예물) 禮訪(예방) 禮拜(예배) 禮式(예식)
중국: 礼 / 일본: 礼

體 (진흥 5급 / 검정 준4급)
6급 · 骨부 · 총23획 · 몸 체
인체 각 근골(骨)이 풍성히(豊) 잘 갖추어진 '몸'의 전체 부위를 나타낸다.
體育(체육) 體格(체격) 體溫(체온) 體操(체조) 體力(체력)
중국: 体 / 일본: 体

去 (진흥 5급 / 검정 5급)
5급 · 厶부 · 총5획 · 갈 거:
사람(大=土)이 거주지(口=厶)를 떠나거나 구덩이(口)에 변을 보는 데 '가다' '버리다'가 됨. 참고 사람(大=土)이 밥그릇(厶;밥그릇 거)을 버리고 '가다' '버림'이라고도 한다.
去來(거래) 去勢(거세) 去處(거처) 過去(과거) 除去(제거)
중국: 去 / 일본: 去

法 (진흥 준4급 / 검정 준4급)
5급 · 水부 · 총8획 · 법 법
선악을 구별하던 짐승(灋=法의 고자[古字])에서 '廌(해태 치)'를 생략하여, 물(氵)이 자연의 법칙대로 흘러가는(去) 데서 '법'을 뜻한다.
法律(법률) 法官(법관) 法院(법원) 法學(법학) 法案(법안)
중국: 法 / 일본: 法

擧
5급 · 手부 · 총18획 · 들 거:
서로 더불어(與) 마주 대하고 양손(手)으로 드는 데서 '들다'가 뜻이 된다. 참고 與(더불/줄 여) 손(臼 : 양손 국)과 손(廾 : 두손 공)이 더불어(舁) 주고받음(与)
擧手(거수) 擧動(거동) 擧論(거론) 選擧(선거) 檢擧(검거)
중국: 举 / 일본: 挙

興
4급Ⅱ · 臼부 · 총16획 · 일/일어날 흥(:)
여럿이 더불어(舁) 함께(同) 들어 올려 일이 잘 됨에서 '일어남'을 뜻한다.
興業(흥업) 興味(흥미) 興盛(흥성) 復興(부흥)
중국: 兴 / 일본: 興

學 (진흥 준5급 / 검정 5급)
8급 · 子부 · 총16획 · 배울 학
두 손(臼)으로 줄을 엮어(爻) 집(宀=冖) 짓는 방법을 아이(子)가 '배움'을 뜻한다.
學科(학과) 學校(학교) 學院(학원) 學術(학술) 獨學(독학)
중국: 学 / 일본: 学

寫
5급 · 宀부 · 총15획 · 베낄 사
집(宀)을 옮기는 까치(舃 : 까치 석/작)에서 물건을 옮김, 옮겨 적음을 뜻해 '베낌'을 뜻한다. 참고 (舃 : 까치 석/작) 머리털이 절구(臼) 모양의 새(鳥=舄)인 '까치'.
寫眞(사진) 寫本(사본) 寫生(사생) 試寫(시사) 筆寫(필사)
중국: 写 / 일본: 寫

급수 표시	한자	급수	부수	획수	훈	음	갑문 · 금문 · 소전	어휘	풀이	중국	일본
	擔	4급Ⅱ	手부	총16획	멜	담		擔任(담임) 擔當(담당) 擔保(담보) 全擔(전담) 加擔(가담)	**손(扌)**으로 물건을 메고 멀리 **이름(詹)**에서 '**메다**'를 뜻한다.	担	担
흥 준5급 정 5급	平	7급	干부	총5획	평평할	평		平野(평야) 平等(평등) 平和(평화) 平素(평소) 平康(평강)	굽어 오르던 **기운(亏)**이 **나뉘어(八)** '**평평함**', 좌우 대칭의 '**평평한**' 저울에서 '**공평함**'. 물위에 '**평평하게**' 떠있는 풀(苹: 부평초 평)의 초기 모양 등 설이 많다.	平	平
	呼	4급Ⅱ	口부	총8획	부를	호		呼出(호출) 呼名(호명) 呼吸(호흡) 呼價(호가) 呼應(호응)	**입(口)**으로 **길게 소리 내어(乎)** '**부름**'을 뜻한다. 참고 乎(어조사 호) **악기(丆=ナ)**에서 **소리(ㄲ)**가 나옴, 또는 '**길게 나는 소리**'를 뜻하며 의문 '**어조사**'로 쓰인다.	呼	呼
	眼	4급Ⅱ	目부	총11획	눈	안:		眼球(안구) 眼科(안과) 眼下無人(안하무인) *眠(잘 면)	**눈(目)**을 **돌려봄(㫐=艮;그칠 간)**에서, **눈(目)**으로 돌려 보거나, **보는(目)**데 **한계(艮)**가 있는 '**눈**'. 참고 艮(그칠 간) **눈(目)**을 돌려보는 **사람(匕)**에서 '**거스름**' '**그침**'을 뜻한다.	眼	眼
흥 5급 정 준4급	根	6급	木부	총10획	뿌리	근		根性(근성) 根本(근본) 根絶(근절) 毛根(모근) 根治(근치)	자라는 **나무(木)**와 반대로 땅속으로 **거슬러(艮)** 자라는 '**뿌리**'를 뜻한다.	根	根
흥 5급 정 5급	銀	6급	金부	총14획	은	은		銀行(은행) 銀賞(은상) 銀河水(은하수) 水銀(수은)	**금(金)** 중에 白金(백금)이라 하여 눈을 **돌려(艮)** 흘겨 볼 때 흰 자위처럼 '**흰색** 금'인 '**은**'을 뜻한다. 참고 가치가 **금(金)** 다음에 **그친(艮)** '**은**'을 뜻한다.	银	銀
	退	4급Ⅱ	辵부	총10획	물러날	퇴:		退院(퇴원) 退場(퇴장) 早退(조퇴) 退任(퇴임) 退步(퇴보)	**해(日) 천천히(夊) 물러감(⻌)**인 '㝵=復'가 본자(本字). 참고 일을 **그치고(艮) 가는(⻌)**데서 '**물러남**'을 뜻한다.	退	退
	限	4급Ⅱ	阜부	총9획	한할/막을	한:		限定(한정) 限界(한계) 上限(상한) 制限(제한) 局限(국한)	**언덕(阝)**이 시선을 **가로막은(艮)**데서, '**막히다**' '**한계**' '**한정**'을 뜻한다.	限	限
흥 준4급 정 준4급	良	5급	艮부	총7획	어질/좋을	량		良心(양심) 良好(양호) 良民(양민) 良藥(양약) 善良(선량)	집과 집을 이어주는 **회랑** 같은 통로모양으로 다니기 '**편한**' 데서 '**좋다**'의 뜻으로 쓰인다. 참고 어려움이 한 **점(丶)**에 **그쳐(艮)** '**좋음**'에서 '**어짐**'을 뜻한다.	良	良
	朗	5급	月부	총11획	밝을	랑:		朗報(낭보) 朗讀(낭독) 朗月(낭월) 朗朗(낭랑) 明朗(명랑)	보기 **좋게(良) 달(月)**빛이 환하고 '**밝음**'을 뜻한다.	朗	朗
흥 7급 정 7급	目	6급	目부	총5획	눈	목		目的(목적) 目禮(목례) 耳目(이목) 科目(과목) 題目(제목)	눈동자를 강조한 **눈(𝓞)**을 본떠 만든 '**눈**'을 뜻한다.	目	目
흥 5급 정 5급	見	5급	見부	총7획	볼 / 뵈올	견: / 현:		見聞(견문) 見本(견본) 見利思義(견리사의) 發見(발견)	**눈(目)**으로 자세히 보는 **사람(儿)**에서 '**보거나**' '**감상함**'을 뜻한다.	见	見
흥 준4급 정 준4급	現	6급	玉부	총11획	나타날	현:		現實(현실) 現金(현금) 現代(현대) 現在(현재) 表現(표현)	**옥(玉=王)**빛이 아름다워 눈에 띄게 **보임(見)**에서 '**나타나다**'를 뜻한다.	现	現

07 확인학습

1 다음 漢字의 訓과 音을 쓰세요.

(1) 樹 ☐ (2) 曲 ☐ (3) 農 ☐ (4) 豐 ☐
(5) 禮 ☐ (6) 體 ☐ (7) 去 ☐ (8) 法 ☐
(9) 擧 ☐ (10) 興 ☐ (11) 學 ☐ (12) 寫 ☐

(13) 擔 ☐ (14) 平 ☐ (15) 呼 ☐ (16) 眼 ☐
(17) 根 ☐ (18) 銀 ☐ (19) 退 ☐ (20) 限 ☐
(21) 良 ☐ (22) 朗 ☐ (23) 目 ☐ (24) 見 ☐
(25) 現 ☐

2 다음 漢字語의 讀音을 쓰세요.

(1) 樹液 ☐ (2) 曲藝 ☐ (3) 農業 ☐ (4) 豐盛 ☐
(5) 禮拜 ☐ (6) 體溫 ☐ (7) 除去 ☐ (8) 法律 ☐
(9) 擧動 ☐ (10) 興味 ☐ (11) 學術 ☐ (12) 複寫 ☐

(13) 擔任 ☐ (14) 平等 ☐ (15) 呼吸 ☐ (16) 眼球 ☐
(17) 根性 ☐ (18) 銀賞 ☐ (19) 退步 ☐ (20) 制限 ☐
(21) 良好 ☐ (22) 朗報 ☐ (23) 目禮 ☐ (24) 見聞 ☐

(25) 表現 ☐ (26) 樹木 ☐ (27) 曲直 ☐ (28) 豐凶 ☐
(29) 禮節 ☐ (30) 體育 ☐ (31) 去來 ☐ (32) 限界 ☐
(33) 平和 ☐

3 다음 訓과 音에 맞는 漢字를 쓰세요.

(1) 나타날 현 (2) 굽을 곡 (3) 농사 농 (4) 나무 수

(5) 몸 체 (6) 갈 거 (7) 부를 호 (8) 어질 량

(9) 배울 학 (10) 베낄 사 (11) 한할 한 (12) 밝을 랑

(13) 평평할 평 (14) 눈 안 (15) 멜 담 (16) 은 은

(17) 뿌리 근 (18) 일 흥 (19) 예도 례 (20) 법 법

(21) 볼 견 (22) 풍년 풍 (23) 들 거 (24) 눈 목

(25) 물러날 퇴

4 다음 밑줄 친 漢字語를 漢字로 쓰세요.

(1) 산림녹화 사업으로 수목이 짙푸르다. ( )

(2) 결혼은 예물보다 서로의 사랑이 더 중요하다. ( )

(3) 변덕스러운 날씨에는 체온 조절이 중요하다. ( )

(4) 나는 법학을 전공했다. ( )

(5) 학교 졸업 후 은행에 취직했다. ( )

(6) 휴지를 버리는 것은 양심을 버리는 행동이다. ( )

(7) 요즘은 현금 대신 카드를 많이 가지고 다닌다. ( )

08 門·其·同·向·勿 모양을 가진 한자

시험	한자	급수 / 부수 / 총획	훈	음	갑문 → 금문 → 소전	자원	중국	일본	어휘
	規	5급 / 見부 / 총11획	법	규		**지아비(夫)**나 **장부(夫)**가 모범을 **보이는(見)** 데서 '**법**' '**그림쇠**' '**원**'을 뜻한다.	规	規	規格(규격) 規則(규칙) 規律(규율) 新規(신규) 規定(규정)
진흥 준4급	視	4급Ⅱ / 見부 / 총12획	볼	시:		제단의 **신(示)**을 우러러 **보면(見)** 신이 나타나 보인다는 뜻으로 '**보다**' '**보이다**'가 된다.	视	視	視力(시력) 視野(시야) 視察(시찰) 直視(직시)
진흥 5급 / 검정 5급	親	6급 / 見부 / 총16획	친할	친	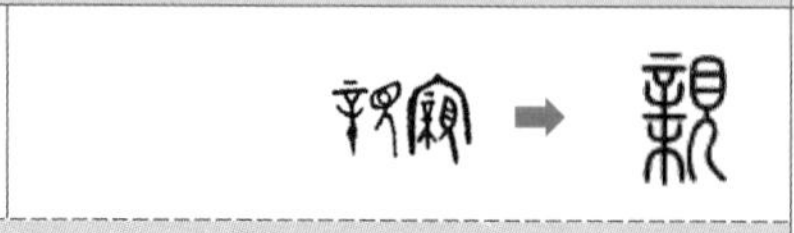	**가시(辛)** 달린 **나무(木)**가 **달라붙듯(亲=亲**;가시나무/작은 열매 **진)** 서로 친하게 **보는(見)** 데서 '**친하다**'로 쓰인다.	亲	親	親舊(친구) 親切(친절) 親善(친선) 父親(부친) *新(새 신)
진흥 8급 / 검정 8급	門	8급 / 門부 / 총8획	문	문		**문(門)** 앞에서 **입(口)**으로 물어보는 데서 '**묻다**'를 뜻한다.	门	門	門前成市(문전성시) 門前(문전) 大門(대문) 窓門(창문)
진흥 준5급 / 검정 5급	問	7급 / 口부 / 총11획	물을	문:	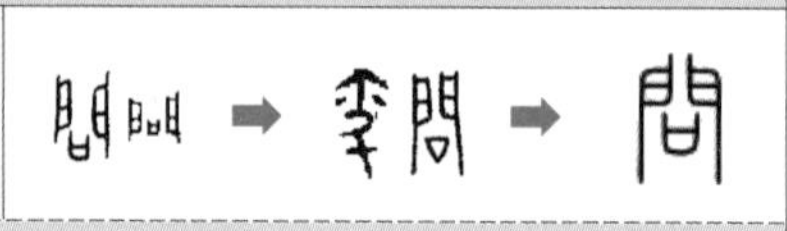	**문(門)** 앞에서 **입(口)**으로 물어보는 데서 '**묻다**'를 뜻한다.	问	問	問題(문제) 問病(문병) 問答(문답) 質問(질문) 訪問(방문)
진흥 5급 / 검정 5급	聞	6급 / 耳부 / 총14획	들을	문(:)		**문(門)** 밖에서 **귀로(耳)** 들음에서 '**듣다**'가 뜻이 된다.	闻	聞	聞一知十(문일지십) 新聞(신문) 見聞(견문) 風聞(풍문)
진흥 5급 / 검정 5급	開	6급 / 門부 / 총12획	열	개		**문(門)**의 **빗장(一)**을 **두 손(廾)**으로 여는 데서 '**열다**'가 뜻이 된다.	开	開	開放(개방) 開業(개업) 開通(개통) 開天節(개천절)
진흥 준5급 / 검정 5급	間	7급 / 門부 / 총12획	사이	간(:)		**문(門)**틈 사이로 **해(日)**나 **달(月)** 빛이 비쳐 들어오는 '**사이**'를 뜻한다.	间	間	間食(간식) 間接(간접) 時間(시간) 晝間(주간) 期間(기간)
진흥 준4급	基	5급 / 土부 / 총11획	터	기	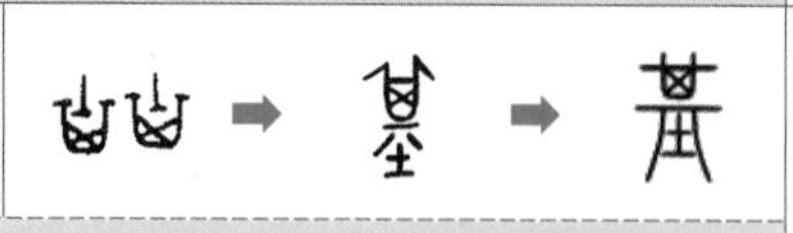	**삼태기(甘)**나 **키(其)**에 **흙(土)**을 담아 집 지을 바탕인 터를 다짐에서 '**터**'를 뜻한다. 참고 **其(그 기)** 일정한 곳에 두는 **키(甘)**와 **받침대(丌=六)**에서 '**그**' '**그곳**'을 뜻한다.	基	基	基本(기본) 基準(기준) 基地(기지) 基金(기금) 基因(기인)
진흥 준4급	期	5급 / 月부 / 총12획	기약할	기		일정한 장소에 두는 **키(其)**에 기간을 뜻하는 **달(月)**을 더해, 일정한 장소와 시간을 정해 만남을 '**기약함**'을 뜻한다.	期	期	期間(기간) 期待(기대) 期約(기약) 始期(시기) 學期(학기)
검정 5급	旗	7급 / 方부 / 총14획	기/깃발	기		곰과 호랑이를 그린 **기(㫃**: 깃발 **언)**를 일정한 **장소(其)**에 세워두던 군대의 '**기**'를 뜻한다. 참고 㫃(깃발 **언**) **깃대(方)**와 깃발(人=𠂉) 모양의 '**기**'.	旗	旗	旗手(기수) 軍旗(군기) 國旗(국기) 太極旗(태극기)
진흥 6급 / 검정 준5급	同	7급 / 口부 / 총6획	한가지	동	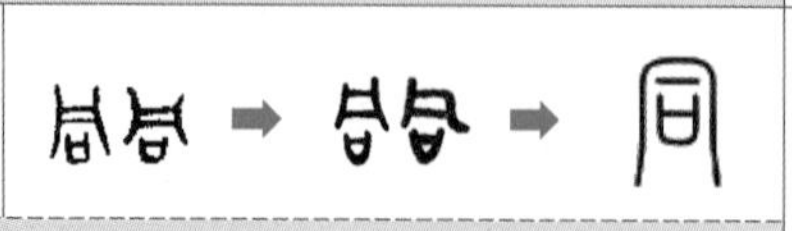	큰 돌을 들어 **여럿이(凡=冂) 우물입구(口)**를 덮는 모양, **많은(凡)** 사람의 **입(口)**, **그릇(口)**을 **덮은(凡)**모양 등을 뜻하여, 다 '**함께**' '**한 가지**'를 뜻한다.	同	同	同甲(동갑) 同居(동거) 同苦同樂(동고동락) 合同(합동)

갑문 금문 소전

흥 준5급 정 5급	洞	7급 水부 총9획	골 동: 밝을 통:	洞里(동리) 洞長(동장) 洞觀(통관) 洞察(통찰) 洞達(통달)	**물(氵)**이 **함께(同)** 모여 흐르는 '**골짜기**'의 물이 지나감에서 '**통하다**' '**밝다**'가 되고, **물(氵)**을 **함께(同)** 먹는 '**마을**' '**동네**'를 뜻하기도 한다.	중국 洞	일본 洞
	銅	4급Ⅱ 金부 총14획	구리 동	銅錢(동전) 銅賞(동상) 銅線(동선) 靑銅器(청동기)	유연한 성질 때문에 다른 **금속(金)**과 **함께(同)** 잘 섞이는 '**구리**'를 뜻한다.	중국 铜	일본 銅
흥 6급 정 준5급	向	6급 口부 총6획	향할 향:	向上(향상) 向方(향방) 向背(향배) 向後(향후) 動向(동향)	**집(宀=冂)** 벽에 뚫어 놓은 **창문(口)**이 밖을 향하는 데서 '**향하다**'를 뜻한다.	중국 向	일본 向
흥 준4급	常	4급Ⅱ 巾부 총11획	떳떳할 상	常用(상용) 常識(상식) 常綠樹(상록수) 正常(정상)	바지 **위(尙)**에 항상 꼽던 **베수건(巾)**이나, 항상 걸치던 **천(巾)**에서 '**항상**' '**떳떳함**'을 뜻한다. 참고 尙(오히려 **상**) 연기가 **나뉘어(八)** 밖을 **향해(向=冋)** '**위**'로 '**오히려**' '**높게**' 오름.	중국 常	일본 常
흥 준4급	賞	5급 貝부 총15획	상줄 상	賞金(상금) 賞品(상품) 賞罰(상벌) 觀賞魚(관상어)	계급이 **높은(尙)** 사람이 **재물(貝)**을 내려주어 '**상주다**'를 뜻한다.	중국 赏	일본 賞
흥 5급 정 준4급	堂	6급 土부 총11획	집 당	別堂(별당) 法堂(법당) 書堂(서당) 講堂(강당) 食堂(식당)	**높게(尙) 흙(土)**을 다진 터에 지은 건축물인 '**집**'을 뜻한다.	중국 堂	일본 堂
흥 5급 정 5급	當	5급 田부 총13획	마땅 당	當然(당연) 當面(당면) 當局(당국) 當選(당선) 當年(당년)	**높이(尙)** 있는 **밭(田)**이 크고 적음 등 모든 면이 '**대등**'한 데서 '**맞다**' '**마땅하다**'를 뜻한다.	중국 当	일본 当
	黨	4급Ⅱ 黑부 총20획	무리 당	黨舍(당사) 黨首(당수) 黨爭(당쟁) 新黨(신당)	**높게(尙)** 솟는 **검은(黑)** 연기에서 '**흐릿함**'을 뜻하나, 신체의 **높은(尙)** 부분인 얼굴에 **검게(黑)** 치장한 '**무리**' 나 부족, 또는 머리 **위에(尙)** 갓이 없는 **검은(黑)** 머리인 백성 '**무리**'.	중국 党	일본 党
흥 준5급 정 5급	物	7급 牛부 총8획	물건/만물 물	物件(물건) 物體(물체) 物品(물품) 物質(물질) 萬物(만물)	잡색 **소(牛)**를 **칼(刀)**로 잡아, 만물의 **부정(勿 ; 말 물)**을 없애는 데서 '**만물**' '**물건**'을 뜻한다. 참고 勿(말 **물**) '**금지**'를 알리는 깃발이나 **칼(刀)**에서 '**말다**' '**없다**'를 뜻함.	중국 物	일본 物
흥 5급 정 준4급	陽	6급 阜부 총12획	볕 양	陽地(양지) 陽氣(양기) 陽極(양극) 夕陽(석양) 太陽(태양)	**언덕(阝)**에 **햇볕(昜)**이 내리 쪼이는 데서 '**별**'을 뜻한다. 참고 昜(볕 **양**) ; **해(日)**아래 높이 세운 **장대(丆)**와 아래 **햇살(勿)**을 그려 밝은 태양의 '**볕**'을 뜻한다.	중국 阳	일본 陽
흥 준5급 정 5급	場	7급 土부 총12획	마당 장	場所(장소) 市場(시장) 開場(개장) 運動場(운동장)	**땅(土)**에 곡식을 심지 않아 **햇볕(昜)**만 가득한, 신에게 제를 드리던 '**마당**' 을 뜻한다. 참고 넓은 **땅(土)**으로 **햇볕(昜)**이 잘 드는 '**마당**'.	중국 场	일본 場
흥 8급 정 8급	日	8급 日부 총4획	날 일	日記(일기) 日氣(일기) 日本(일본) 日出(일출) 日課(일과)	변함없이 둥글고 밝은 **태양(⊙)**의 모양으로, '**해**' '**날**' '**시간**'과 관계있다.	중국 日	일본 日
	壇	5급 土부 총16획	단/제터 단	壇上(단상) 敎壇(교단) 花壇(화단) 基壇(기단) 祭壇(제단)	**흙(土)**을 쌓아 만든 **창고(亶)**처럼 '**평평한**' 제단에서 '**단**'을 뜻한다. 참고 亶(믿음 **단**) **높게(亠) 둘러싼(回) 창고**(㐭 ; 쌀광 **름**)에 **아침해**(旦 ; 아침 **단**)처럼 솟아 가득 차 '**믿음직**'함.	중국 坛	일본 壇

08 확인학습

1 다음 漢字의 訓과 音을 쓰세요.

(1) 規 (2) 視 (3) 親 (4) 門
(5) 問 (6) 聞 (7) 開 (8) 間
(9) 基 (10) 期 (11) 旗 (12) 同

(13) 洞 (14) 銅 (15) 向 (16) 常
(17) 賞 (18) 堂 (19) 當 (20) 黨
(21) 物 (22) 陽 (23) 場 (24) 日
(25) 壇

2 다음 漢字語의 讀音을 쓰세요.

(1) 規格 (2) 視力 (3) 親舊 (4) 門前
(5) 訪問 (6) 見聞 (7) 開放 (8) 間食
(9) 基準 (10) 期約 (11) 旗手 (12) 同甲

(13) 洞達 (14) 銅錢 (15) 向背 (16) 常用
(17) 賞品 (18) 食堂 (19) 當然 (20) 黨首
(21) 物質 (22) 夕陽 (23) 場所 (24) 日課

(25) 花壇 (26) 規則 (27) 門戶 (28) 問答
(29) 開閉 (30) 基本 (31) 正常 (32) 賞罰
(33) 陰陽

3 다음 訓과 音에 맞는 漢字를 쓰세요.

(1) 볼 시 　 (2) 문 문 　 (3) 터 기 　 (4) 구리 동

(5) 들을 문 　 (6) 법 규 　 (7) 마땅 당 　 (8) 볕 양

(9) 기약할 기 　 (10) 한가지 동 　 (11) 마당 장 　 (12) 사이 간

(13) 향할 향 　 (14) 열 개 　 (15) 골 동 　 (16) 떳떳할 상

(17) 상줄 상 　 (18) 기 기 　 (19) 무리 당 　 (20) 물건 물

(21) 친할 친 　 (22) 단 단 　 (23) 날 일 　 (24) 물을 문

(25) 집 당

4 다음 밑줄 친 漢字語를 漢字로 쓰세요.

(1) 오랜 친구 사이는 언제 만나도 편안하다. ………… (　　　)

(2) 모르는 것은 질문을 해야 한다. ………… (　　　)

(3) 새로 개통된 고속 도로여서 막히지 않는다. ………… (　　　)

(4) 어려운 이웃을 돕기 위해 기금을 조성했다. ………… (　　　)

(5) 국기는 한 나라의 상징이다. ………… (　　　)

(6) 마을 회관에서 합동 결혼식이 있었다. ………… (　　　)

(7) 최근에 새로운 별이 발견되었다. ………… (　　　)

09 日·白·月·比·化 모양을 가진 한자

급수	한자	급수·부수·획수	훈음	활용 단어	풀이	중국	일본
	檀	4급Ⅱ / 木부 / 총17획	박달나무 단	檀君(단군) 檀紀(단기) 檀木(단목) 檀家(단가) 黑檀(흑단)	**나무(木)**가 **믿음직한(亶)** 창고처럼 향기가 오래가고 신성한 '**박달나무**'를 뜻한다.	檀	檀
	得	4급Ⅱ / 彳부 / 총11획	얻을 득	取得(취득) 得失(득실) 得票(득표) 所得(소득) 利得(이득)	길(彳)을 다니며 **재물(貝=旦)**을 **손(寸)**으로 구하는 데서 '**얻다**' '**이득**'을 뜻한다.	得	得
진흥 준4급	早	4급Ⅱ / 日부 / 총6획	이를/아침 조:	早起(조기) 早退(조퇴) 早期(조기) 早産(조산) 早速(조속)	**해(日)**가 나무나 **풀(屮=十)**위에, 또는 **해(日)**가 **높게(十)** 솟는 '**이른**' 아침을 뜻한다. 또는 상수리열매를 본떠 만든 자로 음이 같아 차용된 글자.	早	早
진흥 준5급 / 검정 5급	草	7급 / 艸부 / 총10획	풀 초	草木(초목) 草原(초원) 草書(초서) 草創期(초창기)	**풀(艹)**과 **상수리열매(早)**로 '**풀**'을 뜻하며, **풀(艹)**이 봄에 일찍**(早)** 나옴에서 '**풀**'을 뜻한다.	草	草
진흥 5급 / 검정 5급	竹	4급Ⅱ / 竹부 / 총6획	대 죽	竹馬故友(죽마고우) 竹刀(죽도) 竹細工(죽세공) 竹林(죽림)	'**대나무 잎(𥫗)**'을 강조한 문자로, '**대로 만든 도구**' 이름에 많이 쓰인다.	竹	竹
	卓	5급 / 十부 / 총8획	높을/뛰어날 탁	卓見(탁견) 卓子(탁자) 卓球(탁구) 卓上空論(탁상공론)	높이 나는 **새(匕=⺊)**를 **그물(网=日)**이 달린 긴 **손잡이(十)** 달린 그물(⺊)로 새를 잡는 데서 '**높다**'를 뜻한다.	卓	卓
	唱	5급 / 口부 / 총11획	부를 창:	唱曲(창곡) 歌唱(가창) 合唱(합창) 四重唱(사중창)	**입(口)**으로 부르는 **해(日)**처럼 밝고 분명한 **말(曰)**로, 아름답고 큰 **소리(昌)**에서 '**노래**' '**부름**'을 뜻한다. 참고 昌(창성할 **창**) **해(日)**처럼 밝고 분명한 **말(曰)**에서 '**창성함**'을 뜻한다.	唱	唱
진흥 8급 / 검정 7급	白	8급 / 白부 / 총5획	흰 백	白雪(백설) 白衣(백의) 白馬(백마) 白頭山(백두산)	흰 '**쌀**' 이나 '**엄지손톱**' '**빛**' 모양으로 '**희다**' '**깨끗하다**' '**공백**' '**밝다**' '**좋은 말**'을 뜻한다.	白	白
진흥 5급 / 검정 5급	習	6급 / 羽부 / 총11획	익힐 습	習得(습득) 練習(연습) 自習(자습) 風習(풍습) 實習(실습)	**날개(羽)**를 쳐든 솜털이 **하얀(白)** 새가 **햇볕(日=白)** 아래서 날개 짓을 '**익힘**'을 뜻한다.	习	習
진흥 7급 / 검정 6급	百	7급 / 白부 / 총6획	일백 백	百姓(백성) 百貨店(백화점) 百發百中(백발백중)	**한(一)** 묶음의 단위로 **흰(白)**쌀을 헤아리던 데서 쌀 '**일백**' 개를 뜻하며, 白위에 二·三을 더해 이백, 삼백을 뜻하기도 했다.	百	百
진흥 준4급 / 검정 준4급	宿	5급 / 宀부 / 총11획	잘 숙 / 별자리 수:	宿所(숙소) 宿題(숙제) 宿食(숙식) 宿直(숙직) 星宿(성수)	**집(宀)**안에서 **사람(亻)**이 **자리(𦣻=百)**를 펴고 누워 '**자는**' 모습에서 '**자다**' '**묵다**'를 뜻한다.	宿	宿
진흥 5급 / 검정 5급	線	6급 / 糸부 / 총15획	줄 선	線路(선로) 線香(선향) 直線(직선) 實線(실선) 接線(접선)	**실(糸)**이 흐르는 **샘물(泉)**처럼 길게 늘어진 '**줄**'이나 '**끈**'을 뜻한다. 참고 泉(샘 **천**) **깨끗한(白)** **물(水)**인 솟는 '**샘**'으로, **샘(白)** 가운데서 **물(水)**이 흘러나오는 '**샘**'을 뜻한다.	线	線

급수	한자	급수/부수/획수	훈	음	갑문 → 금문 → 소전	자원	중국	일본	낱말
흥 5급 정 5급	原	5급 厂부 총10획	언덕	원		언덕(厂) 아래 샘(泉=泉)이 솟는 물의 '근원'으로 '언덕'을 뜻한다.	原	原	原始(원시) 原告(원고) 原動力(원동력) 高原(고원)
흥 준4급	願	5급 頁부 총19획	원할	원:		높은 언덕(原)처럼 생각이 많은 큰 머리(頁)에서 '원하다'가 뜻이 된다.	愿	願	民願(민원) 所願(소원) 請願(청원) 願書(원서)
흥 준5급 정 5급	韓	8급 韋부 총17획	한국/나라	한(:)		해가 돋아(倝;해돋을 간=卓) 가죽(韋)처럼 우물을 둘러싸고 비추는 '우물난간'으로, 뜨는 해에(倝=卓) 감싸인(韋) 동방의 나라 '대한민국'인 '한국'을 뜻한다.	韩	韓	韓國(한국) 韓方(한방) 韓醫院(한의원) 韓食(한식)
흥 5급 정 5급	朝	6급 月부 총12획	아침	조		위아래 초목(艹) 사이에 해(日)가 떠오르고(卓) 달(月)이 아직 지지 않은 이른 '아침'을 뜻한다.	朝	朝	朝會(조회) 朝鮮(조선) 朝夕(조석) 王朝(왕조) 國朝(국조)
흥 8급 정 8급	月	8급 月부 총4획	달	월		둥글지 않은 달(D)의 모습을 나타낸 글자로 '달'을 뜻한다.	月	月	月給(월급) 月光(월광) 月間(월간) 月末(월말) 日月(일월)
흥 5급 정 5급	明	6급 日부 총8획	밝을	명		해(日)가 뜨고 달(月)이 지니 '밝음', 또는 창문(囧·冏=日)옆에 밝은 달(月)로 '밝음'을 뜻한다.	明	明	明白(명백) 明度(명도) 明朗(명랑) 明暗(명암) 發明(발명)
흥 준4급	比	5급 比부 총4획	견줄	비:		두 사람(从)이 가깝게 나란히 서 있는 모양에서 '견주다' '비기다' '돕다' '같다'를 뜻한다.	比	比	比重(비중) 比等(비등) 比例(비례) 比價(비가) 對比(대비)
	指	4급Ⅱ 手부 총9획	가리킬	지		손(扌)으로 음식 맛(旨)을 보는 '손가락'에서 '가리키다'를 뜻함. **참고** 旨(뜻/맛 지) 수저(匕)로 음식을 입(口=日=日)에 넣어 '맛'을 봄에서, 일의 '의미' '뜻'을 뜻한다.	指	指	指導(지도) 指向(지향) 指目(지목) 指名打者(지명타자)
흥 준4급 정 준4급	化	5급 匕부 총4획	될	화(:)		바로 선 사람(亻)과 거꾸로 선 사람(匕)을 그려 '변화'를 뜻하여 바뀌어 '되다'를 뜻한다.	化	化	化合(화합) 化學(화학) 化石(화석) 化生(화생) 進化(진화)
흥 5급 정 5급	花	7급 艸부 총8획	꽃	화		풀(艹)이 자라서 변하여(化) '꽃'이 됨을 뜻한다. 본래 華(꽃 화)를 초서로 쓴 모양이다.	花	花	花園(화원) 花壇(화단) 花草(화초) 造花(조화) 開花(개화)
	貨	4급Ⅱ 貝부 총11획	재물	화:		바꾸어(化) 돈(貝)이 되는 모든 물건으로 '재물'을 뜻한다.	货	貨	貨物車(화물차) 財貨(재화) 金貨(금화) 寶貨(보화)
흥 6급 정 8급	北	8급 匕부 총5획	북녘 달아날	북 배		두 사람(从)이 등지고 있는 데서 '배신하다' '달아나다'를 뜻하며, 해를 등진 '북쪽'을 뜻한다.	北	北	北部(북부) 北韓(북한) 北京(북경) 北極(북극) 敗北(패배)
	背	4급Ⅱ 肉부 총9획	등	배:		북(北)으로 향한 사람의 몸(月)에서 '등'을 뜻하나, '배신'의 뜻으로도 쓰인다.	背	背	背景(배경) 背信(배신) 背恩(배은) 背反(배반) 背光(배광)

09 확인학습

1 다음 漢字의 訓과 音을 쓰세요.

(1) 檀 ☐	(2) 得 ☐	(3) 早 ☐	(4) 草 ☐
(5) 竹 ☐	(6) 卓 ☐	(7) 唱 ☐	(8) 白 ☐
(9) 習 ☐	(10) 百 ☐	(11) 宿 ☐	(12) 線 ☐
(13) 原 ☐	(14) 願 ☐	(15) 韓 ☐	(16) 朝 ☐
(17) 月 ☐	(18) 明 ☐	(19) 比 ☐	(20) 指 ☐
(21) 化 ☐	(22) 花 ☐	(23) 貨 ☐	(24) 北 ☐
(25) 背 ☐			

2 다음 漢字語의 讀音을 쓰세요.

(1) 檀君 ☐	(2) 得票 ☐	(3) 早退 ☐	(4) 草原 ☐
(5) 竹刀 ☐	(6) 卓見 ☐	(7) 歌唱 ☐	(8) 白雪 ☐
(9) 習得 ☐	(10) 百姓 ☐	(11) 宿食 ☐	(12) 直線 ☐
(13) 原始 ☐	(14) 民願 ☐	(15) 韓方 ☐	(16) 朝會 ☐
(17) 月給 ☐	(18) 明度 ☐	(19) 比重 ☐	(20) 指目 ☐
(21) 進化 ☐	(22) 花壇 ☐	(23) 財貨 ☐	(24) 北極 ☐
(25) 背信 ☐	(26) 得失 ☐	(27) 早速 ☐	(28) 草木 ☐
(29) 告白 ☐	(30) 練習 ☐	(31) 請願 ☐	(32) 朝夕 ☐
(33) 財貨 ☐			

3 다음 訓과 音에 맞는 漢字를 쓰세요.

(1) 얻을 득	(2) 풀 초	(3) 등 배	(4) 재물 화
(5) 높을 탁	(6) 부를 창	(7) 흰 백	(8) 박달나무 단
(9) 익힐 습	(10) 줄 선	(11) 달 월	(12) 대 죽
(13) 원할 원	(14) 한국 한	(15) 아침 조	(16) 꽃 화
(17) 밝을 명	(18) 견줄 비	(19) 가리킬 지	(20) 언덕 원
(21) 북녘 북	(22) 이를 조	(23) 잘 숙	(24) 될 화
(25) 일백 백			

4 다음 밑줄 친 漢字語를 漢字로 쓰세요.

(1) 아버지께서는 아침마다 신문을 읽으신다. ( )

(2) 산천의 초목은 새들의 보금자리다. ( )

(3) 배우는 시간보다 자습하는 시간이 많으면 성적이 오른다. ( )

(4) 선수들의 숙소는 외부인 출입금지 지역이다. ( )

(5) 월요일에는 운동장에서 아침 조회를 한다. ( )

(6) 발명으로 인류문명이 발전되었다. ( )

(7) 어머니는 화초를 좋아하신다. ( )

10 皀·戈·由·田·里 모양을 가진 한자

급수	한자	급수/부수/획수	훈	음	설명	중국	일본
	節	5급 / 竹부 / 총15획	마디	절	**대(竹)**가 자라 **나아가며(卽)** 생기는 '**마디**', **죽간(竹)**에 쓴 대로 **음식(皀; 고소할 흡)**을 드리고 **몸(卩)**을 굽혀 받드는 데서 '**예절**' '**절도**'를 뜻하기도 한다.	节	節
		節約(절약) 節電(절전) 節氣(절기) 節制(절제) 節減(절감)					
	鄕	4급Ⅱ / 邑부 / 총13획	시골	향	**두 사람(卯)**이 **음식(皀)**을 두고 마주앉은 모습이나, **두 고을([illegible]=郒)**이나 이웃과 잔치하는 '**시골**' 마을을 뜻한다. 후에 다시 '皀'은 '乡'로 변했다.	乡	郷
		鄕樂(향악) 鄕歌(향가) 京鄕(경향) 望鄕(망향) 故鄕(고향)					
진흥 준4급	武	4급Ⅱ / 止부 / 총8획	호반/군사	무:	**창(戈)**을 들고 **발(止)**로 돌아다니는 '**군사**'에서 '**호반**'을 뜻한다.	武	武
		武士(무사) 武術(무술) 武官(무관) 武道(무도) 武勇(무용)					
진흥 준5급 검정 5급	代	6급 / 人부 / 총5획	대신	대:	**사람(亻)** 일을 **주살(弋)**이 '**대신**'함을 뜻함. **참고** 주살:줄을 매단 화살.	代	代
		代身(대신) 代表(대표) 代金(대금) 代案(대안) 代價(대가)					
진흥 5급 검정 준4급	式	6급 / 弋부 / 총6획	법	식	**주살(弋)**을 일정하게 만드는 **장인(工)**의 '**방법**'이나 '**법**'을 뜻한다.	式	式
		式年(식년) 式順(식순) 方式(방식) 形式(형식) 格式(격식)					
진흥 준4급	試	4급Ⅱ / 言부 / 총13획	시험	시(:)	**말(言)**함을 보고 **법(式)**에 맞는지를 살피는 데서 '**시험**'을 뜻한다.	试	試
		試驗(시험) 試飮(시음) 試圖(시도) 試食(시식) 試寫(시사)					
	伐	4급Ⅱ / 人부 / 총6획	칠	벌	**사람(亻)**이 **창(戈)**으로 머리나 목을 치는 데서 '**치다**' '**베다**'를 뜻한다.	伐	伐
		伐木(벌목) 伐草(벌초) 伐氷(벌빙) 殺伐(살벌)					
진흥 준5급 검정 5급	國	8급 / 口부 / 총11획	나라	국	둘레를 **에워(口)**싸 **혹시(或)** 모를 적을 막는 구역에서 '**나라**'를 뜻한다. **참고** 或(혹 혹) 창(戈)을 들고 넓은 **경계(口)**의 일정한 **한(一)** 곳에 '**혹시**' 모를 적의 침입을 막음을 뜻한다.	国	国
		國家(국가) 國民(국민) 國語(국어) 國軍(국군) 國歌(국가)					
	減	4급Ⅱ / 水부 / 총12획	덜	감:	**물(氵)**이 줄어 결국 **다(咸)** 없어짐에서 '**덜다**' '**줄어들다**'를 뜻한다. **참고** 咸(다 함) **무기(戌)**를 들고 **입(口)**을 모아 '**모두**' 적을 향해 고함을 치는 데서 '**모두**' '**다**'를 뜻한다.	减	減
		減産(감산) 減員(감원) 減量(감량) 減殺(감쇄) 減軍(감군)					
진흥 5급 검정 준4급	感	6급 / 心부 / 총13획	느낄	감:	온몸으로 **다(咸)**느껴지는 **마음(心)**으로 감동을 뜻하여 '**느끼다**'를 뜻한다.	感	感
		情感(정감) 所感(소감) 感謝(감사) 感想(감상) 感氣(감기)					
진흥 5급 검정 5급	成	6급 / 戈부 / 총7획	이룰	성	**무기(戊)**를 들고 나아가 **못(丁)**을 박듯, 자신의 뜻을 이루는 데서 '**이루다**' '**나아가다**' '**정하다**'를 뜻한다.	成	成
		成功(성공) 成人(성인) 成果(성과) 養成(양성)					
진흥 준4급	城	4급Ⅱ / 土부 / 총10획	재/성	성	**흙(土)**을 쌓아 **이룬(成)** 안쪽 '**성**' '**재**' '**나라**'를 뜻한다. 바깥쪽 성은 郭(성곽)이라 한다.	城	城
		城門(성문) 城壁(성벽) 山城(산성) 南漢山城(남한산성)					

흥/정	한자	급수	부수	총획	훈	음	갑문 → 금문 → 소전	풀이	중국	일본	어휘
	盛	4급Ⅱ	皿부	총12획	성할	성:		제물을 가득 담아 **이루어(成)** 놓은 **그릇(皿)**으로 '**성하다**' '**담다**'를 뜻한다.	盛	盛	盛大(성대) 盛行(성행) 強盛(강성) 全盛期(전성기)
흥 준4급	誠	4급Ⅱ	言부	총14획	정성	성		**말(言)**을 **이루려고(成)** 참된 믿음을 다하는 데서 '**정성**' '**진실**'을 뜻한다.	诚	誠	誠實(성실) 誠金(성금) 精誠(정성) 至誠感天(지성감천)
흥 준4급	歲	5급	止부	총13획	해	세:	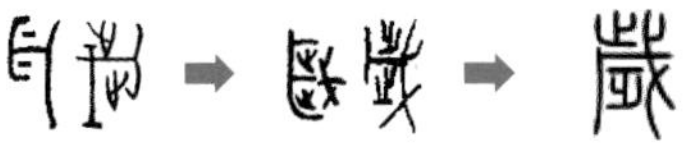	**도끼(戌)**의 큰 날에 상하구멍 표시인 '**止(지)**+少'를 겹쳐 **步(보)**를 뜻하여, **창(戌)**으로 농작물을 수확하여 한 해가 **지나감(步)**에서 '**해**' '**나이**' 등을 뜻한다.	岁	歳	歲月(세월) 歲拜(세배) 歲寒三友(세한삼우) 過歲(과세)
흥 준4급	鐵	5급	金부	총21획	쇠	철		**금속(金)**중에 땅을 **갈라**(𢦏 ; 손상할 재) 파면 쉽게 **드러나(呈)**는 **빠르고(䥫 : 빠를 질)** 쉽게 얻어지는 '**쇠**'를 뜻한다.	铁	鉄	鐵橋(철교) 鐵工(철공) 鐵道(철도) 鐵絲(철사) 鐵壁(철벽)
	申	4급Ⅱ	田부	총5획	납(원숭이)/펼	신		**번개(㇉)**가 내리치며 갈라져 펼쳐지는 모양에서 '**펴다**'가 뜻이나, **지지(地支)**로 쓰이며 '**납**(원숭이)'을 뜻한다.	申	申	申告(신고) 申請(신청) 申時(신시) 開申(개신) 內申(내신)
흥 5급 정 5급	神	6급	示부	총10획	귀신	신		**신(示)**이 하늘에서 **번개(申)**를 **펼쳐(申)** 내리는, 만물의 '**신**'이나 하늘의 신에서 '**귀신**'을 뜻한다.	神	神	神仙(신선) 神童(신동) 神經質(신경질) 精神(정신)
흥 준4급 정 준4급	由	6급	田부	총5획	말미암을	유		대를 쪼개어 **삼태기(㽕)**처럼 만든 대그릇으로 여러 가지 용도로 사용되어 '**말미암다**'를 뜻한다. 참고 甾(액체그릇 **치**)의 변형으로도 본다.	由	由	由來(유래) 理由(이유) 事由(사유) 自由主義(자유주의)
흥 5급 정 준4급	油	6급	水부	총8획	기름	유		**물(氵)** 같은 액체로 식물의 열매나 씨를 **대그릇(由)**에 담아 눌러 짜내거나, 동물의 지방인 '**기름**'을 뜻한다.	油	油	油紙(유지) 石油(석유) 原油(원유) 油畫(유화)
흥 5급 정 5급	田	4급Ⅱ	田부	총5획	밭	전		경계가 분명한 **농토(田)**인 '**밭**'으로 삶의 터전을 뜻하며, 畾(밭갈 **피**/성채 **뢰**)의 약자로도 쓴다.	田	田	田園(전원) 田宅(전택) 火田(화전) 油田(유전) 山田(산전)
흥 7급 정 8급	男	7급	田부	총7획	사내	남		**밭(田)**에 나가 **쟁기(力)**로 **힘(力)**써 밭을 가는 '**남자**'를 뜻한다. 참고 '**力(력)**'은 **농기구의 모양**이다.	男	男	男子(남자) 男便(남편) 快男(쾌남) 男兒(남아) 男女(남녀)
	細	4급Ⅱ	糸부	총11획	가늘	세:		**실(糸)**이 갓난아이 **정수리(囟=田 : 숨구멍)**처럼 '**약하여**' '**가늘다**'를 뜻한다.	细	細	細密(세밀) 細心(세심) 細工(세공) 細筆(세필) 明細(명세)
흥 5급 정 준4급	界	6급	田부	총9획	지경	계:		**논밭(田)**이나 땅의 사이에 **끼어**(介;끼일 **개**) 있는 경계에서 '**지경**'을 뜻한다. 참고 介(끼일 **개**) **사람(人)** 사이에 **끼어**(刂) '**끼다**'를 뜻한다.	界	界	境界(경계) 世界(세계) 仙界(선계) 外界(외계) 學界(학계)
흥 준5급 정 5급	里	7급	里부	총7획	마을	리:		**밭(田)**과 **땅(土)**이 있어 사람이 살기 좋은 '**마을**'을 뜻한다.	里	里	里長(이장) 鄕里(향리) 洞里(동리) 千里(천리)

10 확인학습

1 다음 漢字의 訓과 音을 쓰세요.

(1) 節 (2) 鄕 (3) 武 (4) 代
(5) 式 (6) 試 (7) 伐 (8) 國
(9) 減 (10) 感 (11) 成 (12) 城

(13) 盛 (14) 誠 (15) 歲 (16) 鐵
(17) 申 (18) 神 (19) 由 (20) 油
(21) 田 (22) 男 (23) 細 (24) 界
(25) 里

2 다음 漢字語의 讀音을 쓰세요.

(1) 節減 (2) 鄕歌 (3) 武官 (4) 代表
(5) 式順 (6) 試飮 (7) 伐草 (8) 國語
(9) 減產 (10) 感謝 (11) 成功 (12) 城壁

(13) 強盛 (14) 誠實 (15) 歲月 (16) 鐵道
(17) 內申 (18) 情神 (19) 由來 (20) 石油
(21) 田園 (22) 男便 (23) 細心 (24) 境界

(25) 里長 (26) 京鄕 (27) 武士 (28) 代身
(29) 伐木 (30) 減少 (31) 成果 (32) 精誠
(33) 申告

3 다음 訓과 音에 맞는 漢字를 쓰세요.

(1) 시골 향 (2) 가늘 세 (3) 대신 대 (4) 해 세

(5) 시험 시 (6) 나라 국 (7) 성할 성 (8) 기름 유

(9) 이룰 성 (10) 재 성 (11) 칠 벌 (12) 지경 계

(13) 정성 성 (14) 쇠 철 (15) 납 신 (16) 법 식

(17) 말미암을유 (18) 호반 무 (19) 덜 감 (20) 마을 리

(21) 사내 남 (22) 밭 전 (23) 느낄 감 (24) 귀신 신

(25) 마디 절

4 다음 밑줄 친 漢字語를 漢字로 쓰세요.

(1) 이번 대회부터 경기 방식이 새롭게 바뀌었다. ( )

(2) 10월 1일은 국군의 날이다. ( )

(3) 꾸준한 노력으로 좋은 성과를 올렸다. ( )

(4) 신문에 한자 신동에 관한 기사가 실렸다. ( )

(5) 우리 나라 경제는 석유값에 민감하다. ( )

(6) 요즘은 남편들도 가사일에 적극적이다. ( )

(7) 줄기세포 연구에 관련 학계가 분주하다. ( )

11 重·會·工·亡·中 모양을 가진 한자

시험 급수	한자	급수·부수·획수	훈음	풀이	중국	일본	용례
진흥 5급 검정 5급	理	6급 玉부 총11획	다스릴 리:	옥(玉=王)을 밭(田)과 땅(土)을 나누어 정리한 마을(里)처럼 결에 따라 쪼개고 다듬는 데서 '다스리다'를 뜻한다.	理	理	理致(이치) 料理(요리) 理曲(이곡) 原理(원리) 物理(물리)
진흥 준4급	量	5급 里부 총12획	헤아릴/수량 량	입(口=曰)벌린 자루(東)를 땅(土)에 놓고 물건을 헤아리는 데서 '헤아리다' '세다'를 뜻한다. 무게(重)를 말하여(曰) '헤아림'이라고도 한다.	量	量	容量(용량) 重量(중량) 減量(감량) 質量(질량) 分量(분량)
진흥 5급 검정 준4급	童	6급 立부 총12획	아이 동:	서서(立) 뛰노는 마을(里) 입구의 '아이'로 보이나, 고문도구(辛)로 눈(罒)을 찔리는 무거운(重) 벌을 받는 죄인이나 노예로, '노예'처럼 어리석고 철이 없는 '아이'를 뜻한다.	童	童	童心(동심) 童詩(동시) 童話(동화) 童觀(동관) 兒童(아동)
진흥 5급 검정 5급	重	7급 里부 총9획	무거울/거듭 중:	사람(亻)이 무겁고 중요한 짐(東)을 지고 있는 데서 '무겁다' '중요하다' '거듭'을 뜻한다.	重	重	重要(중요) 重視(중시) 重責(중책) 重大(중대) 體重(체중)
진흥 준4급 검정 준4급	動	7급 力부 총11획	움직일 동:	무거운(重) 짐을 등에 지고 힘(力)으로 옮기는 데서 '움직임'을 뜻한다.	动	動	動力(동력) 動物(동물) 移動(이동) 自動(자동) 手動(수동)
진흥 준4급	種	5급 禾부 총14획	씨 종(:)	벼(禾) 중에 충실하고 무겁게(重) 잘 여문 것을 '씨' '종자'로 씀을 뜻한다.	种	種	種族(종족) 種別(종별) 種類(종류) 變種(변종) 種子(종자)
진흥 준4급 검정 준4급	黑	5급 黑부 총12획	검을 흑	사람이 불(灬)길에 검게 그을림, 또는 얼굴에 검은 문신한 사람에서 '검다'를 뜻한다. 굴뚝(囪) 아래 흙(土) 아궁이에 불(灬)을 피워 생기는 '검은'연기나 그을음.	黑	黑	黑白(흑백) 黑人(흑인) 暗黑(암흑) 黑板(흑판) 黑角(흑각)
	增	4급Ⅱ 土부 총15획	더할 증	집을 짓거나 농사할 때 흙(土)을 거듭(曾) 더함에서 '더하다'를 뜻한다. 참고 曾(일찍 증) 증기가 오르는(八) 시루(囪)를 쌓은 솥(曰)에서 '일찍' '거듭'을 뜻한다.	增	増	增加(증가) 增強(증강) 增設(증설) 增産(증산) 增減(증감)
진흥 5급 검정 5급	會	6급 曰부 총13획	모일 회:	뚜껑(亼)아래 제물(囪)과 제기(曰) 모양으로 제물을 차리고 여럿이 '모여' 회의하거나, 지붕(亼) 아래 여러 물건(囪)을 모아둔 창고(曰)에서 '모이다'를 뜻한다.	会	会	會見(회견) 會談(회담) 會費(회비) 會社(회사) 會減(회감)
진흥 5급 검정 5급	無	5급 火부 총12획	없을 무	사람이 양손에 몸이 없는 짐승 꼬리를 들고 춤추는 모양으로, 몸이 없는 데서 '없다'로 쓰였다.	无	無	無色(무색) 無名(무명) 無職(무직) 無敵(무적) 無價(무가)
진흥 준4급 검정 준4급	臣	5급 臣부 총6획	신하 신	몸을 굽히고 눈을 치켜뜬 노예나 죄인의 모습으로, 신분이 낮은 '신하'를 뜻한다. 臣(신)자가 들어가는 글자는 '눈' 모양으로 '보다'를 뜻한다.	臣	臣	臣下(신하) 臣道(신도) 忠臣(충신) 家臣(가신) 功臣(공신)
	賢	4급Ⅱ 貝부 총15획	어질 현	의지나 충성심이 굳고(臤) 재주가 많아 나라의 재물(貝)이 되는 '어진' 신하를 뜻한다.	贤	賢	賢明(현명) 賢人(현인) 賢者(현자) 聖賢(성현) 先賢(선현)

검정	한자	급수	부수	총획	훈	음	갑문 → 금문 → 소전	어휘	풀이	중국	일본
	監	4급Ⅱ	皿부	총14획	볼	감		監督(감독) 監視(감시) 監察(감찰) 監理(감리) 校監(교감)	**눈(臣)**으로 **사람(人=𠂉)**이 물 한(一) **그릇(皿)**을 떠놓고 비추어 '**봄**'을 뜻한다.	监	監
흥 7급 정 준5급	工	7급	工부	총3획	장인	공		工事(공사) 工場(공장) 工業(공업) 工作(공작) 工具(공구)	정교하게 일을 하기 위한 **장인**의 **도구(工)**로, 물건을 자르는 도구나 재는 '**자**', 또는 흙을 다지는 도구 등에서 '**장인**' '**도구**' '**기능**' '**재주**' '**만들다**'를 뜻한다.	工	工
흥 5급 정 5급	功	6급	力부	총5획	공	공		功勞(공로) 功臣(공신) 功過(공과) 恩功(은공) 功德(공덕)	**장인(工)**이 **힘(力)**을 다하여 일하는 데서, 일의 '**공**' '**명예**'를 뜻한다.	功	功
흥 준5급 정 5급	空	7급	穴부	총8획	빌	공		空間(공간) 空軍(공군) 空氣(공기) 空港(공항) 空談(공담)	**굴(穴)**을 파서 **만든(工)** 집의 형태에서 '**비다**' '**다하다**' '**공간**' '**하늘**'을 뜻한다.	空	空
흥 7급 정 7급	江	7급	水부	총6획	강	강		江山(강산) 江村(강촌) 江湖(강호) 江南(강남) 漢江(한강)	**물(氵)**이 수년을 흘러 **만든(工)** '**강**'으로, 중국의 '**長江(장강)**'을 뜻한다.	江	江
흥 준4급 정 준4급	亡	5급	亠부	총3획	망할	망	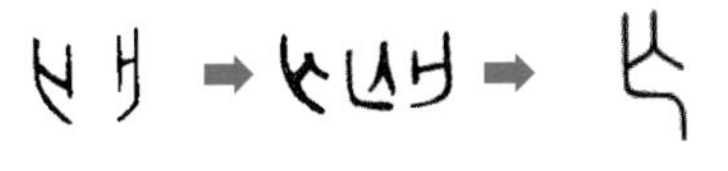	亡身(망신) 亡命(망명) 亡國(망국) 亡羊(망양) 死亡(사망)	'ㅂ'을 **칼(匕)**끝이 **잘림(丿)**, **사람(人)** 손을 **자름(以·ㄐ)**, **눈(臣)**동자를 멀게함, 등으로 보아, '**없다**' '**망하다**' '**죽다**'로 쓰임.	亡	亡
흥 준4급	望	5급	月부	총11획	바랄	망:		望鄕(망향) 望夫石(망부석) 希望(희망) 所望(소망)	**보이는(臣=亡)** **달(月)**을 보며 **높은(壬)**곳에 올라 '**바라보며**' '**소망**'하거나 '**바라다**'를 뜻한다. 참고 갈 수 **없는(亡)** 곳을 **달(月)**을 보며 **우뚝서서(壬)** '**바람**'을 뜻함.	望	望
흥 5급 정 5급	共	6급	八부	총6획	한가지	공:		共同(공동) 共通(공통) 共助(공조) 共産主義(공산주의)	**물건(卄=廿)**을 **두 손(廾)**으로 공손히 받듦에서 '**함께**' '**같이**' 등을 뜻한다.	共	共
	港	4급Ⅱ	水부	총12획	항구	항:		港口(항구) 港都(항도) 漁港(어항) 出港(출항) 開港(개항)	**물(氵)**속 **거리(巷)**, 즉 '**물길**'로, **물(氵)**길에 있는 **마을(巷)**인 '**항구**'를 뜻한다. 참고 巷(거리 **항**) 두 **고을(𨛜)**이 **함께(共)** 사용하는 **거리(𨞧=𦿁=巷)**에서 '**거리**' '**마을**'을 뜻한다.	港	港
	選	5급	辵부	총16획	가릴	선:		選擧(선거) 選別(선별) 選定(선정) 選手(선수) 選良(선량)	**선택(巽)**을 위해 여러 곳을 **다니며(辶)** '**가려**' '**뽑음**'을 뜻한다. 참고 巽(괘이름/유순할 **손**) : 두 **사람(巳巳 : 갖출 선)**이 **돈대(丌=共)**에 있는 모양으로, '**선택**' '**괘 이름**'을 뜻함.	选	選
	暴	4급Ⅱ	日부	총15획	사나울 / 모질	폭 / 포:		暴言(폭언) 暴雨(폭우) 暴行(폭행) 暴利(폭리) 暴惡(포악)	강한 **해(日)**볕이 **나오자(出)** 두 **손(廾)**으로 **쌀(米)**을 드러내 **물기(氺)**를 말림에서 '**사납다**' '**모질다**'를 뜻한다.	暴	暴
흥 8급 정 7급	中	8급	丨부	총4획	가운데	중		中間(중간) 中心(중심) 中立(중립) 中部(중부)	**원시거주지(口)** 중앙에 세워둔 **깃대(丨)**로, 모두모여 마을 일을 처리했던 마을 '**가운데**' 장소를 뜻한다.	中	中
흥 준4급	忠	4급Ⅱ	心부	총8획	충성	충		忠誠(충성) 忠臣(충신) 忠告(충고) 忠節(충절)	정직하고 진실한 **중심(中)**을 지켜 **마음(心)**을 다하는 '**충성**'을 뜻한다.	忠	忠

11 확인학습

1 다음 漢字의 訓과 音을 쓰세요.

(1) 理 (2) 量 (3) 童 (4) 重
(5) 動 (6) 種 (7) 黑 (8) 增
(9) 會 (10) 無 (11) 臣 (12) 賢

(13) 監 (14) 工 (15) 功 (16) 空
(17) 江 (18) 亡 (19) 望 (20) 共
(21) 港 (22) 選 (23) 暴 (24) 中
(25) 忠

2 다음 漢字語의 讀音을 쓰세요.

(1) 理致 (2) 容量 (3) 兒童 (4) 體重
(5) 手動 (6) 種別 (7) 黑角 (8) 增強
(9) 會談 (10) 無敵 (11) 家臣 (12) 賢明

(13) 監察 (14) 工事 (15) 功過 (16) 空軍
(17) 江湖 (18) 亡身 (19) 希望 (20) 共通
(21) 開港 (22) 選擧 (23) 暴惡 (24) 中間

(25) 忠誠 (26) 重要 (27) 種子 (28) 增加
(29) 會社 (30) 監視 (31) 工作 (32) 空虛
(33) 選別

3 다음 訓과 音에 맞는 漢字를 쓰세요.

(1) 가운데 중 (2) 다스릴 리 (3) 아이 동 (4) 신하 신

(5) 움직일 동 (6) 검을 흑 (7) 더할 증 (8) 빌 공

(9) 장인 공 (10) 씨 종 (11) 어질 현 (12) 헤아릴 량

(13) 모일 회 (14) 볼 감 (15) 무거울 중 (16) 공 공

(17) 한가지 공 (18) 강 강 (19) 바랄 망 (20) 없을 무

(21) 항구 항 (22) 망할 망 (23) 사나울 폭 (24) 충성 충

(25) 가릴 선

4 다음 밑줄 친 漢字語를 漢字로 쓰세요.

(1) 어른들의 상술로 동심이 멍들면 안 된다. ( )

(2) 우리 부서가 이번에 중책을 맡게 되었다. ( )

(3) 인형가게에 여러 종류의 인형들이 가득하다. ( )

(4) 요즘은 재택근무하는 회사가 많아졌다. ( )

(5) 이순신 장군은 전란에서 나라를 구한 공신이다. ( )

(6) 올해의 소망은 한자 자격 시험에 합격하는 것이다. ( )

(7) 오늘 일기예보에 중부지방 비소식이 있다. ( )

12 央·史·斤·爪·又 모양을 가진 한자

급수	한자	급/부수/획수	훈음	갑문 → 금문 → 소전	해설	중국	일본
진흥 준4급	患	5급 心부 총11획	근심 환:		물건(吕)을 뚫어(丨) 꿰듯(串) 마음(心)속 깊이 떠나지 않는 '근심'이나 '고통'. 참고 串(꿸 관,땅이름 곶) 물건(吕)을 뚫어(丨) '꿰어' 놓음을 뜻하며, 지명 '곶'을 뜻한다.	患	患
			患者(환자) 患難(환난) 患苦(환고) 病患(병환) 宿患(숙환)				
진흥 5급 검정 5급	英	6급 艸부 총9획	꽃부리 영		초목(艹)의 줄기 끝 가운데(央) 부분인 '꽃부리'로 꽃이 생길 곳을 뜻한다. 참고 央(가운데 앙) 형틀이나 어깨지게(冂) 가운데 있는 사람(大)에서 '가운데'를 뜻한다.	英	英
			英語(영어) 英國(영국) 英才(영재) 英雄(영웅) 英特(영특)				
진흥 준4급 검정 준4급	決	5급 水부 총7획	결단할 결		막힌 물(氵)을 터서(夬) 흐르게 함을 '결단함'에서 '터지다'를 뜻한다. 참고 夬(나눌/터질 쾌,깍지 결) 가운데(央) 앞이 터진(コ=夬) '패옥'이나 '활깍지'에서 '터짐'을 뜻함.	决	決
			決定(결정) 決心(결심) 決勝(결승) 決判(결판) 決斷(결단)				
	缺	4급Ⅱ 缶부 총10획	이지러질 결		장군(缶) 한쪽이 터져(夬) 부서짐에서 '이지러지다' '흠'을 뜻한다.	缺	欠
			缺席(결석) 缺食(결식) 缺講(결강) 缺番(결번) 缺格(결격)				
	快	4급Ⅱ 心부 총7획	쾌할 쾌		막혔던 마음(忄)이 트여(夬) 빨리 좋아짐에서 '쾌하다' '빠르다'를 뜻한다.	快	快
			快感(쾌감) 快樂(쾌락) 快活(쾌활) 快擧(쾌거) 輕快(경쾌)				
진흥 준4급 검정 준4급	史	5급 口부 총5획	사기 사:		사냥도구나 천측도구 또는 깃발(中)을 손(又)으로 들고 있는(叏=史) 사관에서 '사기'를 뜻함. 참고 事(사)·史(사)·吏(리)는 자원이 같다.	史	史
			史記(사기) 野史(야사) 史料(사료) 史上(사상) 歷史(역사)				
진흥 준4급 검정 준4급	使	6급 人부 총8획	하여금/부릴 사:		다른 사람(亻)에게 시키는 관리(吏)에서 '하여금' '시키다'를 뜻한다.	使	使
			使用(사용) 使臣(사신) 使命感(사명감) 天使(천사)				
진흥 5급 검정 5급	便	7급 人부 총9획	편할 편(:) 똥오줌 변:		사람(亻)이 불편함을 고쳐(更) 편리하게 함에서 '편하다'를 뜻하며, '똥오줌'을 뜻하기도 한다. 참고 更(다시 갱) 틀이 있는 악기(丙)를 쳐(攴) 매 시간을 다 '다시' '고쳐' 알림을 뜻한다.	便	便
			便利(편리) 便安(편안) 便紙(편지) 便器(변기) 便所(변소)				
진흥 5급 검정 5급	近	6급 辵부 총8획	가까울 근:		도끼(ㄏ=斤)들고 가서(辶) 하는 일은 물건과 가까워야 하는 데서 '가까움'을 뜻한다.	近	近
			近處(근처) 近代(근대) 近親(근친) 近來(근래) 最近(최근)				
진흥 준5급 검정 5급	所	7급 戶부 총8획	바 소:		벌목할 때 거처하던 집(戶)에 도끼(斤)를 두고 쉬던 '일정한 장소'를 뜻하여 '곳' '바'를 뜻한다.	所	所
			所感(소감) 所得(소득) 所望(소망) 所有(소유) 場所(장소)				
진흥 5급 검정 5급	新	6급 斤부 총13획	새 신		가시(辛=立)나무(木) 가지를 도끼(斤)로 자른 '땔나무'로, 새로 나온 잔가지를 주로 땔나무로 씀에서 '새롭다'를 뜻한다.	新	新
			新聞(신문) 新曲(신곡) 新入生(신입생) 新春(신춘)				
	斷	4급Ⅱ 斤부 총18획	끊을 단:		비수(匕)로 실(糸)을 자르듯(㡭: 絶의 古字) 도끼(斤)로 끊은(㡭) 모양(㫁=斷의 고문).	断	断
			斷續(단속) 斷食(단식) 斷熱(단열) 勇斷(용단)				

기타 급수	한자	급수	부수	총획	훈	음	갑문 → 금문 → 소전	풀이	중국	일본	용례
흥 준4급 정 준4급	兵	5급	八부	총7획	군사	병	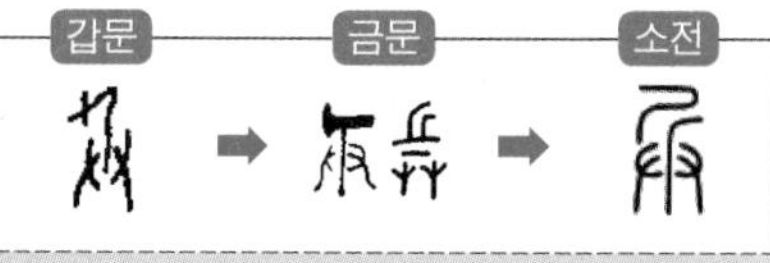	**도끼(斤)**를 **두 손(廾)**으로 들고 있는 '**병사**'의 모습이다.	兵	兵	兵士(병사) 兵力(병력) 兵權(병권) 兵法(병법) 海兵(해병)
	印	4급Ⅱ	卩부	총6획	도장	인	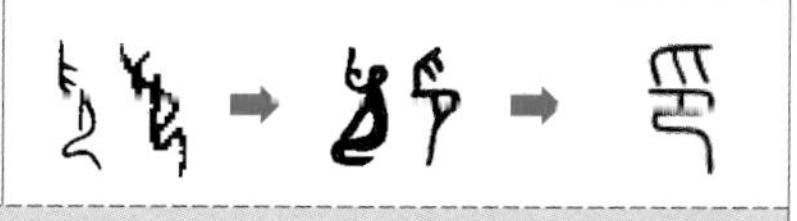	**손**(爫=E)으로 필요한 **사람(卩)**에 눌러 표시하던 무늬에서 '**도장**'을 뜻한다.	印	印	印章(인장) 官印(관인) 印度(인도) 手印(수인) 印紙(인지)
	爲	4급Ⅱ	爪부	총12획	할/하	위	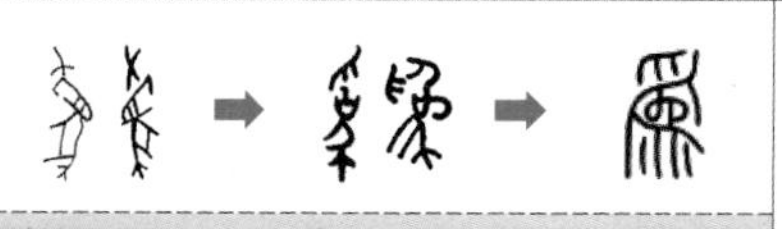	**손(爫)**으로 **코끼리**(爲·象)를 길들여 일을 돕게 하는 데서 '**하다**' '**위하다**'를 뜻한다.	为	為	爲主(위주) 爲始(위시) 爲政者(위정자) 所爲(소위)
흥 5급 정 준4급	愛	6급	心부	총13획	사랑	애:		입을 **벌려**(旡 : 목맬 **기**), **마음(心)** 속의 '**사랑**'(㤅=愛의 古字) 때문에 **서성이는(夊)** '**사랑**'을 뜻한다. 참고 **손**(爫)으로 **덮어**(冖) 주는 **마음**(心)을 **천천히(夊)** 전하는 '**사랑**'.	爱	愛	愛情(애정) 愛唱(애창) 愛好(애호) 愛讀(애독) 友愛(우애)
흥 준4급	爭	5급	爪부	총8획	다툴	쟁		**두 손**(爫·⺕)이 **갈고리**(亅)를 서로 당겨 빼앗는 모양에서 '**다투다**'를 뜻한다.	争	争	爭議(쟁의) 論爭(논쟁) 戰爭(전쟁) 競爭(경쟁) 分爭(분쟁)
	暖	4급Ⅱ	日부	총13획	따뜻할	난:		**햇살(日)**이 몸이 **늘어지게(爰)** '**따뜻함**'을 뜻한다. 참고 爰(이에 **원**) **손**(爫)으로 긴 **나무**(干)를 주어 **손**(又)으로 끌어당김에서 '**돕다**' '**끌다**' '**늘어지다**' '**이에**' '**곧**'을 뜻한다.	暖	暖	暖房(난방) 暖流(난류) 寒暖(한난) 溫暖(온난)
	受	4급Ⅱ	又부	총8획	받을	수		**손**(爫)과 **손(又)** 사이에 **쟁반**(舟=冖)모양으로, 쟁반에 물건을 담아 주고받음을 뜻하다 지금은 '**받음**'을 뜻한다.	受	受	受容(수용) 受講(수강) 受驗生(수험생) 傳受(전수)
	授	4급Ⅱ	手부	총11획	줄	수		**손**(扌)으로 주어 **받도록(受)** 함에서 '**주다**'를 뜻한다.	授	授	授賞(수상) 授業(수업) 授精(수정) 敎授(교수) 授權(수권)
	督	4급Ⅱ	目부	총13획	감독할	독		작은 **콩**(尗)을 **손(又)**으로 **주울**(叔 ; 아재비 **숙**) 때, **눈(目)**으로 잘 살펴는 데서 '**살피다**' '**감독하다**'를 뜻한다.	督	督	督戰(독전) 督學(독학) 監督(감독) 總督(총독) 提督(제독)
흥 준4급	支	4급Ⅱ	支부	총4획	지탱할	지	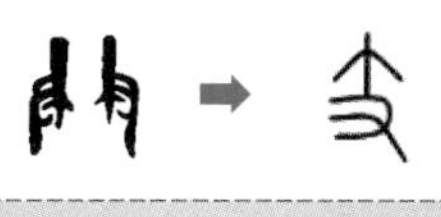	**댓가지(竹) 한쪽**(个=十)을 **손**(又)에 잡은 **모양**(攴)으로, '**가르다**' '**가지**' '**지탱하다**'를 뜻한다.	支	支	支局(지국) 支店(지점) 支給(지급) 支配人(지배인)
흥 준4급	技	5급	手부	총7획	재주	기		**손**(扌)에 도구나 **가지(支)**를 들고 펼치는 기술이나 '**재주**'를 뜻한다.	技	技	技術(기술) 技師(기사) 技能士(기능사) 特技(특기)
흥 7급 정 6급	石	6급	石부	총5획	돌	석		**산언덕(厂)** 아래에 **돌(口)**덩이 **모양**(石)으로 단단하고 강한 '**돌**'을 뜻한다.	石	石	石炭(석탄) 石器(석기) 石油(석유) 石橋(석교)
흥 준5급 정 7급	右	7급	口부	총5획	오른	우:		**오른손**(又=又)이 **왼쪽**(ナ)으로 변하자 **口(구)**를 **더해**(右) 오른쪽을 나타냈다. 또는 **손**(ナ)과 **입**(口)이 서로 '**돕는**'다는 뜻의 글자로 '**오른쪽**' 방향을 나타냈다.	右	右	極右(극우) 右手(우수) 右回(우회) 右議政(우의정)

12 확인학습

1 다음 漢字의 訓과 音을 쓰세요.

(1) 患 □	(2) 英 □	(3) 決 □	(4) 缺 □
(5) 快 □	(6) 史 □	(7) 使 □	(8) 便 □
(9) 近 □	(10) 所 □	(11) 新 □	(12) 斷 □
(13) 兵 □	(14) 所 □	(15) 爲 □	(16) 愛 □
(17) 爭 □	(18) 暖 □	(19) 受 □	(20) 授 □
(21) 督 □	(22) 支 □	(23) 技 □	(24) 石 □
(25) 右 □			

2 다음 漢字語의 讀音을 쓰세요.

(1) 病患 □	(2) 英才 □	(3) 決勝 □	(4) 缺席 □
(5) 快擧 □	(6) 史料 □	(7) 使用 □	(8) 便紙 □
(9) 最近 □	(10) 所有 □	(11) 新曲 □	(12) 斷食 □
(13) 海兵 □	(14) 印章 □	(15) 爲始 □	(16) 愛唱 □
(17) 論爭 □	(18) 暖房 □	(19) 受講 □	(20) 授業 □
(21) 督學 □	(22) 支局 □	(23) 特技 □	(24) 石橋 □
(25) 右回 □	(26) 患難 □	(27) 決判 □	(28) 出缺 □
(29) 勞使 □	(30) 便利 □	(31) 遠近 □	(32) 新舊 □
(33) 斷續 □			

3 다음 訓과 音에 맞는 漢字를 쓰세요.

(1) 꽃부리 영	(2) 결단할 결	(3) 가까울 근	(4) 사기 사
(5) 편할 편	(6) 줄 수	(7) 이지러질결	(8) 근심 환
(9) 쾌할 쾌	(10) 바 소	(11) 끊을 단	(12) 받을 수
(13) 도장 인	(14) 다툴 쟁	(15) 하여금 사	(16) 사랑 애
(17) 따뜻할 난	(18) 군사 병	(19) 재주 기	(20) 새 신
(21) 지탱할 지	(22) 돌 석	(23) 감독할 독	(24) 할 위
(25) 오른 우			

4 다음 밑줄 친 漢字語를 漢字로 쓰세요.

(1) 영재도 99%의 노력이 필요하다. .... (　　　)

(2) 다음 시험에는 꼭 1등을 하리라 결의를 다졌다. .... (　　　)

(3) 온난화로 우리 나라 근해의 어종이 달라지고 있다. .... (　　　)

(4) 재난극복에 많은 병력이 동원되었다. .... (　　　)

(5) 연예인은 애인만 생겨도 뉴스가 된다. .... (　　　)

(6) 돌이 많은 석산에서는 나무가 잘 자라지 않는다. .... (　　　)

(7) 이번 반장 선거에서 당선된 소감을 발표했다. .... (　　　)

13 反·才·及·聿·寸 모양을 가진 한자

급수	한자	급·부수·획수	훈음	갑문 → 금문 → 소전	낱말	풀이	중국	일본
진흥 준5급 검정 7급	左	7급 工부 총5획	왼 좌:		左右(좌우) 左邊(좌변) 左列(좌열) 左心室(좌심실)	**왼손**(𠂇=ナ)으로 **도구**(工)를 잡고 일을 도움을 뜻하던 자로 '**왼쪽**'을 뜻한다.	左	左
진흥 준5급 검정 5급	有	7급 月부 총6획	있을 유:		有名(유명) 有效(유효) 有利(유리) 有給(유급) 保有(보유)	**손**(又=ナ)에 **고깃**(月)덩이가 있는 데서 '**있다**'를 뜻한다.	有	有
진흥 5급 검정 5급	友	5급 又부 총4획	벗 우:		友愛(우애) 友好(우호) 友情(우정) 友軍(우군) 舊友(구우)	**손**(𠂇=ナ)에 **손**(又)을 **잡고** 있는 '**친구**'에서 뜻을 같이하는 '**벗**'을 뜻한다.	友	友
	布	4급Ⅱ 巾부 총5획	베 포(:) 보시 보:		布告(포고) 布德(포덕) 布敎(포교) 發布(발포) 布施(보시)	손으로 **도구를 들고**(父=ナ) **베**(巾)를 짜 펼쳐놓는 데서 '**펴다**' '**베풀다**'를 뜻한다. 참고 손(𠂇=ナ)으로 **수건**(巾)을 '**펴는**' 모양으로 변했다.	布	布
	希	4급Ⅱ 巾부 총7획	바랄 희		希望的(희망적) 希願(희원) 希求(희구) 希念(희념)	**마**(麻)를 드문드문 **겹쳐** 엮어(爻) 만든 **천**(巾)으로 **稀**(드물 희)의 **원자**(原字)이나, 드물어 귀한 것을 '**바람**'을 뜻한다.	希	希
진흥 5급 검정 준4급	反	6급 又부 총4획	돌아올/돌이킬 반:		反對(반대) 反省(반성) 反感(반감) 反應(반응) 反逆(반역)	**언덕**(厂)을 반대로 **손**(又)으로 잡고 오르는 데서 '**돌이키다**' '**돌아오다**'를 뜻함.	反	反
	板	5급 木부 총8획	널 판		板子(판자) 板紙(판지) 板木(판목) 合板(합판) 黑板(흑판)	**나무**(木)를 쪼개면 서로 **반대**(反)로 나누어지는 조각인 '**널빤지**' '**판목**'을 뜻한다.	板	板
진흥 5급 검정 5급	才	6급 手부 총3획	재주 재		才能(재능) 才勝德(재승덕) 才談(재담) 天才(천재)	**땅**(一)을 **갈고리**(亅)처럼 뚫고 올라온 싹과 **뿌리**(丿)로, '**처음**' 타고난 '**기본**'적인 '**재주**'를 뜻한다. 참고 측량도구 모양으로 보아 '**기본**' '**바탕**'을 뜻한다고도 한다.	才	才
진흥 준4급 검정 준4급	材	5급 木부 총7획	재목 재		材料(재료) 材質(재질) 材木(재목) 取材(취재) 骨材(골재)	**나무**(木) 중에서 **기본**(才) 재료로 쓰이는 '**재목**'을 뜻한다.	材	材
진흥 준4급	財	5급 貝부 총10획	재물 재		財物(재물) 財貨(재화) 財産(재산) 財數(재수) 財團(재단)	**돈**(貝)이나 재물이 되는 **기본**(才) '**재물**'을 뜻한다.	财	財
진흥 5급 검정 준4급	在	6급 土부 총6획	있을 재:		在學(재학) 實在(실재) 在野(재야) 在室(재실) 在京(재경)	**싹**(才=𠂇)이 **땅**(土)에 자리 잡고 움트는 데서 '**있다**'를 뜻함.	在	在
검정 준4급	級	6급 糸부 총10획	등급 급		級數(급수) 初級(초급) 職級(직급) 留級(유급) 等級(등급)	**실**(糸)의 품질이 **미치는**(及) 정도에 따른 '**등급**'을 뜻한다. 참고 **及**(미칠 **급**) 앞에 가는 **사람**(人=ク)을 쫓아 **손**(又)으로 **잡는** 데서 '**미치다**' '**이르다**'를 뜻한다.	级	級

한자	급수	부수·총획	훈	음	갑문 · 금문 · 소전	낱말	풀이	중국	일본
吸	4급Ⅱ	口부 총7획	마실	흡		吸入(흡입) 吸收(흡수) 吸水(흡수) 吸煙(흡연) 呼吸(호흡)	**입(口)**을 벌려 몸 안에 **이르게(及)** 들이마시는 숨에서 '**마시다**'를 뜻한다.	吸	吸
急	흥 5급 정 5급 6급	心부 총9획	급할	급		急流(급류) 急報(급보) 急速(급속) 急賣(급매) 危急(위급)	먼저 **이르려는(刍=及) 마음(心)**에서 '**급함**'을 뜻한다.	急	急
事	흥 준5급 정 5급 7급	亅부 총8획	일/섬길	사:		事件(사건) 事業(사업) 事實(사실) 事故(사고) 事前(사전)	**장식(一)**과 **깃발(口)**이 **달린(𠮛) 손(⺕)**으로 든 **깃대(亅)**나, 무기 또는 도구를 들고 '**일**'을 함.	事	事
律	4급Ⅱ	彳부 총9획	법칙	률		律法(율법) 律動(율동) 規律(규율) 調律(조율) 法律(법률)	**행할(彳)** 일을 **붓(聿)**으로 쓴 '**법칙**'을 뜻한다. 또는 규칙적으로 배를 밀어 **가는(彳) 상앗대(聿)**질에서 '**법칙**'을 뜻한다고도 한다.	律	律
筆	5급	竹부 총12획	붓	필		筆答(필답) 筆談(필담) 筆記(필기) 親筆(친필) 自筆(자필)	**대(竹)**나무로 만든 **손(⺕)**으로 잡은 **붓(⺅·⺘)**대의 **붓(聿)**에서 '**붓**'을 뜻한다.	笔	筆
書	흥 5급 정 5급 6급	曰부 총10획	글	서		書堂(서당) 書類(서류) 願書(원서) 圖書室(도서실)	**붓(聿)**으로 **말(曰)**을 따라 쓰는 데서 '**글**' '**편지**' '**쓰다**'를 뜻한다.	书	書
晝	흥 5급 정 5급 6급	日부 총11획	낮	주		晝夜(주야) 晝間(주간) 晝夜長川(주야장천) 白晝(백주)	**붓(聿)**으로 **해(日)**가 떠오름을 **경계(一)**로 그어 밤과 낮을 정한 데서 '**낮**'을 뜻한다. 참고 **붓(聿)**으로 해가 막 떠오르는 **아침(旦)**을 경계로 그어 '**낮**'을 뜻한다.	昼	昼
畫	흥 준4급 정 준4급 6급	田부 총12획	그림 그을	화: 획		畫家(화가) 畫室(화실) 詩畫(시화) 書畫(서화) 畫順(획순)	**붓(聿)**으로 **밭(田) 하나(一)**의 사방 경계를 그어 한계를 정한데서 '**그리다**' '**긋다**'를 뜻한다.	画	画
建	5급	廴부 총9획	세울	건:		建國(건국) 建築(건축) 建議(건의) 建物(건물) 再建(재건)	**붓(聿)**을 들고 **길(廴)**을 닦을 계획을 세움에서 '**세우다**'를 뜻한다. 참고 **상앗대(聿)**를 바로 세워 들고 배를 **나아가게(廴)** 조정하는 데서 '**세우다**'를 뜻한다.	建	建
健	5급	人부 총11획	굳셀	건:		健康(건강) 健在(건재) 健兒(건아) 保健(보건) 健實(건실)	**사람(亻)**이 굳게 계획을 **세워(建)** 이루거나, 또는 **사람(亻)**중에 배를 조정하여 가거나 **세우는(建)** 건강한 사람에서 '**굳세다**'를 뜻한다.	健	健
寸	흥 6급 정 준5급 8급	寸부 총3획	마디	촌:		四寸(사촌) 寸志(촌지) 寸數(촌수) 寸鐵(촌철) 三寸(삼촌)	**손(又=寸)**바닥 아래 손가락 한마디부분쯤 되는 **맥(丶)**을 '**헤아리는**' 부분으로 '**마디**' '**손**' '**법**' '**양심**' 등을 뜻한다.	寸	寸
村	흥 5급 정 5급 7급	木부 총7획	마을	촌:		村落(촌락) 村長(촌장) 漁村(어촌) 江村(강촌) 富村(부촌)	도성 밖 **초목(木)**과 곡물이 풍성하고 일정한 **법(寸)**이 있는 '**마을**'을 뜻함.	村	村
守	흥 준4급 4급Ⅱ	宀부 총6획	지킬	수		守備(수비) 守節(수절) 守護神(수호신) 守衛(수위)	**집(宀)** 중에 **법(寸)**을 처리하던 관부로, 직책을 맡아 다스림에서 '**지키다**'를 뜻한다.	守	守

13 확인학습

1 다음 漢字의 訓과 音을 쓰세요.

(1) 左 ☐	(2) 有 ☐	(3) 友 ☐	(4) 布 ☐
(5) 希 ☐	(6) 反 ☐	(7) 板 ☐	(8) 才 ☐
(9) 材 ☐	(10) 財 ☐	(11) 在 ☐	(12) 級 ☐
(13) 吸 ☐	(14) 急 ☐	(15) 事 ☐	(16) 律 ☐
(17) 筆 ☐	(18) 書 ☐	(19) 晝 ☐	(20) 畫 ☐
(21) 建 ☐	(22) 健 ☐	(23) 寸 ☐	(24) 村 ☐
(25) 守 ☐			

2 다음 漢字語의 讀音을 쓰세요.

(1) 左列 ☐	(2) 保有 ☐	(3) 友好 ☐	(4) 布施 ☐
(5) 希願 ☐	(6) 反應 ☐	(7) 板紙 ☐	(8) 天才 ☐
(9) 材質 ☐	(10) 財産 ☐	(11) 在野 ☐	(12) 等級 ☐
(13) 吸收 ☐	(14) 危急 ☐	(15) 事前 ☐	(16) 法律 ☐
(17) 親筆 ☐	(18) 書堂 ☐	(19) 晝間 ☐	(20) 書畫 ☐
(21) 建國 ☐	(22) 健在 ☐	(23) 寸志 ☐	(24) 富村 ☐
(25) 守備 ☐	(26) 親友 ☐	(27) 有無 ☐	(28) 財貨 ☐
(29) 急速 ☐	(30) 事件 ☐	(31) 圖書 ☐	(32) 村落 ☐
(33) 防備 ☐			

3 다음 訓과 音에 맞는 漢字를 쓰세요.

(1) 지킬 수 (2) 있을 유 (3) 베 포 (4) 널 판

(5) 돌아올 반 (6) 재주 재 (7) 벗 우 (8) 왼 좌

(9) 재목 재 (10) 등급 급 (11) 바랄 희 (12) 급할 급

(13) 마디 촌 (14) 일 사 (15) 법칙 률 (16) 낮 주

(17) 글 서 (18) 마실 흡 (19) 굳셀 건 (20) 그림 화

(21) 세울 건 (22) 마을 촌 (23) 붓 필 (24) 재물 재

(25) 있을 재

4 다음 밑줄 친 漢字語를 漢字로 쓰세요.

(1) 형제끼리 우애가 좋으면 집안이 화목하다. ············ (　　　)

(2) 회사가 어려울수록 인재가 필요하다. ············ (　　　)

(3) 박주영은 운동으로 재력과 명예를 얻었다. ············ (　　　)

(4) 이 냉장고는 소비 전력이 1등급이다. ············ (　　　)

(5) 한자는 필순에 맞게 써야 쓰기 쉽다. ············ (　　　)

(6) 조선시대 화공들의 그림이 전시중이다. ············ (　　　)

(7) 여름철에 급류타기가 인기를 끈다. ············ (　　　)

14 寺·帚·身·弓·人 모양을 가진 한자

시험 급수	한자	급수 / 부수 / 총획	훈음	갑문 → 금문 → 소전	설명	단어	중국	일본
	謝	4급Ⅱ / 言부 / 총17획	사례할 사:		간단한 **말(言)**을 화살을 **쏘듯(謝)** 던져 용서나 감사를 전하는 데서 '**사례하다**'를 뜻한다. 참고 射(쏠 사) 몸(身)에 활을 지니고 **법도(寸)**에 맞게 쏘아 맞춤에서 '**쏘다**'를 뜻한다.	謝過(사과) 謝罪(사죄) 謝恩會(사은회) 感謝(감사)	谢	謝
	府	4급Ⅱ / 广부 / 총8획	마을/관청 부:		**집(广)**에 문서나 재물을 **주고(付)** 받아 보관해 두던 '**곳집**'이 있는 '**관청**' '**마을**'. 참고 付(부칠 부) 남(亻)에게 **손(寸)**으로 물건을 주는 데서 '**주다**' '**부치다**'를 뜻한다.	府兵(부병) 學府(학부) 議政府(의정부) 政府(정부)	府	府
	寺	4급Ⅱ / 寸부 / 총6획	절 사		**발(止=之=土)**과 **손(寸)**을 움직여 대중을 위해 일하던 '**관청**'이나 '**절**'. 참고 후한 명제 때 관청에 인도 승려 摩騰(마등) 竺法蘭(축법란) 두 스님을 모신 데서 '**절**'을 뜻하게 됨.	寺院(사원) 佛寺(불사) 山寺(산사)	寺	寺
진흥 준5급 검정 5급	時	7급 / 日부 / 총10획	때 시		**해(日)**의 움직임을 관찰하여 관청이나 **절(寺)**에서 '**시간**'이나 '**철**'을 알려줌을 뜻한다.	時限(시한) 時計(시계) 時期(시기) 時代(시대) 時間(시간)	时	時
진흥 5급 검정 5급	詩	4급Ⅱ / 言부 / 총13획	시/글 시		백성에 알릴 **말(言)**을 관청이나 **절(寺)**에서 적은 글로 '**시**'를 뜻한다.	詩人(시인) 詩經(시경) 詩歌(시가) 詩集(시집) 詩句(시구)	诗	詩
진흥 준4급 검정 준4급	待	6급 / 彳부 / 총9획	기다릴 대:		서성이고 **걸으며(彳)** 사람이 많은 관청이나 **절(寺)**에서 일을 보기위해 '**기다림**'을 뜻한다.	待期(대기) 待接(대접) 待令(대령) 冷待(냉대)	待	待
진흥 준4급 검정 준4급	特	6급 / 牛부 / 총10획	특별할 특		수컷 **소(牛)**를 관청이나 **절(寺)**에서 특별행사 때 잡던 데서 '**특별함**'을 뜻한다.	特別(특별) 特技(특기) 特許(특허) 特講(특강) 特功(특공)	特	特
진흥 5급 검정 5급	等	6급 / 竹부 / 총12획	무리 등:		**죽간(竹)**의 문서를 관청이나 **절(寺)**에서, 같은 것끼리 '**가지런히**' 정리하는 데서 '**무리**' '**등급**' '**같다**'를 뜻한다.	等數(등수) 等高線(등고선) 初等(초등) 高等(고등)	等	等
	侵	4급Ⅱ / 人부 / 총9획	침노할 침		**사람(亻)**이 비를 들고 쓸며 점점 **나아감(𠬶)**에서 '**침노하다**'를 뜻한다. 참고 𠬶(조금씩할 **침**) **비**(=帚=⺕:비 **추**)를 **손(又)**으로 들고 쓸면서 '**조금씩 나아감**'을 뜻한다.	侵入(침입) 再侵(재침) 南侵(남침) 不可侵(불가침)	侵	侵
	康	4급Ⅱ / 广부 / 총11획	편안할 강		키질하여 '**겨**'를 날리거나 악기를 연주함에서, **양식**이나 음악과 관계되어 '**편안함**'을 뜻한다. 파자 **집(广)**에 **이르러(隶 : 미칠 이)** 쉬는 데서 '**편안함**'을 뜻한다.	康福(강복) 康年(강년) 健康(건강) 安康(안강) 平康(평강)	康	康
	掃	4급Ⅱ / 手부 / 총11획	쓸 소(:)		**손(扌)**으로 **비**(帚 : 비 **추**)를 들고 청소하는 데서 '**쓸다**'를 뜻한다. 참고 帚는 '**비**'를 **세운** 모양임.	掃地(소지) 掃萬(소만) 掃除(소제) 淸掃(청소) 一掃(일소)	扫	掃
	婦	4급Ⅱ / 女부 / 총11획	며느리/지어미 부		**여자(女)** 중에 집안에서 **비(帚)**를 들고 청소를 주로 하는 '**며느리**' '**아내**' '**주부**' 등을 뜻한다.	婦女子(부녀자) 婦人(부인) 新婦(신부) 主婦(주부)	妇	婦

급수	한자	급수/부수/획수	훈음	자형 변천 (갑문 → 금문 → 소전)	풀이	중국	일본	단어
흥 준4급	郡	6급 / 邑부 / 총10획	고을 군:		**임금(君)**이 관리를 보내 다스리던 **고을(阝)**에서 '**고을**'을 뜻한다.	郡	郡	郡守(군수) 郡民(군민) 郡內(군내) 郡王(군왕) 郡界(군계)
	端	4급Ⅱ / 立부 / 총14획	끝/바를 단		끝이 바르게 **서서(立) 처음(耑)** 나오는 싹에서 '**바르다**' '**끝**' '**실마리**'를 뜻함. 참고 耑(시초 단) 싹(屮=山)이 **뿌리(而)**에서 처음 땅을 **뚫고(耑)** 올라오는 데서 '**시초**' '**구멍**'을 뜻함.	端	端	端午(단오) 端正(단정) 端的(단적) 末端(말단) 發端(발단)
흥 5급 정 5급	身	6급 / 身부 / 총7획	몸 신		배가 불룩한 사람의 **몸(身)**을 보고 만든 글자로 '**몸**' '**자신**' '**임신**'을 뜻한다.	身	身	身體(신체) 身分(신분) 身長(신장) 身病(신병) 身檢(신검)
	引	4급Ⅱ / 弓부 / 총4획	끌 인		**활(弓=弓)**을 쏘기 위해 **살(丨)**을 먹여 끌어당김에서 '**끌다**' '**당기다**'를 뜻한다.	引	引	引用(인용) 引上(인상) 引導(인도) 引力(인력) 引責(인책)
흥 5급 정 5급	強	6급 / 弓부 / 총11획	굳셀 강(:)		**널리(弘)** 퍼져 쌀을 파먹고 사는 강한 **벌레(虫)**인 '**바구미**'에서 '**강하다**'를 뜻한다. 참고 弘(클 **홍**) **활(弓)**이 **크게(厷=厶 : 클 굉)** 울리거나, **크게(厷=厶)** 당김에서 '**크다**'를 뜻함.	强	強	強力(강력) 強弱(강약) 強國(강국) 強調(강조) 強行(강행)
흥 5급 정 5급	弱	6급 / 弓부 / 총10획	약할 약		**강한(弜 : 강할 강) 활(弓)**이 물에 불어 **깃털(羽)**처럼 '**약해짐**', 또는 끈이 **활(弓)**모양으로 굽어 **깃털(羽)**같이 약해짐에서 '**약함**'을 뜻한다.	弱	弱	弱小(약소) 弱質(약질) 貧弱(빈약) 弱風(약풍) 弱者(약자)
흥 6급 정 8급	弟	8급 / 弓부 / 총7획	아우 제:		**주살(弋=丫)**에 줄을 차례차례 **활(弓)**모양으로 감아놓은 **끝(丿)** 모양에서 '**차례**' '**순서**' '**아우**'를 뜻한다.	弟	弟	弟子(제자) 兄弟(형제) 師弟(사제) 呼兄呼弟(호형호제)
흥 5급 정 준4급	第	6급 / 竹부 / 총11획	차례 제:		**대쪽(竹)**을 **순서(弟=弔)**대로 엮어 책을 만드는 데서 '**차례**'를 뜻한다.	第	第	第一(제일) 第三國(제삼국) 落第(낙제) 登第(등제)
	佛	4급Ⅱ / 人부 / 총7획	부처 불		**사람(亻)** 중에 세상을 사심으로 보지 **않는(弗)** '**부처**'를 뜻한다. 참고 弗(아닐/말 **불**) **활(弓)**처럼 굽은 **화살(‖)**을 묶어 '**교정함**', 묶어 쓰지 못함에서 '**아니다**' '**말다**'를 뜻함.	佛	佛	佛敎(불교) 佛經(불경) 佛家(불가) 佛法(불법) 佛界(불계)
	費	5급 / 貝부 / 총12획	쓸 비:		마음에 들지 **아니할(弗)** 때 만족하려 마구 쓰는 **돈(貝)**에서 '**쓰다**'를 뜻한다.	费	費	費用(비용) 會費(회비) 旅費(여비) 食費(식비) 消費(소비)
흥 5급 정 5급	行	6급 / 行부 / 총6획	다닐 행(:) 항렬 항(:)		사람이나 마차가 다니던 **네거리 모양(卄)**의 길에서 '**다니다**' '**가다**'를 뜻한다.	行	行	行動(행동) 行列(행렬) 行進(행진) 行列字(항렬자)
흥 8급 정 8급	人	8급 / 人부 / 총2획	사람 인		사람이 옆으로 **서 있는 모양(亻)**으로, 변으로 쓰일 때는 **亻(인)**을 쓰며 '**사람**' '**남(他人)**'을 뜻한다.	人	人	人間(인간) 人品(인품) 人形(인형) 人性(인성) 人格(인격)
흥 5급 정 5급	信	6급 / 人부 / 총9획	믿을 신:		**사람(亻)**이 진실로 하는 정성스러운 **말(言)**에서 '**믿음**' '**소식**'을 뜻한다.	信	信	信號(신호) 信念(신념) 信望(신망) 信愛(신애) 背信(배신)

14 확인학습

1 다음 漢字의 訓과 音을 쓰세요.

(1) 謝 (2) 府 (3) 寺 (4) 時
(5) 詩 (6) 待 (7) 特 (8) 等
(9) 侵 (10) 康 (11) 掃 (12) 婦

(13) 郡 (14) 端 (15) 身 (16) 引
(17) 強 (18) 弱 (19) 弟 (20) 第
(21) 佛 (22) 費 (23) 行 (24) 人
(25) 信

2 다음 漢字語의 讀音을 쓰세요.

(1) 謝罪 (2) 政府 (3) 寺院 (4) 時計
(5) 詩句 (6) 待令 (7) 特許 (8) 等數
(9) 南侵 (10) 康福 (11) 掃除 (12) 新婦

(13) 郡界 (14) 端午 (15) 身分 (16) 引上
(17) 強國 (18) 弱小 (19) 師弟 (20) 落第
(21) 佛家 (22) 費用 (23) 行進 (24) 人形

(25) 背信 (26) 接待 (27) 特別 (28) 安康
(29) 末端 (30) 吸引 (31) 強弱 (32) 兄弟
(33) 身體

3 다음 訓과 音에 맞는 漢字를 쓰세요.

(1) 마을 부	(2) 사례할 사	(3) 때 시	(4) 침노할 침
(5) 시 시	(6) 무리 등	(7) 아우 제	(8) 믿을 신
(9) 특별할 특	(10) 편안 강	(11) 쓸 소	(12) 며느리 부
(13) 고을 군	(14) 절 사	(15) 사람 인	(16) 쓸 비
(17) 굳셀 강	(18) 기다릴 대	(19) 끝 단	(20) 차례 제
(21) 부처 불	(22) 다닐 행	(23) 몸 신	(24) 약할 약
(25) 끌 인			

4 다음 밑줄 친 漢字語를 漢字로 쓰세요.

(1) 월드컵 당시에는 모든 국민이 하나가 되었다. ······ (　　　)

(2) 모든 부모는 자식의 성공을 고대한다. ······ (　　　)

(3) 평등의 기본은 서로 다름을 인정하는 것이다. ······ (　　　)

(4) 자발적인 학습이 강요된 학습보다 효과적이다. ······ (　　　)

(5) 각자의 특성을 고려하여 전공을 선택해야 한다. ······ (　　　)

(6) 언제나 예의바른 행동을 해야 한다. ······ (　　　)

(7) 사회가 발전하면 신용을 지켜야 한다. ······ (　　　)

15 攸·余·乍·入·今 모양을 가진 한자

급수	한자	급	부수	획수	훈	음	풀이	중국	일본	어휘
진흥 준5급 / 검정 준5급	休	7급	人부	총6획	쉴	휴	사람(亻)이 나무(木) 밑에서 휴식하는 데서 '쉬다' '그치다'를 뜻한다.	休	休	休養(휴양) 休息(휴식) 休學(휴학) 休講(휴강) 休日(휴일)
진흥 준4급 / 검정 준4급	以	5급	人부	총5획	써	이:	막 태어나려는 뒤집힌 태아의 모습(厶)에 사람(人)을 더해 시작의 '원인' '이유'에서 '~로써'를 뜻한다. 참고 쟁기모양의 도구(厶)로써 일하는 사람(人)으로도 본다.	以	以	以上(이상) 以北(이북) 以內(이내) 以心傳心(이심전심)
	保	4급Ⅱ	人부	총9획	지킬	보(:)	사람(亻)이 어린아이(子)를 강보(八)에 감싸(子·⺒+八=呆; 어리석을 매) 안아 '지키거나' '보살핌'을 뜻한다.	保	保	保護(보호) 保全(보전) 保守(보수) 保育(보육) 保留(보류)
	修	4급Ⅱ	人부	총10획	닦을	수	오염물을 다스리려(攸) 털(彡)로 문질러 깨끗하게 '닦음'을 뜻한다. 참고 攸(바 유) 사람(亻)을 도구(丨)를 손으로 들고 쳐서(攵) 오래 '다스려' 하게는 '바'를 뜻한다.	修	修	修養(수양) 修行(수행) 修學旅行(수학여행) 硏修(연수)
	創	4급Ⅱ	刀부	총12획	비롯할	창:	곳집(倉)에 보관하려고 칼(刂)로 처음 수확한 곡식에서 '비롯하다'를 뜻한다. 참고 倉(곳집 창) 지붕(亼)과 문(戶=戸)과 곡식을 에워싼(口) 싱싱하게 곡식을 두는 '곳집'.	创	創	創造(창조) 創作(창작) 創始(창시) 創業者(창업자)
진흥 준4급	餘	4급Ⅱ	食부	총16획	남을	여	여행 중에 남은 음식(食)을 먹기 위해 막사(余)를 펼치는 데서 '남다'를 뜻한다. 참고 余(나 여) 지붕(亼)과 나무(木)기둥만 있는, 관리의 이동식 막사에서 '나'를 뜻한다.	馀	余	餘白(여백) 餘望(여망) 餘生(여생) 餘力(여력) 餘念(여념)
	除	4급Ⅱ	阜부	총10획	덜	제	언덕(阝)같이 높은 관리의 막사(余)옆의 궁전에 오르는 정결한 '돌계단'이 뜻이나, 쓸어서 항상 깨끗이 하는 데서 '덜다' '제거하다'를 뜻한다.	除	除	除去(제거) 除外(제외) 除草(제초) 除名(제명) 除隊(제대)
진흥 5급 / 검정 5급	作	6급	人부	총7획	지을	작	사람(亻)이 잠깐잠깐(乍) 바느질하여 옷을 지음에서 '짓다'를 뜻한다. 참고 乍(잠깐 사/지을 작) 옷깃부분(𠂉)을 바느질(⺊)하여 '잠깐' 동안에 옷을 '지음'.	作	作	作文(작문) 作成(작성) 作業(작업) 作品(작품) 作曲(작곡)
진흥 5급 / 검정 준4급	昨	6급	日부	총9획	어제	작	하루 해(日)가 잠깐(乍) 동안에 지나고 '어제'가 됨을 뜻한다.	昨	昨	昨日(작일) 昨年(작년) 昨今(작금) 昨夜(작야) 昨非(작비)
진흥 7급 / 검정 7급	入	7급	入부	총2획	들	입	뿌리가 갈라져 땅 속으로 들어가거나, 움집을 들어가는 입구 모양(入)에서 '들어가다'를 뜻한다.	入	入	入口(입구) 入場(입장) 入社(입사) 入門(입문) 出入(출입)
진흥 6급 / 검정 7급	內	7급	入부	총4획	안	내:	집(宀=冂)안으로 들어가는(入) 데서 '안' '속'을 뜻한다.	内	内	內外(내외) 內部(내부) 內容(내용) 內通(내통)
진흥 5급 / 검정 5급	肉	4급Ⅱ	肉부	총6획	고기	육	저민 고깃덩이의 모습(⺼)으로 '고기'를 뜻한다. 변에 쓰일 때는 '月'로 변하여 '육달월'이라 한다. 참고 주로 사람 몸의 부위에 쓰인다.	肉	肉	肉食(육식) 肉體(육체) 肉質(육질) 肉眼(육안) 血肉(혈육)

급수	한자	급수·부수·획수	훈	음	어휘	풀이	중국	일본
흥 준5급 정 5급	全	7급 入부 총6획	온전	전	全部(전부) 全體(전체) 全國(전국) 全能(전능) 全校(전교)	보석에 **드는(入)** 하자가 없는 **완전한 옥(玉=王)**이나, 거푸집에 완전하게 쇳물을 부어놓은 데서 '**온전하다**'를 뜻한다.	全	全
흥 7급 정 8급	金	8급 金부 총8획	쇠 / 성	금 / 김	公金(공금) 金貨(금화) 送金(송금) 金九先生(김구선생)	쇳덩이를 모아 녹여 화살촉이나 도끼 등 무기를 만드는 '**쇠**' '**금**'을 뜻한다. 참고 **덮여(亼)있는 땅(土)** 속의 **쇳덩이(丷=丷)**에서 '**쇠**'를 뜻한다.	金	金
흥 5급 정 준4급	病	6급 疒부 총10획	병	병ː	病者(병자) 病院(병원) 病苦(병고) 病名(병명) 治病(치병)	**중병(疒)**이 들어 **뜨겁게(丙)** 열이 나는 '**병**' '**병들다**'를 뜻한다. 참고 丙(남녘 **병**) 물건 받침대, 물고기 꼬리, **철판(一) 안(內)**에 불을 뜨겁고 밝게 피워 진병을 굽던 도구.	病	病
흥 준4급	兩	4급Ⅱ 入부 총8획	두	량ː	兩面(양면) 兩班(양반) 兩家(양가) 兩極(양극) 兩國(양국)	두 마리 말의 어깨에 걸어(㒳) 마차를 끌게 하던 **멍에(⌒)**에서 '**둘**'을 뜻한다.	两	両
	滿	4급Ⅱ 水부 총14획	찰	만(ː)	滿足(만족) 滿期(만기) 滿場一致(만장일치) 充滿(충만)	**물(氵)**이 **평평하게(㒼)** '**가득 차**' 넘침을 뜻한다. 참고 㒼(평평할 만) **많은(卄 : 스물 입)** 누에가 **비단(巾)**을 짜듯 실에 **들어가(入) 가지런히(㒳)** 지은 고치에서 '**평평함**'을 뜻함.	满	満
흥 8급 정 8급	八	8급 八부 총2획	여덟	팔	八角(팔각) 八面(팔면) 八等身(팔등신) 八方美人(팔방미인)	양쪽으로 '**나누어()()' 분별함**을 뜻하며, 숫자로 쓰이면서 '**팔**'을 나타낸다.	八	八
흥 준5급 정 5급	分	6급 刀부 총4획	나눌	분(ː)	分列(분열) 分野(분야) 分家(분가) 分校(분교) 分權(분권)	'**반**'으로 **나누어(八) 칼(刀)**로 쪼개는 데서 '**나누다**' '**구별하다**'를 뜻한다.	分	分
흥 준4급	貧	4급Ⅱ 貝부 총11획	가난할	빈	貧弱(빈약) 貧民(빈민) 貧血(빈혈) 貧富(빈부) 淸貧(청빈)	**나누어(分)**진 **재물(貝)**이 적어짐에서 '**가난하다**'를 뜻한다.	贫	貧
흥 준5급 정 준5급	今	6급 人부 총4획	이제	금	今年(금년) 今日(금일) 今方(금방) 今週(금주) 今時(금시)	'(亼[**모일 집**])' 아래에 **물건**(一⇒ㄱ ㄱ[及;'미칠 **급**'의 古文고문]) 모양으로, '**이제**' 막 '**모이거나**' 방금 가려 '**덮은**' 모양을 뜻한다.	今	今
흥 준4급	陰	4급Ⅱ 阜부 총11획	그늘	음	陰地(음지) 陰性(음성) 陰害(음해) 陰凶(음흉) 陰陽(음양)	**언덕(阝)**옆을 **덮은(今) 구름(云)**에 가린 '**그늘**'을 뜻한다. 참고 云=雲의 古字. *侌=陰의 古字.	阴	陰
흥 준4급	念	5급 心부 총8획	생각	념ː	斷念(단념) 念願(염원) 念頭(염두) 信念(신념) 理念(이념)	항상 품어 **덮고(今)**있는 **마음(心)** 속의 생각에서, '**생각**' '**외우다**'를 뜻한다.	念	念
흥 준5급 정 5급	合	6급 口부 총6획	합할	합	合格(합격) 合宿(합숙) 合流(합류) 合同(합동) 合黨(합당)	**그릇뚜껑(亼)**과 **그릇(口)**이 서로 잘 맞거나, 또는 여러 사람의 **모인(亼) 말(口)**이 합해짐에서 '**합하다**' '**모이다**' '**맞다**'를 뜻한다.	合	合
흥 준4급	給	5급 糸부 총12획	줄	급	給食(급식) 給油(급유) 給水(급수) 給足(급족)	이어진 **실(糸)**처럼 서로가 마음에 **맞아(合)** 만족할 만큼 충분히 주는 데서 '**주다**' '**넉넉하다**'를 뜻한다.	给	給

15 확인학습

1 다음 漢字의 訓과 音을 쓰세요.

(1) 休 ☐ (2) 以 ☐ (3) 保 ☐ (4) 修 ☐
(5) 創 ☐ (6) 餘 ☐ (7) 除 ☐ (8) 作 ☐
(9) 昨 ☐ (10) 入 ☐ (11) 內 ☐ (12) 肉 ☐

(13) 全 ☐ (14) 金 ☐ (15) 病 ☐ (16) 兩 ☐
(17) 滿 ☐ (18) 八 ☐ (19) 分 ☐ (20) 貧 ☐
(21) 今 ☐ (22) 陰 ☐ (23) 念 ☐ (24) 合 ☐
(25) 給 ☐

2 다음 漢字語의 讀音을 쓰세요.

(1) 休日 ☐ (2) 以北 ☐ (3) 保全 ☐ (4) 硏修 ☐
(5) 創作 ☐ (6) 餘念 ☐ (7) 除草 ☐ (8) 作曲 ☐
(9) 昨今 ☐ (10) 入社 ☐ (11) 內容 ☐ (12) 血肉 ☐

(13) 全校 ☐ (14) 合金 ☐ (15) 病者 ☐ (16) 兩班 ☐
(17) 充滿 ☐ (18) 八角 ☐ (19) 分家 ☐ (20) 貧民 ☐
(21) 今時 ☐ (22) 陰地 ☐ (23) 理念 ☐ (24) 合宿 ☐

(25) 給食 ☐ (26) 休息 ☐ (27) 創始 ☐ (28) 除去 ☐
(29) 內外 ☐ (30) 滿足 ☐ (31) 貧富 ☐ (32) 陰陽 ☐
(33) 想念 ☐

3 다음 訓과 音에 맞는 漢字를 쓰세요.

(1) 지킬 보	(2) 닦을 수	(3) 비롯할 창	(4) 생각 념
(5) 줄 급	(6) 남을 여	(7) 지을 작	(8) 온전 전
(9) 안 내	(10) 덜 제	(11) 고기 육	(12) 이제 금
(13) 쇠 금	(14) 들 입	(15) 가난할 빈	(16) 쉴 휴
(17) 찰 만	(18) 여덟 팔	(19) 병 병	(20) 나눌 분
(21) 그늘 음	(22) 써 이	(23) 합할 합	(24) 어제 작
(25) 두 량			

4 다음 밑줄 친 漢字語를 漢字로 쓰세요.

(1) 남북화해로 한강 이북이 점차 발전한다. ………………………… (　　　　)

(2) 졸업 작품을 정성을 다해 만들다. ………………………… (　　　　)

(3) 일본의 작금의 행태가 과거와 비슷하다. ………………………… (　　　　)

(4) 환경문제로 점차 새로운 병명이 생긴다. ………………………… (　　　　)

(5) 학교 설립을 기념하여 표석을 세웠다. ………………………… (　　　　)

(6) 주민이 합심하여 회관을 세웠다. ………………………… (　　　　)

(7) 휴일에는 교통체증이 더욱 심하다. ………………………… (　　　　)

16 令·子·京·立·意 모양을 가진 한자

시험	한자	급수	부수·총획	훈음	갑문 → 금문 → 소전	어휘	풀이	중국	일본
진흥 준5급 검정 5급	答	7급	竹부 총12획	대답 답		答案(답안) 答禮(답례) 應答(응답) 正答(정답) 報答(보답)	**대(竹)**를 **합하여(合)** '**배를 엮는 끈**'이나, 배처럼 엮은 **죽간(竹)**에 **맞는(合)** 답장을 쓰던 데서 '**대답**'을 뜻한다.	答	答
진흥 준4급	令	5급	人부 총5획	하여금 령(:)		令狀(영장) 令監(영감) 令夫人(영부인) 發令(발령)	사람을 **모아**(亼[모을 집]) **꿇어앉은 사람**(卩=㔾)에게 **명령**을 내림에서 '**하여금**' '**부림**'을 뜻한다. 搖鈴(요령=亼) 소리에 꿇어앉은 **사람**(卩)으로 '**하여금**' '**명령**'하여 '**부림**'.	令	令
진흥 준4급	領	5급	頁부 총14획	거느릴 령		領土(영토) 頭領(두령) 領有(영유) 大領(대령)	사람들로 **하여금(令) 머리(頁)**를 움직이게 하는 '**목**' 부분으로, 옷의 목 부분인 '**옷깃**'을 뜻하며, 가장 중요한 목에서 중심이 되는 '**우두머리**' '**거느리다**'를 뜻한다.	领	領
진흥 준4급	冷	5급	冫부 총7획	찰 랭:		冷水(냉수) 冷笑(냉소) 冷害(냉해) 冷戰(냉전) 急冷(급랭)	**얼음(冫)**으로 **하여금(令)** 차갑게 하는 데서 '**차다**' '**춥다**'를 뜻한다.	冷	冷
진흥 5급 검정 5급	命	7급	口부 총8획	목숨 명:		命令(명령) 命中(명중) 命脈(명맥) 生命(생명) 使命(사명)	윗사람의 **입(口)**으로 내리는 **명령(令)**에 따라 목숨이 결정되는 데서 '**목숨**' '**명령**'을 뜻한다.	命	命
진흥 준4급 검정 4급	序	5급	广부 총7획	차례 서:		序頭(서두) 序列(서열) 序詩(서시) 序曲(서곡) 順序(순서)	**집(广)**과 집 사이에 동서로 **펼쳐(予)** 늘어선 '**담**'에서 '**차례**'를 뜻한다. 참고 予(나 **여**) 앞뒤 **면포**(=マ·乛) 사이에 '북'의 **실**(亅)을 펼쳐, 배를 짜는 데서 '**주다**' '**나**'를 뜻한다.	序	序
진흥 5급 검정 준4급	野	6급	里부 총11획	들 야:		野外(야외) 野黨(야당) 野球(야구) 野山(야산)	**마을(里)**밖에 **펼쳐진(予)** 넓은 들판에서 '**들**'을 뜻한다.	野	野
	務	4급Ⅱ	力부 총11획	힘쓸 무:		義務(의무) 勞務(노무) 總務(총무) 職務(직무) 公務(공무)	**창(矛)**을 들고 **치는(攵) 힘(力)**에서 '**힘쓰다**'를 뜻한다. 참고 矛(창 **모**) : 날카로운 **날**(マ)과 **장식**(乛·丿)이 달린 **창**(亅) 모양( )에서 '**창**'을 뜻한다. 敄(힘쓸 **무**)	务	務
진흥 8급 검정 8급	子	7급	子부 총3획	아들 자		子孫(자손) 子女(자녀) 子息(자식) 子音(자음) 子正(자정)	머리가 큰 **어린아이**( ) 모양으로, '**자식**' '**아들**' '**새끼**' 등을 뜻한다.	子	子
진흥 준5급 검정 준5급	字	7급	子부 총6획	글자 자		字音(자음) 字解(자해) 習字(습자) 漢字(한자) 文字(문자)	**집(宀)**에서 **아이(子)**를 낳아 기름을 뜻하며, 생겨나는 모든 것을 나타내는 '**글자**'를 뜻한다.	字	字
진흥 5급 검정 5급	京	6급	亠부 총8획	서울 경		京城(경성) 京鄕(경향) 京官(경관) 在京(재경) 上京(상경)	**높게(亠)** 잘 **에워싸(口) 받쳐(冂=小)**지은 성루나, 임금 집인 궁궐에서 '**서울**' '**크다**'를 뜻한다.	京	京
	景	5급	日부 총12획	볕 경(:)		景致(경치) 景氣(경기) 景福宮(경복궁) 風景(풍경) 雪景(설경)	**해(日)**빛이 **높게(京)** 비치는데서 '**볕**'을 뜻하며, 해가 밝아 풍경이 잘 보여 '**경치**'를 뜻한다.	景	景

갑문 → 금문 → 소전

立
흥 7급 / 정 준5급

7급	立부	총5획	설 립

사람(大=亣)이 **땅(一)** 위에 서있는 **모양(太)**에서 '**서다**'를 뜻한다.

중국: 立 / 일본: 立

立法(입법) 立春大吉(입춘대길) 立冬(입동) 起立(기립)

位
흥 준5급 / 정 준5급

5급	人부	총7획	자리 위

사람(亻) 신분이나 계급에 따라 **서던(立)** 자리에서 '**자리**' '**지위**'를 뜻한다.

중국: 位 / 일본: 位

位置(위치) 品位(품위) 方位(방위) 單位(단위) 地位(지위)

倍

5급	人부	총10획	곱 배:

사람(亻)의 무리가 **갈라져(咅)** 수가 '**더하여**' '**곱절**'로 늘어남을 뜻한다. 참고 **咅**(갈라질 **투/부**) '否(**부**)'와 같은 글자로, **아니라고(不=立) 말하여(口) '비웃고' '갈라짐'**을 뜻함.

중국: 倍 / 일본: 倍

倍數(배수) 倍達(배달) 倍加(배가) 倍出(배출) 百倍(백배)

部
흥 5급 / 정 5급

6급	邑부	총11획	떼 부

한 나라를 **갈라(咅)** 여러 **고을(阝)**로 '**다스리던**' '**마을**'에 '**떼**'로 모여 사는 사람을 뜻한다.

중국: 部 / 일본: 部

部族(부족) 部隊(부대) 本部(본부) 部品(부품) 部門(부문)

接

4급Ⅱ	手부	총11획	이을/접할 접

손(扌)으로 잡고 부리던 계집종이나 **첩(妾)**에서 '**잇다**' '**접하다**'를 뜻한다. 참고 **妾**(첩 **첩**) **죄**(辛[허물 건]=**立**)를 지은 **여자(女)**를 몸종으로 삼은 '**첩**'을 뜻한다.

중국: 接 / 일본: 接

接着(접착) 接近(접근) 接待(접대) 近接(근접) 直接(직접)

産
흥 준4급

5급	生부	총11획	낳을 산:

선비(彦=产)처럼 잘생긴 자식을 **낳음(生)**에서 '**낳다**'를 뜻한다. 참고 **彦**(선비 **언**) **글(文)**을 쓰며 **언덕(厂)**처럼 **文才(문재)**가 **빛나며(彡) 활(弓=彡)** 솜씨가 좋은 '**선비**'를 뜻한다.

중국: 产 / 일본: 産

産母(산모) 産業(산업) 産地(산지) 增産(증산) 産家(산가)

言
흥 5급 / 정 5급

6급	言부	총7획	말씀 언

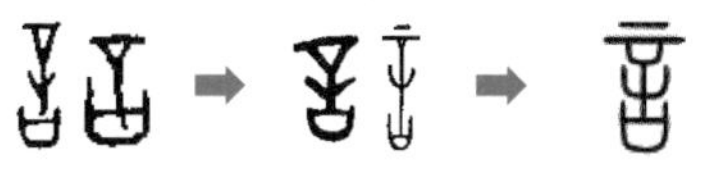

혀를 내밀어 말을 하거나, **악기(辛=亖)**를 **입(口)**에 물고 소리를 내는 데서 '**말**' '**말씀**'을 뜻한다.

중국: 言 / 일본: 言

言語(언어) 言論(언론) 言動(언동) 苦言(고언) 暴言(폭언)

音
흥 5급 / 정 5급

6급	音부	총9획	소리 음

악기(辛=辛=立**)**를 **입(口)**에 물고 **소리**(-)를 내거나, **말(言=音)**의 **소리**(-)로 '**소리**'를 뜻한다.

중국: 音 / 일본: 音

音樂(음악) 低音(저음) 音律(음률) 長音(장음) 福音(복음)

暗
흥 준4급

4급Ⅱ	日부	총13획	어두울 암:

해(日)빛도 없고 어두워 **소리(音)**도 들리지 않는 데서 '**어둡다**'를 뜻한다.

중국: 暗 / 일본: 暗

暗示(암시) 暗記(암기) 暗算(암산) 暗黑(암흑) 暗室(암실)

意
흥 5급 / 정 5급

6급	心부	총13획	뜻 의:

남의 **말소리(音)**를 듣고 그 사람의 **마음(心)**의 뜻을 아는 데서 '**뜻**'을 뜻한다.

중국: 意 / 일본: 意

意義(의의) 意識(의식) 意見(의견) 意志(의지) 同意(동의)

億
흥 준4급 / 정 준4급

5급	人부	총15획	억 억

사람(亻)의 **유쾌한(啻=意=意) 마음(心)**에서 '**편안하거나**', 뜻이 무한함에서 많은 수인 '**억**'을 뜻한다. 참고 **啻**(유쾌할 **억**) **말([言])**이 이치에 **맞아(中)** '**유쾌함**'. **意**(가득 찰 **억**).

중국: 亿 / 일본: 億

億萬(억만) 億萬長者(억만장자) 數億(수억) 千億(천억)

識
흥 준4급

5급	言부	총19획	알 식 / 기록할 지

말(言)을 **기록하여(戠)** 알게 하는 데서 '**알다**' '**기록하다**'를 뜻한다. 참고 **戠**(찰진흙 **시**) **소리(音)**를 **창(戈)**으로 진흙에 기록하는 것으로 보아 '**찰진 흙**'이라 한다.

중국: 识 / 일본: 識

識別(식별) 識見(식견) 知識(지식) 認識(인식) 意識(의식)

職

4급Ⅱ	耳부	총18획	직분/벼슬 직

귀(耳)로 말의 **소리(音)**를 듣고 **창(戈)**으로 **기록(戠)**하던 일을 맡는 데서 '**직분**'을 뜻한다.

중국: 职 / 일본: 職

職業(직업) 職位(직위) 職種(직종) 職級(직급) 職能(직능)

16 확인학습

1 다음 漢字의 訓과 音을 쓰세요.

(1) 答 ☐ (2) 令 ☐ (3) 領 ☐ (4) 冷 ☐
(5) 命 ☐ (6) 序 ☐ (7) 野 ☐ (8) 務 ☐
(9) 子 ☐ (10) 字 ☐ (11) 京 ☐ (12) 景 ☐

(13) 立 ☐ (14) 位 ☐ (15) 倍 ☐ (16) 部 ☐
(17) 接 ☐ (18) 産 ☐ (19) 言 ☐ (20) 音 ☐
(21) 暗 ☐ (22) 意 ☐ (23) 億 ☐ (24) 識 ☐
(25) 職 ☐

2 다음 漢字語의 讀音을 쓰세요.

(1) 報答 ☐ (2) 發令 ☐ (3) 領有 ☐ (4) 急冷 ☐
(5) 使命 ☐ (6) 序頭 ☐ (7) 野山 ☐ (8) 義務 ☐
(9) 子音 ☐ (10) 文字 ☐ (11) 京官 ☐ (12) 風景 ☐

(13) 起立 ☐ (14) 位置 ☐ (15) 倍數 ☐ (16) 部族 ☐
(17) 直接 ☐ (18) 産母 ☐ (19) 言動 ☐ (20) 長音 ☐
(21) 暗室 ☐ (22) 意志 ☐ (23) 千億 ☐ (24) 知識 ☐

(25) 職業 ☐ (26) 問答 ☐ (27) 冷溫 ☐ (28) 序列 ☐
(29) 京鄉 ☐ (30) 倍加 ☐ (31) 明暗 ☐ (32) 言語 ☐
(33) 職業 ☐

3 다음 訓과 音에 맞는 漢字를 쓰세요.

(1) 아들 자 ☐ (2) 하여금 령 ☐ (3) 찰 랭 ☐ (4) 별 경 ☐

(5) 목숨 명 ☐ (6) 들 야 ☐ (7) 힘쓸 무 ☐ (8) 억 억 ☐

(9) 글자 자 ☐ (10) 서울 경 ☐ (11) 직분 직 ☐ (12) 설 립 ☐

(13) 차례 서 ☐ (14) 낳을 산 ☐ (15) 자리 위 ☐ (16) 소리 음 ☐

(17) 곱절 배 ☐ (18) 말씀 언 ☐ (19) 거느릴 령 ☐ (20) 대답 답 ☐

(21) 이을 접 ☐ (22) 뜻 의 ☐ (23) 어두울 암 ☐ (24) 알 식 ☐

(25) 떼 부 ☐

4 다음 밑줄 친 漢字語를 漢字로 쓰세요.

(1) 야외에는 화원이 많다. ························ (　　　　)

(2) 자동차 공장 근처에는 부품 공장이 많다. ························ (　　　　)

(3) 요즘 농산물에는 산지가 표시되어 있다. ························ (　　　　)

(4) CD는 음질이 테이프보다 좋다. ························ (　　　　)

(5) 이번 시험에서 의외의 결과가 나왔다. ························ (　　　　)

(6) 사람은 지식이 많을수록 겸손해야 한다. ························ (　　　　)

(7) 어른이 부르면 바로 대답해야 한다. ························ (　　　　)

17 竟·單·幸·求·水 모양을 가진 한자

시험 급수	한자	급수	부수	총획	훈	음	갑문 → 금문 → 소전	어휘	풀이	중국	일본
	境	4급Ⅱ	土부	총14획	지경	경		境界(경계) 仙境(선경) 逆境(역경) 國境(국경) 接境(접경)	**땅(土)**의 경계가 **끝나는(竟)** 곳을 뜻하여 '**지경**' '**경계**'를 뜻한다. [참고] 竟(마침내 **경**) 연주 **소리(音)**를 마치고 일어서 가는 **사람(儿)**에서 '**마침**' '**끝남**' '**다함**'을 뜻한다.	境	境
진흥 5급 / 검정 준4급	章	6급	立부	총11획	글	장		文章(문장) 圖章(도장) 旗章(기장) 體力章(체력장)	**죄인(辛=立)**에게 죄의 내용을 **문신(日)**으로 드러나게 새김에서 '**무늬**' '**문체**' '**법**' '**글**' '**문체**'를 뜻한다.	章	章
	障	4급Ⅱ	阜부	총14획	막힐	장		障害(장해) 障壁(장벽) 故障(고장) 保障(보장) 支障(지장)	**언덕(阝)**에 막힌 것처럼 **문장(章)** 사이의 뜻이 완전히 달라짐에서 '**막히다**'를 뜻한다. [참고] 높고 험한 **산언덕(阝)**이 **드러나(章)** 통행이 막혀 어려움에서 '**막히다**'를 뜻한다.	障	障
	單	4급Ⅱ	口부	총12획	홑 / 흉노임금	단 / 선		單語(단어) 單位(단위) 單獨(단독) 單式(단식) 單科(단과)	갈라진 끝에 **돌(吅)**과, **그물(田)**, **긴 자루(十)**가 있는 개인용 **사냥도구**([glyph])에서 '**홑**'을 뜻한다.	单	単
진흥 준4급 / 검정 준4급	戰	6급	戈부	총16획	싸움	전ː		戰爭(전쟁) 戰死(전사) 終戰(종전) 休戰(휴전) 善戰(선전)	**사냥도구(單)**나 **창(戈)**을 들고 싸우는 데서 '**싸우다**'를 뜻한다. [참고] **짐승**(嘼=單 : 산짐승 **휴**)을 **창(戈)**으로 사냥하며 '**싸우는**' 연습함을 뜻한다.	战	戦
	壁	4급Ⅱ	土부	총16획	벽	벽		壁紙(벽지) 壁畫(벽화) 壁報(벽보) 壁書(벽서) 絶壁(절벽)	밖과 안을 **나누는(辟)** **흙(土)**을 쌓은 '**벽**'을 뜻한다. [참고] 辟(임금 **벽**,피할 **피**) **몸(尸)**에 고문하던 **도구**(辛)와 잘린 **신체부위(口)**로, 형을 집행하던 '**임금**' '**법**' '**나눔**'을 뜻한다.	壁	壁
진흥 5급 / 검정 준4급	幸	6급	干부	총8획	다행	행ː		幸運(행운) 幸福(행복) 多幸(다행) 天幸(천행) 不幸(불행)	죄인이나 노예의 양손을 **가운데**(Ⅱ)에 넣고 **양쪽**(十·十)끝을 끈으로 묶던 '**형틀**'이나, 형틀이 풀려있는 모양에서 법에 걸리지 않아 '**다행**'임을 뜻한다.	幸	幸
진흥 5급 / 검정 준4급	服	6급	月부	총8획	옷	복		服藥(복약) 韓服(한복) 服用(복용) 服務(복무) 校服(교복)	**배(舟=月)**를 잘 **다스려**(𠬝) 마음대로 '**부림**'을 뜻하나, **몸**(月)을 **다스리는**(𠬝) '**옷**'처럼 변했다. [참고] 𠬝(다스릴 **복**) **죄인(卩)**을 **손**(又)으로 잡아 **꿇어앉혀**([glyph]) '**다스림**'.	服	服
진흥 준4급	報	4급Ⅱ	土부	총12획	알릴/갚을	보ː		報答(보답) 報道(보도) 報恩(보은) 報告(보고) 週報(주보)	죄인을 매서운 **형틀(幸)**에 **묶어**([glyph]) 죄를 **다스려**(𠬝) 죄상을 '**알리고**' 죄를 '**갚음**'을 뜻한다.	报	報
	經	4급Ⅱ	糸부	총13획	글/지날	경		經書(경서) 經濟(경제) 經驗(경험) 經過(경과) 經度(경도)	베틀에 **씨실(糸)**을 **곧게(巠)** 나린 베에서, '**세로**' '**글**' '**다스림**' '**지남**'을 뜻한다. [참고] 巠(지하수/날실 **경**) : **베틀**(一)에 세로로 **씨실**(巛)을 곧게 **만들어**(工) 놓은 '**날실**'이 '**곧음**'.	经	経
진흥 준4급 / 검정 준4급	輕	5급	車부	총14획	가벼울	경		輕重(경중) 輕工業(경공업) 輕減(경감) 輕視 (경시)	**수레(車)**를 **곧바로(巠)** 적진을 공격할 수 있도록 가볍게 만든 데서 '**가볍다**'를 뜻한다.	轻	軽
진흥 7급 / 검정 6급	川	7급	巛부	총3획	내	천		川邊(천변) 開川(개천) 河川(하천) 仁川(인천) 山川(산천)	**양쪽 기슭**(巜) 사이를 흐르는 **물줄기**(く)로 아래로 흐르는 '**내**'를 뜻한다. *巛이 본자(本字). [참고] 'く'=작은 도랑 견, '巜'=큰 도랑 괴, '巛'=내 천.	川	川

급수	한자	급수/부수/총획	훈음	자형 변천 (갑문 → 금문 → 소전)	단어	풀이	중국	일본
정 준4급	州	5급 / 巛부 / 총6획	고을 주	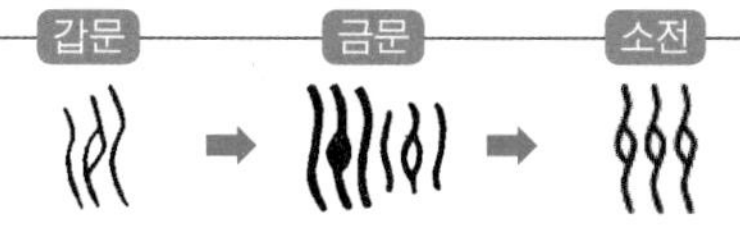	州牧(주목) 州君(주군) 濟州(제주) 光州(광주) 慶州(경주)	**냇물(川)** 사이의 **섬(…)**모양으로 사람이 모여 사는 섬에서 '**고을**'을 뜻한다.	州	州
	災	5급 / 火부 / 총7획	재앙 재		災難(재난) 災害(재해) 災民(재민) 火災(화재) 天災(천재)	**냇물(巛)**이 넘치거나 **불(火)**에 타는 모든 것을 잃는 '**재앙**'을 뜻한다.	灾	災
흥 준4급 정 준4급	訓	6급 / 言부 / 총10획	가르칠 훈:		訓示(훈시) 訓練(훈련) 訓育(훈육) 家訓(가훈) 敎訓(교훈)	윗사람이 한 **말(言)**이 **냇물(川)**처럼 흘러 백성에 전달되는 데서 '**가르치다**'를 뜻한다.	训	訓
흥 준4급 정 준4급	順	5급 / 頁부 / 총12획	순할 순:		順應(순응) 順位(순위) 順理(순리) 順序(순서) 筆順(필순)	**냇물(川)**이 흐르듯 **머리(頁)**속의 생각이 순리대로 이치를 따름에서 '**순하다**'를 뜻한다.	顺	順
	脈	4급Ⅱ / 肉부 / 총10획	줄기 맥		動脈(동맥) 文脈(문맥) 命脈(명맥) 山脈(산맥) 人脈(인맥)	사람 **몸(月)**속의 피가 갈라져 **흐르는(𠂢)** 혈맥에서 '**줄기**'를 뜻한다.	脉	脈
흥 준4급	求	4급Ⅱ / 水부 / 총7획	구할 구		求愛(구애) 求人(구인) 求職(구직) 求道(구도) 求入(구입)	**옷(衣)**이 **십(十)**자로 변하고 **털(冫·〈·丶)**이 있는 **가죽옷(·)**으로, 가죽털 옷을 '**구함**'을 뜻한다.	求	求
	救	5급 / 攴부 / 총11획	구원할 구:		救助(구조) 救出(구출) 救急車(구급차) 救濟(구제) 救護(구호)	가죽 **털옷(求)**을 쓴 사나운 짐승을 **쳐서(攵)** 잡아 사람을 구해줌에서 '**구원하다**'를 뜻한다.	救	救
정 준4급	球	6급 / 玉부 / 총11획	공/옥경 구		球技(구기) 球根(구근) 眼球(안구) 電球(전구) 地球(지구)	**옥(玉)**처럼 **털가죽(求)**으로 만든 둥근 '**공**'을 뜻한다.	球	球
흥 8급 정 8급	水	8급 / 水부 / 총4획	물 수		水準(수준) 水位(수위) 水門(수문) 藥水(약수) 冷水(냉수)	흐르는 **물의 모양**으로 강 이름이나 **물**과 관계있다. 참고 水=氵=氺.	水	水
흥 준4급 정 준4급	氷	5급 / 水부 / 총5획	얼음 빙		氷河(빙하) 氷壁(빙벽) 氷水(빙수) 氷板(빙판) 氷潔(빙결)	얼어붙어 한 **점(丶)**으로 된 **물(水)**에서 '**얼음**'을 뜻한다. **차갑게(冫) 물(水)**이 언 '**얼음**'인 '冰'이 본자(本字).	冰	氷
흥 5급 정 5급	永	6급 / 水부 / 총5획	길 영:	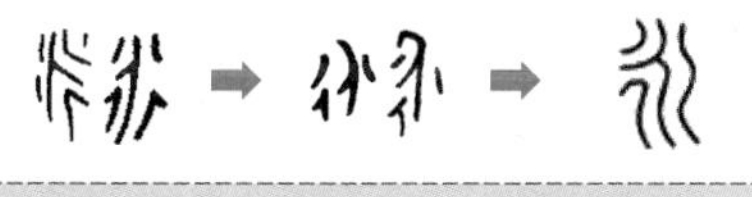	永遠(영원) 永生(영생) 永住(영주) 永日(영일) 永世(영세)	사람이 물속에서 멀리 **헤엄쳐 가는 모습**이나, 강물이 길게 흐르는 데서 '**길다**' '**오래**'를 뜻함.	永	永
	承	4급Ⅱ / 手부 / 총8획	이을 승		承認(승인) 承服(승복) 口承(구승) 承恩(승은)	꿇어앉은 **사람(卩=⺈)**을 **두 손(廾=⺈·〈)**으로 **받들듯** **손(手=扌)**으로 '**이어감**'을 뜻한다.	承	承
흥 5급 정 준4급	綠	6급 / 糸부 / 총14획	푸를 록		綠末(녹말) 綠陰(녹음) 綠內障(녹내장) 靑綠(청록)	천이나 **실(糸)**이 **깎은(彔)** 나무 속처럼 푸른 데서 '**푸르다**'를 뜻함. 참고 彔(나무새길/깎을 록) 깎은(彑) 나무껍질 **진액(水)**이나, **자루(彑)**에 담긴 **물(水)**로 '**퍼냄**' '**깎음**'을 뜻함.	绿	緑

17 확인학습

1 다음 漢字의 訓과 音을 쓰세요.

(1) 境　(2) 章　(3) 障　(4) 單
(5) 戰　(6) 壁　(7) 幸　(8) 服
(9) 報　(10) 經　(11) 輕　(12) 川

(13) 州　(14) 災　(15) 訓　(16) 順
(17) 脈　(18) 求　(19) 救　(20) 球
(21) 水　(22) 氷　(23) 永　(24) 承
(25) 綠

2 다음 漢字語의 讀音을 쓰세요.

(1) 國境　(2) 圖章　(3) 故障　(4) 單式
(5) 戰死　(6) 壁畫　(7) 不幸　(8) 校服
(9) 報道　(10) 經濟　(11) 輕視　(12) 河川

(13) 州郡　(14) 天災　(15) 敎訓　(16) 順序
(17) 人脈　(18) 求愛　(19) 救出　(20) 地球
(21) 冷水　(22) 氷板　(23) 永世　(24) 承認

(25) 綠末　(26) 境界　(27) 要求　(28) 單獨
(29) 戰爭　(30) 報告　(31) 經過　(32) 災害
(33) 順逆

3 다음 訓과 音에 맞는 漢字를 쓰세요.

(1) 글 장	(2) 홑 단	(3) 구원할 구	(4) 다행 행
(5) 막힐 장	(6) 옷 복	(7) 가르칠 훈	(8) 싸움 전
(9) 글 경	(10) 알릴 보	(11) 내 천	(12) 구할 구
(13) 재앙 재	(14) 고을 주	(15) 순할 순	(16) 가벼울 경
(17) 줄기 맥	(18) 공 구	(19) 푸를 록	(20) 벽 벽
(21) 얼음 빙	(22) 물 수	(23) 길 영	(24) 이을 승
(25) 지경 경			

4 다음 밑줄 친 漢字語를 漢字로 쓰세요.

(1) 축구 국가대표의 승전을 기대한다. ································ (　　　　　)

(2) 큰 사고에 이 정도로 다친 것이 천행이다. ························· (　　　　　)

(3) 초등 학교 때의 교훈이 오래 기억에 남는다. ······················ (　　　　　)

(4) 모든 일은 순리대로 하는 것이 가장 좋다. ························· (　　　　　)

(5) 초록빛은 마음을 상쾌하게 한다. ···································· (　　　　　)

(6) 중학생이 된 형의 교복이 부럽다. ··································· (　　　　　)

(7) 교향곡의 마지막 악장이 감동적이다. ································ (　　　　　)

18 首·禾·𠂆·公·气 모양을 가진 한자

시험	한자	급수	부수	총획	훈음	갑문 → 금문 → 소전	설명	중국	일본	단어
	錄	4급Ⅱ	金부	총16획	기록 록		쇠(金)를 깎거나(彔), 쇠(金)로 깎아(彔) 기록한 데서 '기록하다'를 뜻한다.	录	録	錄音(녹음) 錄畫(녹화) 錄寫(녹사) 記錄(기록) 登錄(등록)
진흥 준5급 검정 5급	面	7급	面부	총9획	낯 면:		머리(百)옆 양볼([ ]), 즉 얼굴( )의 윤곽(口)에 눈(目)을 강조하여 그려 '얼굴' '낯' '표면'을 뜻한다. 참고 百(머리 수) 눈(目)을 강조한 사람 '머리'.	面	面	面刀(면도) 面談(면담) 面接(면접) 面會(면회) 面目(면목)
진흥 5급 검정 5급	首	5급	首부	총9획	머리 수		머리털(巛=丷)이 난 머리(百· =𦣻)에서 '머리'나 '우두머리'를 뜻한다.	首	首	首相(수상) 首都(수도) 首席(수석) 元首(원수) 部首(부수)
진흥 준5급 검정 5급	道	7급	辵부	총13획	길/말할 도:		우두머리(頁)가 무리의 나아갈(辶) 방향이나 '길'을 '말해' '인도함'을 뜻한다.	道	道	道德(도덕) 道路(도로) 修道(수도) 道理(도리) 道家(도가)
	導	4급Ⅱ	寸부	총16획	인도할 도:		길(道)을 손(寸)으로 '인도함'을 뜻한다.	导	導	導入(도입) 善導(선도) 引導(인도) 半導體(반도체)
	類	5급	頁부	총19획	무리 류:		쌀(米)이 개(犬)무리처럼 흩어져 머리(頁)로 알기 어렵듯(頪 : 깨닫기 어려울 뢰) 구분이 어렵게 섞여있는 '무리'를 뜻한다.	类	類	部類(부류) 類別(유별) 分類(분류) 鳥類(조류) 種類(종류)
진흥 5급 검정 5급	夏	7급	夊부	총10획	여름 하:		머리(頁)와 발(夊)을 드러내고 다니던 더운 지방의 사람모양( )에서, 더운 '여름'을 뜻한다.	夏	夏	夏至(하지) 夏服(하복) 立夏(입하) 夏期(하기) 夏節(하절)
검정 준4급	術	6급	行부	총11획	재주 술		차조(朮)를 심은 도읍 안의 큰길(行)을 가듯, 일을 해가는 '방법' '재주' '꾀'를 뜻한다. 참고 朮(차조 출) 손(又=十) 양쪽(八=儿)에 붙는( ) 조(丶)로 '차조'를 뜻함.	术	術	術客(술객) 美術(미술) 武術(무술) 醫術(의술) 手術(수술)
진흥 5급 검정 5급	和	6급	口부	총8획	화할 화		고르게 자란 벼(禾)처럼 입(口)으로 조화를 이루어 말함에서 '화하다'를 뜻한다.	和	和	和解(화해) 和音(화음) 和答(화답) 和合(화합) 和氣(화기)
진흥 5급 검정 5급	利	6급	刀부	총7획	이할 리:		벼(禾)를 수확하던 날카로운 칼(刂)에서 '날카롭다' '이롭다'를 뜻한다.	利	利	利律(이율) 利子(이자) 利益(이익) 利用(이용) 權利(권리)
진흥 5급 검정 5급	秋	7급	禾부	총9획	가을 추		벼(禾)밭에서 불(火)로 메뚜기(龜)를 박멸하던 '가을'을 뜻한다. 참고 𪛁=秋의 고자(古字).	秋	秋	秋夕(추석) 秋收(추수) 中秋(중추) 秋分(추분) 秋意(추의)
진흥 준4급	香	4급Ⅱ	香부	총9획	향기 향		곡식(黍=禾)을 그릇(曰)에 담아 달콤한(甘=曰) 향기를 맡는 데서 '향기'를 뜻한다.	香	香	香水(향수) 香氣(향기) 香料(향료) 香花(향화) 香橋(향교)

급수	한자	급수 / 부수 / 총획	훈	음	갑문 → 금문 → 소전	풀이	중국	일본	어휘
흥 준4급 정 준4급	歷	5급 止부 총16획	지낼	력		논밭**두둑(厂)**에 **벼(秝)**를 **다스려(厤)** 차례로 세우며 **발(止)**로 '**지나감**'을 뜻한다. 참고 **厤**(다스릴 **력**) 논 **두둑(厂)**에 농사지은 **벼(秝**;나무 성글 **력)**를 차례로 세워 '**다스려둠**'.	历	歴	歷史(역사) 歷代(역대) 經歷(경력) 來歷(내력) 學歷(학력)
흥 5급 정 5급	番	6급 田부 총12획	차례	번		짐승의 서로 다른 **발자국(釆+田)**이 '**번갈아**' 차례로 **밭(田)**에 찍힌 데서 '**차례**'를 뜻한다. 참고 **釆**(분별할 **변**) 짐승 발바닥 자국 모양(⁚⁜⁚)을 보고 짐승을 '**분별함**'을 뜻하다.	番	番	番地(번지) 番號(번호) 當番(당번) 順番(순번) 週番(주번)
흥 준5급 정 5급	老	7급 老부 총6획	늙을	로ː		머리털을 늘어뜨린 **노인(毛+儿=耂)**이 **지팡이(匕)**를 잡고 있는 데서 '**늙다**' '**늙은이**'를 뜻함. 참고 耆(기)=60세, 老(노)=70세, 耋(질)=80세, 耄(모)=90세.	老	老	老人(노인) 老弱者(노약자) 敬老(경로) 養老院(양로원)
흥 준4급 정 준4급	考	5급 老부 총6획	생각할	고(ː)		**노인(耂)**의 경험에서 나오는 **교묘한**(丂=巧[교묘할 **교**]의 古字) 생각에서 '**생각하다**'를 뜻한다.	考	考	思考(사고) 考察(고찰) 考査(고사) 考案(고안) 考試(고시)
흥 준5급 정 5급	孝	7급 子부 총7획	효도	효ː		**늙으신(老=耂)** 부모를 **자식(子)**이나 아이가 부축하여 돕는 데서 '**효도**'를 뜻한다.	孝	孝	孝心(효심) 孝道(효도) 孝誠(효성) 孝婦(효부) 孝鳥(효조)
흥 준5급 정 5급	敎	8급 攴부 총11획	가르칠	교ː	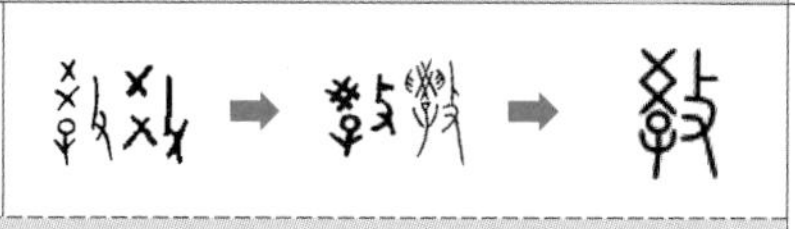	독립할 집을 **엮는(爻) 아이(子)**를 잘 **다스려(攵)** '**가르침**', 또는 **산가지(爻)**로 **아이(子)**가 셈을 **배움**(斈=斅:배울 **교**) 때 잘 다스려(攵) '**가르침**'을 뜻한다.	教	教	敎育(교육) 敎會(교회) 敎室(교실) 敎生(교생) 敎授(교수)
흥 5급 정 준4급	者	6급 老부 총9획	놈/사람	자	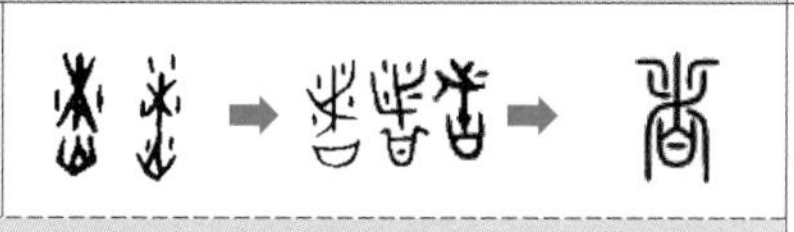	나물과 **고기(耂)** 등 **솥(曰)**에 '**여러 물건**'을 넣고 **삶는** 모양(𦒱)으로, 여러 물건이나 **사람** 등을 나타내어 '**놈**' '**사람**'을 뜻하기도 한다.	者	者	讀者(독자) 記者(기자) 富者(부자) 加害者(가해자)
흥 준4급	都	5급 邑부 총12획	도읍	도		**많은 사람(者)**이 사는 **고을(阝)**에서 '**도읍**'을 뜻한다.	都	都	都邑(도읍) 都市(도시) 都賣(도매) 都心(도심) 都給(도급)
흥 준4급 정 준4급	公	6급 八부 총4획	공평할/공변될	공		고르게 **나눈(八) 그릇(口=厶)** 안의 **물건**(𠘧)에서 '**공평하다**'를 뜻한다.	公	公	公平(공평) 公立(공립) 公職(공직) 公共(공공) 公開(공개)
	俗	4급Ⅱ 人부 총9획	풍속	속	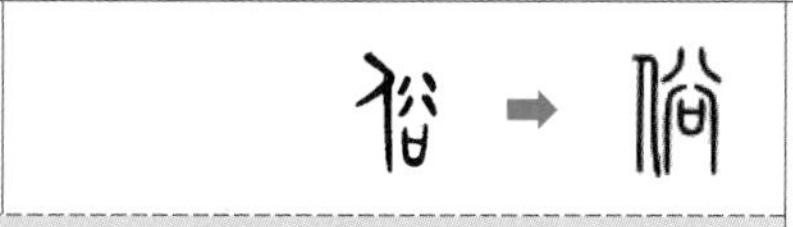	**사람(亻)**들이 깊은 **계곡(谷)**의 독특한 풍습을 지키는 데서 '**풍속**'을 뜻한다.	俗	俗	俗世(속세) 俗談(속담) 俗家(속가) 民俗(민속) 風俗(풍속)
	浴	5급 水부 총10획	목욕할	욕		**물(氵)**이 있는 **계곡(谷)**에서 '**목욕함**'을 뜻한다.	浴	浴	浴室(욕실) 入浴(입욕) 日光浴(일광욕) 海水浴(해수욕)
	容	4급Ⅱ 宀부 총10획	얼굴	용		**집(宀)**이 산의 모든 물건을 다 받는 **계곡(谷)**처럼 '**넓거나**', 많은 표정이 있는 담긴 '**얼굴**'로, '**너그럽고**' '**편안함**' '**받아들임**', 또는 耳目口鼻(이목구비)가 다 갖추어진 '**얼굴**'.	容	容	容量(용량) 容器(용기) 包容(포용) 容共(용공) 受容(수용)
흥 준5급 정 5급	氣	7급 气부 총10획	기운	기	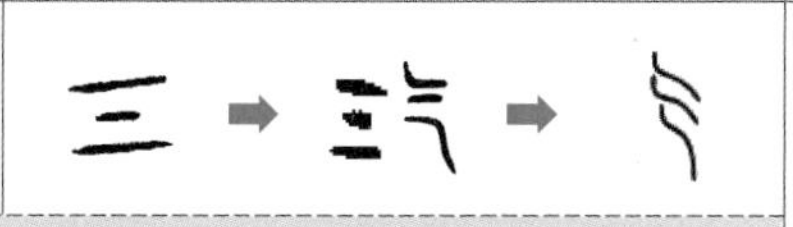	하늘의 **기운(气)**처럼 **쌀(米)**로 밥을 할 때 오르는 수증기에서 '**기운**' '**기**'를 뜻한다.	气	気	氣運(기운) 氣溫(기온) 氣壓(기압) 氣體(기체) 煙氣(연기)

18 확인학습

1 다음 漢字의 訓과 音을 쓰세요.

(1) 錄 (2) 面 (3) 首 (4) 道
(5) 導 (6) 類 (7) 夏 (8) 術
(9) 和 (10) 利 (11) 秋 (12) 香

(13) 歷 (14) 番 (15) 老 (16) 考
(17) 孝 (18) 敎 (19) 者 (20) 都
(21) 公 (22) 俗 (23) 浴 (24) 容
(25) 氣

2 다음 漢字語의 讀音을 쓰세요.

(1) 登錄 (2) 面會 (3) 首都 (4) 道德
(5) 引導 (6) 鳥類 (7) 夏至 (8) 武術
(9) 和音 (10) 利用 (11) 秋收 (12) 香水

(13) 學歷 (14) 當番 (15) 老人 (16) 考査
(17) 孝道 (18) 敎室 (19) 富者 (20) 都市
(21) 公平 (22) 俗世 (23) 入浴 (24) 容共

(25) 氣溫 (26) 記錄 (27) 元首 (28) 種類
(29) 和平 (30) 利益 (31) 經歷 (32) 考試
(33) 技術

3 다음 訓과 音에 맞는 漢字를 쓰세요.

(1) 낯 면 ☐ (2) 길 도 ☐ (3) 풍속 속 ☐ (4) 기록 록 ☐

(5) 인도할 도 ☐ (6) 무리 류 ☐ (7) 재주 술 ☐ (8) 얼굴 용 ☐

(9) 늙을 로 ☐ (10) 화할 화 ☐ (11) 향기 향 ☐ (12) 공평할 공 ☐

(13) 머리 수 ☐ (14) 목욕할 욕 ☐ (15) 지낼 력 ☐ (16) 차례 번 ☐

(17) 효도 효 ☐ (18) 가르칠 교 ☐ (19) 놈 자 ☐ (20) 이할 리 ☐

(21) 여름 하 ☐ (22) 기운 기 ☐ (23) 가을 추 ☐ (24) 도읍 도 ☐

(25) 생각할 고 ☐

4 다음 밑줄 친 漢字語를 漢字로 쓰세요.

(1) 동생이 학교에 수석으로 입학했다. …………………… (   )

(2) 거짓말을 하는 부류의 사람은 조심해야 한다. …………………… (   )

(3) 요즘 새롭게 미술 심리치료가 호응을 얻고 있다. …………………… (   )

(4) 조선 시대 역대 왕들의 이름을 배웠다. …………………… (   )

(5) 학교에서 생일 순서대로 번호를 정했다. …………………… (   )

(6) 자연과 조화를 이룬 건물이 아름답다. …………………… (   )

(7) 너무 이해를 중시하면 친구가 없다. …………………… (   )

19 斗·皀·糸·雚·隹 모양을 가진 한자

한자	진흥/검정	급수	부수	총획	훈·음	풀이	중국	일본	예시어
汽		5급	水부	총7획	물끓는김 기	**물**(氵)을 끓일 때 오르는 **기운**(气)에서 '**물 끓는 김**'을 뜻한다.	汽	汽	汽車(기차) 汽水(기수) 汽船(기선) 汽動車(기동차)
斗		4급Ⅱ	斗부	총4획	말 두	자루가 있는 곡식을 **헤아리는** '**말**(斗)'을 뜻한다.	斗	斗	斗量(두량) 斗牛(두우) 大斗(대두) 北斗七星(북두칠성)
料	진흥 준4급	5급	斗부	총10획	헤아릴 료(:)	**쌀**(米)의 양을 **말**(斗)로 '**헤아림**'을 뜻한다.	料	料	料理(요리) 料金(요금) 料食(요식) 料得(요득) 材料(재료)
科	진흥 5급 검정 5급	6급	禾부	총9획	과목 과	**벼**(禾)의 종류나 등급을 **헤아려**(斗) 두는 데서 '**과목**' '**조목**' '**법**'을 뜻한다.	科	科	科目(과목) 科學(과학) 文科(문과) 教科書(교과서)
米	진흥 5급 검정 5급	6급	米부	총6획	쌀 미	껍질을 벗긴 벼의 알맹이로 '**쌀**'을 뜻한다.	米	米	米作(미작) 政府米(정부미) 白米(백미) 誠米(성미)
過	진흥 준4급 검정 준4급	5급	辵부	총13획	지날 과:	앙상한 **뼈**(咼;입 삐뚤어질 **괘/와**)가 있는 죽음 길을 **지나감**(辶)이나, 잘못하여 **빠뜨리고**(冎:살 발라낼 **과**) 지나쳐 **감**(辶)에서 '**지나다**' '**잘못**' '**허물**'을 뜻한다.	过	過	過去(과거) 過程(과정) 過勞(과로) 過速(과속) 過客(과객)
師	진흥 준4급	4급Ⅱ	巾부	총10획	스승 사	많은 **무리**(𠂤)로 **둘러싸인**(帀:두를 **잡**) '**군대**'를 이끄는 사람에서 '**스승**'을 뜻한다. 참고 𠂤(언덕/쌓을 **퇴**) 무더기를 이룬 흙더미(𠂤)에서 '**쌓다**' '**언덕**'을 뜻한다.	师	師	樂師(악사) 師表(사표) 師團(사단) 恩師(은사) 教師(교사)
官		4급Ⅱ	宀부	총8획	벼슬 관	**집**(宀)을 **언덕**(㠯)처럼 크고 높게 지어 관리들이 거처하며 백성을 **다스리던** 데서 '**벼슬**'을 뜻한다. 참고 '**㠯**'는 '**𠂤(퇴)**'의 변형. **堆**(퇴)의 **本字**.	官	官	官認(관인) 官許(관허) 官家(관가) 長官(장관) 警官(경관)
宮		4급Ⅱ	宀부	총10획	집 궁	많은 **집**(宀)들이 **나란히**(呂) 있거나, 위아래 방이 연결된 대궐의 '**집**'을 뜻한다. 참고 呂(성 姓/법칙 **려**) 집과 집, 또는 방과 **방**(呂)이 나란히 **이어지거나**(呂), 일정한 '**등뼈**'에서 '**법칙**'을 뜻함.	宫	宮	宮女(궁녀) 宮合(궁합) 東宮(동궁) 景福宮(경복궁)
關	진흥 준4급	5급	門부	총19획	관계할/빗장 관	**문**(門)에 '**빗장**'을 **꿰어**(𢇇) 두 문짝을 연결하듯, 서로의 '**관계**'를 뜻한다. 참고 𢇇(북에 실 꿸 **관**) **실**(絲=丝)을 **상투**(丱) 모양 북에 꿴 모양에서 '**북에 실을 꿻**'을 뜻한다.	关	関	關門(관문) 關心(관심) 關係(관계) 難關(난관) 關稅(관세)
樂	진흥 5급 검정 5급	6급	木부	총15획	즐길 락 노래 악 좋아할 요	**작은 줄**(幺; 작을 **유**)을 **나무**(木)에 매달아 **엄지**(白)로 연주하는 **나무**(木) 받침대가 있는 **현악기**를 연주하는 데서 '**즐겁다**' '**음악**' '**좋아하다**'를 뜻한다.	乐	楽	樂園(낙원) 極樂(극락) 音樂(음악) 樂山樂水(요산요수)
藥	진흥 5급 검정 준4급	6급	艸부	총19획	약 약	**초목**(艹) 중에 건강을 찾아 **즐겁게**(樂) 해주는 '**약**'을 뜻한다.	药	薬	藥局(약국) 藥效(약효) 藥師(약사) 藥物(약물) 藥害(약해)

한자	급수	부수	총획	훈	음	어휘	풀이	중국	일본	비고
蓄	4급Ⅱ	艸부	총14획	모을	축	蓄電(축전) 蓄財(축재) 蓄音(축음) 備蓄(비축) 貯蓄(저축)	**풀(艹)**을 쌓은 **가축(畜)**의 먹이에서 '**쌓다, 모음**'을 뜻한다. 참고 畜(짐승 **축**) **밭(田)**에 **매어놓은(玄)** '**짐승**'이나, 밭에 쌓아둔 '**가축**'의 먹이에서 '**가축**'을 뜻한다.	蓄	蓄	
素	4급Ⅱ	糸부	총10획	본디/흴	소(:)	素材(소재) 素朴(소박) 素望(소망) 素服(소복) 素地(소지)	고치에서 막 뽑아 **쌓아놓은(垂 𡈼=𠂹=𡈼)** 깨끗한 **실(糸)**에서 '**본디**' '**희다**'를 뜻한다.	素	素	
係	4급Ⅱ	人부	총9획	맬	계:	係長(계장) 係員(계원) 關係(관계) 因果關係(인과관계)	**사람(亻)**과 관계되어 **이어진(系)** 데서 '**매다**' '**걸리다**'를 뜻한다. 참고 系(이어맬 **계**) **손(爪＝丿)**으로 길게 이어진 **실(糸)**을 매달아 **들고(糸)** 있는 데서 '**이어 맴**'을 뜻한다.	系	係	
孫	6급	子부	총10획	손자	손(:)	孫子(손자) 孫女(손녀) 子孫(자손) 後孫(후손) 外孫(외손)	**자식(子)**의 대를 **이은(系)** '**손자**'를 뜻한다.	孙	孫	흥 5급 정 준4급
變	5급	言부	총23획	변할	변:	變化(변화) 急變(급변) 變聲期(변성기) 變身(변신) *燮(불꽃 섭)	계속 **이어(䜌) 다스려(攵)** '**변하게**'함을 뜻한다. 참고 䜌(말이을/다스릴 **련**) : 고치를 '**다스려**' 실을 뽑거나, **말(言)**이 **실(絲)**처럼 길게 이어짐에서 '**말을 이음**'을 뜻한다.	变	変	
觀	5급	見부	총25획	볼	관	觀察(관찰) 觀光(관광) 觀衆(관중) 觀念(관념) 觀客(관객)	**황새(雚)**가 자세히 살피듯 **보는(見)** 데서 '**보다**'를 뜻한다. 참고 **雚**(황새 **관**) 머리에 뿔 **털(卝＝艹)**과 큰 **눈(吅＝吅)**이 있는 물가에 사는 **새(隹)** '**황새**' '**백로**' '**수리**'를 뜻한다.	观	観	흥 준4급
權	4급Ⅱ	木부	총22획	권세	권	權勢(권세) 權利(권리) 權益(권익) 權力(권력) 權能(권능)	수평인 **나무(木)**가지에 앉은 **황새(雚)**에서 '**고르게 하다**', 수평을 잡는 '**저울추**', 세상을 평정하는 '**권세**' 등을 뜻한다. 참고 **黃華木(황화목)** 노란 꽃이 피는 높이 약 5m나무.	权	権	
護	4급Ⅱ	言부	총21획	도울	호:	護國(호국) 護送(호송) 護身術(호신술) 警護(경호)	**말(言)**로, **잡아(蒦)**온 새를 살펴 '**돕고**' '**지킴**'을 뜻한다. 참고 **蒦**(잴 **약**) 머리에 **뿔털(卝)**이 난 **새(隹)**인 '**萑**'(＝萑 : 수리부엉이 **환**)을 **손(又)**으로 잡아 '**잼**'을 뜻한다.	护	護	
進	4급Ⅱ	辵부	총12획	나아갈	진:	進路(진로) 進學(진학) 進度(진도) 進退兩難(진퇴양난)	**새(隹)**는 벌새 이외에는 모두 앞으로만 **날아감(辶)**에서 '**나아가다**'를 뜻한다.	进	進	흥 준4급
集	6급	隹부	총12획	모을	집	集計(집계) 集團(집단) 集合(집합) 集會(집회) 全集(전집)	**새들(雥=隹)**이 **나무(木)** 위에 모여 **있는(木)** 데서 '**모이다**'를 뜻한다. 참고 雥(새떼 잡).	集	集	흥 준4급 정 준4급
準	4급Ⅱ	水부	총13획	준할/법	준:	準備(준비) 準例(준례) 基準(기준) 平準(평준)	**물(氵)**처럼 수평으로 나는 **새(隹)**로, 수평 **횃대(一=十)**나 팔에 앉는 **새매(隼**;새매 **준)**가 사냥감을 미리 살피는 데서 '**고르다**' '**미리**' '**준하다**'를 뜻한다.	准	準	
羅	4급Ⅱ	网부	총19획	벌릴/벌	라	羅列(나열) 羅城(나성) 全羅(전라) 新羅(신라) 輕羅(경라)	**그물(罒)**을 **비단실(糸)**로 짠 **새(隹)** 잡는, **새그물(罒)**의 벼리 **줄(維**;벼리 **유)**을 '**펼쳐**' '**벌림**'을 뜻함.	罗	羅	
舊	5급	臼부	총18획	예	구:	舊形(구형) 舊習(구습) 舊式(구식) 舊石器(구석기)	**수리부엉이(萑=萑)**가 사는 오래된 **절구(臼)** 모양의 집에서 '**옛**' '**오래**'를 뜻함.	旧	旧	

19 확인학습

1 다음 漢字의 訓과 音을 쓰세요.

(1) 汽 (2) 斗 (3) 料 (4) 科
(5) 米 (6) 過 (7) 師 (8) 官
(9) 宮 (10) 關 (11) 樂 (12) 藥

(13) 蓄 (14) 素 (15) 係 (16) 孫
(17) 變 (18) 觀 (19) 權 (20) 護
(21) 進 (22) 集 (23) 準 (24) 羅
(25) 舊

2 다음 漢字語의 讀音을 쓰세요.

(1) 汽車 (2) 斗量 (3) 料理 (4) 科目
(5) 白米 (6) 過去 (7) 教師 (8) 官家
(9) 宮合 (10) 關係 (11) 樂園 (12) 藥局

(13) 蓄財 (14) 素朴 (15) 係長 (16) 外孫
(17) 變化 (18) 觀光 (19) 權能 (20) 護國
(21) 進度 (22) 集合 (23) 準備 (24) 羅城

(25) 舊式 (26) 師弟 (27) 快樂 (28) 貯蓄
(29) 祖孫 (30) 觀察 (31) 權勢 (32) 保護
(33) 進退

3 다음 訓과 音에 맞는 漢字를 쓰세요.

(1) 모을 집 　 (2) 말 두 　 (3) 쌀 미 　 (4) 모을 축

(5) 헤아릴 료 　 (6) 권세 권 　 (7) 물끓는김 기 　 (8) 스승 사

(9) 집 궁 　 (10) 관계할 관 　 (11) 벼슬 관 　 (12) 즐거울 락

(13) 약 약 　 (14) 본디 소 　 (15) 맬 계 　 (16) 변할 변

(17) 볼 관 　 (18) 도울 호 　 (19) 손자 손 　 (20) 나아갈 진

(21) 법 준 　 (22) 벌릴 라 　 (23) 지날 과 　 (24) 예 구

(25) 과목 과

4 다음 밑줄 친 漢字語를 漢字로 쓰세요.

(1) 새로운 교과 과정으로 수업을 한다. ······························ (　　　　)

(2) 배가 아파 미음을 먹었다. ······························ (　　　　)

(3) 교통사고의 원인은 과속이 많다. ······························ (　　　　)

(4) 식물도 관심을 주어야 잘 자란다. ······························ (　　　　)

(5) 젊어서 고생하면, 노후가 안락하다. ······························ (　　　　)

(6) 산천에는 이름 모를 약초가 많다. ······························ (　　　　)

(7) 계절의 변화에 산의 모습이 많이 달라진다. ······························ (　　　　)

20 鳥·長·玉·示 모양을 가진 한자

시험	한자	급수 / 부수 / 총획	훈	음	갑문	금문	소전	설명	중국	일본
	確	4급Ⅱ / 石부 / 총15획	굳을	확				**돌(石)**처럼 단단하고 건강하여 **멀리(冂=冖)**까지 나는 **두루미**(隺: 새 높이 날/두루미 **확/각**)에서 '**굳다**' '**확실하다**'를 뜻한다.	确	確
		確信(확신) 確定(확정) 確認(확인) 確約(확약) 明確(명확)								
	應	4급Ⅱ / 心부 / 총17획	응할	응:				**집(广)**에서 **사람(亻)**이 기른 **매(隹)**가 사냥하여 주인의 **마음(心)**에 '**응함**'을 뜻한다.	应	応
		應答(응답) 應試(응시) 呼應(호응) 應急(응급) 應用(응용)								
	曜	5급 / 日부 / 총18획	빛날	요				**해(日)**가 **깃(羽)**이 아름다운 **새(隹)**인 꿩의 **깃(翟**; 꿩깃 **적)**처럼 밝고 아름답게 비춤에서 '**빛나다**'를 뜻한다.	曜	曜
		曜日(요일) 土曜日(토요일) 日曜日(일요일) 月曜病(월요병)								
	雄	5급 / 隹부 / 총12획	수컷	웅				암컷보다 **튼튼하고(厷)** 힘이 센 **새(隹)**에서 '**수컷**'을 뜻한다. 참고 厷(팔뚝 **굉**) **손(又=ナ)**에 힘쓸 때 튼튼하게 **구부린(厶)** 모양에서 '**팔뚝**' '**튼튼함**'을 뜻한다.	雄	雄
		雄志(웅지) 雄飛(웅비) 雄大(웅대) 雄圖(웅도) 英雄(영웅)								
진흥 준4급	鳥	4급Ⅱ / 鳥부 / 총11획	새	조				새의 머리와 눈동자, 긴 꼬리 다리 등을 표현한 글자로 '**새**'를 뜻한다.	鸟	鳥
		鳥類(조류) 鳥足之血(조족지혈) 白鳥(백조) 吉鳥(길조)								
진흥 준4급	島	5급 / 山부 / 총10획	섬	도				많은 **새(鳥=鳥)**들이 살거나 쉬어 가는, 물이나 바다가운데 **산(山)**처럼 솟은 '**섬**'을 뜻한다.	岛	島
		島民(도민) 落島(낙도) 韓半島(한반도) 列島(열도)								
진흥 준5급 / 검정 6급	馬	5급 / 馬부 / 총10획	말	마:				말의 눈과 깃털과 다리를 강조한 모양으로 '**말**'을 뜻한다.	马	馬
		馬具(마구) 馬耳東風(마이동풍) 名馬(명마) 競馬(경마)								
진흥 준5급 / 검정 5급	長	8급 / 長부 / 총8획	긴/어른	장(:)				머리가 긴 노인이 지팡이를 들고 서있는 모양에서 '**길다**' '**어른**' '**자라다**'를 뜻한다.	长	長
		長短(장단) 訓長(훈장) 長官(장관) 長期(장기) 長成(장성)								
진흥 준5급 / 검정 6급	玉	4급Ⅱ / 玉부 / 총5획	구슬	옥				**구슬(三)**을 **줄(丨)**에 일정한 간격으로 **꿴 모양**으로, 王(왕)과 구분하기 위해 '丶'를 더해 '**옥**'을 뜻한다.	玉	玉
		玉寶(옥보) 玉體(옥체) 玉石(옥석) 玉雪(옥설) 玉手(옥수)								
검정 5급	班	6급 / 玉부 / 총10획	나눌	반				**서옥(玨=珏**; 쌍옥 **각)**을 **칼(刂)**로 나누어 주는 데서 '**나누다**'를 뜻한다.	班	班
		班列(반열) 班長(반장) 班常會(반상회) 兩班(양반)								
진흥 8급 / 검정 준5급	王	8급 / 玉부 / 총4획	임금	왕				넓적하고 큰 **도끼 모양**으로 도끼로 사람을 다스리던 '**왕**'으로 '**크고, 많음**'을 뜻한다.	王	王
		王朝(왕조) 王室(왕실) 王孫(왕손) 王國(왕국) 大王(대왕)								
진흥 6급 / 검정 준5급	主	7급 / 丶부 / 총5획	주인	주				중심이 되는 **등불(丶)**과 **등잔**이나 **횃대(王)**로, 일이나 사물의 중심에서 '**주인**' '**임금**'을 뜻한다.	主	主
		主人(주인) 主演(주연) 主婦(주부) 戶主(호주) 主體(주체)								

급수	한자	급수/부수/획수	훈음	갑문	금문	소전	풀이	중국	일본	용례
흥 준5급 정 5급	住	7급 人부 총7획	살 주:				**사람**(亻)이 횃대 **중심**(主)처럼 한곳에 머물러 '**삶**'을 뜻한다.	住	住	住民(주민) 住所(주소) 住宅(주택) 居住(거주) 安住(안주)
흥 순4급 정 준4급	注	6급 水부 총8획	부을/물댈 주:				**물**(氵)을 어느 곳의 **중심**(主)에 대어 붓는 데서 '**붓다**'를 뜻한다.	注	注	注油(주유) 注意(주의) 注入(주입) 注視(주시) 受注(수주)
	往	4급Ⅱ 彳부 총8획	갈 왕:				**길**(彳)을 **다님**(㞷=王=主 : 무성할 **황**)에서 '**가다**'를 뜻한다. 참고 㞷(무성활 **황**) **발**(㞢)자국이 **땅**(土) 위에 무성한 것처럼 '**많은**' 초목이 '**무성함**'을 뜻하나, '**王**' '**主**'로 쓰인다.	往	往	往年(왕년) 往來(왕래) 往復(왕복) 說往說來(설왕설래)
흥 5급 정 5급	黃	6급 黃부 총12획	누를 황				사람이 허리춤에 차고 다니던 누런 **노리개**(·)의 색에서 '**누르다**' '**누렇다**' '**가로**'를 뜻한다.	黄	黄	黃色(황색) 黃金(황금) 黃牛(황우) 黃土(황토) 黃海(황해)
흥 준4급	廣	5급 广부 총15획	넓을 광:				사방에 벽이 없어 **집**(广)안이 **누렇고**(黃) 넓게 보이는 데서 '**넓다**'를 뜻한다.	广	広	廣野(광야) 廣場(광장) 廣告(광고) 廣大(광대)
흥 준5급 정 5급	漢	7급 水부 총14획	한수/한나라 한:				**물**(氵)이 노란 **진흙**(㔾=堇)땅을 가르며 지나는 '**한수**'유역의 나라인 '**한나라**'를 뜻한다. 참고 堇(노란진흙 **근**) 제물이나 **진흙**(土) 인형을 **태워**(·) 어려움을 물리치려는 데서 '**노란진**	汉	漢	漢陽(한양) 漢江(한강) 漢字(한자) 漢文(한문) 漢詩(한시)
	難	4급Ⅱ 隹부 총19획	어려울 난(:)				**노란**(堇=㔾) 깃을 가진 **새**(隹)로, 구하기 **어려운**(堇=㔾) **새**(隹)에서 '**어려움**'을 뜻한다.	难	難	難處(난처) 難關(난관) 難民(난민) 難治(난치) 非難(비난)
흥 준5급 정 5급	示	5급 示부 총5획	보일 시:				신에게 **희생물**(一)을 올린 돌 **제단**(丁)과 **나뉘어**(八) 흐르는 핏물로 '**신**'이 뜻이나, 제사를 드려 마음을 '**보임**'을 뜻한다. 位牌(위패) 모양이라고도 한다.	示	示	示達(시달) 明示(명시) 指示(지시) 訓示(훈시) 展示(전시)
	宗	4급Ⅱ 宀부 총8획	마루 종				**집**(宀)에 선조의 **신위**(示)를 모셔놓고 제사하는 **종가**로, 집안의 모든 일을 가장 먼저 **사당**에 고함에서 '**마루**' '**으뜸**' '**종가**'를 뜻한다.	宗	宗	宗孫(종손) 宗敎(종교) 宗家(종가) 宗會(종회) 改宗(개종)
	祭	4급Ⅱ 示부 총11획	제사 제:				**고기**(月)덩이를 **손**(又)으로 **제단**(示)에 올려놓고 '**제사**'함을 뜻한다.	祭	祭	祭典(제전) 祭禮(제례) 祭壇(제단) 祭器(제기) 祝祭(축제)
	際	4급Ⅱ 阜부 총14획	즈음/가 제				두 **언덕**(阝)이 서로 만나는 곳에 서로 모여 **제사**(祭)하는 시기에서 '**즈음**' '**때**' '**사귀다**'를 뜻한다.	际	際	際會(제회) 實際(실제) 交際(교제) 國際(국제) 天際(천제)
	察	4급Ⅱ 宀부 총14획	살필 찰				사당이나 **집**(宀)안의 **제사**(祭)를 잘 감독하고 살펴봄에서 '**살피다**'를 뜻함.	察	察	査察(사찰) 警察(경찰) 檢察(검찰) 觀察(관찰) 監察(감찰)
	謠	4급Ⅱ 言부 총17획	노래 요				민가에서 **말하듯**(言) **항아리**(䍃)만 두드리며 부르는 '**노래**'를 뜻한다. 참고 䍃(질그릇 **요**; 병 **유**) 육**장**(月)을 담는 **장군**(缶) 모양의 항아리에서 '**질그릇**' '**항아리**'를 뜻한다.	谣	謡	農謠(농요) 童謠(동요) 民謠(민요) 歌謠(가요) 俗謠(속요)

20 확인학습

1 다음 漢字의 訓과 音을 쓰세요.

(1) 確 (2) 應 (3) 曜 (4) 雄
(5) 鳥 (6) 島 (7) 馬 (8) 長
(9) 玉 (10) 班 (11) 王 (12) 主

(13) 住 (14) 注 (15) 往 (16) 黃
(17) 廣 (18) 漢 (19) 難 (20) 示
(21) 宗 (22) 祭 (23) 際 (24) 察
(25) 謠

2 다음 漢字語의 讀音을 쓰세요.

(1) 確信 (2) 應用 (3) 曜日 (4) 雄志
(5) 吉鳥 (6) 島民 (7) 馬具 (8) 長官
(9) 玉雪 (10) 兩班 (11) 王孫 (12) 主體

(13) 住所 (14) 注入 (15) 往年 (16) 黃牛
(17) 廣野 (18) 漢詩 (19) 難民 (20) 訓示
(21) 宗會 (22) 制禮 (23) 實際 (24) 查察

(25) 歌謠 (26) 確固 (27) 應答 (28) 長成
(29) 居住 (30) 觀察 (31) 班常 (32) 主客
(33) 玉石

3 다음 訓과 音에 맞는 漢字를 쓰세요.

(1) 나눌 반	(2) 굳을 확	(3) 제사 제	(4) 빛날 요
(5) 응할 응	(6) 섬 도	(7) 갈 왕	(8) 말 마
(9) 구슬 옥	(10) 새 조	(11) 한수 한	(12) 주인 주
(13) 보일 시	(14) 살 주	(15) 누를 황	(16) 즈음 제
(17) 넓을 광	(18) 임금 왕	(19) 어려울 난	(20) 마루 종
(21) 노래 요	(22) 수컷 웅	(23) 긴 장	(24) 살필 찰
(25) 부을 주			

4 다음 밑줄 친 漢字語를 漢字로 쓰세요.

(1) 새학기에 반장으로 뽑혔다. ( )

(2) 올해는 한자 학습에 주력하자. ( )

(3) 모든 일에 주목하고 관심을 가져야 한다. ( )

(4) 황토의 숨겨진 효능이 점점 밝혀지고 있다. ( )

(5) 오랫동안 기억되는 광고를 만들고 싶다. ( )

(6) 기업에서 한문 능력을 강조하고 있다. ( )

(7) 쾌적한 주택 환경에 관심이 많다. ( )

21 四·西·衣·犬·父 모양을 가진 한자

한자	시험	급수	부수·총획	훈	음	갑문 → 금문 → 소전	풀이	중국	일본
四	진흥 8급 / 검정 8급	8급	口부 총5획	넉	사:		**코**에서 **콧물**이나 입에서 기운이 갈라져 나오는 모양(四)이나, 숫자 넷에서 '**넉**'을 뜻한다.	四	四
四君子(사군자) 四足(사족) 四書三經(사서삼경) 四寸(사촌)									
罰		4급Ⅱ	网부 총14획	벌할	벌		**법망(罒)**에 걸린 죄인에게 **말(言)**로 빗대어 꾸짖고 **칼(刂)**로 벌함에서 '**벌하다**'를 뜻한다.	罚	罰
罰金(벌금) 罰則(벌칙) 天罰(천벌) 體罰(체벌) 重罰(중벌)									
西	진흥 6급 / 검정 8급	8급	襾부 총6획	서녘	서		대소쿠리나 **새둥지 모양**(⊕·⊕)으로, 서쪽방향으로 쓰이면서 '**서녘**'을 뜻한다.	西	西
西洋(서양) 西海(서해) 西紀(서기) 西方極樂(서방극락)									
價	진흥 준4급	5급	人부 총15획	값	가		**사람(亻)**이 **장사(賈)**하여 물건의 값이 정해지는 데서 '**값**' '**가치**'를 뜻한다. 참고 賈(성 姓 **가**, 장사 **고**) **덮어(覀)** 놓은 귀한 **재물(貝)**을 앉아서 파는 데서 '**장사**'를 뜻한다.	价	価
價格(가격) 原價(원가) 定價(정가) 特價(특가) 代價(대가)									
票		4급Ⅱ	示부 총11획	표	표		매섭게 **일어난(粈)** **불(火)**똥이 **굴뚝**(囪)으로 **튀어**(䙳=㶾:가벼울 **표**) **올라**(粈=覀=䙴) 밝게 드러나 **보임**(示)을 뜻한다. 파자 **덮어(覀)** 표시해 둔 **신(示)**에게 바칠 물건에서 '**표**' '**표함**'.	票	票
票決(표결) 開票(개표) 計票(계표) 賣票所(매표소)									
煙		4급Ⅱ	火부 총13획	연기	연		**불(火)**길을 **덮은(覀)** 높은 **굴뚝**(壬=土) 위의 연기만 빠지도록 **막은**(垔:막을 **인**) 곳에서 오르는 '**연기**'를 뜻한다.	烟	煙
煙氣(연기) 煙月(연월) 煙草(연초) 禁煙(금연) 愛煙(애연)									
醫	진흥 준4급 / 검정 준4급	6급	酉부 총18획	의원	의		**상자(匸)**에 **침(矢)**과 수술용 **칼(殳)**과 치료용 알콜 즉, **술(酉)**을 지닌 '**의원**'을 뜻한다.	医	医
醫師(의사) 醫院(의원) 醫藥(의약) 醫學(의학) 韓醫(한의)									
尊		4급Ⅱ	寸부 총12획	높을	존		잘 익은 **술(酋)**을 **두 손(廾=寸)**으로 공경히 바치는 데서 '**높다**'를 뜻한다. 참고 **酋**(우두머리 **추**) 향기가 **나뉘어(八)** 올라가는 잘 익은 **술(酉)**을 '**우두머리**'인 '**두목**'에게 바침.	尊	尊
尊重(존중) 至尊(지존) 尊敬(존경) 自尊心(자존심)									
衣	진흥 준5급 / 검정 준5급	6급	衣부 총6획	옷	의		옷의 **깃(亠)**과 소매와 **옷자락**(𧘇)이 잘 나타나 있는 **웃옷**(衣)의 모양으로 '**옷**'을 뜻한다.	衣	衣
衣服(의복) 衣食住(의식주) 衣類(의류) 衣紙(의지)									
表	진흥 5급 / 검정 준4급	6급	衣부 총8획	겉	표		**털(毛=龶)**을 겉으로 나오게 만든 **옷(衣)**에서 '**겉**' '**나타나다**'를 뜻한다.	表	表
表示(표시) 表面(표면) 表現(표현) 表出(표출) 表決(표결)									
園	진흥 준4급 / 검정 준4급	6급	口부 총13획	동산	원		**경계(囗)**를 이룬 **넓은(袁)** '**과수원**'에서 '**동산**'을 뜻한다. 참고 袁(성姓 **원**) **옷(衣)**깃에 **끈(一)**과 옷 가운데 둥근 **옥(口)**이나 천을 덧댄 '**넓고**' '**긴 옷**'으로 '**성**'으로 쓰인다.	园	園
園藝(원예) 田園(전원) 學園(학원) 公園(공원) 庭園(정원)									
遠	진흥 5급 / 검정 5급	6급	辵부 총14획	멀	원:		**길고(袁)** 오랜 시간을 **걸어가야**(辶) 하는 먼 길에서 '**멀다**'를 뜻한다.	远	遠
遠視(원시) 遠洋(원양) 遠近(원근) 遠大(원대) 遠客(원객)									

급수	한자	급수·부수·획수	훈음	낱말	풀이	중국	일본
흥 준4급 정 준4급	卒	5급 十부 총8획	군사 졸	卒歲(졸세) 卒業(졸업) 卒去(졸거) 軍卒(군졸) 兵卒(병졸)	**옷**(衣=𠆭)에 **갑편**(十=一)이나 부호를 단 **옷**(·)을 입은 '**졸병**'으로, 전투에서 장군보다 잘 죽는 데서 '**갑자기**' '**죽다**' '**마치다**'를 뜻한다.	卒	卒
흥 5급 정 준4급	窓	6급 穴부 총11획	창문 창	窓門(창문) 窓口(창구) 窓戶紙(창호지) 鐵窓(철창)	**구멍**(穴) 뚫린 **천창**(囱=厶: 천장 **창**)으로 통풍하여 **마음**(心)을 상쾌하게 하는 '**창**(窗: 窓의 본자)'을 뜻한다. 참고 囱(천창 창).	窗	窓
	器	4급Ⅱ 口부 총16획	그릇 기	器官(기관) 器具(기구) 器量(기량) 容器(용기) 食器(식기)	많은 **그릇**(㗊)을 **개**(犬)가 지키는 모습으로 '**그릇**'을 뜻한다. 참고 㗊: 뭇입 즙.	器	器
	狀	4급Ⅱ 犬부 총8획	형상 상 문서 장:	罪狀(죄상) 現狀(현상) 賞狀(상장) 案內狀(안내장)	평평한 **조각**(爿) 위에 다양한 **개**(犬)의 형상을 그린 것으로, '**형상**'이나 '**문서**'를 뜻한다.	状	状
	壓	4급Ⅱ 土부 총17획	누를/억누를 압	壓勝(압승) 壓力(압력) 壓殺(압살) 壓制(압제) 水壓(수압)	**눌린**(厭; 싫어할 **염**) **흙**(土)에서 '**누름**'을 뜻한다. 참고 厭(싫어할 **염**) **언덕**(厂)에 끼듯 **단**(甘=日) **개고기**(肰: 개고기 **연**)를 **배불리**'(猒;배부를 **염**)' 단단히 먹어 잔뜩 '**눌리어**' '**싫어함**'.	压	圧
흥 준4급 정 준4급	然	7급 火부 총12획	그럴 연	然則(연즉) 然後(연후) 當然(당연) 自然(자연) 不然(불연)	죽어 **고기**(月)가 된 **개**(犬)의 **개고기**(肰)를 **불**(灬)에 태우듯 구워먹는 일은 당연하다는 데서 '**그러하다**' '**그렇다**'를 뜻한다.	然	然
흥 8급 정 8급	父	8급 父부 총4획	아비/아버지 부	父母(부모) 父傳子傳(부전자전) 神父(신부) 生父(생부)	도끼나 **사냥도구**(八)를 **손**(又=乂)에 들고(·) 사냥이나 식량생산을 하는 '**아비**'를 뜻한다.	父	父
흥 5급 정 5급	交	6급 亠부 총6획	사귈 교	交流(교류) 交代(교대) 交感(교감) 交配(교배) 外交(외교)	**사람**(大=六)의 **두 발**(乂)이 **엇갈려**(·) 있는 데서 '**섞이다**' '**바뀌다**' '**서로**' '**사귀다**'를 뜻한다.	交	交
흥 준5급 정 5급	校	8급 木부 총10획	학교 교:	校長(교장) 校庭(교정) 校舍(교사) 校監(교감) 將校(장교)	나무와 **나무**(木)를 서로 **엇갈려**(交) 만든 '**형틀**'로, 죄인을 바르게 다스리듯 사람을 바르게 가르치는 데서 '**바로잡다**' '**학교**'를 뜻한다.	校	校
흥 준4급	效	5급 攴부 총10획	본받을 효:	效能(효능) 效果(효과) 效力(효력) 藥效(약효) 無效(무효)	**서로**(交) 같아지도록 **쳐서**(攵) 다그치는 데서 '**본받다**' '**효험**'을 뜻한다.	效	効
흥 6급 정 준5급	文	7급 文부 총4획	글월 문	文法(문법) 文藝(문예) 文學(문학) 文理(문리) 波文(파문)	사람의 몸에 '**문신**'을 한 **모양**(·)으로, '**무늬**' '**글월**' '**문체**' 등을 뜻한다.	文	文
	總	4급Ⅱ 糸부 총17획	다 총:	總務(총무) 總理(총리) 總長(총장) 總論(총론) 總角(총각)	**창**(囪: 천장 **창/총**)을 열어 **마음**(心) 급히 **빨리**(悤: 바쁠 **총**) 환기하려는 듯, **실**(糸)로 **급하게**(悤) 모아 묶는 데서 '**모으다**'를 뜻한다. 참고 '囪'은 대를 엮어 만든 '**창**'이나 '**굴뚝**'.	总	総
흥 준4급 정 준4급	雲	5급 雨부 총12획	구름 운	雲雨(운우) 雲煙(운연) 雲海(운해) 雲集(운집) 白雲(백운)	**비**(雨)를 내리게 하는 **구름**(云)에서 '**구름**'을 뜻한다. 참고 云(이를 **운**) 수증기가 엉긴 **구름**(·) 모양이나, 말의 기운을 뜻하여 '**이르다**'로도 쓰인다. *'雲(운)'의 古字(고자).	云	雲

21 확인학습

1 다음 漢字의 訓과 音을 쓰세요.

(1) 四 (2) 罰 (3) 西 (4) 價
(5) 票 (6) 煙 (7) 醫 (8) 尊
(9) 衣 (10) 表 (11) 園 (12) 遠

(13) 卒 (14) 窓 (15) 器 (16) 狀
(17) 壓 (18) 然 (19) 父 (20) 交
(21) 校 (22) 效 (23) 文 (24) 總
(25) 雲

2 다음 漢字語의 讀音을 쓰세요.

(1) 四寸 (2) 重罰 (3) 西洋 (4) 代價
(5) 票決 (6) 煙氣 (7) 醫學 (8) 尊重
(9) 衣類 (10) 表示 (11) 公園 (12) 遠洋

(13) 軍卒 (14) 窓口 (15) 容器 (16) 賞狀
(17) 壓力 (18) 然後 (19) 生父 (20) 交流
(21) 校舍 (22) 無效 (23) 文法 (24) 總論

(25) 雲雨 (26) 賞罰 (27) 尊重 (28) 衣服
(29) 表面 (30) 庭園 (31) 遠近 (32) 窓口
(33) 器具

3 다음 訓과 音에 맞는 漢字를 쓰세요.

(1) 글월 문	(2) 벌할 벌	(3) 서녘 서	(4) 값 가
(5) 표 표	(6) 녁 사	(7) 학교 교	(8) 연기 연
(9) 겉 표	(10) 멀 원	(11) 옷 의	(12) 높을 존
(13) 군사 졸	(14) 창문 창	(15) 그릇 기	(16) 형상 상
(17) 누를 압	(18) 아비 부	(19) 동산 원	(20) 사귈 교
(21) 다 총	(22) 본받을 효	(23) 그럴 연	(24) 의원 의
(25) 구름 운			

4 다음 밑줄 친 漢字語를 漢字로 쓰세요.

(1) 동대문의 의류는 세계 수준을 자랑한다. ( )

(2) 아이의 마음이 잘 표현된 그림이다. ( )

(3) 봄이 되자 공원은 많은 인파로 붐볐다. ( )

(4) 졸업 후 대학원에 진학할 계획이다. ( )

(5) 학교에서 교대로 주번을 맡는다. ( )

(6) 불치병에 효과가 있는 신약이 개발되었다. ( )

(7) 산 정상에서 보는 운해가 매우 멋있다. ( )

22 雨·己·巴·女·母 모양을 가진 한자

급수	한자	급수/부수/획수	훈	음	갑문	금문	소전	풀이	중국	일본	단어
진흥 준4급	雨	5급 / 雨부 / 총8획	비	우:				하늘에서 내리는 '**비**'의 모양(⿱ · ⿱)으로, 비와 관계있는 **기상 상태**를 뜻한다.	雨	雨	雨備(우비) 雨期(우기) 雨衣(우의) 雨氣(우기) 暴雨(폭우)
진흥 준5급 / 검정 5급	電	7급 / 雨부 / 총13획	번개	전:				**비(雨)**가 내릴 때 **펼쳐(申=电)** 내리치는 '**번개**'를 뜻한다. 참고 申(신)은 '**번개**(⿱)' 모양이다.	电	電	電子(전자) 電流(전류) 電話(전화) 電氣(전기) 電車(전차)
진흥 준4급 / 검정 준4급	雪	6급 / 雨부 / 총11획	눈	설				**비(雨)**처럼 내려 **비(彗[⿱]=⺕ : 비 혜)**로 쓸어야 하는 '**눈**'을 뜻한다.	雪	雪	雪山(설산) 雪景(설경) 雪害(설해) 寒雪(한설) 大雪(대설)
진흥 준5급 / 검정 6급	己	5급 / 己부 / 총3획	몸	기				주살이나, 여러 실을 묶는 **중심** 몸인, **벼리**가 되는 '**굵은**' 실에서 '**몸**' '**자기**'를 뜻한다. 참고 '巳(**뱀 사**)'나, '已(**이미 이**)'와 혼용한다.	己	己	己未年(기미년) 知己(지기) 利己(이기) 自己(자기)
진흥 준5급 / 검정 5급	記	7급 / 言부 / 총10획	기록	기				**말(言)**의 **몸(己)**이 되는 중요한 부분을 사실대로 적는 데서 '**기록하다**' '**적다**'를 뜻한다.	记	記	記錄(기록) 記念(기념) 記號(기호) 記者(기자) 登記(등기)
	起	4급Ⅱ / 走부 / 총10획	일어날	기				**가기(走)** 위해 **몸(己)**을 세우는 데서 '**일어나다**'를 뜻한다. 참고 **起(기)**에서 '己'는 본래 '巳'의 변형.	起	起	起立(기립) 起動(기동) 起案(기안) 起床(기상) 起去(기거)
	配	4급Ⅱ / 酉부 / 총10획	짝/나눌	배:				**술독(酉)** 옆에 **몸을 구부린(卩=己)** 사람이 술의 **몸(己)**이 되는 재료를 알맞게 나누어 배합하듯 사람이 서로 짝을 이루는 데서 '**짝**' '**나누다**'를 뜻한다.	配	配	配達(배달) 配置(배치) 配給(배급) 分配(분배) 交配(교배)
진흥 준4급	改	5급 / 攴부 / 총7획	고칠	개:				**어린아이(巳=己)**를 **다스려(攵)** 잘못을 '**고침**'을 뜻한다. 파자 잘못된 **몸(己)**을 **쳐서(攵)** '**고쳐**' 잡음.	改	改	改正(개정) 改名(개명) 改善(개선) 改造(개조) 改良(개량)
진흥 준5급 / 검정 5급	邑	7급 / 邑부 / 총7획	고을	읍				**성곽(口)** 아래 **꿇어앉은 사람(卩=巴)**으로, 일정한 구역에 사는 사람에서 '**고을**'을 뜻한다. 참고 巴(꼬리 **파**) 손으로 할퀴거나, 입을 벌린 큰 뱀에서 '**꼬리**' '**땅이름**'을 뜻한다.	邑	邑	邑內(읍내) 邑長(읍장) 邑民(읍민) 邑落(읍락) 都邑(도읍)
진흥 준5급 / 검정 5급	色	7급 / 色부 / 총6획	빛	색				선 **사람(⺈)**이 **꿇어앉은 사람(卩=巴)**을 화난 얼굴빛을 띠고 훈계하는 데서 얼굴'**색**'을 뜻한다. 선 **사람(⺈)**과 **꿇어앉은 사람(卩=巴)**에서 '**각양각색**'을 뜻한다.	色	色	色相(색상) 色感(색감) 退色(퇴색) 本色(본색) 原色(원색)
	絕	4급Ⅱ / 糸부 / 총12획	끊을	절				**실(糸)**을 **칼(刀)**로 끊는 **사람(卩=巴)**에서 '**끊다**'를 뜻함. 속자(俗字)인 '絶'에는 '色'자의 윗부분 '刀'모양이 '⺈'으로 변했다.	绝	絶	絶緣(절연) 絶交(절교) 絶對(절대) 絶望(절망) 絶景(절경)
진흥 준5급 / 검정 6급	地	7급 / 土부 / 총6획	땅	지				**흙(土)**이 **길게(也)** 펼쳐진 '**땅(따)**'을 뜻한다. 참고 **也**(이끼/어조사 **야**) '**뱀**'처럼 **길거나**(⿱ · ⿱) '**움푹 파인 모양**'이나, '**어조사**' 또는 한자의 '**토**'인 '**입겿 · 입겻**'이 '**이끼**'로 변했다.	地	地	地球(지구) 地方(지방) 産地(산지) 地角(지각) 陽地(양지)

시험	한자	급수	부수	획수	훈	음	갑문 → 금문 → 소전	어휘	풀이	중국	일본
준4급	他	5급	人부	총5획	다를	타	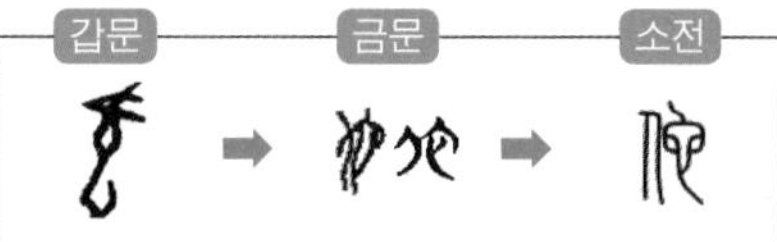	他人(타인) 他律(타율) 他意(타의) 他姓(타성) 他界(타계)	**사람**(亻)이 **긴뱀**(它=也)에게 별 다른 해를 입지 않아 '**다르다**'를 뜻한다.	他	他
8급 8급	女	8급	女부	총3획	계집	녀		女性(여성) 女王(여왕) 修女(수녀) 男女(남녀) 聖女(성녀)	두 손이 묶여 무릎에 올리고 있는 잡혀온 **노예**나 **여자**의 모습에서 '**여자**' '**계집**'을 뜻한다.	女	女
준4급	好	4급Ⅱ	女부	총6획	좋을	호:		友好(우호) 好意(호의) 好感(호감) 良好(양호)	**여자**(女)가 **아이**(子)를 잘 보살펴 기르는 데서 '**좋다**' '**아름답다**'를 뜻한다.	好	好
	努	4급Ⅱ	力부	총7획	힘쓸	노		努力(노력) 努肉(노육)	**노예**(奴)가 **힘**(力)써 일을 함에서 '**힘쓰다**'를 뜻한다. 참고 奴(종 **노**) 죄지은 사람이나 **노예**(女)를 여자처럼 묶어 **손**(又)으로 잡아와 '**종**'이나 '**노예**'로 삼음을 뜻한다.	努	努
	怒	4급Ⅱ	心부	총9획	성낼	노:		怒氣(노기) 怒發大發(노발대발) 大怒(대노) 怒號(노호)	어려운 일을 해야 하는 **노예**(奴)의 화난 **마음**(心)에서 '**성내다**'를 뜻한다.	怒	怒
준4급 준4급	如	4급Ⅱ	女부	총6획	같을	여		如前(여전) 如一(여일) 如月(여월) 何如間(하여간)	**노예**나 **여자**(女)가 명하는 말을 똑같이 따르는 데서 '**같다**'를 뜻한다.	如	如
준5급 5급	安	7급	宀부	총6획	편안	안		安全(안전) 安心(안심) 安貧樂道(안빈낙도) 安樂(안락)	**집**(宀)안 일을 하는 **노예**(女)나 **여자**(女), 또는 **집**(宀)안을 편하게 하는 **여자**(女)에서 '**편하다**'를 뜻한다.	安	安
준4급	案	5급	木부	총10획	책상	안:		案件(안건) 案席(안석) 意案(의안) 提案(제안) 考案(고안)	**편안하게**(安) 밥을 먹거나 책을 보도록 **나무**(木)로 만든 '**책상**'이나 '**밥상**'을 뜻한다.	案	案
준4급 준4급	要	5급	襾부	총9획	요긴할	요		要約(요약) 必要(필요) 要求(요구) 要請(요청) 要件(요건)	두 손으로 **덮어**(襾)잡은 **여자**(女)의 중요한 허리(𡟠)에서 '**중요하다**' '**요긴하다**'를 뜻한다.	要	要
8급 8급	母	8급	毋부	총5획	어미/어머니	모:		母子(모자) 母親(모친) 母音(모음) 母國(모국) 父母(부모)	젖을 먹이는 **여자**(女)의 가슴에 **두 점**(丶)을 표하여 아이가 있는 '**어미**'를 뜻한다.	母	母
	毒	4급Ⅱ	毋부	총8획	독	독		毒氣(독기) 毒殺(독살) 飮毒(음독) 毒藥(독약) 餘毒(여독)	**독초**(屮)가 **선비**(士)다운 행동을 **없게**(毋)하여 **음란하게**(毐: 음란할 애)하는 '**독**'을 뜻한다. 참고 毋(말 무) 아이가 있는 **어미**(母)에 접근을 **금함**(丿)에서 '**말다**' '**없다**'를 뜻한다.	毒	毒
준5급 5급	每	7급	毋부	총7획	매양	매(:)		每番(매번) 每年(매년) 每週(매주) 每回(매회) 每事(매사)	매일 머리에 화려한 **장식**(𠂉)을 한 성인 **여자**(母)에서 '**매양**' '**매일**' '**아름다움**'을 뜻한다.	每	每
준5급 5급	海	7급	水부	총10획	바다	해:		海軍(해군) 海水(해수) 海邊(해변) 海洋(해양) 近海(근해)	모든 **물**(氵)이 흘러들어 이루는 **매양**(每) 변치 않는 '**바다**'를 뜻한다.	海	海

22 확인학습

1 다음 漢字의 訓과 音을 쓰세요.

(1) 雨 (2) 電 (3) 雪 (4) 己
(5) 記 (6) 起 (7) 配 (8) 改
(9) 邑 (10) 色 (11) 絕 (12) 地

(13) 牛 (14) 女 (15) 好 (16) 努
(17) 怒 (18) 如 (19) 安 (20) 案
(21) 要 (22) 母 (23) 毒 (24) 每
(25) 海

2 다음 漢字語의 讀音을 쓰세요.

(1) 雨氣 (2) 電話 (3) 雪害 (4) 知己
(5) 登記 (6) 起立 (7) 配達 (8) 改正
(9) 都邑 (10) 色相 (11) 絕對 (12) 地域

(13) 他意 (14) 女性 (15) 好意 (16) 努肉
(17) 怒氣 (18) 如一 (19) 安全 (20) 案件
(21) 要求 (22) 母音 (23) 毒氣 (24) 每回

(25) 近海 (26) 自己 (27) 分配 (28) 土地
(29) 友好 (30) 考案 (31) 害毒 (32) 海洋
(33) 便安

3 다음 訓과 音에 맞는 漢字를 쓰세요.

(1) 힘쓸 노	(2) 눈 설	(3) 고칠 개	(4) 바다 해
(5) 기록 기	(6) 독 독	(7) 몸 기	(8) 고을 읍
(9) 비 우	(10) 짝 배	(11) 빛 색	(12) 땅 지
(13) 다를 타	(14) 좋을 호	(15) 번개 전	(16) 끊을 절
(17) 편안 안	(18) 성낼 노	(19) 같을 여	(20) 책상 안
(21) 요긴할 요	(22) 어미 모	(23) 매양 매	(24) 일어날 기
(25) 계집 녀			

4 다음 밑줄 친 漢字語를 漢字로 쓰세요.

(1) 장마철에는 우의를 꼭 가지고 다닌다. ( )

(2) 옛날에는 전차가 교통수단이었다. ( )

(3) 겨울 설산 등반은 힘들지만 신비롭다. ( )

(4) 남의 잘못을 보면 자기의 잘못을 찾아야 한다. ( )

(5) 하루를 정리하는 데는 일기를 쓰는 것이 가장 좋다. ( )

(6) 수업 중에 중요한 것은 노트에 적는다. ( )

(7) 운동과 공부는 매일 꾸준히 하는 것이 좋다. ( )

23 方·巾·殳·用·周 모양을 가진 한자

시험	한자	급수·부수·획수	훈	음	갑문 ➡ 금문 ➡ 소전	풀이	중국	일본
진흥 6급 검정 준5급	方	7급 方부 총4획	모	방		땅을 파는 도구나, 목이 **형틀(冖)**에 묶여있는 사방에서 잡혀온 **이방인**(亐)으로, 모난 '**삽**'이나 '**쟁기**' 또는 사방의 외부 부족에서 '**모**' '**모나다**' '**방향**' '**방법**' '**장소**'를 뜻한다.	方	方
		方向(방향) 方法(방법) 方式(방식) 方案(방안) 方今(방금)						
	防	4급Ⅱ 阜부 총7획	막을	방		**언덕(阝)**을 쌓아 **이방인**이나 물길이 있는 **방향(方)**을 막는 '**둑**'에서 '**막다**'를 뜻한다.	防	防
		防止(방지) 防共(방공) 防水(방수) 防毒(방독) 國防(국방)						
	房	4급Ⅱ 戶부 총8획	방	방		본체인 **집(戶)** 뒤나 양옆 **방향(方)**에 있는 침실로 쓰이던 '**방**'을 뜻한다.	房	房
		房內(방내) 冷房(냉방) 暖房(난방) 獨房(독방) 藥房(약방)						
진흥 5급 검정 5급	放	6급 攴부 총8획	놓을	방(:)		**이방인**을 풀어 먼 **곳(方)**으로 **쳐서(攵)** 쫓아내는 데서 '**놓다**' '**내치다**' '**그만두다**'를 뜻한다.	放	放
		放送(방송) 放學(방학) 放置(방치) 放牧(방목) 放心(방심)						
	訪	4급Ⅱ 言부 총11획	찾을	방:		널리 **말하여(言)** 여러 **방향(方)**으로 의견을 묻는 데서 '**묻다**'를 뜻한다.	访	訪
		訪問(방문) 訪韓(방한) 訪客(방객) 來訪(내방) 答訪(답방)						
	施	4급Ⅱ 方부 총9획	베풀	시:		묶인 **깃발(㫃)**을 **길게(也)** 펼치듯 일을 널리 알리거나 펼치는 데서 '**베풀다**'를 뜻한다. 참고 **㫃(깃발 언)** **깃대(𠂉=方)**에 **깃발(㇏=人)**이 나부끼는 모양에서 '**깃발**'을 뜻한다.	施	施
		施工(시공) 施行(시행) 施賞(시상) 施設(시설) 實施(실시)						
진흥 5급 검정 준4급	族	6급 方부 총11획	겨레	족		한 **깃발(㫃)** 아래 뭉쳐있는 **화살(矢)**처럼 씨족의 전투단위에서 '**가족**' '**겨레**' '**무리**'를 뜻한다.	族	族
		族長(족장) 族黨(족당) 家族(가족) 民族(민족) 親族(친족)						
	旅	5급 方부 총10획	나그네	려		**깃발(㫃)** 아래 많은 **사람(从=𠂹)**이 모인 군대로, 다른 지방으로 이동하는 데서 '**나그네**'를 뜻한다.	旅	旅
		旅客(여객) 旅行(여행) 旅程(여정) 旅路(여로) 行旅(행려)						
	帶	4급Ⅱ 巾부 총11획	띠	대(:)		여러 **패옥(川川)**을 **허리띠(一)**에 매달아 수건처럼 **겹친(巿)** 옷에 두르는 '**띠**'를 뜻한다.	带	帯
		帶同(대동) 地帶(지대) 眼帶(안대) 熱帶(열대) 溫帶(온대)						
진흥 준5급 검정 5급	市	7급 巾부 총5획	저자	시:		사람의 많은 **발(㞢=亠)**이 모이던 **깃발(巾)** 걸린 **시장(巿=市)**에서 **번화**하고 소란한 '**저자**'를 뜻한다. 참고 '**巿(슬갑 불)**' **허리띠(一)** 아래 **수건(巾)**을 느려 무릎을 가린 '**膝甲(슬갑)**'.	市	市
		市場(시장) 市內(시내) 市民(시민) 市價(시가) 市街(시가)						
	制	4급Ⅱ 刀부 총8획	절제할	제:		우거진 **나뭇가지(未=朱)**를 **칼(刂)**로 규격에 맞게 잘라내는(制) 데서 '**절제하다**' '**마르다**'를 뜻한다.	制	制
		制度(제도) 制定(제정) 制服(제복) 制限(제한) 制壓(제압)						
	製	4급Ⅱ 衣부 총14획	지을	제:		**마름질해(制)** **옷(衣)**감을 알맞게 자름에서 '**짓다**' '**만들다**'를 뜻한다.	制	製
		製圖(제도) 製藥(제약) 製造(제조) 製品(제품) 製本(제본)						

한자	급수	부수	총획	훈	음	갑문 → 금문 → 소전	풀이	중국	일본	용례
濟	4급Ⅱ	水부	총17획	건널	제	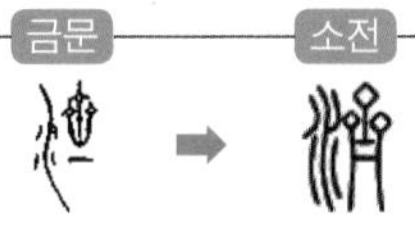	물(氵)살이 **가지런한(齊)** 곳을 택하여 건넘에서 '**건너다**'를 뜻한다. 참고 齊(가지런할 **제**) 가지런히 자란 곡식의 **이삭모양**(·)에서 '**가지런함**'을 뜻한다.	済	済	濟度(제도) 經濟(경제) 救濟(구제) 決濟(결제) 濟民(제민)
航	4급Ⅱ	舟부	총10획	배	항ː		**배(舟)**의 구조물을 **높게(亢)** 설치한 '**배**'를 뜻한다. 참고 亢(높을 **항**) 사람 다리를 묶어 높게 **세워둔 모양**(· ·)이나, **머리(亠)** 부분이 **안석(几)**처럼 '**높음**'.	航	航	航海(항해) 航路(항로) 航空(항공) 航法(항법) 運航(운항)
築	4급Ⅱ	竹부	총16획	쌓을	축		**대(竹)**로 된 **도구(工)**를 **잡거나**(丮: 잡을 극) **안고**(巩=巩: 앉을 공) **악기**(筑: 악기 **축**)를 연주하듯, **나무(木)**기둥을 안아 세워 쌓아 올리는 데서 '**쌓다**'를 뜻한다.	筑	築	築城(축성) 新築(신축) 增築(증축) 建築(건축) 改築(개축)
設	4급Ⅱ	言부	총11획	베풀	설		**말(言)**로 **창(殳)**을 든 병사에게 일을 분담하여 시킴에서 '**베풀다**' '**진열하다**'를 뜻한다.	设	設	設立(설립) 設置(설치) 設定(설정) 新設(신설) 設計(설계)
殺	4급Ⅱ	殳부	총11획	죽일 감할	살 쇄ː		**긴 꼬리 짐승**(杀=杀; 殺의 고자[古字])을 창이나 몽둥이로 **쳐서(殳)** 죽임에서 '**죽다**'를 뜻한다. 손을 대면 빠르게 움츠리는 데서 '**빠르다**' '**감하다**'를 뜻한다.	杀	殺	殺生(살생) 殺害(살해) 殺蟲(살충) 殺伐(살벌) 殺到(쇄도)
角	6급	角부	총7획	뿔	각		짐승의 **뿔**(·) 모양에서 '**뿔**'을 뜻한다.	角	角	角木(각목) 角都(각도) 角質(각질) 頭角(두각) 多角(다각)
解	4급Ⅱ	角부	총13획	풀	해ː		**뿔(角)**을 **칼(刀)**로 **소(牛)**에서 잘라내고, 소를 잡아 각 부위를 '**나눔**'에서 '**풀다**'를 뜻한다.	解	解	解決(해결) 解答(해답) 解法(해법) 解說(해설) 解禁(해금)
用	6급	用부	총5획	쓸	용ː		여러 용도로 쓰이는 나무로 만든 '**통( )**'에서 '**쓰다**'를 뜻한다. 참고 甬(종/솟을/길 **용**)은 **솟은(マ)** 손잡이가 부위가 있는 **나무통(用)**이나, 매달아 걸고 치던 '**종**'을 뜻한다.	用	用	用務(용무) 用件(용건) 用具(용구) 實用(실용) 常用(상용)
勇	6급	力부	총9획	날랠	용ː		**솟는(甬) 힘(力)**, 즉 힘이 차고 넘치는 '**용기**'에서 '**날래다**'를 뜻한다.	勇	勇	勇氣(용기) 義勇(의용) 勇士(용사) 勇斷(용단) 武勇(무용)
通	6급	辵부	총11획	통할	통		막힘을 뚫고 **솟아(甬)** 목적지까지 **가서(辶)** 이름에서 '**통달하다**' '**통하다**'를 뜻한다.	通	通	通路(통로) 通風(통풍) 通達(통달) 通報(통보) 通學(통학)
備	4급Ⅱ	人부	총12획	갖출	비ː		**사람(亻)**이 **많은(卄)** 화살을 **언덕(厂)**처럼 쌓아 **쓸(用)** 수 있게 갖춤에서 '**갖추다**'를 뜻한다. 참고 𤰈(備와 동자)는 본래 화살통에 화살( )을 잘 '**갖추어**' 꽂아놓은 형상.	备	備	備品(비품) 備蓄(비축) 準備(준비) 常備(상비) 具備(구비)
週	5급	辵부	총12획	주일	주		농작물 밭을 **두루(周) 돌아다님(辶)**에서 '**돌다**'의 뜻으로, 일주일의 '**주일**'을 뜻한다. 참고 周(두루 **주**) **밭(田=用)**에 심은 농작물을 고르게 잘 자라도록 보살피는 **사람(口)**에서 '두루'를 뜻한다.	周	週	週末(주말) 週報(주보) 週初(주초) 週間(주간) 每週(매주)
調	5급	言부	총15획	고를	조		상황을 살펴 **말(言)**을 **두루(周)** 조화롭고 균형 있게 하여 '**고름**'을 뜻한다.	调	調	調和(조화) 調律(조율) 調節(조절) 調達(조달) 強調(강조)

角: 흥 준4급 / 정 준4급
用: 흥 5급 / 정 5급
勇: 흥 5급 / 정 준4급
通: 흥 5급 / 정 5급
備: 흥 준4급
調: 흥 준4급

23 확인학습

1 다음 漢字의 訓과 音을 쓰세요.

(1) 方 ____ (2) 防 ____ (3) 房 ____ (4) 放 ____
(5) 訪 ____ (6) 施 ____ (7) 族 ____ (8) 旅 ____
(9) 帶 ____ (10) 市 ____ (11) 制 ____ (12) 製 ____

(13) 濟 ____ (14) 航 ____ (15) 築 ____ (16) 設 ____
(17) 殺 ____ (18) 角 ____ (19) 解 ____ (20) 用 ____
(21) 勇 ____ (22) 通 ____ (23) 備 ____ (24) 週 ____
(25) 調 ____

2 다음 漢字語의 讀音을 쓰세요.

(1) 方今 ____ (2) 防共 ____ (3) 暖房 ____ (4) 放送 ____
(5) 訪問 ____ (6) 施設 ____ (7) 民族 ____ (8) 旅路 ____
(9) 眼帶 ____ (10) 市場 ____ (11) 制度 ____ (12) 製本 ____

(13) 決濟 ____ (14) 航法 ____ (15) 新築 ____ (16) 設立 ____
(17) 殺蟲 ____ (18) 多角 ____ (19) 解說 ____ (20) 用件 ____
(21) 勇士 ____ (22) 通達 ____ (23) 具備 ____ (24) 週初 ____

(25) 調和 ____ (26) 方圓 ____ (27) 親族 ____ (28) 制限 ____
(29) 救濟 ____ (30) 建築 ____ (31) 設置 ____ (32) 解決 ____
(33) 費用 ____

3 다음 訓과 音에 맞는 漢字를 쓰세요.

(1) 놓을 방	(2) 지을 제	(3) 배 항	(4) 통할 통
(5) 방 방	(6) 나그네 려	(7) 베풀 설	(8) 날랠 용
(9) 띠 대	(10) 저자 시	(11) 쌓을 축	(12) 절제할 제
(13) 모 방	(14) 베풀 시	(15) 갖출 비	(16) 막을 방
(17) 죽일 살	(18) 뿔 각	(19) 쓸 용	(20) 찾을 방
(21) 주일 주	(22) 풀 해	(23) 겨레 족	(24) 건널 제
(25) 고를 조			

4 다음 밑줄 친 漢字語를 漢字로 쓰세요.

(1) 우리 집은 1년에 한 번 가족사진을 꼭 찍는다. ( )

(2) 좋은 여행은 사람의 마음을 살찌운다. ( )

(3) 요즘 건물은 직각의 형태를 벗어난다. ( )

(4) 약은 용법을 지켜서 먹어야 한다. ( )

(5) 모든 건물은 통로가 안전해야 한다. ( )

(6) 일기예보에서 금주부터 장마가 시작된다고 한다. ( )

(7) 시장에서 조리에 필요한 재료를 샀다. ( )

24 尃·卜·非·小·手 모양을 가진 한자

한자	급수	부수·획수	훈음	풀이	중국	일본	어휘	시험
博	4급Ⅱ	十부 총12획	넓을 박	**사방(十)**으로 넓게 **펼쳐져(尃)** 통하는 데서 '**넓다**'를 뜻한다. 참고 **尃**(펼 **부**) **남새밭(甫**[클 보])에 어린 묘를 **손(寸)**으로 널리 펼쳐 **심는** 데서 '**펴다**' '**퍼지다**'를 뜻한다.	博	博	博士(박사) 博識(박식) 博愛(박애) 博學(박학)	
傳	5급	人부 총13획	전할 전	공문을 전하는 **사람(亻)**이 타고 온 지친 車馬(거마)를 **돌려(專)** 바꾸어 주던 '**역**'에서 '**전하다**'를 뜻한다. 참고 **專**(오로지 **전**) **물레(叀**; 물레 **전)**를 **손(寸)**으로 돌려 실을 감는 데서 '**오로지**' '**물레**'를 뜻한다.	传	伝	傳達(전달) 傳來(전래) 傳說(전설) 傳敎(전교)	진흥 준4급
團	5급	口부 총14획	둥글 단	물레가 **둥글게(○⇒口) 돌듯(專)** 둥글게 감쌈에서 '**둥글다**'를 뜻한다.	团	团	團合(단합) 團束(단속) 團結(단결) 團體(단체) 團地(단지)	
惠	4급Ⅱ	心부 총12획	은혜 혜:	**물레(叀)**처럼 둥글게 뭉친 **열매·꽃·이삭**을 은혜롭게 여기는 **마음(心)**에서 '**은혜**'를 뜻한다.	惠	恵	受惠(수혜) 恩惠(은혜) 特惠(특혜) 施惠(시혜) 天惠(천혜)	
福	5급	示부 총14획	복 복	**제단(示)**에 **가득(畐)**담긴 술동이를 바쳐 복을 바라는 데서 '**복**'을 뜻한다. 참고 **畐**(찰 **복**) 술이 가득 담긴 목이 긴 **술동이**에서 '**차다**' '**가득 차다**'를 뜻한다.	福	福	多福(다복) 福地(복지) 福音(복음) 福德(복덕) 幸福(행복)	진흥 준4급 검정 준4급
副	4급Ⅱ	刀부 총11획	버금 부:	**가득(畐)** 채운 다음 **칼(刂)**로 나누는 데서 '**다음**'을 뜻하는 '**버금**'이나 '**쪼개다**'를 뜻한다.	副	副	副業(부업) 副産物(부산물) 副作用(부작용) 副賞(부상)	
富	4급Ⅱ	宀부 총12획	부자 부:	**집(宀)**안에 재물이 **가득(畐)**함에서 '**부자**'를 뜻한다. *부하다=가멸차다.	富	富	富者(부자) 富強(부강) 富國(부국) 富貴(부귀) 富康(부강)	진흥 준4급
朴	6급	木부 총6획	성/소박할 박	자연 상태의 **나무(木)** 껍질이 거북등의 **점(卜)**괘처럼 갈라진 데서 '**나무껍질**' '**순박하다**'를 뜻하며, '**성씨**'로도 쓰인다.	朴	朴	素朴美(소박미) 質朴(질박) 朴忠(박충) 朴氏(박씨)	진흥 5급 검정 준4급
外	8급	夕부 총5획	바깥 외:	**저녁(夕)**에 밖에 나가 별이나 달을 보며 먼 앞날을 **점(卜)**치는 데서 '**바깥**' '**멀다**'를 뜻한다.	外	外	外出(외출) 外國(외국) 外交(외교) 外科(외과) 外面(외면)	진흥 6급 검정 7급
店	5급	广부 총8획	가게 점:	**집(广)**안을 여러 물건들이 **차지하고(占)** 있는 '**가게**'를 뜻한다. 참고 **占**(점령할/점칠 **점**) **점괘(卜)**가 **거북껍질(口)** 한쪽에 차지하고 나타남에서 '**점령하다**' '**점치다**'를 뜻한다.	店	店	店員(점원) 賣店(매점) 商店(상점) 百貨店(백화점) 書店(서점)	진흥 준4급
非	4급Ⅱ	非부 총8획	아닐 비:	서로 등진 사람이나, 서로 반대로 펼쳐진 새의 날개에서 **반대**의 의미에서 '**아니다**'를 뜻한다.	非	非	非理(비리) 非難(비난) 非常口(비상구) 非命(비명)	
悲	4급Ⅱ	心부 총12획	슬플 비:	자신의 뜻대로 되지 **않아(非) 마음(心)**이 아프고 '**슬픔**'을 뜻한다.	悲	悲	悲觀(비관) 悲報(비보) 悲運(비운) 悲話(비화)	

검정 급수	한자	급수/부수/획수	훈	음	갑문 → 금문 → 소전	풀이	중국	일본	단어
흥 준4급	罪	5급 / 网부 / 총13획	허물	죄ː		본뜻은 **그물(罒)**을 **날개(非)**처럼 펼친 대나무 그물이나, **법망(罒)**을 피하지 **아니(非)**해 걸린 잘못에서 '**허물**' '**범죄**'를 뜻한다.	罪	罪	罪人(죄인) 罪名(죄명) 罪惡(죄악) 罪罰(죄벌) 罪質(죄질)
흥 5급 / 정 준4급	消	6급 / 水부 / 총10획	사라질	소		**물(氵)**이 점점 줄어 **작아지듯(肖)** 물체가 점차 닳아 '**사라짐**'을 뜻한다. 참고 肖(닮을 **초**) **작게(小)** 똑같이 잘라놓은 **고기(月)**나, **작은(小) 달(月)**로 '**작다**' '**닮다**'를 뜻한다.	消	消	消毒(소독) 消燈(소등) 消防車(소방차) 消費(소비)
흥 6급 / 정 준5급	少	7급 / 小부 / 총4획	적을	소ː		약간의 **작은 물건(⺌)**이 올망졸망 흩어져 있는 모양(少)에서, 少는 '**적다**'를 뜻한다.	少	少	少女(소녀) 最少(최소) 少量(소량) 多少(다소) 減少(감소)
흥 5급 / 정 준4급	省	6급 / 目부 / 총9획	살필 / 덜	성 / 생		**작게(少)** 뜬 **눈(目)**으로 (초목의 어린 싹을) 자세히 살피는 데서 '**살피다**' '**덜다**'를 뜻한다. 참고 본래 초목의 어린 **싹(屮=少)**을 눈으로 살펴보는 모양. *眉(省의 소전)	省	省	省察(성찰) 自省(자성) 反省(반성) 國防省(국방성) 省禮(성례)
흥 8급 / 정 7급	小	8급 / 小부 / 총3획	작을	소ː		**작은 물건(八)**을 뜻하며, 少와 小는 다 같이 **작고 적음**을 뜻한다.	小	小	小說(소설) 小便(소변) 小心(소심) 小學(소학) 大小(대소)
흥 준5급 / 정 준5급	食	7급 / 食부 / 총9획	밥/먹을	식		**뚜껑(亼)**과 **고소한(皀 : 고소할 흡)** 밥이 담긴 **밥그릇(皀)** 모양에서 '**밥**' '**음식**' '**먹다**'를 뜻함. 참고 皀(고소할 **흡/급**) **흰(白)** 밥을 **수저(匕)**로 먹는 데서 '**고소함**'을 뜻한다.	食	食	食事(식사) 食堂(식당) 食水(식수) 食品(식품) 食費(식비)
흥 7급 / 정 7급	手	7급 / 手부 / 총4획	손	수(ː)		사람의 다섯 손가락과 손목을 그려(手) '**손**'을 뜻한다.	手	手	手工(수공) 手足(수족) 手術(수술) 手動(수동) 洗手(세수)
	拜	4급Ⅱ / 手부 / 총9획	절	배ː		**두 손(手=手)**을 모아 **아래(丅 : 下의 고문)**로 몸을 굽히는 데서 '**절**'을 뜻함.	拜	拜	拜上(배상) 拜禮(배례) 歲拜(세배) 拜相(배상)
흥 5급 / 정 5급	毛	4급Ⅱ / 毛부 / 총4획	털	모		사람이나 짐승의 몸에 난 **털(毛)**로 '**터럭**' '**조금**'을 뜻한다.	毛	毛	羊毛(양모) 純毛(순모) 毛筆(모필) 毛根(모근) 不毛地(불모지)
흥 준4급	義	4급Ⅱ / 羊부 / 총13획	옳을	의ː		**양(羊)**을 잡아 **창(我)**으로 나누는 데서 '**옳다**' '**바르다**' '**의리**'를 뜻한다. 참고 我(나 **아**) 개인용 톱날 달린 **창**(手 · 禾 · 戈=我)이, **손(手)**으로 **창(戈)**을 잡은 것처럼 변해 '**나**'를 뜻함.	义	義	義理(의리) 義氣(의기) 義務(의무) 義擧(의거) 正義(정의)
	議	4급Ⅱ / 言부 / 총20획	의논	의		여러 사람이 **말(言)**하여 **옳은(義)** 일의 의견을 교환하는 데서 '**의논하다**'를 뜻한다.	议	議	議員(의원) 議論(의논) 議決(의결) 議事堂(의사당)
흥 준5급 / 정 6급	羊	4급Ⅱ / 羊부 / 총6획	양	양		양의 머리에 있는 두 뿔(羊 · 羊)을 강조하여 **희생 재물**로 많이 쓰이는 '**양**'을 뜻한다. 참고 '芉'이 本字.	羊	羊	羊毛(양모) 白羊(백양) 羊角(양각) 牧羊(목양) 山羊(산양)
흥 5급 / 정 준4급	洋	6급 / 水부 / 총9획	큰바다	양		**물(氵)**이 **양(羊)** 무리처럼 성대하고 많은 '**큰 바다**'를 뜻한다.	洋	洋	洋服(양복) 洋食(양식) 太平洋(태평양) 西洋(서양)

24 확인학습

1 다음 漢字의 訓과 音을 쓰세요.

(1) 博 ______ (2) 傳 ______ (3) 團 ______ (4) 惠 ______
(5) 福 ______ (6) 副 ______ (7) 富 ______ (8) 朴 ______
(9) 外 ______ (10) 店 ______ (11) 非 ______ (12) 悲 ______

(13) 罪 ______ (14) 消 ______ (15) 少 ______ (16) 省 ______
(17) 小 ______ (18) 食 ______ (19) 手 ______ (20) 拜 ______
(21) 毛 ______ (22) 義 ______ (23) 議 ______ (24) 羊 ______
(25) 洋 ______

2 다음 漢字語의 讀音을 쓰세요.

(1) 博愛 ______ (2) 傳說 ______ (3) 團束 ______ (4) 施惠 ______
(5) 福音 ______ (6) 副業 ______ (7) 富貴 ______ (8) 質朴 ______
(9) 外面 ______ (10) 店員 ______ (11) 非命 ______ (12) 悲觀 ______

(13) 罪罰 ______ (14) 消燈 ______ (15) 小量 ______ (16) 省察 ______
(17) 小便 ______ (18) 食品 ______ (19) 手足 ______ (20) 拜上 ______
(21) 毛根 ______ (22) 義理 ______ (23) 議員 ______ (24) 羊毛 ______

(25) 洋食 ______ (26) 傳達 ______ (27) 團合 ______ (28) 恩惠 ______
(29) 商店 ______ (30) 是非 ______ (31) 手足 ______ (32) 貧富 ______
(33) 罪惡 ______

3 다음 訓과 音에 맞는 漢字를 쓰세요.

(1) 옳을 의	(2) 손 수	(3) 적을 소	(4) 은혜 혜
(5) 버금 부	(6) 부자 부	(7) 둥글 단	(8) 성 박
(9) 전할 전	(10) 큰바다 양	(11) 바깥 외	(12) 복 복
(13) 허물 죄	(14) 넓을 박	(15) 살필 성	(16) 슬플 비
(17) 작을 소	(18) 가게 점	(19) 밥 식	(20) 절 배
(21) 털 모	(22) 의논 의	(23) 양 양	(24) 사라질 소
(25) 아닐 비			

4 다음 밑줄 친 漢字語를 漢字로 쓰세요.

(1) 고향 마을에 대한 전설이 내려오고 있다. ………………………… (　　　　)

(2) 도로변 불법 주차 단속이 심하다. ………………………… (　　　　)

(3) 끈기 있는 자가 최후에 행복하다. ………………………… (　　　　)

(4) 일 주일에 한 번 서점에 가서 책을 산다. ………………………… (　　　　)

(5) 섬에는 식수가 귀하다. ………………………… (　　　　)

(6) 운동 후 세수하고 교실에 들어왔다. ………………………… (　　　　)

(7) 취직 후 새 양복을 샀다. ………………………… (　　　　)

25 丰·失·氏·生·次 모양을 가진 한자

시험	한자	급수 / 부수 / 획수	훈음	자원	중국	일본
진흥 준4급	養	5급 / 食부 / 총15획	기를 양ː	양(羊)을 잘 다스려 튼튼하게 **먹여(食)** 기르는 데서 '**기르다**'를 뜻한다.	养	養
		養老院(양로원) 養育(양육) 養護(양호) 養成(양성)				
진흥 5급 검정 준4급	美	6급 / 羊부 / 총9획	아름다울 미(ː)	**양(羊)** 뿔이나 깃으로 아름답게 장식한 **큰(大)** 성인에서 '**아름답다**'를 뜻하거나, **양(羊)**이 **크고(大)** 살쪄 '**맛있음**'을 뜻한다.	美	美
		美人(미인) 美軍(미군) 美術(미술) 美容(미용) 美感(미감)				
	着	5급 / 目부 / 총12획	붙을/닿을 착	著(저)의 속자. 파자 **양(羊⇒⺶)**의 털이 **삐쳐(丿) 눈(目)**에 달라붙음에서 '**붙다**'로 쓰인다.	着	着
		着用(착용) 着地(착지) 着陸(착륙) 着想(착상) 着工(착공)				
진흥 준4급	善	5급 / 口부 / 총12획	착할 선ː	**양(羊)**이 순하고 착하거나, **양(羊)**고기가 맛있음을 여러 사람이 **말함**(誩 : 다투어말할 **경**)에서 '**좋다**' '**착하다**'를 뜻한다.	善	善
		善惡(선악) 善處(선처) 善良(선량) 善心(선심) 善用(선용)				
	達	4급Ⅱ / 辵부 / 총13획	통달할 달	**사람(大=土)**이 돌보는 **양(羊)**인 **어린양**(羍=幸;새끼양 **달**)을 몰아 집으로 **가게(⻌)** 함에서 '**이르다**' '**통달하다**'를 뜻한다. 참고 辛(매울 **신**), 幸(다행 **행**), 羍=幸(새끼 양 **달**).	达	達
		達人(달인) 未達(미달) 達成(달성) 發達(발달) 通達(통달)				
진흥 준4급	害	5급 / 宀부 / 총10획	해할 해ː	**집(宀)**안을 **흐트러지게**(丯=丰 : 흐트러질 **개**) 하는 **말(口)**에서 '**해롭다**' '**해하다**'를 뜻한다. 참고 '丯(흐트러질 **개**)'. '丰(예쁠/무성할 **봉**)'.	害	害
		害蟲(해충) 害毒(해독) 害惡(해악) 公害(공해) 災害(재해)				
	潔	4급Ⅱ / 水부 / 총15획	깨끗할 결	**물(氵)**로 **깨끗이**(絜 : 깨끗할 **결**) 하는 데서 '**깨끗하다**'를 뜻한다. 참고 絜(깨끗할 **결**) **흐트러지지**(丯) 않게 **칼(刀)**로 '**새겨**(㓞;새길 **갈**)' 정리하듯 **실(糸)**을 '**깨끗이함**'을 뜻한다.	洁	潔
		潔白(결백) 淸潔(청결) 純潔(순결) 不潔(불결) 高潔(고결)				
진흥 5급 검정 5급	春	7급 / 日부 / 총9획	봄 춘	모든 **풀(艹)**의 **싹(屯)**이 **무성해(𡗗)**지는 **햇볕(日)**이 따뜻한 '**봄**'을 뜻한다. 참고 '𡗗' 모양은 단독으로 쓰이지 않고, 다만 '**무성함**' '**많음**'을 뜻한다.	春	春
		春夏秋冬(춘하추동) 初春(초춘) 春秋(춘추) 思春期(사춘기)				
진흥 준4급 검정 준4급	奉	5급 / 大부 / 총8획	받들 봉ː	**무성한(丰)** 재물을 **두 손(廾)**으로 **많이(𡗗)** 받들어 바침(𡴀)에서 '**받들다**'를 뜻한다.	奉	奉
		奉仕(봉사) 奉養(봉양) 奉祝(봉축) 奉唱(봉창) 信奉(신봉)				
진흥 5급 검정 준4급	勝	6급 / 力부 / 총12획	이길 승	**자신(朕)**이 맡은 일을 **힘(力)**써 행함에서 '**이기다**'를 뜻한다. 참고 朕(나 **짐**) **배(舟=月)**를 두 **손(廾)**에 **도구(丨)**를 **들고(关)** 수리하거나(𠦃·𠬞) 배를 옮기는 '**자신**'인 '**나**'.	胜	勝
		勝利(승리) 勝者(승자) 勝敗(승패) 決勝戰(결승전)				
진흥 준4급 검정 준4급	紙	7급 / 糸부 / 총10획	종이 지	**천(糸)**, 나무·**뿌리(氏)** 등에서 뽑은 **섬유질(糸)**을 **바탕(氏)**으로 만들던 '**종이**' 참고 氏(각시/성씨 **씨**) : 씨에서 뻗은 줄기와 **뿌리**(𠂆·𠂆)에서 '**성씨**' '**바탕**'을 뜻한다.	纸	紙
		紙面(지면) 色紙(색지) 油紙(유지) 白紙(백지) 壁紙(벽지)				
진흥 준4급	低	4급Ⅱ / 人부 / 총7획	낮을 저ː	**사람(亻)**의 **근본(氐)** 바탕인 신분이 낮아 '**낮다**'를 뜻한다. 참고 **氐(근본 저) 나무뿌리(氏)**나 싹 튼 씨앗 **아래(一)** 바탕이 되는 흙에서 '**근본**' '**바탕**' '**낮음**'을 뜻한다.	低	低
		低速(저속) 低級(저급) 低俗(저속) 低質(저질) 最低(최저)				

급수	한자	배정	부수	총획	훈	음	갑문 → 금문 → 소전	자원	중국	일본	어휘
흥 준5급 정 5급	民	8급	氏부	총5획	백성	민		뾰족한 무기로 **눈을 찔린**(·) '**노예**'에서 벼슬 없는 서민 '**백성**'을 뜻한다.	民	民	民主(민주) 民俗(민속) 民謠(민요) 民衆(민중) 民族(민족)
흥 7급 정 6급	千	7급	十부	총3획	일천	천		**사람**(亻)을 **일**(一)렬로 세운 많은 군인에서 '**천**'을 뜻한다. 기타 **사람**(亻)에 **획**(一·二·三)을 더해 큰 수인 '**천**'단위를 뜻했다.	千	千	千年(천년) 千字文(천자문) 千念(천념) 千代(천대)
	純	4급Ⅱ	糸부	총10획	순수할	순		고치에서 뽑은 **실**(糸)이 **새싹**(屯)처럼 '**순수함**'을 뜻한다. 참고 屯(진칠 **둔**) 진 치듯, 견고한 **땅**(一)을 뚫고 부드러운 **싹**(屮=乇)을 틔움에서 '**진치다**' '**어렵다**'를 뜻한다.	纯	純	純種(순종) 純潔(순결) 純金(순금) 純度(순도) 清純(청순)
	逆	4급Ⅱ	辵부	총10획	거스를	역		사람이 **거꾸로**(屰[ ]: 거스를 **역**) **가는**(辶) 데서 '**거스르다**'를 뜻한다.	逆	逆	逆境(역경) 逆行(역행) 逆說(역설) 反逆(반역) 逆流(역류)
흥 7급 정 6급	生	8급	生부	총5획	날	생		**초목**(屮=中)이 **땅**(一)에서 싹터 자라나는(·) 모양에서 '**낳다**' '**살다**' '**자라다**'를 뜻한다.	生	生	生命(생명) 生育(생육) 生產(생산) 生活(생활) 生計(생계)
흥 5급 정 5급	性	5급	心부	총8획	성품	성:		각자 고유한 **마음**(忄)을 가지고 **태어나는**(生) 데서 '**성품**'을 뜻한다.	性	性	性品(성품) 性格(성격) 性急(성급) 性質(성질) 特性(특성)
흥 준5급 정 6급	姓	7급	女부	총8획	성	성:		모계사회에서 **여자**(女)가 **낳은**(生) 아이에게 붙여주던 성에서 '**성**' '**성씨**'를 뜻한다.	姓	姓	姓名(성명) 姓氏(성씨) 他姓(타성) 百姓(백성) 同姓(동성)
흥 준4급	星	4급Ⅱ	日부	총9획	별	성		**별들**(晶=日)이 **초목**(生) 위에 있는 모양에서 '**별**'을 뜻한다. 파자 曐=星의 古體.	星	星	星宿(성수) 星雲(성운) 星座(성좌) 金星(금성) 土星(토성)
흥 5급 정 준4급	飮	6급	食부	총13획	마실	음:		**음식**(食=飠)을 **입 벌려**(欠) 씹지 않고 먹는 데서 '**마시다**'를 뜻한다.	饮	飲	試飮(시음) 飮料水(음료수) 飮福(음복) 飮毒(음독)
흥 준4급	次	4급Ⅱ	欠부	총6획	버금	차		침을 **튀기고**(冫) **하품**(欠)하는 바르지 못한 행위로, 최선의 다음에서 '**버금**'을 뜻한다.	次	次	次男(차남) 次期(차기) 次例(차례) 次官(차관) 次長(차장)
	誤	4급Ⅱ	言부	총14획	그르칠	오:		**말**(言)을 **큰소리**(吳)로 하는 데서 '**그르침**'을 뜻한다. 참고 吳(성姓 오) 머리를 **기울여**(夨기울 **녈**) **입**(口)벌려 크게 **노래**( )하거나, **동이**(口)를 **멘**( ) 사람에서 '**큰소리**' '**성**(姓)'을 뜻함.	误	誤	誤算(오산) 誤用(오용) 誤解(오해) 誤報(오보) 誤答(오답)
흥 준4급 정 준4급	赤	5급	赤부	총7획	붉을	적		**크고**(大=土) 붉은 **불**(火=灬=𣲖) 빛이나, 알몸인 **큰**(大=土) 성인이 붉은 **불**(火)에 처형당하는 죄인에서 '**붉다**' '**발가숭이**' '**멸하다**'를 뜻한다.	赤	赤	赤色(적색) 赤血球(적혈구) 赤字(적자) 赤身(적신)
흥 준5급 정 준5급	不	7급	一부	총4획	아니 아니	불 부		**땅**(一) 아래 씨눈 배아에서 **작은 뿌리**(小)는 내리고( ) 움은 아직 트지 않은 데서 '**아니다**'를 뜻한다.	不	不	不良(불량) 不滿(불만) 不潔(불결) 不能(불능) 不定(부정)

25 확인학습

1 다음 漢字의 訓과 音을 쓰세요.

(1) 養 ☐ (2) 美 ☐ (3) 着 ☐ (4) 善 ☐
(5) 達 ☐ (6) 害 ☐ (7) 潔 ☐ (8) 春 ☐
(9) 奉 ☐ (10) 勝 ☐ (11) 紙 ☐ (12) 低 ☐

(13) 民 ☐ (14) 千 ☐ (15) 純 ☐ (16) 逆 ☐
(17) 生 ☐ (18) 性 ☐ (19) 姓 ☐ (20) 星 ☐
(21) 飮 ☐ (22) 次 ☐ (23) 誤 ☐ (24) 赤 ☐
(25) 不 ☐

2 다음 漢字語의 讀音을 쓰세요.

(1) 養成 ☐ (2) 美容 ☐ (3) 着工 ☐ (4) 善惡 ☐
(5) 發達 ☐ (6) 公害 ☐ (7) 高潔 ☐ (8) 春秋 ☐
(9) 奉祝 ☐ (10) 勝者 ☐ (11) 白紙 ☐ (12) 低速 ☐

(13) 民衆 ☐ (14) 千代 ☐ (15) 純金 ☐ (16) 逆行 ☐
(17) 生育 ☐ (18) 性質 ☐ (19) 同姓 ☐ (20) 土星 ☐
(21) 飮福 ☐ (22) 次男 ☐ (23) 誤用 ☐ (24) 赤色 ☐

(25) 不定 ☐ (26) 養育 ☐ (27) 純潔 ☐ (28) 勝敗 ☐
(29) 星宿 ☐ (30) 再次 ☐ (31) 正誤 ☐ (32) 罪惡 ☐
(33) 低俗 ☐

3 다음 訓과 音에 맞는 漢字를 쓰세요.

(1) 아름다울 미 ☐ (2) 해할 해 ☐ (3) 성씨 성 ☐ (4) 아니 불 ☐

(5) 성품 성 ☐ (6) 붙을 착 ☐ (7) 봄 춘 ☐ (8) 기를 양 ☐

(9) 받들 봉 ☐ (10) 이길 승 ☐ (11) 착할 선 ☐ (12) 낮을 저 ☐

(13) 일천 천 ☐ (14) 마실 음 ☐ (15) 순수할 순 ☐ (16) 거스를 역 ☐

(17) 날 생 ☐ (18) 별 성 ☐ (19) 백성 민 ☐ (20) 깨끗할 결 ☐

(21) 버금 차 ☐ (22) 그르칠 오 ☐ (23) 붉을 적 ☐ (24) 통달할 달 ☐

(25) 종이 지 ☐

4 다음 밑줄 친 漢字語를 漢字로 쓰세요.

(1) 버려진 아이들이 해외로 입양되어 간다. ………… (   )

(2) 교내에서는 항상 명찰을 착용하고 다녀야 한다. ………… (   )

(3) 도시일수록 공해가 심하다. ………… (   )

(4) 노력의 대가로 성적이 향상되었다. ………… (   )

(5) 절망을 딛고 일어선 인간 승리 이야기는 감동적이다. ………… (   )

(6) 아이들이 좋아하는 과자에 불량 식품이 많다. ………… (   )

(7) 어른을 봉양하고 아이를 사랑하라. ………… (   )

26 一·九·五·十·止·正·足 모양을 가진 한자

한자	자격	급수	부수	총획	훈음	갑문 → 금문 → 소전	풀이	중국	일본
上	진흥 8급 검정 7급	7급	一부	총3획	윗 상ː		**기준선(一)**보다 **위(⺊)**에 있음에서 '**위**'를 나타낸다.	上	上
					上下(상하) 上流(상류) 上級(상급) 上向(상향) 上部(상부)				
下	진흥 8급 검정 7급	7급	一부	총3획	아래 하ː		**기준선(一)**보다 **아래(⺊)**에 있음에서 '**아래**'를 나타낸다.	下	下
					下落(하락) 下級(하급) 下手(하수) 下人(하인) 下等(하등)				
一	진흥 8급 검정 8급	8급	一부	총1획	한 일		물건 **하나(一)**를 나타내 '**하나**'를 뜻하며, 일의 **시초**나 **처음**을 뜻한다.	一	一
					一步(일보) 全一(전일) 一致(일치) 一家(일가) 統一(통일)				
二	진흥 8급 검정 8급	8급	二부	총2획	두 이ː		물건 **둘(二)**을 놓아 '**둘**' '**곱**' '**같음**'을 뜻하며, 때로 **하늘과 땅**을 나타내기도 한다.	二	二
					二等(이등) 二次(이차) 二重唱(이중창) 二分法(이분법)				
三	진흥 8급 검정 8급	8급	一부	총3획	석 삼		**주살(弋) 셋(三)**인 '弎(삼)'이 '三'의 古字로 물건 셋을 나타내 '**삼**' '**거듭**'을 뜻한다.	三	三
					三位一體(삼위일체) 三角(삼각) 三族(삼족) 三府(삼부)				
六	진흥 8급 검정 8급	8급	八부	총4획	여섯 륙		위에 **지붕(亠)**과 육 면으로 **나뉘어(八)** 쌓인 집 모양에서 '**여섯**'을 뜻한다.	六	六
					六書(육서) 六角(육각) 六禮(육례) 死六臣(사육신)				
七	진흥 8급 검정 8급	8급	一부	총2획	일곱 칠		가로로 긴 **물건(一)**을 세로로 **자르는(丨=乚)**모양이나 음이 같아 숫자 '**칠**' '**자르다**'를 뜻하며, 십(十)과 구분하기 위하여 끝을 구부려 썼다.	七	七
					七去之惡(칠거지악) 七星堂(칠성당) 七寶(칠보) 七夕(칠석)				
切		5급	刀부	총4획	끊을 절 온통 체		**자르는(七) 칼(刀)**을 대면 전부 끊어짐에서 '**끊다**' '**온통**'을 뜻한다.	切	切
					切斷(절단) 切下(절하) 切實(절실) 親切(친절) 一切(일체/일절)				
九	진흥 8급 검정 8급	8급	乙부	총2획	아홉 구		팔이나 꼬리가 굽듯, **많이 구부러진 물체**에서, 숫자의 가장 많은 끝에서 '**아홉**'을 나타낸다.	九	九
					九重(구중) 九牛一毛(구우일모) 九死一生(구사일생)				
究		4급Ⅱ	穴부	총7획	연구할/궁구할 구		**구멍(穴)**을 **끝(九)**까지 파듯, 끝까지 연구함에서 '**연구함**' '**궁구함**'을 뜻한다.	究	究
					研究(연구) 講究(강구) 研究室(연구실) 研究員(연구원)				
五	진흥 8급 검정 8급	8급	二부	총4획	다섯 오ː		물건이 **교차한(ㄨ·×)** 모양에서 숫자 중간인 '**다섯**'이나, 天地(천지) 사이 '**오행**'에서 '**다섯**'을 뜻한다.	五	五
					五服(오복) 五音(오음) 五福(오복) 五味(오미) 五感(오감)				
語	진흥 준5급 검정 5급	7급	言부	총14획	말씀 어ː		**말(言)**을 **자신(吾)**의 생각대로 하는 데서 '**말씀**'을 뜻한다. 참고 **吾**(나 **오**) 천하지도 귀하지도 않게 자신을 **중간(五)** 정도로 이르는 **말(口)**에서 '**나**' '**자신**'을 뜻한다.	语	語
					語法(어법) 語錄(어록) 論語(논어) 單語(단어) 言語(언어)				

시험 급수	한자	급수	부수	획수	훈	음	갑문 → 금문 → 소전	자원	중국	일본	어휘
흥 8급 정 8급	十	8급	十부	총2획	열	십	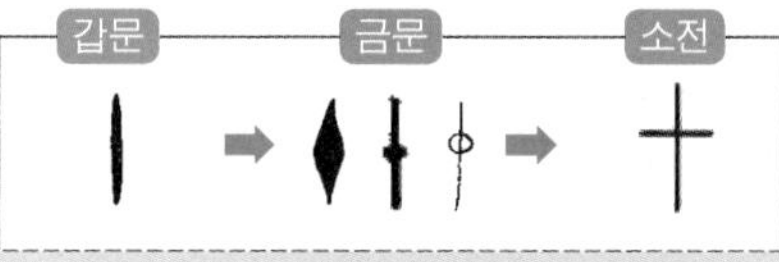	**가로줄(丨)**이나 나무다발 중간을 **묶은(丶=一)** '**십**'의 단위에서 '**열**' '**전부**' '**완전함**'을 뜻하였다. 참고 十(열 **십**), 卄(스물 **입**), 卅(서른 **삽**), 卌(마흔 **십**).	十	十	十長生(십장생) 十里(십리) 十經(십경) 赤十字(적십자)
흥 5급 정 5급	計	6급	言부	총9획	셀	계:	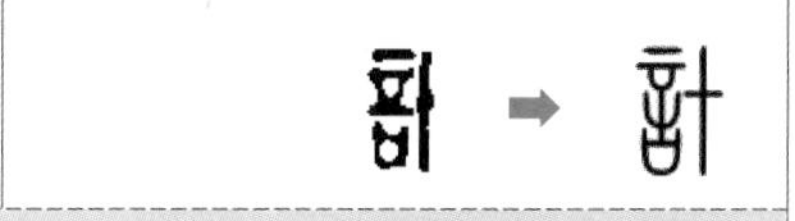	**말(言)**로 수를 **완전히(十)** 헤아리는 데서 '**셈하다**' '**세다**' '**꾀**'를 뜻한다.	计	計	計算(계산) 計量(계량) 集計(집계) 計測(계측) 計數(계수)
흥 6급 정 8급	南	8급	十부	총9획	남녘	남		남방민족의 악기나, 남쪽에 두던 **악기(·)**에서 '**남쪽**'을 뜻한다.	南	南	南向(남향) 南窓(남창) 南村(남촌) 南下(남하) 南部(남부)
흥 준4급 정 준4급	止	5급	止부	총4획	그칠	지		서있는 '**발(·)**' 모양으로, '**그치다**' '**머무르다**'를 뜻한다.	止	止	止血(지혈) 止觀(지관) 禁止(금지) 停止(정지) 中止(중지)
	齒	4급Ⅱ	齒부	총15획	이	치	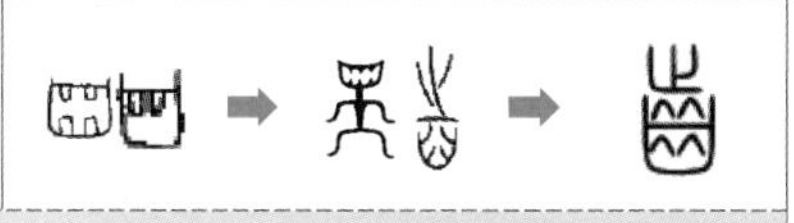	가지런히 **머물러(止)** 있는 **입(凵=口)** 안의 **윗니(从)**와 **아랫니(从)**의 **이(齒)**에서'**이**'를 뜻한다. 참고 **牙(아)**는 **어금니**, **齒(치)**는 **앞니**.	齿	歯	齒科(치과) 齒藥(치약) 齒石(치석) 齒列(치열) 風齒(풍치)
흥 5급 정 5급	步	4급Ⅱ	止부	총7획	걸음	보:		위의 **발(止)**과 아래 **발(𣥂=少)**을 합하여(歨[·]: 밟을 **달**) '**걷는**' '**걸음**'을 뜻한다.	步	歩	步行(보행) 步兵(보병) 初步(초보) 競步(경보) 進步(진보)
흥 6급 정 준5급	正	7급	止부	총5획	바를	정(:)	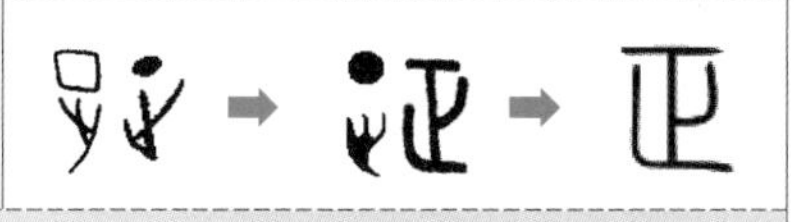	잘못된 **나라(口=一)**를 쳐서 바로잡기 위해 **발(止)**로 **나아감(· · ·)**에서 '**바르다**' '**바로잡다**'를 뜻함. 파자 잘못을 **한**(一)번에 **그치고**(止) '**바르게**' 됨.	正	正	正直(정직) 正答(정답) 正價(정가) 正義(정의) 正當(정당)
	政	4급Ⅱ	攴부	총9획	정사	정		바르게 **바로잡기(正)** 위해 **다스리는(攵)** 데서, 나라를 다스리는 '**정사(政事)**'를 뜻한다.	政	政	政治(정치) 政府(정부) 政權(정권) 政局(정국) 政界(정계)
흥 준4급 정 준4급	定	6급	宀부	총8획	정할	정:		**집(宀)**안이 **바르게(正=疋)** 정리되어 편안히 쉬는 데서 '**정하다**'를 뜻한다.	定	定	定員(정원) 定價(정가) 定着(정착) 定立(정립) 定規(정규)
흥 7급 정 7급	足	7급	足부	총7획	발	족		**무릎(口)**부터 **발(止)**까지에서 '**발(·)**'을 나타내며, 만족하여 발이 머무름에서 '**만족**'을 뜻한다.	足	足	足部(족부) 足球(족구) 足指(족지) 充足(충족) 滿足(만족)
	走	4급Ⅱ	走부	총7획	달릴	주		사람이 몸을 **숙이고(夭=大=土)** **발(止⇒龰)**을 크게 달림( )에서 '**달리다**'를 뜻한다. 파자 **흙**(土) 아래에 발을 딛고 **발**(止⇒龰)로 힘껏 '**달림**'을 뜻한다.	走	走	走力(주력) 走行(주행) 競走(경주) 快走(쾌주) 暴走(폭주)
	是	4급Ⅱ	日부	총9획	이/옳을	시:		**해(日)**가 가장 **바르게(正=疋)** 머리 위에 떠오름에서, '**옳다**' '**바르다**' '**이(斯)**'를 뜻한다.	是	是	是非(시비) 是認(시인) 是正(시정) 是日(시일) 必是(필시)
	提	4급Ⅱ	手부	총12획	끌	제		**손(扌)**으로 **옳게(是)** 이끌어줌에서 '**끌다**'를 뜻한다.	提	提	提起(제기) 提出(제출) 提案(제안) 提議(제의) 提示(제시)

26 확인학습

1 다음 漢字의 訓과 音을 쓰세요.

(1) 上 (2) 下 (3) 一 (4) 二
(5) 三 (6) 六 (7) 七 (8) 切
(9) 九 (10) 究 (11) 五 (12) 語

(13) 十 (14) 計 (15) 南 (16) 止
(17) 齒 (18) 步 (19) 正 (20) 政
(21) 定 (22) 足 (23) 走 (24) 是
(25) 提

2 다음 漢字語의 讀音을 쓰세요.

(1) 上向 (2) 下手 (3) 一步 (4) 二次
(5) 三角 (6) 六角 (7) 七夕 (8) 親切
(9) 九重 (10) 硏究 (11) 五福 (12) 語法

(13) 十經 (14) 計量 (15) 南村 (16) 止血
(17) 齒石 (18) 步行 (19) 正直 (20) 政治
(21) 定立 (22) 充足 (23) 競走 (24) 必是

(25) 提示 (26) 下落 (27) 一致 (28) 一次
(29) 切斷 (30) 計算 (31) 停止 (32) 是認
(33) 言語

3 다음 訓과 音에 맞는 漢字를 쓰세요.

(1) 아래 하　(2) 셀 계　(3) 달릴 주　(4) 한 일

(5) 여섯 륙　(6) 끊을 절　(7) 윗 상　(8) 남녘 남

(9) 연구할 구　(10) 다섯 오　(11) 끌 제　(12) 말씀 어

(13) 일곱 칠　(14) 걸음 보　(15) 열 십　(16) 두 이

(17) 이 치　(18) 바를 정　(19) 정사 정　(20) 아홉 구

(21) 정할 정　(22) 이 시　(23) 그칠 지　(24) 발 족

(25) 석 삼

4 다음 밑줄 친 漢字語를 漢字로 쓰세요.

(1) 유학 간 오빠가 오랜만에 편지를 보내왔다. ( )

(2) 주유소는 소화 장비를 잘 갖추어야 한다. ( )

(3) 지난날의 나쁜 행동을 반성하고 있다. ( )

(4) 그 사람은 타고난 성품이 착하다. ( )

(5) 축구 모임에 정식으로 등록했다. ( )

(6) 회사원들은 모이면 족구를 한다. ( )

(7) 삼촌이 어젯밤에 과음을 해서 고생하셨다. ( )

27 先·冬·彳·至·自 모양을 가진 한자

검정급수	한자	급수	부수	총획	훈	음	용례	풀이	중국	일본
진흥 5급 검정 준4급	題	6급	頁부	총18획	제목	제	題目(제목) 題言(제언) 題名(제명) 課題(과제) 難題(난제)	사람의 반듯하고 **바른(是) 머리(頁)**부분 '**이마**'를 뜻하나, 책의 이마에 해당하는 책머리의 '**제목**'을 뜻한다.	题	題
진흥 준5급 검정 6급	先	8급	儿부	총6획	먼저	선	先頭(선두) 先約(선약) 先祖(선조) 先例(선례) 先賢(선현)	**발(止=⺧)**이 먼저 앞서간(⺧) **사람(儿)**에서 '**먼저**' '**앞서다**'를 뜻한다.	先	先
진흥 준4급 검정 준4급	洗	5급	水부	총9획	씻을	세:	洗手(세수) 洗禮(세례) 洗面(세면) 洗車(세차) 洗眼(세안)	밖에서 오면 **물(氵)**에 **먼저(先)** 씻는 데서 '**씻다**' '**깨끗하다**'를 뜻한다.	洗	洗
진흥 준5급 검정 5급	登	7급	癶부	총12획	오를	등	登校(등교) 登山(등산) 登錄(등록) 登用(등용) 登場(등장)	**두 발(癶)**로 **제기(豆)**를 들고 제단에 오르는 데서 '**오르다**'를 뜻한다. 참고 癶(필 **발**) 두 **발**(址[艸]=癶) 모양.	登	登
	燈	4급Ⅱ	火부	총16획	등(불)	등	消燈(소등) 電燈(전등) 石燈(석등) 街路燈(가로등)	**불(火)**을 밝혀 제단에 **올리던(登)** '**등**' '**등불**'을 뜻한다.	灯	灯
진흥 5급 검정 준4급	發	6급	癶부	총12획	필	발	發展(발전) 發生(발생) 發達(발달) 開發(개발) 發電(발전)	**두 발**(址[艸]=癶)로 **딛고**(癹 : 짓밟을 **발**) **활(弓)**이나 **창(殳)**을 쏘거나 던짐에서 '**쏘다**' '**피다**' '**떠나다**'를 뜻한다. 참고 癹(짓밟을 **발**) 두 **발**(址=癶)로 **창(殳)**을 들고 '**짓밟음**'.	发	発
진흥 5급 검정 5급	冬	7급	冫부	총5획	겨울	동(:)	冬至(동지) 冬服(동복) 冬將軍(동장군) 立冬(입동)	실의 양쪽 끝으로 종결을 뜻하며, 제일 **뒤쳐오는(夂)** 꽁꽁 **어는(冫)** 계절에서 '**겨울**'을 뜻한다.	冬	冬
진흥 준4급	終	5급	糸부	총11획	마칠	종	終禮(종례) 最終(최종) 終末(종말) 終結(종결) 終業(종업)	**실(糸)**의 양쪽 **끝(冬)**에서 '**마치다**' '**끝내다**'를 뜻한다.	终	終
진흥 5급 검정 5급	後	7급	彳부	총9획	뒤	후:	後進(후진) 後光(후광) 後期(후기) 後面(후면) 後方(후방)	길을 **걷는(彳)**데 발이 **끈(糸=幺)**에 묶여 **뒤처지는(夂)** 데서 '**뒤**' '**뒤지다**'를 뜻한다.	后	後
	復	4급Ⅱ	彳부	총12획	회복할 다시	복 부:	復古(복고) 復習(복습) 回復(회복) 復活(부활) 復興(부흥)	**가던(彳)** 길을 **되돌아(复)**감에서 '**회복함**' '**다시**' '**거듭**'을 뜻한다. 참고 **复**([复·复]갈 **복**) **지붕**(亠=⺈) 아래 **방(日)**인 **움집(亯)**에 **발(夂)**로 드나들던 입구(复·复)나 '**풀무**'모양.	复	復
진흥 준4급	至	4급Ⅱ	至부	총6획	이를	지	至極(지극) 至尊(지존) 至毒(지독) 至當(지당) 至急(지급)	화살이 지면에 떨어진(至·至) 데서 '**이르다**' '**미치다**'를 뜻한다.	至	至
진흥 준4급	致	5급	至부	총10획	이를	치:	致富(치부) 致誠(치성) 致命(치명) 致知(치지) 合致(합치)	목적지에 **이르기(至)** 위해 발로 천천히 **감(夊)**에서 '**이르다(致)**'를 뜻하나, 목적지에 **이르도록(至)** 잘 **다스려(攵)** '**이르게**'함으로 변했다.	致	致

급수	한자	급수	부수	획수	훈	음	용례	풀이	중국	일본
흥 준5급 / 정 5급	室	8급	宀부	총9획	집/방	실	室溫(실온) 室內(실내) 別室(별실) 教室(교실) 密室(밀실)	**집**(宀)안에 **이르러**(至) 쉬는 방에서 '**집**' '**방**'을 뜻하며, 집에서 살림하는 '**아내**'를 뜻한다.	室	室
흥 준4급	到	5급	刀부	총8획	이를	도:	到達(도달) 到着(도착) 到來(도래) 殺到(쇄도) 當到(당도)	**이른**(至) **사람**(亻)에서 사람이 '**이름**(𦤳·𦤳)'을 뜻하나, 후에 **이른**(至) **칼**(刂)처럼 변하여 '**이르다**'를 뜻한다.	到	到
흥 준4급 / 정 준4급	參	5급	厶부	총11획	참여할 / 석	참 / 삼	參加(참가) 參席(참석) 參百(삼백) *三의 갖은자.	많은 **별**(晶=厽 : 담쌀 **루**)이 **사람**(人)의 머리에 비추는 **별빛**(彡)이나, 머리에 **장식**(厽)이 **많이**(㐱) 있는 데서 많이 '**참여함**' '**섞임**'이나, 숫자 三(삼)의 갖은자로 '**셋**'을 뜻한다.	参	参
흥 7급 / 정 준5급	自	7급	自부	총6획	스스로	자	自動(자동) 自習(자습) 自律(자율) 自信感(자신감)	**코**(𦣹·𦣹·𦣹)의 모양이나, 코를 가리키며 자신을 말하는데서 '**스스로**' '**자기**'를 뜻한다. 본뜻은 '**코**'다.	自	自
	息	4급Ⅱ	心부	총10획	쉴	식	案息(안식) 休息(휴식) 子息(자식) 消息(소식) 令息(영식)	**코**(自)를 통해 **마음**(心)속의 기운이 나가는 데서 '**숨 쉬다**', 또는 편안히 '**쉬다**'를 뜻한다.	息	息
	鼻	5급	鼻부	총14획	코	비:	鼻笑(비소) 鼻音(비음) 鼻門(비문) 鼻祖(비조) 鼻血(비혈)	**물건**(由=田)을 **두 손**(廾=丌)으로 **주듯**(畀 : 줄 비), **코**(自)로 공기를 **주는**(畀) 데서 '**코**'를 뜻한다.	鼻	鼻
	邊	4급Ⅱ	辵부	총19획	가	변	邊境(변경) 邊界(변계) 江邊(강변) 海邊(해변)	**자신**(自)의 **움집**(穴)으로부터 먼 **곳**(方)에 있어 보이지 **않는**(臱 : 뵈지 않을 **면**) 변방 끝으로 **가는**(辶) 데서 '**가**'를 뜻한다. 참고 고문은 自+旁(곁 방)='臱'이다.	边	辺
	查	5급	木부	총9획	조사할	사	查定(사정) 查察(사찰) 調查(조사) 監查(감사) 實查(실사)	**나무**(木)를 **쌓듯**(且) 엮은 '**뗏목**'을 살펴 물에 띄우는 데서 '**조사함**'을 뜻한다. 참고 且(또 **차**) 제단 위나 도마에 고기를 높게 쌓은(且·且·且) 모양, 조상의 **位牌**(**위패**)모양.	查	査
흥 준4급	助	4급Ⅱ	力부	총7획	도울	조:	助言(조언) 助力(조력) 助教授(조교수) 協助(협조)	제사음식을 **쌓는데**(且) **힘**(力)을 더하여 돕는 데서 '**돕다**'를 뜻한다.	助	助
흥 준5급 / 정 5급	祖	7급	示부	총10획	할아버지	조	祖父(조부) 祖上(조상) 祖國(조국) 祖母(조모) 元祖(원조)	조상의 **제단**(示)에 제수용 고기를 **쌓아**(且) 제사함에서 '**조상**' '**할아버지**' '**선조**'를 뜻한다.	祖	祖
	具	5급	八부	총8획	갖출	구(:)	農具(농구) 具備(구비) 道具(도구) 文房具(문방구)	**솥**(鼎=貝=目)에 음식을 갖추어 **두 손**(廾=丌)으로 제단에 올리는 데서 '**갖추다**'를 뜻한다.	具	具
흥 5급 / 정 5급	直	7급	目부	총8획	곧을	직	直線(직선) 直結(직결) 直行(직행) 直觀(직관) 直感(직감)	**곧은**(丨=十) 측량 도구를 **눈**(目)에 대고 **직각**(乚)을 그리는 자로 곧게 그림에서 '**곧다**'를 뜻한다.	直	直
흥 준5급 / 정 5급	植	7급	木부	총12획	심을	식	植物(식물) 植樹(식수) 植民地(식민지) 植木(식목)	**나무**(木)를 **곧게**(直) 세워두거나, 심는 데서 '**심다**'를 뜻한다.	植	植

27 확인학습

1 다음 漢字의 訓과 音을 쓰세요.

(1) 題 (2) 先 (3) 洗 (4) 登

(5) 燈 (6) 發 (7) 冬 (8) 終

(9) 後 (10) 復 (11) 至 (12) 致

(13) 室 (14) 到 (15) 參 (16) 自

(17) 息 (18) 鼻 (19) 邊 (20) 查

(21) 助 (22) 祖 (23) 具 (24) 直

(25) 植

2 다음 漢字語의 讀音을 쓰세요.

(1) 題目 (2) 先頭 (3) 洗面 (4) 登校

(5) 電燈 (6) 發展 (7) 冬至 (8) 終末

(9) 後期 (10) 回復 (11) 至當 (12) 合致

(13) 教室 (14) 到來 (15) 參加 (16) 自律

(17) 案息 (18) 鼻祖 (19) 江邊 (20) 查定

(21) 助力 (22) 祖母 (23) 道具 (24) 直行

(25) 植樹 (26) 出發 (27) 初終 (28) 到着

(29) 自他 (30) 休息 (31) 邊境 (32) 監查

(33) 協助

3 다음 訓과 音에 맞는 漢字를 쓰세요.

(1) 집 실 (2) 도울 조 (3) 심을 식 (4) 오를 등

(5) 필 발 (6) 마칠 종 (7) 코 비 (8) 가 변

(9) 제목 제 (10) 뒤 후 (11) 회복할 복 (12) 이를 치

(13) 이를 도 (14) 참여할 참 (15) 먼저 선 (16) 스스로 자

(17) 쉴 식 (18) 씻을 세 (19) 조사할 사 (20) 할아버지 조

(21) 갖출 구 (22) 겨울 동 (23) 곧을 직 (24) 등불 등

(25) 이를 지

4 다음 밑줄 친 漢字語를 漢字로 쓰세요.

(1) 책 제목을 보고 내용을 짐작해 본다. ( )

(2) 세차만 하면 다음날 비가 온다. ( )

(3) 내일 새벽에 일찍 일어나 출발하자. ( )

(4) 하루 종일 아무것도 먹지 못했다. ( )

(5) 여행지에 도착하여 부모님께 전화드렸다. ( )

(6) 오늘 아침 중요한 회의에 참석했다. ( )

(8) 새 집으로 이사 와서 가구를 다시 바꾸었다. ( )

28 冓·青·責·貝·賣 모양을 가진 한자

시험	한자	급수·부수·획수	훈음	활용 단어	풀이	중국	일본
	置	4급Ⅱ / 网부 / 총13획	둘 치:	置重(치중) 安置(안치) 設置(설치) 放置(방치) 配置(배치)	**법망(罒)**에 걸리지 않고 **곧으면(直)** 자유롭게 버려두는 데서 '**용서하다**' '**두다**'를 뜻한다. 참고 새나 고기를 잡기 위해 그물(罒)을 **곧게(直)** 펼쳐 '**둠**'을 뜻한다.	置	置
진흥 준4급 / 검정 준4급	德	5급 / 彳부 / 총15획	큰/덕 덕	德談(덕담) 德望(덕망) 德分(덕분) 道德(도덕) 變德(변덕)	정직하고 큰마음으로 **행하는(彳) 덕(悳=㥁=惪)**에서 '**큰 덕**'을 뜻한다. 참고 悳(덕 **덕**) **곧은(直) 마음(心)**인 '**덕**'을 뜻함.	德	徳
진흥 준4급	眞	4급Ⅱ / 目부 / 총10획	참 진	眞實(진실) 眞理(진리) 眞善美(진선미) 寫眞(사진)	**숟가락(匕)**으로 **솥(鼎=目+乚+八)**의 제사음식을 조심히 맛보는 참된 행위에서 '**참되다**'를 뜻한다.	真	真
	講	4급Ⅱ / 言부 / 총17획	욀/강론할 강:	講論(강론) 講義(강의) 講士(강사) 講習(강습) 講堂(강당)	**말(言)**을 여러 지혜로 **얽어(冓=冓)** 조화롭게 하여 '**화합**'하거나 이해함에서 '**외다**' '**풀다**'를 뜻한다. 참고 **冓**(얽을 **구**) 두 마리의 물고기(ˣ·ˣ)나, 아가미를 엮어 꿴 물고기에서 '**얽다**' '**짜다**'를 뜻한다.	讲	講
진흥 준4급 / 검정 준4급	再	5급 / 冂부 / 총6획	두 재:	再生(재생) 再考(재고) 再修(재수) 再活(재활) 再選(재선)	두 마리의 물고기인 '**冓**'를 반으로 접어(ˣ·ˣ) '**거듭**' '**다시**'를 뜻한다.	再	再
진흥 준5급 / 검정 5급	前	7급 / 刀부 / 총9획	앞 전	前後(전후) 前面(전면) 前半戰(전반전) 前期(전기)	**발(止=䒑)**을 **배(舟=月) 앞(歬: 前의 古字)**에 두어 배가 앞으로 나아다가, 또는 제사하기 전에 먼저 **발(止)**을 **그릇(舟)**에 씻는 데서 '**먼저**' '**앞**'을 뜻한다.	前	前
진흥 준4급	寒	5급 / 宀부 / 총12획	찰 한	寒氣(한기) 寒流(한류) 寒波(한파) 寒暖(한난) 寒帶(한대)	**집(宀)**안 풀 **더미(茻=井=丼·𠀎)** 속의 **사람(人=八)**이 **추위(冫)**에 떠는 데서 '**차다**'를 뜻한다.	寒	寒
진흥 6급 / 검정 7급	青	8급 / 青부 / 총8획	푸를 청	青色(청색) 青春(청춘) 青銅(청동) 青龍(청룡) 青果(청과)	초목이 **자라는(生=龶=𤯓) 우물(井=丼=月=円)** 옆의 싱싱하고 '**깨끗해**' 보이는 **푸른 나무**(ˣ·ˣ)에서 '**푸르다**'를 뜻한다.	青	青
진흥 5급 / 검정 준4급	清	6급 / 水부 / 총11획	맑을 청	清純(청순) 清貧(청빈) 清掃(청소) 清潔(청결) 清風(청풍)	**물(氵)**이 **푸르고(青)** 깨끗함에서 '**맑다**'를 뜻한다.	清	清
	請	4급Ⅱ / 言부 / 총15획	청할 청	請約(청약) 申請(신청) 請求(청구) 要請(요청) 自請(자청)	웃어른께 **말(言)**로 사심이 없이 **푸르고(青)** 깨끗한 마음으로 아룀에서 '**청하다**'를 뜻한다.	请	請
진흥 준4급 / 검정 4급	情	5급 / 心부 / 총11획	뜻 정	情談(정담) 情熱(정열) 情表(정표) 情狀(정상) 感情(감정)	**마음(忄)**이 깨끗하여 **푸른(青)** 본성대로 '**뜻**'이 끌리는 데서 '**정**'을 뜻한다.	情	情
	精	4급Ⅱ / 米부 / 총14획	정할/세밀할 정	精神(정신) 精誠(정성) 精密(정밀) 精肉店(정육점)	정성을 다해 깨끗하게 '**쓿은 쌀(米)**'이 **푸른(青)**빛이 감도는 데서 '**정하다**'를 뜻한다.	精	精

시험	한자	급수	부수	획수	훈	음	풀이	중국	일본	낱말
흥 준4급 정 준4급	責	5급	貝부	총11획	꾸짖을	책	**가시(朿=圭)**로 **조개(貝)**의 살을 파먹거나(𧴪 · 𧶠), **가시(朿=圭)**처럼 꾸짖어 오래 쌓인 빚을 **재물(貝)**로 갚기를 요구하는 데서 '**꾸짖다**' '**쌓다**' '**책임**'을 뜻한다.	责	責	責任(책임) 責望(책망) 問責(문책) 重責(중책) 罪責(죄책)
	敗	5급	攴부	총11획	패할	패:	**솥(鼎=貝)**이나, 재물인 **조개(貝)**를 **쳐서(攵)** 깨뜨리는 데서 '**패하다**' '**지다**'를 뜻한다.	败	敗	敗亡(패망) 敗北(패배) 敗者(패자) 敗戰(패전) 敗色(패색)
흥 준4급	質	5급	貝부	총15획	바탕	질	**도끼(斤)**질 할 때 받치는 **받침대**(所 : 모탕 **은**)처럼 **재물(貝)**을 받치는 데서 '**바탕**'을 뜻한다.	质	質	質權(질권) 質量(질량) 質問(질문) 同質(동질) 品質(품질)
	寶	4급Ⅱ	宀부	총20획	보배	보:	**집(宀)**에 **보석(玉=王) 도자기(缶)** 등 값있는 **재물(貝)**이 있음에서 '**보배**'를 뜻한다. 참고 缶(장군 **부**)는 **음(音)**.	宝	宝	寶物(보물) 寶石(보석) 家寶(가보) 七寶(칠보)
	則	5급	刀부	총9획	법칙 곧	칙 즉	**솥(鼎=貝)**에 중요한 법칙이나 법 등 곧 지켜야할 규율을 **칼(刂)**로 새기는 데서 '**법칙**' '**곧**'을 뜻한다. 참고 '**鼎**'은 다른 자를 만나면 줄여서 '**貝**'처럼 쓰기도 한다.	则	則	法則(법칙) 學則(학칙) 規則(규칙) 校則(교칙) 然則(연즉)
	測	4급Ⅱ	水부	총12획	헤아릴	측	**물(氵)**의 깊이를 **법칙(則)**에 의하여 재는 데서 '**헤아리다**'를 뜻한다.	测	測	測定(측정) 測量(측량) 實測(실측) 觀測(관측) 測雨(측우)
흥 준4급 정 준4급	買	5급	貝부	총12획	살	매:	**그물(罒)**로 돈이 되는 **조개(貝)**를 잡아 물건을 사는 데서 '**사다**'를 뜻한다.	买	買	買收(매수) 買價(매가) 買氣(매기) 買食(매식) 買得(매득)
흥 준4급 정 준4급	賣	5급	貝부	총15획	팔	매(:)	**내다(出=士)** 남에게 보여주고 마음이 통하게 되면 **사게(買)** 하는 데서 내어 '**팔다**'를 뜻한다. 참고 기타 **賣(매)**를 만나는 한자는 대부분 **𧶠=賣**(팔 육) 모양의 변형이다.	卖	売	賣買(매매) 賣出(매출) 賣國(매국) 賣店(매점) 都賣商(도매상)
흥 5급 정 5급	讀	6급	言부	총22획	읽을 구절	독 두	**말(言)**의 뜻이 **통하게(賣)** '**읽음**'을 뜻한다. 참고 **賣**(팔 **육**) 싹튼 **버섯**(圥=坴;버섯 **륙**])처럼 물건을 **밝게**(冏;밝을 **경**) 보여 **화목하게**(睦;화목할 **목**) 통하면 **재물(貝)**과 바꿔 '**팖**' '**행상함**'.	读	読	讀書(독서) 讀後感(독후감) 讀解(독해) 句讀(구두)
	續	4급Ⅱ	糸부	총21획	이을	속	**끈(糸)**을 서로 **통하게**(賣=𧶠=賣) 이음에서 '**잇다**'를 뜻한다.	续	続	續續(속속) 續開(속개) 連續(연속) 手續(수속) 接續(접속)
	員	4급Ⅱ	口부	총10획	인원	원	**둥근(○=口)** 아가리와 **솥**(鼎=貝)으로, 둥글게 뭉치거나 모인 사람에서 '**인원**'으로 쓰인다.	员	員	會員(회원) 議員(의원) 社員(사원) 定員(정원) 敎員(교원)
	圓	4급Ⅱ	口부	총13획	둥글	원	**원(○=口)**을 **둥글게(員)** 만듦에서 '**둥글다**'를 뜻하며, 둥글게 만든 옛날 돈에서 '**돈**'을 뜻한다.	圆	円	圓形(원형) 圓滿(원만) 圓卓(원탁) 圓光(원광) 方圓(방원)
흥 준4급 정 준4급	實	5급	宀부	총14획	열매	실	**집(宀)**에 **밭(田=毌)**과 **재물(貝)**이 있거나, 돈이 가득 **꿰어**(貫) 있어 '**차다**' '**충실함**' '**열매**'를 뜻한다. 참고 毌(꿸 **관**) 귀한 **물건**(◫)을 **꿰어**(ㅡ) 놓은 모양에서 '**꿰다**'를 뜻한다.	实	実	實果(실과) 實際(실제) 實技(실기) 實用(실용) 事實(사실)

28 확인학습

1 다음 漢字의 訓과 音을 쓰세요.

(1) 置 (2) 德 (3) 眞 (4) 講
(5) 再 (6) 前 (7) 寒 (8) 青
(9) 清 (10) 請 (11) 情 (12) 精

(13) 責 (14) 敗 (15) 質 (16) 寶
(17) 則 (18) 測 (19) 買 (20) 賣
(21) 讀 (22) 續 (23) 員 (24) 圓
(25) 實

2 다음 漢字語의 讀音을 쓰세요.

(1) 置重 (2) 變德 (3) 眞理 (4) 講堂
(5) 再修 (6) 前後 (7) 寒波 (8) 青銅
(9) 清貧 (10) 請約 (11) 情表 (12) 精誠

(13) 責任 (14) 敗亡 (15) 質量 (16) 家寶
(17) 學則 (18) 觀測 (19) 買食 (20) 賣店
(21) 讀解 (22) 手續 (23) 教員 (24) 圓形

(25) 實果 (26) 配置 (27) 眞實 (28) 寒暖
(29) 感情 (30) 精密 (31) 敗北 (32) 質問
(33) 接續

3 다음 訓과 音에 맞는 漢字를 쓰세요.

(1) 맑을 청	(2) 살 매	(3) 큰 덕	(4) 월 강
(5) 참 진	(6) 두 재	(7) 이을 속	(8) 소 우
(9) 둘 치	(10) 푸를 청	(11) 세밀할 정	(12) 클 태
(13) 꾸짖을 책	(14) 패할 패	(15) 바탕 질	(16) 보배 보
(17) 팔 매	(18) 둥글 원	(19) 뜻 정	(20) 헤아릴 측
(21) 읽을 독	(22) 인원 원	(23) 청할 청	(24) 찰 한
(25) 열매 실			

4 다음 밑줄 친 漢字語를 漢字로 쓰세요.

(1) 이 집은 덕망 높은 선비의 집이다. ( )

(2) 지하 주차장에서는 전면 주차를 해야 한다. ( )

(3) 대부분의 배우는 감정이 매우 풍부하다. ( )

(4) 자기의 잘못에 대하여 책임질 줄 알아야 한다. ( )

(5) 용기 없는 청춘은 노인과 같다. ( )

(6) 어릴 때의 독서 습관이 평생을 간다. ( )

(7) 일본의 독도 침략 행위는 사실이다. ( )

29 能·皮·魚·火·必 모양을 가진 한자

시험	한자	급수/부수/획수	훈음	갑문 → 금문 → 소전	어휘	풀이	중국	일본
진흥 준4급 검정 준4급	貴	5급 貝부 총12획	귀할 귀:	→	貴重品(귀중품) 貴下(귀하) 高貴(고귀) 貴族(귀족)	**두 손**(𦥑)으로 **도구**(人)나 **삼태기**(臾=𠀁: 잠깐/만류할 **유**)에 귀한 **재물**(貝)을 다스려 귀하게 둠에서 '**귀함**'을 뜻한다. 파자 삶 **가운데**(中) **한**(一) 가지 귀한 **재물**(貝)에서 '**귀함**'.	贵	貴
진흥 준4급 검정 준4급	能	5급 肉부 총10획	능할 능	→ →	能力(능력) 能通(능통) 能動(능동) 藝能(예능) 本能(본능)	곰 모양의 글자. 파자 사냥을 잘 하여 **머리**(厶)에 **고깃덩이**(月)를 물고 **두 발**(匕·匕)로 걷는 **곰**으로 끈기 있고 영리하여 '**능하다**' '**견디다**'를 뜻한다.	能	能
	態	4급Ⅱ 心부 총14획	모습/태도 태:		態度(태도) 態勢(태세) 生態(생태) 狀態(상태) 形態(형태)	**곰**(能)의 **마음**(心) 상태에 따라 행동이나 모습이 달라 보이는 데서 '**모습**' '**모양**'을 뜻한다.	态	態
	波	4급Ⅱ 水부 총8획	물결 파	→	波動(파동) 波長(파장) 電波(전파) 寒波(한파) 風波(풍파)	**물**(氵)의 **겉**(皮)에 드러나는, 즉 **물**(氵) **표면**(皮)에 생기는 '**물결**'을 뜻한다. 참고 皮(가죽 **피**)는 '**표면**' '**겉**' '**껍질**'을 뜻한다.	波	波
	破	4급Ⅱ 石부 총10획	깨뜨릴 파:		打破(타파) 破産(파산) 破竹之勢(파죽지세) 讀破(독파)	**돌**(石)의 **표면**(皮)을 쳐서 부수는 데서 '**깨뜨리다**'를 뜻한다.	破	破
	偉	5급 人부 총11획	클/거룩할 위		偉業(위업) 偉大(위대) 偉人(위인) 偉力(위력) 偉容(위용)	일반 **사람**(亻)과 **어긋나게**(韋) 뛰어남에서 '**크다**' '**훌륭함**'을 뜻한다. 참고 韋(가죽 **위**) 두 **발**로 **성**(口)을 돌거나, 통 가죽을 어긋나게 무두질한 **다룬 가죽**을 뜻한다.	伟	偉
	衛	4급Ⅱ 行부 총15획	지킬 위	→ →	衛生(위생) 守衛(수위) 護衛(호위) 民防衛(민방위)	길가는 **행렬**(行) 주위를 **감싸고**(韋) 지키는 데서 '**지키다**'를 뜻한다. 참고 衞(본자).	卫	衛
	麗	4급Ⅱ 鹿부 총19획	고울 려	→ →	麗容(여용) 美麗(미려) 麗質(여질) 流麗(유려) 高麗(고려)	목이 긴 두 마리의 **사슴**(鹿), 또는 두 **뿔**(丽)이 아름다운 **사슴**(鹿)에서 '**곱다**'를 뜻한다. 참고 鹿(사슴 **록**) 사슴의 머리 **뿔**(𢇇) **다리**(比)를 **본뜬** 글자로 '**사슴**'을 뜻한다.	丽	麗
	慶	4급Ⅱ 心부 총15획	경사 경:	→ →	慶祝(경축) 慶事(경사) 慶福(경복) 國慶日(국경일)	경사에 쓰이던 **사슴**(鹿⇒𢇇)의 **심장**(心)이나, **사슴**(鹿)을 들고 기쁜 **마음**(心)으로 **가서**(夊) 축하하는 데서 '**경사**'를 뜻한다. 참고 **比**(비)는 '乛'로 변형.	庆	慶
진흥 5급 검정 6급	魚	5급 魚부 총11획	고기/물고기 어	→ →	魚貝類(어패류) 魚類(어류) 人魚(인어) 養魚(양어)	물고기의 **머리**(⺈)와 **몸통**(田) **꼬리**(灬)를 나타낸 '**물고기**'의 모양이다.	鱼	魚
진흥 준4급 검정 준4급	漁	5급 水부 총14획	고기잡을 어	→ →	漁業(어업) 漁夫(어부) 漁村(어촌) 漁港(어항) 漁場(어장)	**물**(氵)속의 **물고기**(魚)를 잡는 데서 '**고기 잡다**'를 뜻한다.	渔	漁
	鮮	5급 魚부 총17획	고울 선	→	鮮血(선혈) 鮮明(선명) 生鮮(생선) 新鮮(신선) 朝鮮(조선)	**드물게**(鱻=魚: 생선/드물 **선**) 먹던 **물고기**(魚)처럼 흔치않은 **비린내**(羴=羊: 비린내 **전**) 나는 신선한 **양**(羊)고기에서 '**곱다**' '**드물다**'를 뜻한다. 참고 맥국(貊國)의 물고기 이름.	鲜	鮮

급수	한자	급수	부수	획수	훈	음	갑문 → 금문 → 소전	예	풀이	중국	일본
	蟲	4급Ⅱ	虫부	총18획	벌레	충		蟲齒(충치) 食蟲(식충) 病蟲害(병충해) 害蟲(해충)	많은 **벌레(虫)**에서 '**벌레**'를 뜻한다. 참고 虫(벌레 **충**) 큰 머리에 독을 가진 뱀 모양으로, 모든 '**벌레의 통칭(統稱)**'. '**갑각류**' '**파충류**' '**곤충**'을 뜻한다. *蟲(충)의 俗字(속자).	虫	虫
흥 5급 정 준4급	風	6급	風부	총9획	바람	풍		風車(풍차) 風速(풍속) 風習(풍습) 風景畫(풍경화) 強風(강풍)	바람의 영향을 많이 받는 배의 **돛(凡)**과 **벌레(蟲=虫)**에서 '**바람**'을 나타낸다.	风	風
정 준4급	算	7급	竹부	총14획	셈	산:		算數(산수) 算出(산출) 算入(산입) 算術(산술) 暗算(암산)	**댓가지(竹)**로 **눈(目)**을 만들어 **두 손(廾)**으로 셈하던 수판에서 '**셈하다**'를 뜻한다.	算	算
	飛	4급Ⅱ	飛부	총9획	날	비		飛上(비상) 雄飛(웅비) 飛報(비보) 飛行船(비행선)	새가 양 **날개(飞+飞=飞)**를 펴고 **날아오르는(升)** 모습에서 '**날다**'를 뜻한다.	飞	飛
흥 5급 정 준4급	度	6급	广부	총9획	법도 헤아릴	도: 탁		度量(도량) 年度(연도) 制度(제도) 度地(탁지) 度支(탁지)	**여러(庶=庶)** 사람이 **손(又)**으로 장단의 기준을 만들던 데서 '**헤아리다**' '**법도**'를 뜻한다. 피자 **집(广)**에 **많은(廿)** 사람들이 **손(又)**으로 물건을 '**헤아려**' '**법도**'를 정함.	度	度
흥 5급 정 준4급	席	6급	巾부	총10획	자리	석		席卷(석권) 席次(석차) 出席(출석) 空席(공석) 立席(입석)	**집(广)** 안에 **많은(廿)** 사람들이 앉는, **천(巾)**으로 만든 자리에서 '**자리**' '**깔다**'를 뜻한다.	席	席
흥 8급 정 8급	火	8급	火부	총4획	불	화(:)		火災(화재) 消火(소화) 火急(화급) 火曜日(화요일)	불이 타오르는 모습(···)으로 '**불**'을 뜻한다. 글자아래에서는 '灬'로 쓰인다.	火	火
흥 준4급	談	5급	言부	총15획	말씀	담		俗談(속담) 談笑(담소) 談話(담화) 談論(담론) 會談(회담)	**말(言)**을 밝은 **불꽃(炎)**처럼 서로 담백하게 함에서 '**말씀**' '**이야기**'를 뜻한다. 참고 炎(불꽃 **염**) **불(火)** 위에 타오르는 **불(火)**꽃을 더해 밝게 타오르는 '**불꽃**'을 뜻한다.	谈	談
	炭	5급	火부	총9획	숯	탄:		木炭(목탄) 炭素(탄소) 石炭(석탄) 無煙炭(무연탄)	**산(山)** **언덕(厂)** **기슭(厈 : 높은 기슭 알)**에 **불(火)**에 타다 꺼져 아직 재가 되지 않은 '**숯**'을 뜻한다.	炭	炭
	榮	4급Ⅱ	木부	총14획	영화	영		榮光(영광) 共榮(공영) 虛榮(허영) 榮達(영달) 榮樂(영락)	**등불(熒=𤇾)**이나 횃불처럼 **나무(木)** 위에 붉은 꽃이 화려함에서 '**영화**' '**번영**' '**꽃**'을 뜻한다. 참고 熒(등불/미혹할 **형**) **횃불(炏 : 불성할 개)**처럼 **집(冂=冖)**안을 밝힌 **등불(𤇾=熒)**.	荣	栄
흥 준4급 정 준4급	勞	5급	力부	총12획	수고할	로		勞動(노동) 勞苦(노고) 勞使(노사) 過勞(과로) 勞務(노무)	집안에 **등불(熒=𤇾)**을 밝히거나, 불을 끄는 일에 **힘(力)**을 다하는 데서 '**일하다**' '**노력하다**'를 뜻한다.	劳	労
흥 준4급 정 준4급	必	5급	心부	총5획	반드시	필		必修(필수) 必勝(필승) 必要(필요) 期必(기필)	경계를 **나눈(八)** **말뚝(弋)**, 또는 물건을 **가득하게** 담은 도구의 자루로, 꼭 확인하기 위한 도구에서 '**반드시**' '**오로지**' '**가득함**'을 뜻한다.	必	必
	密	4급Ⅱ	宀부	총11획	빽빽할	밀		密使(밀사) 密林(밀림) 密度(밀도) 密集(밀집) 親密(친밀)	**집(宀)**에 **가득(必)** 있어 **편안하듯** **(宓 : 편안할 밀)**, **산(山)**의 삼면이 높게 가리고 중간 한 방향이 낮고 평평한 집 같은 편안하고 비밀스러운 지형에서 '**빽빽하다**' '**비밀**'을 뜻한다.	密	密

29 확인학습

1 다음 漢字의 訓과 音을 쓰세요.

(1) 貴 ☐ (2) 能 ☐ (3) 態 ☐ (4) 波 ☐
(5) 破 ☐ (6) 偉 ☐ (7) 衛 ☐ (8) 麗 ☐
(9) 慶 ☐ (10) 魚 ☐ (11) 漁 ☐ (12) 鮮 ☐

(13) 蟲 ☐ (14) 風 ☐ (15) 算 ☐ (16) 飛 ☐
(17) 度 ☐ (18) 席 ☐ (19) 火 ☐ (20) 談 ☐
(21) 炭 ☐ (22) 榮 ☐ (23) 勞 ☐ (24) 必 ☐
(25) 密 ☐

2 다음 漢字語의 讀音을 쓰세요.

(1) 貴下 ☐ (2) 藝能 ☐ (3) 生態 ☐ (4) 風波 ☐
(5) 破産 ☐ (6) 偉人 ☐ (7) 衛生 ☐ (8) 美麗 ☐
(9) 慶祝 ☐ (10) 養魚 ☐ (11) 漁夫 ☐ (12) 鮮血 ☐

(13) 蟲齒 ☐ (14) 風習 ☐ (15) 算出 ☐ (16) 飛報 ☐
(17) 年度 ☐ (18) 立席 ☐ (19) 火災 ☐ (20) 會談 ☐
(21) 石炭 ☐ (22) 榮光 ☐ (23) 勞使 ☐ (24) 必要 ☐

(25) 密林 ☐ (26) 貴重 ☐ (27) 可能 ☐ (28) 形態 ☐
(29) 偉大 ☐ (30) 守衛 ☐ (31) 算數 ☐ (32) 榮樂 ☐
(33) 勞苦 ☐

3 다음 訓과 音에 맞는 漢字를 쓰세요.

(1) 능할 능 [ ]	(2) 수고할 로 [ ]	(3) 귀할 귀 [ ]	(4) 물결 파 [ ]
(5) 깨뜨릴 파 [ ]	(6) 지킬 위 [ ]	(7) 고울 려 [ ]	(8) 숯 탄 [ ]
(9) 경사 경 [ ]	(10) 빽빽할 밀 [ ]	(11) 고기잡을 어 [ ]	(12) 고울 선 [ ]
(13) 모습 태 [ ]	(14) 벌레 충 [ ]	(15) 셈 산 [ ]	(16) 날 비 [ ]
(17) 법도 도 [ ]	(18) 바람 풍 [ ]	(19) 자리 석 [ ]	(20) 말씀 담 [ ]
(21) 불 화 [ ]	(22) 영화 영 [ ]	(23) 반드시 필 [ ]	(24) 고기 어 [ ]
(25) 클 위 [ ]			

4 다음 밑줄 친 漢字語를 漢字로 쓰세요.

(1) 동물은 본능에 따라 행동한다. .... (　　　　)

(2) 우리 역사에는 훌륭한 위인이 많다. .... (　　　　)

(3) 어릴 때는 인어의 존재를 믿었다. .... (　　　　)

(4) 등 푸른 생선은 건강에 좋다. .... (　　　　)

(5) 풍력을 이용하여 에너지를 만들 수 있다. .... (　　　　)

(6) 환절기에 온도 변화가 많아 감기환자가 많다. .... (　　　　)

(7) 이번 경기에서 최선을 다해 노력했다. .... (　　　　)

30 心·虍·禺·耳·血 모양을 가진 한자

급수	한자	급수·부수·총획	훈	음	갑문 → 금문 → 소전	풀이	중국	일본
진흥 7급 검정 6급	心	7급 心부 총4획	마음	심	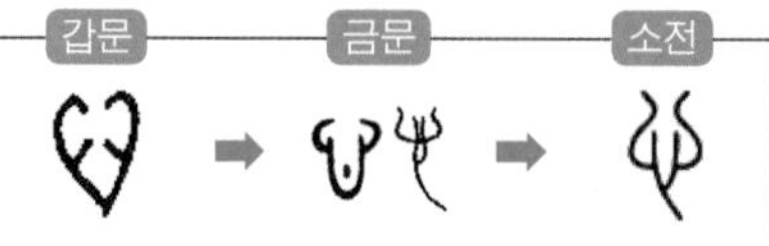	**심장 모양**을 본떠 만든 글자로, **감정**, **생각**, **마음**, **중심** 등을 뜻한다.	心	心
		心性(심성) 心理(심리) 心氣(심기) 野心(야심) 善心(선심)						
진흥 준4급 검정 준4급	思	5급 心부 총9획	생각	사(:)		**머리(囟=田 : 정수리 신)**와 **마음(心)**으로 느끼고 '**생각함**'을 뜻한다. 참고 '囟'이 '田'으로 변함. 파자 **밭(田)**에 심은 작물을 **마음(心)**으로 '**생각함**'.	思	思
		思考(사고) 思想(사상) 思春期(사춘기) 意思(의사)						
진흥 5급 검정 준4급	號	6급 虍부 총13획	이름	호:		**입(口)**을 **크게**(丂 : 굽다/**크다**/가다) 벌린 **범(虎)**이 '**울부짖는**' 데서 '**부르다**' '**이름**'을 뜻한다. 참고 号(부를 **호**) **입(口)**을 크게 **벌리고(丂)** '**부르짖음**'을 뜻한다.	号	号
		號令(호령) 號數(호수) 番號(번호) 信號(신호) 暗號(암호)						
	處	4급Ⅱ 虍부 총11획	곳	처:		**虎皮(호피)** 관을 쓴 사람이 **걷다(夊)** **안석(几)**에 기대어 머물러 쉬는 **곳**(処 : 곳 **처**)에서 '**곳**' '**쉬다**'를 뜻한다. 파자 **호랑이(虍)**가 **다니는(夊)** '**곳**'을 뜻한다.	处	処
		處女(처녀) 處所(처소) 處理(처리) 處長(처장) 處斷(처단)						
	虛	4급Ⅱ 虍부 총12획	빌	허		크게 벌어진 **호랑이(虍)** 입처럼 텅 빈 **언덕(丘=; 언덕 구)**이나 움집구덩이에서 '**비다**'를 뜻한다.	虚	虚
		虛實(허실) 虛空(허공) 虛費(허비) 虛送(허송) 虛氣(허기)						
	收	4급Ⅱ 攴부 총6획	거둘	수		죄인을 얽어 **묶고(丩 : 얽힐/넝쿨 규)** **쳐서(攵)** 잡아들임에서 '**거두다**'를 뜻 한다. 참고 丩(**규**)는 넝쿨이 서로 엉겨 묶인 모습.	收	収
		收益(수익) 收入(수입) 收監(수감) 收容(수용) 收金(수금)						
	留	4급Ⅱ 田부 총10획	머무를	류		**무성한(卯)** 농작물 관리를 위해 **밭(田)**에 '**머무름**'을 뜻한다. 참고 卯(토끼 **묘**) 문을 활짝 열거나, 물건을 반으로 **잘라**(丣=卯) 많아지는 데서 '**무성함**' '**나눔**' '**토끼**'를 뜻함.	留	留
		留學(유학) 留級(유급) 留念(유념) 留保(유보) 居留(거류)						
진흥 준5급 검정 5급	萬	8급 艸부 총13획	일만	만:		**집게(艸=艹)**와 **몸통(田)**, 긴 **꼬리(内)**를 가진 번식력이 강해 수가 많은 '**전갈**'에서 '**만**'을 뜻함. 파자 **풀(艹)밭(田)**에 전갈 **발자국(内)**이 많아 숫자 '**일만**'을 뜻한다.	万	万
		萬物(만물) 萬歲(만세) 萬里(만리) 萬能(만능) 萬感(만감)						
	演	4급Ⅱ 水부 총14획	펼	연:		**물(氵)**이 활을 당겨 **펴듯(寅)** 멀리 '**펼쳐**' 흐름을 뜻한다. 참고 **寅**(범虎/동방/삼갈 **인**) 굽은 **활(矢)**을 판(口)에 대고 조심히 펼치는 데서 '삼가다', **지지(地支)**로 '**범**' '**동방**'을 뜻함.	演	演
		演技(연기) 演說(연설) 演藝界(연예계) 演習(연습)						
	敵	4급Ⅱ 攴부 총15획	대적할	적		과실 **밑동(啇)**처럼, 적이 모인 **근본**(啇) 근거지를 **치는(攵)** 데서 '**대적하다**' '**적**'을 뜻한다. 참고 **啇**(밑동 **적**) 묶은 **나무(帝)**를 받치는 **제단(口)처럼** 꽃대의 **꽃받침(啻=啇)**인 '**꼭지**' '**밑동**' '**근본**'.	敌	敵
		敵對(적대) 敵軍(적군) 敵國(적국) 敵手(적수) 敵兵(적병)						
진흥 준4급	商	5급 口부 총11획	장사	상		장사를 잘하던 商(상)나라의 건축물, 제기모양 등의 설이 있다. 파자 **서서(立=亠)** 장사하는 셈이 **밝은(冏 : 밝을 경)** '**장사**'에서 '**헤아리다**' '**셈하다**'를 뜻한다.	商	商
		商業(상업) 商家(상가) 商工業(상공업) 商店(상점)						
진흥 준5급 검정 6급	耳	5급 耳부 총6획	귀	이:		귀의 윤곽과 귓구멍 모양에서 **소리**와 관계있는 '**귀**'를 뜻한다.	耳	耳
		耳順(이순) 馬耳東風(마이동풍) 耳目口鼻(이목구비) 逆耳(역이)						

한자	급수 / 부수 / 획수	훈	음	갑문 → 금문 → 소전	어휘	자원 풀이	중국	일본	검정 급수
聲	4급Ⅱ / 耳부 / 총17획	소리	성		聲樂(성악) 發聲(발성) 名聲(명성) 聲量(성량) 聲帶(성대)	**'경쇠**(殸=磬)'인 **악기(声)**를 **쳐서(殳) 귀(耳)**로 '**소리**'를 들음을 뜻한다. 참고 磬(경쇠 **경**) **장식(士)**과 돌 **조각(尸)**을 메단 **악기(声=声)**를 **치는(殳) 돌(石)**로 된 '**경쇠**'를 뜻한다.	声	声	
取	4급Ⅱ / 又부 / 총8획	가질	취:	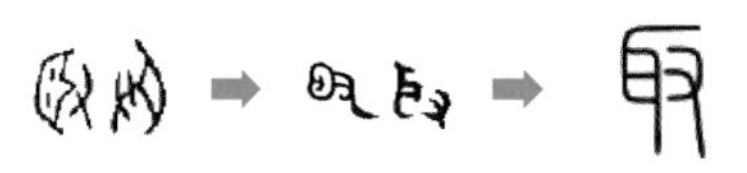	取得稅(취득세) 取消(취소) 取材(취재) 去取(거취)	적의 **귀(耳)**나 사냥한 짐승의 **귀(耳)**를 **손(又)**으로 취하던 데서 '**가지다**'를 뜻한다.	取	取	
最	5급 / 日부 / 총12획	가장	최:		最高(최고) 最新(최신) 最少(최소) 最古(최고) 最低(최저)	위험을 **무릅쓰고(冒·冃=曰)** 가장 지위가 높은 **투구(冃=曰)** 쓴 장군의 귀를 **취하던(取)** 데서 '**가장**'을 뜻한다.	最	最	
山	8급 / 山부 / 총3획	메	산		山水(산수) 山河(산하) 山林(산림) 山脈(산맥) 山間(산간)	세 개의 산봉우리가 뚜렷한 산(𡴀·山)의 모습에서 '**산**'을 뜻한다.	山	山	흥 8급 정 7급
仙	5급 / 人부 / 총5획	신선	선		仙女(선녀) 仙藥(선약) 仙境(선경) 仙家(선가) 神仙(신선)	**사람(亻)**이 **산(山)**에 들어가 수행하여 '**신선**'이 된다는 뜻이다. 참고 본래 **사람(亻)**이 하늘로 옮겨(䙴=䙴 : 옮길 **천**) '**신선(僊)**'이 된다는 뜻의 '**僊(선)**'자였다.	仙	仙	흥 준4급
業	6급 / 木부 / 총13획	업	업		創業(창업) 業務(업무) 業報(업보) 業者(업자) 職業(직업)	요철을 거듭한 **복잡하게**(丵 : 더부룩할 **착/복**) 만든 도구로 악기를 걸어 두던 넓은 가로**나무**(木)와 받침 또는 **장식**(巾)이 있는 틀 모양이나, 여러 일에 사용되는 데서 '**일**'을 뜻한다.	业	業	흥 5급 정 준4급
對	6급 / 寸부 / 총14획	대할	대:		對答(대답) 對決(대결) 對談(대담) 對內(대내) 對立(대립)	촛대, 홀, 등 **도구(丵)**를 **땅(一)**에서 **손(寸)**으로 높이 안면에 마주 대하고 드는 데서 '**대하다**'를 뜻한다.	对	対	흥 5급 정 5급
惡	5급 / 心부 / 총12획	악할 미워할	악 오		惡談(악담) 惡用(악용) 惡德(악덕) 罪惡(죄악) 惡寒(오한)	죽어 **무덤(亞)**에 가기를 싫어하는 **마음**(心)에서 '**미워하다**' '**악하다**'를 뜻한다. 참고 亞(버금 **아**) **무덤**(亞·亞) 모양으로, 사람이 죽어 가는 다음 세상에서 '**버금**'을 뜻한다.	恶	悪	흥 준4급
凶	5급 / 凵부 / 총4획	흉할	흉		凶年(흉년) 凶家 (흉가) 凶作(흉작) 凶計(흉계) 凶物(흉물)	**갈라져(×)** 움푹 파인 입 벌린 **함정(凵)** 모양에서 '**흉하다**'를 뜻한다.	凶	凶	흥 준4급 정 준4급
益	4급Ⅱ / 皿부 / 총10획	더할	익		益鳥(익조) 益友(익우) 有益(유익) 便益(편익) 公益(공익)	**물**(水=氺)이 **그릇(皿)**에 차고 넘쳐 풍성하고 여유 있는 데서 '**더함**' '**유익함**'을 뜻한다.	益	益	
血	4급Ⅱ / 血부 / 총6획	피	혈		血氣(혈기) 血脈(혈맥) 冷血(냉혈) 血壓(혈압) 血眼(혈안)	희생물의 **피(丶)**를 **그릇(皿)**에 담아놓은 데서 '**피**' '**눈물**' '**열렬함**'을 뜻한다.	血	血	흥 5급 정 5급
衆	4급Ⅱ / 血부 / 총12획	무리	중:		衆生(중생) 衆論(중론) 公衆(공중) 觀衆(관중) 大衆(대중)	**해(日)** 아래 많은 **사람**(㐺=众=乑)인 '**무리**(眔)'를 뜻하나, 잘못 쓰이면서 같은 **피(血)**를 나눈 많은 **사람**(㐺=众=乑)의 '**무리**'로 변했다. 참고 㐺(여러사람 **음**) 衆(**중**)의 본자(本字).	众	衆	
數	7급 / 攴부 / 총15획	셈 자주 촘촘할	수: 삭 촉		數學(수학) 數量(수량) 數式(수식) 算數(산수) 數飛(삭비)	**여러(婁)** 물건이 쌓인 것을 **치며(攵)** 수를 '**세는**' 데서 '**셈**'을 뜻한다. 참고 婁(끌/자주 **루**) **여자(女)**가 머리에 물건을 포개어 이고(婁·婁) 있는 데서 '**끌다**' '**자루**' '**여럿**'을 뜻한다.	数	数	흥 준4급 정 준4급

30 확인학습

1 다음 漢字의 訓과 音을 쓰세요.

(1) 思 (2) 心 (3) 號 (4) 處
(5) 虛 (6) 收 (7) 留 (8) 萬
(9) 演 (10) 敵 (11) 商 (12) 耳

(13) 聲 (14) 取 (15) 最 (16) 山
(17) 仙 (18) 業 (19) 對 (20) 惡
(21) 凶 (22) 益 (23) 血 (24) 衆
(25) 數

2 다음 漢字語의 讀音을 쓰세요.

(1) 善心 (2) 意思 (3) 號令 (4) 處所
(5) 虛氣 (6) 收益 (7) 留學 (8) 萬歲
(9) 演技 (10) 敵兵 (11) 商店 (12) 耳順

(13) 聲樂 (14) 去取 (15) 最高 (16) 山林
(17) 仙家 (18) 業報 (19) 對立 (20) 惡德
(21) 凶計 (22) 有益 (23) 血眼 (24) 衆論

(25) 算數 (26) 心性 (27) 收入 (28) 居留
(29) 對敵 (30) 便益 (31) 取得 (32) 吉凶
(33) 血肉

3 다음 訓과 音에 맞는 漢字를 쓰세요.

(1) 곳 처	(2) 마음 심	(3) 펼 연	(4) 피 혈
(5) 거둘 수	(6) 대할 대	(7) 머무를 류	(8) 일만 만
(9) 업 업	(10) 생각 사	(11) 장사 상	(12) 귀 이
(13) 가장 최	(14) 빌 허	(15) 메 산	(16) 이름 호
(17) 신선 선	(18) 악할 악	(19) 대적할 적	(20) 셈 수
(21) 흉할 흉	(22) 더할 익	(23) 무리 중	(24) 소리 성
(25) 가질 취			

4 다음 밑줄 친 漢字語를 漢字로 쓰세요.

(1) 새로운 상품에 대한 아이디어를 모집한다. ································ (　　　　)

(2) 최상의 제품으로 승부를 건다. ································ (　　　　)

(3) 나의 희망은 집안의 가업을 이어받는 것이다. ································ (　　　　)

(4) 달리기 시합에서 깃발을 신호로 출발했다. ································ (　　　　)

(5) 이농현상으로 농촌에 흉가가 많아졌다. ································ (　　　　)

(6) 자신의 분수를 잘 지켜야 문제가 없다. ································ (　　　　)

(7) 예의가 있어서 첫 대면에서 마음이 끌렸다. ································ (　　　　)

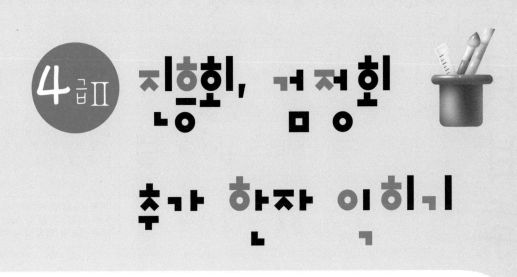

4급II 진흥회, 검정회

추가 한자 익히기

31 검정회·진흥회 추가 한자 익히기

급수	한자	급·부수·획수	훈	음	설명	중국	일본
진흥 준5급 검정 준5급	巾	1급 巾부 총3획	수건	건	허리춤에 **늘어뜨려(冂) 사람(丨)**이 차고 다니던 **'수건'**을 뜻한다.	巾	巾
		犬馬(수건) 頭巾(두건) 巾車(건거) 巾衣(건의)					
진흥 5급 검정 6급	犬	4급 犬부 총4획	개	견	**개**의 **옆모습**으로 **'개'**를 뜻한다.	犬	犬
		犬馬(견마) 名犬(명견) 忠犬(충견) 犬馬(견마)					
진흥 5급 검정 5급	刀	3급Ⅱ 刀부 총2획	칼	도	'**칼**'의 **상형**으로, '**칼**' 또는 '**칼의 작용**'을 나타낸다.	刀	刀
		竹刀(죽도) 果刀(과도) 面刀(면도) 長刀(장도)					
검정 준5급	央	3급Ⅱ 大부 총5획	가운데	앙	형틀이나 **어깨지게**(冂)에 **사람**(大)이 **'가운데'** 있음을 뜻한다.	央	央
		中央(중앙) 中央線(중앙선) 中央路(중앙로)					
진흥 5급 검정 5급	貝	3급 貝부 총7획	조개	패	화폐로 쓰이던 **조개** 모양으로, **'재물' '돈' '재산'**을 뜻한다.	贝	貝
		貝物(패물) 貝石(패석) 貝玉(패옥) 貝類(패류)					
진흥 준4급	甘	4급 甘부 총5획	달	감	**입**(ㅂ=口) 안의 맛있는 **음식**(一)을 표현(ㅂ)하여 **'달고' '맛있는'** 음식을 뜻한다.	甘	甘
진흥 준4급	季	4급 子부 총8획	철	계	**벼(禾)**의 작은 **씨(子)**에서, 제일 **어린 '막내'**나 **'끝'**을 뜻하고, 한 철의 끝에서 **'계절'**을 뜻한다.	对	対
진흥 준4급	君	4급 口부 총7획	임금	군	손(ヨ)에 지휘용 **도구**(丿)를 들고 **입**(口)으로 일을 **다스리는**(尹) **'임금'**을 뜻한다. 참고 尹(성 윤) 손(ヨ)에 **지팡이**(丿)나 **침**(丿)을 들고 일을 '다스림'을 뜻하나 '성'으로도 쓰인다.	君	君
진흥 준4급	妹	4급 女부 총8획	누이	매	나이 어린 **여자(女)** 동생으로, 다 크지 **아니한(未) '누이'**를 뜻한다. 참고 未(아닐 **미**) : **나무(木)**의 중간에 가지 **하나**(一)를 더해 **'무성함'** 다 크지 **'아니함', 아직**'을 뜻한다.	妹	妹
		凶年(흉년) 凶家 (흉가) 凶作(흉작) 凶計(흉계) 凶物(흉물)					
진흥 준4급	氏	4급 氏부 총4획	성씨	씨	씨에서 싹터 뻗은 줄기와 **뿌리**, 또는 같은 나무뿌리에서, 같은 **'성씨' '바탕'**을 뜻한다.	益	益
진흥 준4급	姉·姊	4급 女부 총8획	누이	자	**다자란**(𠂔=市) **여자**(女)로 자신보다 나이 많은 **'손윗누이'**를 뜻한다. 참고 𠂔(그칠 자/지) 무성한 초목(㞢)이 자라다 그침(一=丿)에서 **'그치다'**를 뜻한다. 참고 姊가 본자.	姉	姉
진흥 준4급	存	4급 子부 총6획	무리	중:	싹(才=才)처럼 처음 태어난 **아이**(子)가 품에 잘 있음에서 **'있다'**를 뜻한다.	存	存
		衆生(중생) 衆論(중론) 公衆(공중) 觀衆(관중) 大衆(대중)					

진흥회 교과 어휘

- 假想(가상)[거짓/임시 가, 생각 상]: 임시(假)로 생각(想)함. 사실이 아닌 것을 사실이라고 가정하여 생각함.
- 干拓(간척)[방패/막을 간, 넓힐 척]: 둑을 막아(干) 땅을 넓힘(拓). 육지에 면한 바다나 호수의 일부를 둑으로 막고, 그 안의 물을 빼내어 육지로 만드는 일.
- 葛藤(갈등)[칡 갈, 등나무 등]: 칡(葛)과 등나무(藤)처럼 서로 얽힘. 일이나 사정이 서로 복잡하게 뒤얽혀 화합하지 못함. 서로 다른 두 가지 욕구가 충돌하는 상태. 서로 다툼.
- 檢事(검사)[검사할 검, 일/사건 사]: 검찰권(檢察權)을 행사(行事)하는 사법관. 형사 소송의 원고로서, 형사 사건의 공소를 제기하여 법률의 적용을 청구하고, 형벌의 집행을 감독하는 검찰권을 행사하는 단독제 관청인 국가 사법기관. 범죄의 수사에서부터 형벌 집행의 감독 등을 행하는 사법 행정관.
- 儉素(검소)[검소할 검, 본디/힐/꾸밈없을 소]: 검소하고(儉) 꾸밈없음(素). 치레하지 않고 순수함. 사치하지 아니하고 순수함.
- 揭示板(게시판)[높이들/걸 게, 보일 시, 널/판 판]: 게시(揭示)물을 붙이게 만든 널판(板). 게시물을 붙여 보이게 만든 판. 게시사항을 쓰는 판.
- 結晶(결정)[맺을 결, 맑을/수정 정]: 육각형의 결정체인 수정(晶)처럼 배열이 규칙적으로 맺어짐(結). 원자·분자·이온 등이 규칙 있게 배열되어 이루어짐. 노력의 결과가 훌륭한 결과로 나타나는 것. 노력의 결과를 얻음.
- 競爭(경쟁)[다툴 경, 다툴 쟁]: 서로 이기려고 다투는(競=爭) 것. 동일한 목적에 관하여 남보다 우월한 자리를 차지하려고 다툼.
- 經驗(경험)[지날/글 경, 시험/경험 험]: (어떤 일을) 지내보고(經) 경험(驗)함. 실제로 보고 듣고 겪은 일을 말함. 자신이 실제로 해 보거나 겪어 봄. 감각이나 자신을 살핌을 통하여 얻게 되는 주관적 의식.
- 考證學(고증학)[생각할/조사할 고, 증거 증, 배울/학문 학]: 고문서 따위를 조사하고(考) 검증(檢證)하는 학문(學). 고문서 따위에서 증거를 찾아 연구하는 학문.
- 空名帖(공명첩)[빌 공, 이름 명, 문서 첩]: 이름(名)을 적지 않은 빈(空)난으로 주는 임명 문서(帖). 관아에서 돈이나 곡식 같은 것을 받고 관직을 팔 때 관직 이름을 써서 주되, 이에 의해서 벼슬자리를 받은 자는 실무를 보지 아니하고 이름 행세만 하게 됨.
- 恐慌(공황)[두려울 공, 어리둥절할 황]: 두렵고(恐) 어리둥절 함(慌). (갑자기 닥치거나 변한 사태에) 두렵고 놀라 어찌할 바를 모르고 어리둥절함.
- 科擧(과거)[과목/과거 과, 들/시험 거]: 과거(科)시험(擧). 지난날, 문무관을 뽑아 등용할 때 보던 시험. 중국에서는 수나라 때에 시작하였고, 우리나라에서는 고려 광종 9년(958)에 처음 실시하여 조선 시대에는 그 중요성이 더욱 커졌다. 문과, 무과, 잡과 따위가 있었다.
- 誇張(과장)[자랑할 과, 베풀/말할 장]: 사실보다 크게 자랑하여(誇) 말함(張). 사실보다 지나치게 떠벌려 나타냄.
- 官僚制(관료제)[벼슬 관, 동료 료, 절제할/법도 제]: 관료(官僚)가 정치를 행하는 제도(制度). 특권을 가진 관료가 권력을 쥐고 있는 지배 구조나 정치.
- 慣性(관성)[익숙할/버릇 관, 성품/성질 성]: 지금까지 하던 버릇(慣)을 유지히려는 성질(性質). 물체가 외부의 작용을 받지 않는 한, 정지 또는 운동의 상태를 계속 유지해 나가려고 하는 성질.
- 寬容(관용)[너그러울 관, 얼굴/용서할 용]: 너그럽게(寬) 용서(容恕)함. 너그럽게 용서하고 받아들임.
- 拘束令狀(구속영장)[잡을 구, 묶을 속, 하여금 령, 형상 상/문서 장]: (마음대로 못하게) 구속(拘束)할 수 있는 근거를 제시한 명령(命令)을 적은 문서(狀). 죄가 있다고 생각 되는 사람 중에 도주의 우려가 있는 사람의 행동을 구속하여 제한 하기 위해 경찰의 요청에 의해 법원에서 판사가 발부하는 명령서.

- 國粹主義(국수주의)[나라 국, 순수할 수, 임금/주인/주될 주, 옳을 의]: 자기 나라(國)의 정신이나 물질·전통 등이 가장 아름답다고 순수하다고(粹) 여기는 주의(主義) 여기는 원칙. 자기나라의 문화나 전통등 특수한 것만이 가장 우수하다고 믿고 유지·보전하며 남의것을 밀어내고 받아들이지 않는 주의.
- 均田制(균전제)[고를 균, 밭 전, 절제할/법도 제]: 나라에서 백성에게 밭(田)을 고르게(均) 나누어 주던 제도(制度). 나라에서 토지를 백성에게 고루 나누어 주거나, 토지의 규모에 따라 세금을 고르게 매기던 일, 또는 그 제도.
- 極冠(극관)[다할/극진할/끝 극, 갓/덮을 관]: 화성의 양극(兩極)을 덮고(冠) 있는 부분. 화성의 양극 지방에 보이는 흰 곳.
- 根據(근거)[뿌리 근, 근거/의거할 거]: 근본(根本)이 되는 거점(據點). 어떠한 행동을 하는데 터전이 되는 곳. 의논 의견 등에 그 근본이 되는 사실.
- 金融實名制(금융실명제)(쇠 금/성/ 김, 녹을 융, 열매 실, 이름 명, 절제할 제)[쇠 금/성/돈 금, 녹을/화할 융, 열매/실제 실, 이름 명, 절제할/법도 제]: 돈(金)의 융통(融通)을 실(實際)제 이름(名)으로 하는 제도(制度). 모든 돈의 거래를 확인하고 세금을 공평하게 하기 위해 금융거래를 실제의 이름으로 하도록 의무화하는 제도.
- 肯定的(긍정적)[/긍정할 긍, 정할 정, 과녁/것 적]: 긍정(肯定)하는 것(的). 어떤 사실이나 생각 따위를 그러하다고 인정하는 것.
- 矜持(긍지)[자랑할 긍, 가질 지]: 자신의 능력을 믿어 자랑스러움(矜)을 가짐(持). 자신을 아끼는 마음을 가짐.
- 氣孔(기공)[기운/숨 기, 구멍 공]: 곤충류의 몸뚱이 옆에 있는 숨(氣)구멍(孔). 식물의 잎이나 줄기의 겉껍질에 있는 작은 구멍. 용암속의 빈 구멍.
- 起訴(기소)[일어날 기, 호소할 소]: 소송(訴訟)을 일으킴(起). 검사가 공소를 제기 함. 검사가 특정한 형사사건에 대하여 법원에 심판을 요구하는 일.
- 機智(기지)[틀/때 기, 슬기/지혜 지]: 그때그때(機)에 대처하는 지혜(智慧). 그때그때의 상황에 대처하여 재빨리 발휘되는 재치.
- 嗜好作物(기호작물)[즐길 기, 좋을 호, 지을/만들 작, 물건 물]: 즐기고(嗜) 좋아하여(好) 재배하는 작물(作物). 자신이 즐기고 좋아하여 기르는 농작물.
- 懶怠(나태)[게으를 라, 게으를 태]: 게으름(懶＝怠). 게으르고 느림.
- 納稅(납세)[들일/바칠 납, 세금 세]: 세금(稅)을 바침(納). 국가 또는 지방 자치 단체 등에 세금을 냄.
- 冷却(냉각)[찰 랭, 물리칠/물러날 각]: 더운 물건을 차게(冷) 하기 위해 열을 물러나게(却) 함. 더운 물건을 차게 함. 아주 식어서 차게 됨.
- 濃度(농도)[짙을 농, 법도/정도 도]: 액체 따위의 짙은(濃) 정도(程度). 일정량의 기체나 액체 속에 있는 그 성분의 비율. 빛깔의 짙은 정도. 물체가 빛을 흡수하는 정도를 나타냄.
- 多元社會(다원사회)[많을 다, 으뜸 원, 모일 사, 모일 회]: 많은(多) 근원(元)이 모여 이르어진 사회(社會). 여러 요소가 모여 이루어진 사회. 여러 요소가 복잡하게 얽힌 사회.
- 臺本(대본)[대 대, 근본/책 본]: 어떠한 토대(土臺)가 되는 책(本). 연극의 상연이나 영화 제작 등에 기본이 되는 각본.
- 帶電(대전)[띠/지닐 대, 번개/전기 전]: 전기(電氣)를 지님(帶). 어떤 물체가 전기를 띰.
- 大衆媒體(대중매체)[큰/많을 대, 무리 중, 중매/매개 매, 몸 체]: 불특정의 많은(大) 무리(衆)에게 대량의 정보를 전달하는 매개(媒)가 되는 물체(物體). '대중전달매체'의 준말. 신문, 잡지, 영화, 텔레비전 따위가 있다.
- 導體(도체)[인도할 도, 몸 체]: 열이나 전기가 따위를 전도(傳導)하는 물체(物體). 열 또는 전기의 전도율이 비교적 큰 물체의 총칭.
- 摩擦力(마찰력)[문지를 마, 문지를/비빌 찰, 더울/열 열]: 접촉하고 있는 두 물체가 마찰(摩擦)할 때 생기는 열(熱). 두 물체가 마찰할 때에 일어나는 열.
- 幕府(막부)[장막 막, 마을/관청 부]: 막(幕)을 치고 군을 지휘하는 임시 지휘소인 관청(府). 군이 이동 중에

장소가 일정하지 않은 곳에 필요에 따라 막을 치고 군사를 지휘하던데서 온 말.

- 萬有引力(만유인력)[일만/많을 만, 있을 유, 끌 인, 힘력]: 수 많은(萬) 물체들 사이에 서로 끌어(引) 당기는 힘(力)이 있음(有). 질량이 있는 있는 우주 안에 있는 모든 물체 사이에 서로 당기는 잡아 당기는 힘.
- 免疫(면역)[면할 면, 전염병 역]: 사람이나 동물의 몸에 전염병(疫)균이 들어와도 병을 면할(免) 수 있는 저항력이 있는 것. 같은 병원균에 대하여 항체(抗體)가 만들어져 발병하지 않는 것. 같은 일이 되풀이됨에 따라 습관화 되는 현상.
- 模倣(모방)[본뜰/본 모, 본뜰 방]: 본받아(模) 본뜸(倣). 본뜸. 흉내 냄.
- 描寫(묘사)[그릴 묘, 베낄 사]: (보거나 느낀 것을) 그리듯이(描) 베낌(寫). 그림을 그리듯 글을 씀. 사물(事物)을 있는 그대로 그리거나 베끼듯 글을 씀.
- 民譚(민담)[백성 민, 클/말씀/이야기 담]: 예로부터 민간(民間)에 전하여 내려오는 이야기(譚). 예로부터 입으로 민간에 전해 내려오는 이야기.
- 民事裁判(민사재판)[백성 민, 일 사, 옷마를/헤아릴 재, 판단할 판]: 일반 국민(國民)에 관한 일(事)에 대하여 옳고 그름을 헤아리어(裁) 판단함(判). 법원이 민사 사건에 관해서 하는 재판.
- 密度(밀도)[빽빽할 밀, 법도/정도 도]: 빽빽이(密) 들어선 정도(度). (어떤 면적이나 부피를 차지하고 있는) 빽빽한 정도. 내용의 충실한 정도. 물리학에서, 기본 단위의 체적 내에서의 일정한 물질의 질량.
- 反射(반사)[돌이킬/되돌릴 반, 쏠 사]: 빛이나 전파 따위가 어떤 물체의 표면에 부딪혀 되돌아(反) 쏘는(射) 현상. 자극에 대하여 기계적으로 일어나는 신체의 생리적 반응.
- 反映(반영)[돌이킬/돌아올 반, 비칠 영]: 빛 따위가 반사(反射)하여 비침(映). 돌이켜 비침. 다른 것에 영향을 받아 어떤 현상이 나타남.
- 放縱(방종)[놓을/멋대로 방, 세로/멋대로 종]: 제멋대로임(放=縱). 아무 거리낌 없이 함부로 행동함.
- 背景(배경)[등/뒤 배, 볕/경치 경]: 뒤(背)쪽의 경치(景致). 무대 안쪽 벽에 그린 그림, 또는 무대 장치. 작품의 시대적 역사적인 환경. 뒤에서 돌보아 주는 힘.
- 配慮(배려)[나눌/짝 배, 생각할 려]: 남을 위해 이리저리 마음을 나누어(配) 생각함(慮). 염려해 줌. 근심하고 걱정함.
- 排他主義(배타주의)[밀칠 배, 다를/남 타, 임금/주인/주될 주, 옳을 의]: 남(他)을 배척(排斥)함을 주되게(主) 옳다고(義) 여기는 원칙. 다른 사람이나 다른 사상·생각 따위를 배척하여 받아 들이려 하지 않는 사상 경향.
- 普通選擧(보통선거)[넓을 보, 통할 통, 가릴 선, 들 거]: 보통(普通)의 모든 성인에게 제한적 요건이 없는 선거(選擧). 모든 성인에게 선거권과 피선거권을 주는 제도.
- 封建制度(봉건제도)[봉할 봉, 세울 건, 절제할/정할 제, 법도 도/헤아릴 탁]: 봉토(封土)를 나누어 제후를 세우는(建) 제도(制度). 군주와 제후 사이에 주종(主從) 관계를 바탕으로 하여 확립하였던 정치 제도.
- 副都心(부도심)[버금/곁 부, 도읍 도, 마음/가운데 심]: 도시(都) 가운데(心) 곁(副)의 번화가. 대도시의 팽창에 따라 변두리에 생기는 부차적인 중심지로, 도시기능을 분담 하고 있는 업무나 상업상의 번화가.
- 否定的(부정적)[아닐/아니 부, 정할 정, 과녁/것 적]: 부정(否定)의 내용을 갖는 것(的). 그렇지 않다고 부정 하는 것. 그렇지 아니하다고 단정하거나 옳지 아니하다고 반대하는 것.
- 分析(분석)[나눌 분, 쪼갤/가를 석]: 사물을 분해(分解)하여 그 사물의 성분·요소 등을 밝혀 가르는(析) 일. 복합된 사물을 그 요소나 성질에 따라서 가르는 일. 화학적 또는 물리적 방법으로 물질의 원소를 분해하는 일.
- 不飽和(불포화)[아닐 불/부, 배부를/가득찰 포, 화할/합할 화]: 가장 큰 한도까지 가득 차게(飽) 합하지(和) 않은(不) 상태. 포화 상태에 이르지 않음.
- 朋黨(붕당)[벗 붕, 무리 당]: 뜻이 같은 벗(朋)끼리 모인 무리(黨). 뜻이나 이익을 같이하는 사람들끼리의 결합체. 예전에, 중국이나 조선에서 정치적 이념과 주장 또는 이해관계에 따라 결합한 사림(士林)의 집단을 이르던 말.
- 卑俗語(비속어)[낮을 비, 풍속/속될 속, 말씀 어]: 격이 낮고(卑) 속된(俗) 말(語). 거칠고 비속한 말, 욕설.
- 比喩(비유)[견줄 비, 깨우칠/비유할 비]: 사물을 그와 비슷한 사물을 견주어(比) 비유하는(喩) 일. 사물을

설명할 때 그와 비슷한 다른 사물을 빌려 표현하는 방법.

- 貧富隔差(빈부격차)[가난할 빈, 부자 부, 사이뜰/사이 격, 다를 차]: 가난함(貧)과 부유(富裕)함 사이(隔)의 차이(差). 가난한 사람과 부자 사이의 서로 다른 차이.
- 私法(사법)[사사/사사로울 사, 법 법]: 개인간의 사사로운(私) 의무나 권리에 대한 법률(法律). 개인의 의무나 권리에 대하여 규정한 법률.
- 司法府(사법부)[맡을 사, 법 법, 마을/관청 부]: 대법원 및 그에 속한 모든 사법권(司法權)을 받은 관청(府). 삼권분립에 따라, 사법권을 행사하는 '법원'을 이르는 말.
- 思想(사상)[생각 사, 생각 상]: 생각(思＝想). 의견. 어떠한 사물에 대하여 가지고 있는 구체적인 사고나 생각. 사고의 작용으로 생기는 의식.
- 辭典(사전)[말씀/말 사, 법/책 전]: 말(辭)을 모아놓은 책(典). 낱말을 모아 일정한 순서로 배열하여, 발음·뜻· 용법(用法)· 어원(語原) 등을 해설한 책.
- 山脈(산맥)[메/산 산, 줄기 맥]: 산(山)의 줄기(脈). 여러 산악이 잇달아 길게 뻗치어 줄기를 이룬 지대.
- 散策(산책)[흩을/한가할 산, 꾀/지팡이 책]: 한가하게(散) 지팡이(策)를 짚고 이리저리 거닐며 산보함. 바람을 쐬기 위해 이리저리를 거닐음.
- 常識(상식)[떳떳할/일상 상, 알 식]: 일상적(日常的)인 앎(識). 보통의 지식. 사람들이 보통 알고 있거나 알아야 하는 지식.
- 生長點(생장점)[날 생, 긴/자랄 장, 점 점]: 생장(生長)을 촉진하는 점(點). 식물의 뿌리 끝과 줄기 끝에 있는, 세포 분열을 하며, 생장을 촉진시키는 부분. 성장점. 자람점.
- 星團(성단)[별 성, 둥글/모일 단]: 항성(恒星;항상 같은 위치를 정하고 있는 별)의 집단(集團). 천구 상에 군데군데 모여 있는 항성의 집단.
- 勢道政治(세도정치)[형세 세, 길/행할 도, 정사 정 다스릴 치]: 조선 정조 이후, 세도가(勢道家)에 의하여 좌우되던 정치(政治)를 말함. 조선 시대, 왕의 신임을 얻은 신하나 외척이 강력한 정치적 권세를 잡고 나라를 다스리던 비정상적인 정치 형태.
- 消費(소비)[사라질 소, 쓸 비]: 소모(消耗)하여 써버림(費). (물건·시간·노력 따위를) 써 없앰, 욕망을 채우기 위해 재화를 소보하는 일.
- 疏通(소통)[소통할/트일 소, 통할 통]: 막히지 않고 트여(疏) 잘 통함(通). 뜻이 서로 통하여 오해가 없음. 덮이거나 막힌 것을 열어 트이게 함.
- 需要(수요)[쓰일/쓸/구할 수, 요긴할/구할 요]: 필요해서 구하고자(需＝要) 함. 어떤 재화나 용역을 일정한 가격으로 사려고 하는 욕구. 구매력의 뒷받침이 있는 상품 구매의 욕망.
- 受精(수정)[받을 수, 정할/정기 정]: 정기(精氣)를 받음(受). 암수의 생식 세포가 서로 하나로 합치는 현상.
- 隨筆(수필)[따를 수, 붓 필]: 붓(筆) 가는 데로 따라(隨) 쓴 글. 일정한 형식 없이 감상·의견 따위를 생각나는 대로 자유롭게 적은 글.
- 殉葬(순장)[따라죽을 순, 장사지낼 장]: (임금이나 귀족이 죽었을 때) 따라 죽어(殉) 장사지내는(葬) 일. 옛날 임금이나 귀족이 죽으면 그를 따르던 사람이나 동물, 또는 아끼던 물건을 함께 묻던 일.
- 褶曲(습곡)[주름 습, 굽을 곡]: 주름(褶)처럼 굽어짐(曲). 평평하게 퇴적한 지층이 옆에서 받는 압력으로 주름져 산이나 골짜기가 되는 일. '습곡산맥' 등을 이룬다.
- 施設作物(시설작물)[베풀 시, 베풀 설, 지을 작, 물건 물]: 시설(施設)을 갖추어 재배하는 농작물(農作物). 편리한 작업 환경이나 작물의 재배환경을 잘 갖추어 재배하는 농작물.
- 心象(심상)[마음 심, 코끼리/모양 상]: 마음(心)속에 떠오르는 모양(象). 의식 속에 떠오르는 상.
- 液化(액화)[진 액, 될 화]: 액체(液體)로 됨(化). 고체나 기체가 액체로 되는 일.
- 旅程(여정)[나그네 려, 한도/길 정]: 여행(旅行)의 일정(日程). 나그넷길. 여행의 노정(路程).
- 連帶(연대)[이을 연/련, 띠/지닐 대]: 두 사람 이상이 같이 연결(連結)되어 책임을 지님(帶). 어떠한 행위의 이행에 있어서, 두 사람 이상이 공동으로 책임을 지는 것.
- 汚染(오염)[더러울 오, 물들 염]: 더럽게(汚) 물듦(染). 더러워 짐. 물이나 환경을 더럽게 물들임.

- 倭亂(왜란)[왜나라/오랑캐 왜, 어지러울 란]: 왜인(倭人)들이 일으킨 난리(亂離). '임진왜란'의 준말.
- 慾心(욕심)[욕심/탐낼 욕, 마음 심]: 탐내는(慾) 마음(心). 무엇을 지나치게 탐내거나 누리고 싶어 하는 마음.
- 溶解(용해)[녹을 용, 풀 해]: 녹아(溶) 풀어짐(解). 기체 또는 고체가 액체에 녹는 현상.
- 寓話(우화)[부칠 우, 말씀/이야기 화]: 어떤 뜻을 다른 사물에 붙여서(寓) 하는 이야기(話). 인격화한 동식물이나 기타 사물을 주인공으로 하여 그들의 행동 속에 풍자와 교훈의 뜻을 나타내는 이야기. 《이솝 이야기》 따위가 여기에 속한다. 딴 사물에 빗대어서 교훈적, 풍자적 내용을 엮은 이야기.
- 月蝕(월식)[달 월, 좀먹을 식]: 지구의 그림자가 밝은 달(月)의 일부를 먹어(蝕) 들어가 가리는 현상. 달의 일부 또는 전체가 지구의 그림자에 가려서 보이지 않게 되는 현상. 개기 월식과 부분 월식이 있다.
- 衛星都市(위성도시)[지킬 위, 별 성, 도읍 도, 저자 시]: 행성을 도는 위성(衛星)처럼, 대도시 주위에 위치하면서 주체성을 가지고 대도시의 기능의 일부를 분담하고 있는 도시(都市). 대도시 주위에서 대도시 기능을 일부 지니는 중소도시.
- 維新(유신)[벼리 유, 새 신]: 모든 벼리(維)가 되는 제도를 새롭게(新) 함. 낡은 제도 따위를 고쳐 새롭게 함.
- 隱語(은어)[숨을 은, 말씀 어]: (특정 계층에서만 쓰기 위해) 숨기는(隱) 말(語). 어떤 계층이나 부류의 사람들이 다른 사람들이 알아듣지 못하도록 자기네 구성원들끼리만 빈번하게 사용하는 말.
- 音韻(음운)[소리 음, 운 운]: 한자의 음(音)과 운(韻). 한자 음에서 초성이 '음(音)'이고 중성과 종성이 '운(韻)' 임. 예를 들어 '강'에서 'ㄱ'은 초성 'ㅏ'은 중성 'ㅇ'은 종성 임.
- 匿名性(익명성)(숨길 닉, 이름 명, 성품 성)[숨길 닉, 이름 명, 성질 성]: 본 이름(名)을 숨기려(匿) 하는 성질(性質). 이름을 숨기려는 경향.
- 忍耐(인내)[참을 인, 견딜 내]: (어려움을) 참고(忍) 견딤(耐). 괴로움이나 노여움 따위를 참고 견딤.
- 慈悲(자비)[사랑할 자, 슬플/슬퍼할 비]: (고통 받는 이를) 사랑하고(慈) 슬피(悲) 여김. 사랑하고 불쌍히 여김. 부처가 중생을 불쌍히 여겨 고통을 덜어주고 안락하게 해 주려고 함, 또는 그 마음. 자비심(慈悲心).
- 自律(자율)[스스로 자, 법칙/법 률]: 스스로(自) 세운 도덕률에 따른 법(律). 스스로의 의지로 자신의 행동을 규제 함. 구속 받지 않고 스스로 행동함.
- 莊園(장원)(장, 동산 원)[씩씩할/별장 장, 동산 원]: 별장(別莊) 형태의 큰 집과 잘 가꾸어진 동산(園)이 있는 토지. 왕실·귀족·부호·사원 등이 소유한 넓고 큰 토지.
- 財宅勤務(재택근무)[있을 재, 집 택, 부지런할 근, 힘쓸/일할 무]: 집(宅)에 있으면서(在) 부지런히(勤) 일함(務). 컴퓨터 등 정보 통신 기술을 이용해 사업장이 아닌 자기 집이나 그 밖의 다른 곳에서 근무하는 일.
- 抵抗(저항)[막을/거스를 저, 겨룰/막을 항]: 어떤 힘·권위 따위에 거슬러(抵) 버티어 막음(抗).밖으로부터 가해지는 힘에 굴복하여 따르지 않고 거역하거나 버팀. 물체가 운동하는 방향과 반대 방향으로 작용하는 힘. 도체(導體)에 전류가 흐르는 것을 방해하는 작용. 단위는 옴(Ω)이다. 실험 심리학에서, 자극의 역방향으로 일을 일으키는 현상.
- 專制政治(전제정치)[오로지/홀로 전, 절제할/정할 제, 정사 정, 다스릴 치]: 혼자(專) 결정하는(制) 정치(政治). 국가 권력이 한 개인이나 특정 계급에 좌우되어, 그들의 뜻대로 정치가 행해 지는 일.
- 絕對王政(절대왕정)[끊을 절, 대할 대, 임금 왕, 정사 정]: 절대(絕對)적인 권한이 임금(王)에게 있는 정치(政治). 국주의 권능이 어떠한 외부 기관에 영향을 받지 않고 절대적이고 무제한 으로 권력을 행사하는 정치. 절대군주제(絕對君主制).
- 情緒(정서)[뜻/마음 정, 실마리 서]: 사람의 마음에 일어나는 여러 가지 감정(感情)의 실마리(緖). 어떤 사물 또는 경우에 부딪쳐 일어나는 온갖 감정·상념 또는 그러한 감정을 불러일으키는 기분·분위기.
- 帝國主義(제국주의)[임금 제, 나라 국, 임금/주인/주될 주, 옳을 의]: 황제(皇帝)의 나라(國)처럼 주변 약소국을 지배하려는 주장이나 주의(主義). 군사적·경제적으로 남의 나라나 후진 민족을 점족하여 자기나라의 영토와 권력을 넓히려는 주의.
- 祭政一致(제정일치)[제사 제, 정사 정, 한 일, 이를 치]: 제사(祭祀)와 정치(政治)가 일치(一致) 한다는 사상. 제사와 정치가 일원화되어 있거나 종교적 행사의 주재자와 정치의 주권자가 일치함. 또는 그런 사상과 정치 형태. 고대 사회에 많았다.

• 潮境水域(조경수역)[밀물/조수 조, 경계 경, 물 수, 지경 역]: 두 조수(潮水)가 만나는 경계(境界) 수역(水域). 서로 다른 성질의 물이 만나는 구역.

• 條約(조약)[가지/조목 조, 맺을 약]: 조목(條)을 세워서 약정한 약정(約定). 국가 간 또는 국가와 국제기구 사이의 문서에 의한 합의.

• 尊嚴(존엄)[높을 존, 엄할 엄]: (성품이) 높고(尊) 엄숙(嚴肅)함. 인물이나 지위 따위가 높고 위엄이 있음. 높아서 범할 수 없음.

• 遵法精神(준법정신)[좇을 준, 법 법, 정할/혼 정, 귀신/마음 신]: 법률(法律)이나 규칙을 좇아(遵) 따르려는 정신(精神). 법령을 지키려는 인간의 정신.

• 中繼貿易(중계무역)[가운데 중, 이을 계, 무역할/바꿀 무, 바꿀 역/쉬울 이]: 두 나라 가운데(中)서 물자를 이어(繼) 주는 무역(貿易). 외국에서 수입한 물건을 약간 가공하거나 그대로 수출하는 형태의 무역.

• 中華思想(중화사상)[가운데 중, 빛날/문화 화, 생각 사, 생각 상]: 자기 들이 세상 가운데(中) 문화(華)의 중심이 라고 여기던 사상(思想). 한(漢)민족이 주변 나라를 무시하고 야만이라고 칭하면서 자기네 나라가 이 세상의 문화의 중심이라고 여기던 사상.

• 蒸散作用(증산작용)[찔 증, 흩을 산, 지을 작, 쓸 용]: 식물체 안의 수분이 수증기가 증발(蒸)되어 몸 밖으로 흩어져(散) 배출되는 작용(作用). 기공 증산과 표피 증산이 있으며, 주로 기공의 개폐에 의해 조절된다.

• 地球溫暖化(지구온난화)[따/땅 지, 공 구, 따뜻할 온, 따뜻할 난, 될 화]: 지구(地球)의 평균온도가 점점 따뜻하게(溫暖) 되는(化) 현상. 탄산가스 등 온실가스에 의해 지구의 평균 기온이 올라가는 현상.

• 志操(지조)[뜻 지, 잡을 조]: 곧은 뜻(志)과 절조(節操). 올바른 원칙과 신념을 끝까지 꿋꿋이 지키는 의지.

• 質量(질량)[바탕 질, 헤아릴/분량 량]: 어떤 물질(物質)의 양(量). 물체의 관성(慣性) 및 무게의 본질이 되는 것. 물체가 갖는 고유한 양.

• 參政權(참정권)[참여할 참, 정사 정, 권세/권리 권]: 국민이 국정(國政)에 참여할(參) 권리(權). 국민이 국정에 직접 또는 간접으로 참여하는 권리.

• 責任(책임)[꾸짖을 책, 맡길 임]: 꾸짖음(責)을 받는 대신 해야 할 임무(任務). 도맡아 해야 할 임무. 꾸짖음을 받지 않도록 꼭 해야 할 임무나 의무.

• 淸廉(청렴)[맑을 청, 청렴할/검소할 렴]: 성품이 맑고(淸) 고결하고 탐욕이 없어 검소함(廉). 마음이 고결하고 재물 욕심이 없음.

• 追憶(추억)[쫓을 추, 생각할 억]: 지난 일을 쫓아(追) 생각함(憶). 지난 일을 돌이켜 생각함.

• 推薦(추천)[밀 추, 천거할 천]: 적절한 대상을 어떤 자리에 밀어(推) 천거(薦擧) 하는 일. 인재를 천거함. 좋거나 알맞다고 생각하는 물건을 남에게 권함.

• 抽出(추출)[뽑을 추, 날 출]: 뽑아(抽) 냄(出). 빼냄. 전체 속에서 어떤 물건이나 요소를 빼 냄. 표본을 뽑아 내는 일.

• 趣味(취미)[뜻/향할 취, 맛 미]: 마음이 향하는(趣) 흥미(興味). 마음에 끌려 일정한 방향으로 쏠리는 흥미. 전문적으로 하는 것이 아니라 즐기기 위하여 하는 일. 아름다운 대상을 감상하고 이해하는 힘. 감흥을 느끼어 마음이 당기는 멋.

• 妥協(타협)[온당할 타, 화할/협력할 협]: 두 편이 온당하게(妥) 협의(協議)함. 어떤 일을 서로 양보하여 협의함. 어떤 일을 서로 양보하여 협의함.

• 討論(토론)[칠/꾸짖을 토, 논할 론]: 서로 다른 의견으로 서로의 의견에 대해 꾸짖듯(討) 따지며 논의함(論). 어떤 논제(論題)를 둘러싸고 여러 사람이 각각 의견을 말하며 논의(論議)함. 어떤 문제에 대하여 여러 사람이 각각 의견을 말하며 논의함.

• 投票(투표)[던질 투, 표 표]: 자신이 원하는 곳에 의사를 표시하여 표(票)를 던짐(投). 선거를 하거나 가부를 결정할 때에 투표용지에 의사를 표시하여 일정한 곳에 내는 일. 선거 또는 채결할 때에 각 사람의 뜻을 나타내기 위하여 표지에 이름, 부호 또는 의견을 기입하여 일정한 장소나 투표함 등에 넣는 일.

• 平衡(평형)[평평할 평, 저울대 형]: 수평(水平)을 이룬 저울대(衡)처럼 똑바름. 저울대가 수평을 이루고 있음. 사물이 한쪽으로 기울지 않고 안정해 있음. 몸을 굽혀 머리와 허리가 저울대처럼 바르게 하는 절.

• 寒帶氣候(한대기후)[추울 한, 띠 때, 기운 기, 기후 후]: 한대(寒帶) 지방의 한랭한 기후(氣候). 쾨펜(Köppen,

W. P.)의 기후 분류에서는 가장 따뜻한 달의 평균 기온이 섭씨 10도 이하인 기후를 말한다. 겨울이 길며 기온이 낮아 수목이 생육할 수 없다. 1년 내내 얼음이나 눈에 덮여 있는 빙설 기후(氷雪氣候)와 이끼식물이나 지의류(地衣類)가 생육할 수 있는 툰드라 기후로 나뉜다.

- **含蓄的(함축적)[머금을/품을 함, 모을/쌓을 축, 과녁/것 적]**: 어떤 내용이나 요소를 깊이 함축(含蓄)하여 담고 있는 것(的). 어떤 내용이나 요소를 깊이 압축하여 담고 있는 것.
- **海岸段丘(해안단구)[바다 해, 언덕 안, 층계 단, 언덕 구]**: 바닷가(海)의 언덕(岸)이나 기슭에 층계(段) 모양의 언덕(丘)지형. 해안선을 따라 계단 모양으로 된 좁고 긴 지형.
- **革命(혁명)(가죽 혁, 목숨 명)[고칠 혁, 운수 명]**: 천명(天命)이 바뀜(革). 이전의 왕조를 뒤집고 다른 왕조가 들어서는 일. 기존 헌법의 범위를 벗어나서 국가의 기초, 사회의 제도, 경제의 조직 따위를 폭력으로 급격하게 근본적으로 고치는 일.
- **刑法(형법)[형벌 형, 법 법]**: 범죄와 형벌(刑罰)에 관한 법(法). 범죄와 형벌의 내용을 규정한 법률.
- **刑事裁判(형사재판)[형벌 형, 일 사, 옷마를/헤아릴 재, 판단할 판]**: 형벌(刑) 법규의 적용에 관한 일(事)에 대하여 옳고 그름을 헤아리어(裁) 판단함(判). 형사 사건에 대하여 법원이나 법관이 내리는 재판.
- **形態素(형태소)[모양 형, 모습 태, 본디/흴/바탕 소]**: 말의 형태(形態)의 바탕(素)이 되는 단위. 일정한 음성과 뜻이나 기능을 지닌 가장 작은 단위의 말. '새가 하늘을 난다'에서 '새·하늘·을·난·다' 등을 말함.
- **胡亂(호란)[되/나라이름 호, 어지러울 란]**: 북방 호인(胡人)들에 의한 병란(兵亂). '병자호란'의 준말.
- **呼應(호응)[부를 호, 응할 응]**: 부름(呼)에 응함(應). 부름에 따라 대답함.
- **環境(환경)[고리 환, 지경/장소 경]**: 고리(環) 같이 둘러싸고 있는 장소(境). 생활체를 둘러싸고, 그것과 일정한 접촉을 유지하고 있는 외계. 거주하는 주위의 외계. 사람이나 동식물의 생존에 커다란 영향을 미치는, 눈·비·바람 등의 기후적 조건이나 산·강·바다·공기·햇빛·흙 등의 초자연적 조건.
- **還穀(환곡)[돌아올 환, 곡식 곡]**: 돌려(還) 받는 곡식(穀). 조선시대, 개인 창고에 보관 하였다가 봄에 백성에게 꾸어주고 가을에 이자를 붙여 받아들이던 곡식.

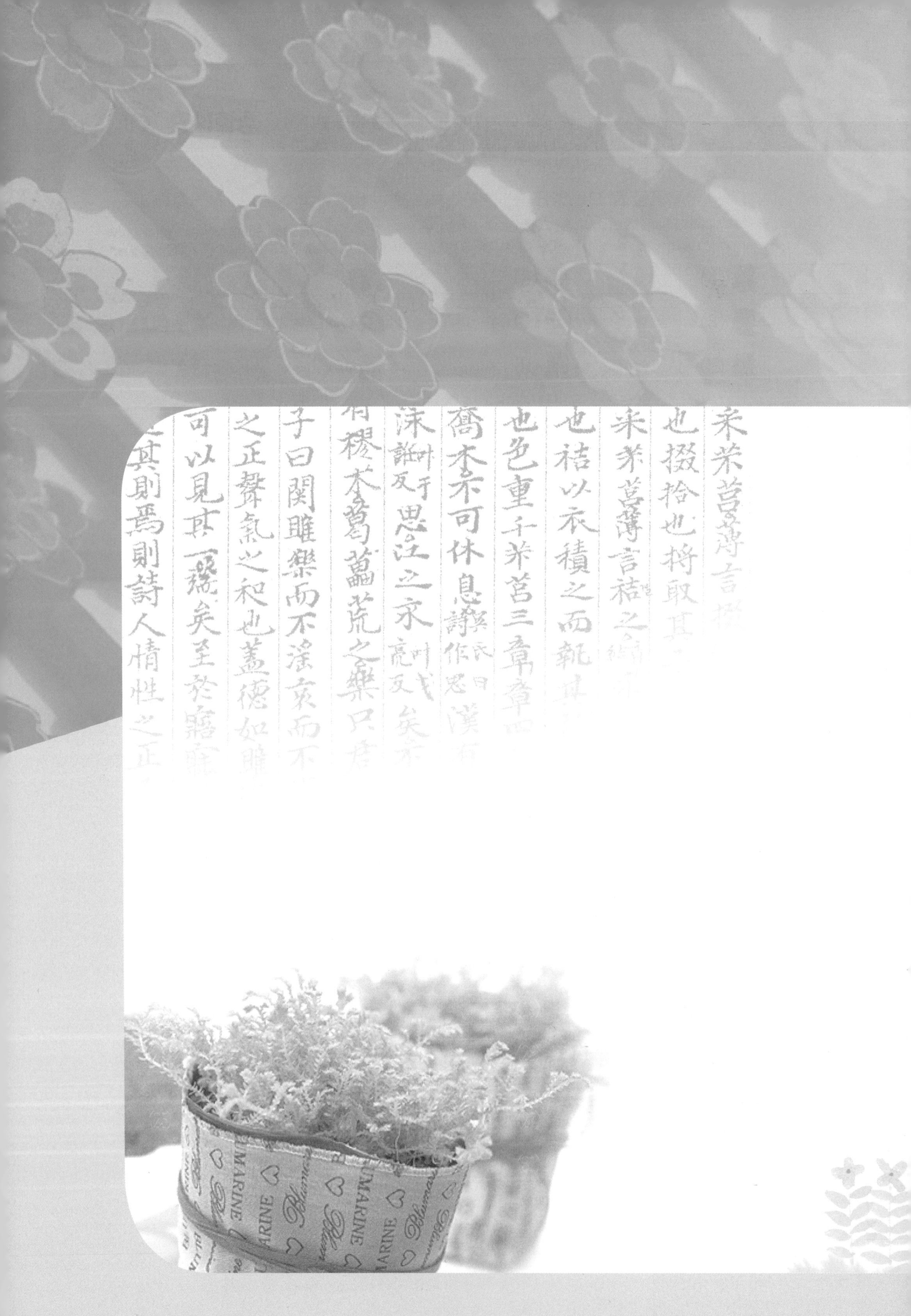

4급Ⅱ 한자 총정리

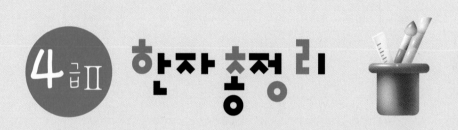

한자총정리

4급Ⅱ 쓰기 배정 한자

머무를 정	뜰 정	클 태	오얏 리	옮길 운	길 로	입 구	말씀 설
힘 력	살 활	하늘 천	수풀 림	집 가	저녁 석	공경 경	채울 충
다를 별	말씀 화	지아비 부	서로 상	판 국	이름 명	그림 도	흐를 류
흙 토	집 택	잃을 실	올 래	모양 형	밤 야	따뜻할 온	기를 육
뭍 륙	반 반	알 지	묶을 속	펼 전	많을 다	물건 품	인간 세
선비 사	낮 오	짧을 단	빠를 속	날 출	법식 례	구분할 구	비로소 시
벼슬 사	해 년	실과 과	동녘 동	법 전	죽을 사	으뜸 원	예 고
모일 사	고할 고	과정 과	익힐 련	각각 각	과녁 적	빛 광	호수 호
맺을 결	높을 고	나무 목	수레 거	격식 격	맺을 약	아이 아	머리 두
맡길 임	큰 대	근본 본	군사 군	손 객	홀로 독	형 형	나무 수

농사 농	눈 목	기 기	풀 초	될 화	귀신 신	씨 종	꽃부리 영
예도 례	볼 견	한가지 동	흰 백	꽃 화	말미암을 유	모일 회	결단할 결
몸 체	나타날 현	골 동	익힐 습	북녘 북	기름 유	신하 신	사기 사
법 법	친할 친	향할 향	일백 백	마디 절	사내 남	장인 공	하여금 사
배울 학	문 문	집 당	잘 숙	대신 대	지경 계	공 공	편할 편
평평할 평	물을 문	마땅 당	줄 선	법 식	마을 리	빌 공	가까울 근
뿌리 근	들을 문	물건 물	한국 한	나라 국	다스릴 리	강 강	바 소
은 은	열 개	볕 양	아침 조	느낄 감	아이 동	바랄 망	새 신
어질 량	사이 간	마당 장	달 월	이룰 성	무거울 중	한가지 공	군사 병
밝을 랑	터 기	날 일	밝을 명	해 세	움직일 동	가운데 중	사랑 애

돌 석	등급 급	기다릴 대	사람 인	병 병	글자 자	싸움 전	푸를 록
오른 우	급할 급	특별할 특	믿을 신	여덟 팔	서울 경	다행 행	낯 면
왼 좌	일 사	무리 등	쉴 휴	나눌 분	설 립	옷 복	머리 수
있을 유	붓 필	고을 군	써 이	이제 금	떼 부	내 천	길 도
벗 우	글 서	몸 신	지을 작	생각 념	낳을 산	고을 주	무리 류
돌이킬 반	낮 주	굳셀 강	어제 작	합할 합	말씀 언	가르칠 훈	여름 하
재주 재	그림 화	약할 약	들 입	대답 답	소리 음	순할 순	재주 술
재목 재	마디 촌	아우 제	안 내	목숨 명	뜻 의	공 구	화할 화
재물 재	마을 촌	차례 제	온전 전	들 야	알 식	물 수	이할 리
있을 재	때 시	다닐 행	쇠 금	아들 자	글 장	길 영	가을 추

지낼 력	지날 과	나눌 반	값 가	사귈 교	고을 읍	놓을 방	전할 전
차례 번	관계할 관	임금 왕	의원 의	학교 교	빛 색	겨레 족	둥글 단
늙을 로	즐길 락	주인 주	옷 의	본받을 효	땅 지	나그네 려	복 복
효도 효	약 약	살 주	겉 표	글월 문	계집 녀	저자 시	성 박
가르칠 교	손자 손	부을 주	동산 원	구름 운	편안 안	뿔 각	바깥 외
놈 자	변할 변	누를 황	멀 원	비 우	요긴할 요	쓸 용	가게 점
공평할 공	볼 관	넓을 광	군사 졸	번개 전	어미 모	날랠 용	사라질 소
기운 기	모을 집	한수 한	창문 창	눈 설	매양 매	통할 통	작을 소
과목 과	예 구	넉 사	그럴 연	몸 기	바다 해	주일 주	적을 소
쌀 미	긴 장	서녘 서	아비 부	기록 기	모 방	고를 조	살필 성

밥 식	종이 지	한 일	셀 계	겨울 동	큰 덕	클 위	이름 호
손 수	백성 민	두 이	남녘 남	뒤 후	앞 전	고울 선	일만 만
큰바다 양	일천 천	석 삼	바를 정	집 실	푸를 청	바람 풍	장사 상
기를 양	날 생	여섯 륙	정할 정	이를 도	맑을 청	셈 산	메 산
아름다울 미	성품 성	일곱 칠	발 족	참여할 참	뜻 정	법도 도	업 업
붙을 착	성씨 성	끊을 절	제목 제	스스로 자	꾸짖을 책	자리 석	대할 대
해할 해	마실 음	아홉 구	먼저 선	할아버지 조	바탕 질	불 화	흉할 흉
봄 춘	윗 상	다섯 오	씻을 세	갖출 구	읽을 독	수고할 로	셈 수
받들 봉	아래 하	말씀 어	오를 등	곧을 직	열매 실	반드시 필	신선 선
이길 승	아니 불	열 십	필 발	심을 식	능할 능	마음 심	악할 악

진흥회, 검정회 추가 한자 쓰기

수건 건	개 견	칼 도	가운데 앙	조개 패	달 감	철 계	임금 군	누이 매
성씨 씨	누이 자	있을 존						

4급Ⅱ 읽기 배정 한자 음훈 달기

貯	初	志	件	味	連	檢	砲
打	認	程	牧	末	隊	驗	句
可	街	聖	造	床	假	落	警
歌	熱	將	笑	禁	屋	液	回
河	勢	舍	橋	極	研	移	因
協	藝	許	送	想	戶	列	恩
加	吉	牛	未	深	論	包	操

院	苦	寫	常	原	減	增	缺
完	故	擔	賞	願	城	無	快
祝	固	呼	黨	比	盛	賢	斷
競	個	眼	壇	指	誠	監	印
稅	豆	退	檀	貨	鐵	亡	爲
銃	曲	限	得	背	申	港	爭
統	豊	規	早	鄕	田	選	暖
葉	去	視	竹	武	細	暴	受
船	擧	期	卓	試	量	忠	授
治	興	銅	唱	伐	黑	患	督

支	謝	佛	貧	倍	經	香	官
技	府	費	陰	接	輕	考	宮
布	寺	保	給	暗	災	都	蓄
希	詩	條	令	億	脈	俗	素
板	侵	創	領	職	求	浴	係
吸	康	餘	冷	境	救	容	權
律	掃	除	務	障	氷	汽	護
建	婦	肉	序	單	承	斗	進
健	端	兩	景	壁	錄	料	準
守	引	滿	位	報	導	師	羅

確	示	器	努	制	惠	羊	赤
應	宗	狀	怒	製	副	善	究
曜	祭	壓	如	濟	富	達	止
雄	際	總	案	航	非	潔	齒
鳥	察	起	毒	築	悲	低	步
島	謠	配	防	設	罪	純	政
馬	罰	改	房	殺	拜	逆	走
玉	票	絶	訪	解	毛	星	是
往	煙	他	施	備	義	次	提
難	尊	好	帶	博	議	誤	燈

終	邊	再	則	圓	麗	談	虛
復	査	寒	測	貴	慶	炭	收
致	助	請	買	態	魚	榮	留
至	置	精	賣	波	漁	密	演
息	眞	敗	續	破	蟲	思	敵
鼻	講	寶	員	衛	飛	處	耳
聲	取	最	益	血	衆		

진흥회, 검정회 추가 한자 읽기

巾	犬	刀	央	貝	甘	季	君
妹	氏	姉·姊	存				

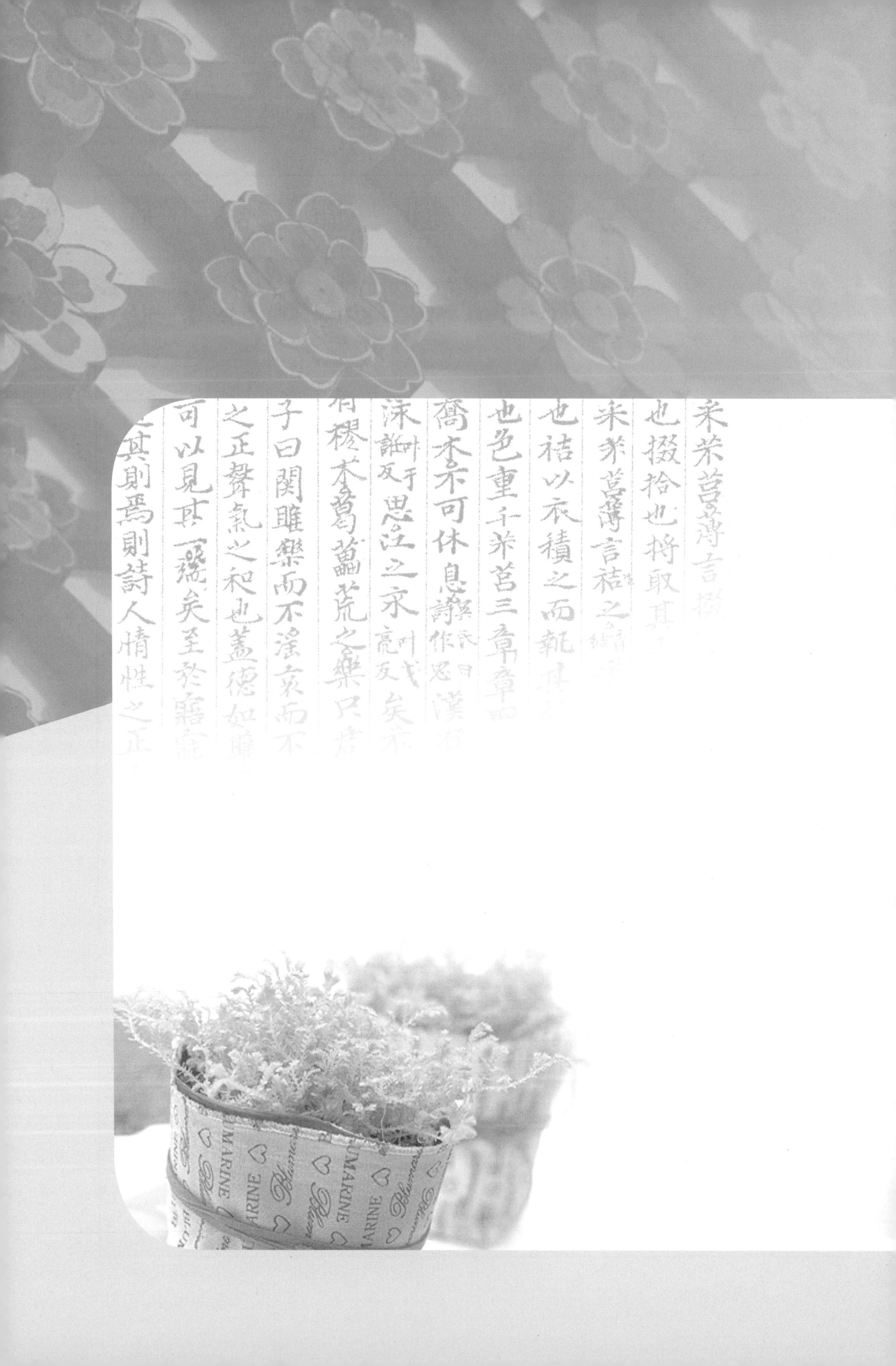

4급II 한자읽기

01 "국민 여러분, 미국인들은 健康을 위해서 特別한 努力을 해야 합니다."

건강 / 특별 / 노력

미국 政界의 거물들이 '건강 傳道師'로 나서 국민들에게 장수, 건강 비결을 잇달아 提示하고 있다. 빌 클린턴 전 大統領은 食事量 調節을, 콘돌리자 라이스 미 국무장관은 꾸준한 運動을 強調했다. 클린턴 전 대통령은 28일 전국주지사협의회에서 이렇게 말했다. "미국 국민들이 現在의 過食 습관을 고치지 않으면 개인적으로 어려움을 겪는 것은 물론이고 미국 經濟에도 엄청난 타격을 가져올 것입니다. 우리 후세대의 수명이 우리 世代보다 짧아질 수도 있습니다."

정계 / 전도사
제시 / 대통령 / 식사량 / 조절
운동 / 강조
현재 / 과식
경제
세대

2004년 9월 심장手術을 받은 이후 食事 습관을 크게 바꾼 것으로 알려진 클린턴 전 대통령은 "식습관을 고치면 당뇨 등을 事前에 예방, 국민 保健 費用을 年間 7000억 달러 節約할 수 있다"고 주장하고 "이는 정부재정의 16% 水準인 보건 예산을 11%로 줄일 수 있는 수준"이라고 했다.

수술 / 식사
사전 / 보건
비용 / 연간 / 절약
수준

한편, 라이스 국무장관은 지난 週末 NBC 放送과 특집 인터뷰를 통해 하루 일과중 運動을 얼마나 열심히 하는지를 公開했다. 라이스 長官은 "나는 每日 아침 45분~1시간씩 국무부 體力 단련실에서 운동을 하는 것으로 하루를 始作해, 體力을 유지한다"며 "아령을 들거나, 자전거를 타며 운동한다"고 소개했다. 국무부 애덤 어럴리 부대변인은 1~3일 새벽 5시 45분에 방송되는 이 프로그램에서 "근육미 넘치면서도 유연한" 라이스 장관을 볼 수 있을 것이라고 記者들에게 농담을 건넸다.

주말 / 방송
운동 / 공개 / 장관
매일 / 체력
시작 / 체력
기자

(조선일보, 2006년 3월 2일)

02 國內에서 수백만 명이 즐긴다는 스타크래프트는 우주 支配權을 다투는 사이버게임이다. 테란, 프로토스, 저그 중 한 종족을 택해 다른 종족을 택한 相對方과 對決한다. 싸우는 方式이 戰爭 그대로다. 한쪽에선 군수품 競爭을 하고 다른쪽 에선 전투를 하는 복합 전장에서 이기려면 탁월한 戰術·전략이 必要하다.

人氣 프로게이머 임요환은 "스타크래프트와 워게임(war game·컴퓨터 모의 訓練)은 별 차이가 없다. 정찰하고 거짓 情報를 흘리는 것까지 비슷하다"고 했다.

프로게이머로 成功하려면 손놀림·反應速度·상황 對處 能力, 3가지가 탁월해야 한다. APM 測程器로 프로게이머의 손놀림을 재면 1분에 300~600 次例가 나온다. 命令語 하나를 實行하는 데 0.1~0.2 밖에 안 걸리는 셈이다. 시각 반응 속도도 일반인보다 2~3배나 빠르다.

프로게임단 'SK텔레콤' 주훈 監督은 "훈련으로 손놀림과 반응 속도를 높인다. 상황 대처 능력을 길러주려고 손자兵法도 읽힌다"고 했다. 空軍이 4월중에 프로게이머 5명을 特技兵으로 뽑아 워게임 프로그램을 開發하는 게임테스터(tester)로 活用하겠다고 밝혔다. 여러 게임대회에도 出戰시키고 공군 自體 大會를 여는 方案도 검토하겠다고 했다. 미국산 워게임만 쓰던 공군은 재작년부터 52억원을 들여 워게임 프로그램을 만들고 있다. 디지털 전쟁 時代에 對備하려는 努力이다.

(조선일보, 2006년 3월 23일)

국내
지배권
상대방 / 대결 / 방식 / 전쟁
경쟁
전술 / 필요
인기
훈련 / 정보
성공 / 반응속도 / 대처 / 능력
측정기
차례 / 명령어 / 실행
감독
병법 / 공군
특기병 / 개발
활용 / 출전
자체 / 대회 / 방안
시대 / 대비 / 노력

03 기피 시설로 알려져 왔던 수도권 매립지가 폐기물 處理 기술 見學과 친환경 테마공원 '드림파크' 이용객들로 붐비고 있다.

13일 수도권 매립지공사에 따르면 수도권 매립지는 最近 견학이 50% 以上 急增하는 등 수도권 지역 最高의 환경 교육장으로 각광받고 있다. 견학 프로그램 參加者는 2004년 2만 명에서 지난해 3만 여명으로 늘었다. 여기에 잔디 축구장, 指壓 산책로, 분수대 등으로 구성된 체육공원 利用客과 野生식물전시회, 국화 祝祭, 얼음썰매장 운영 등 계절별 다양한 테마행사에 參加한 사람까지 포함하면 총 40만 명이 訪問한 것으로 나타났다.

방문자들은 初等학생을 비롯한 학생이 52.7%로 가장 많았고 主婦 등 일반인이 38.9%를 차지했다. 계절별로는 국화축제가 열린 10월(49.3%)에 이어 5월(19.2%)에 가장 많았던 것으로 나타났다.

수도권 매립지는 코스별 體驗교육이 可能하고 폐기물의 衛生매립에서 자원화 過程과 양묘溫室, 野生草 花園 등 환경 테마 공원까지 觀察할 수 있어 다양한 환경 체험학습이 가능하다. 특히 最近에는 중국 및 동남아 지역 환경 담당 高位 公務員들도 수도권 매립지를 見學하기 위해 연간 500명이 방문하고 있어 國際的 交流 협력도 점차 확대되고 있는 추세다.

(내일신문, 2006년 3월 13일)

처리
견학
최근
이상 / 급증 / 최고
참가자
지압 / 이용객
야생 / 축제
참가 / 방문
초등 / 주부
체험 / 가능 / 위생
과정 / 온실 / 야생초 / 화원 / 관찰
최근
고위 / 공무원 / 견학
국제적 / 교류

04 보험

보험에 加入할 때나 가입한 뒤 계약자가 보험금을 제대로 받기 위해서는 보험회사에 반드시 알려야 할 사항들이 있다. 이것을 告知 義務라 한다. 보험에서 고지 의무와 관련해 분쟁이 發生하는 일이 종종 있다. 고지 의무는 크게 보험 회사에 피보험자의 병역 사항 등을 알려주는 계약 전 알릴 의무와 가입 후에 위험한 職業으로의 移職 등을 알려주는 계약 후 알릴 의무로 區分된다.

계약 전 알릴 의무는 계약자 또는 피보험자가 계약 체결 시 보험 계약 請約書 상에 피보험자의 위험을 판단할 수 있는 現在나 過去의 건강상태, 직업 등 重要한 사항을 사실 그대로 보험회사에 알려야 할 의무를 말한다. 고지 의무를 하지 않으면 보험회사는 보험사고가 발생했을 때는 물론이고 그런 사고가 없다하더라도 계약을 解止할 수 있다.

또한 해지된 계약을 復活시키려 할 때에도 보험회사는 계약 체결 시 고지의무와 동일하게 피보험자의 건강 상태 등을 살펴 부활 請約의 승낙을 거절할 수 있다. 따라서 피보험자의 건강 상태가 보험 계약의 체결 시에 비하여 나빠진 경우에는 보험 계약이 해지되지 않도록 보험료 납입에 신경을 쓰는 것이 賢明하다고 할 수 있다.

계약 후 通知 의무는 보험가입 당시의 직업 또는 직무가 보험가입 후에 바뀌어 위험 변경 事由가 발생하면 이를 보험회사에 알려야 할 의무를 말한다. 이 계약 후 通知 의무를 하지 않을 경우, 즉 변경된 직업을 알리지 않고 변경된 직업과 관련된 事故가 발생하였다면 보험회사는 직업 변경 전후의 적용 보험료 비율에 따라 보험금을 삭감하여 支給한다. 그러나 변경된 직업 또는 직무와 관계없는 사고가 발생하였다면 물론 보험금을 삭감하지 않고 전액 지급받을 수 있다.

또 회사가 加入한 團體 보험에서 職員이 退社하고 다른 직원이 入社한 경우에도 이를 곧 보험회사에 알려야 한다. 피보험자가 바뀐 경우이므로 보험회사에 알려야만 새로 入社한 직원의 事故 시에 보험금을 받을 수 있다.

(중앙일보, 2006년 3월 20일)

가입
고지 / 의무 / 발생
직업 / 이직
구분
청약서 / 현재 / 과거
중요
해지
부활
청약
현명
통지
사유
통지
사고
지급
가입 / 단체 / 직원 / 퇴사 / 입사
입사 / 사고

05 나만의 은퇴준비를 始作해 보자.

첫째, 平生 일할 수 있는 것을 찾는 것이다.

그런데 우리 사회는 일정 연령이 되면 직장에서 물러나야 한다. 參考로 미국은 연령에 근거한 강제적인 퇴직은 연령차별이라는 理由로 정년제가 없다. 재취업이든 創業이든 지금부터 準備해야 有備無患이다. 조금씩 情報를 收集하고 관련 分野의 공부도 하면서 青寫眞을 세워보자. "이 나이에 무슨?" 하는 固定觀念만 없애면 다 할 수 있다.

둘째, 老後를 위해 財政관리를 해야 한다.

노후에는 所得이 없는 기간이다. 따라서 지금부터 準備해야 한다. 유태인의 法則에는 소득의 15%를 貯蓄해야 한다고 나와 있다. 조금씩 꾸준하게 老後를 위해서 貯蓄하면 된다. 그런데 요즘 직장인들 사이에 "10년 안에 10억 만들어 당당히 은퇴하기" 熱風이 불고 있다고 한다. 그리고 各種 재테크 비법이 판을 치고 있다. 그야말로 잔칫날 하루 잘 먹기 위해서 사흘을 굶는 격이다. 돈만 모으는 것이 은퇴 준비가 아님을 빨리 깨달아야 한다.

셋째, 健康도 준비해야 한다.

꾸준히 운동하고 自然이 주는 건강한 飮食을 섭취하자. 그리고 生成된 에너지는 꾸준히 밖으로 배출해서 몸에 쌓이지 않도록 하는 것이 건강관리의 最先이다.

넷째, 平生을 공부해야 한다.

세상은 공부할 것이 널려 있다. 우리 젊었을 때는 없었던 컴퓨터라는 것이 생기더니 이제 컴퓨터 없이는 세상과의 交流가 힘들어지고 있다. 전문성까지 갖출 수는 없지만 최소한 다룰 줄을 알아야 한다. 그것이 세상과 交流하고, 世代와 共感하는 方法이다.

(내일신문, 2006년 3월 24일)

시작
평생
참고
이유
창업 / 준비 / 유비무환 / 정보
수집 / 분야 / 청사진
고정관념
노후 / 재정
소득 / 준비
법칙 / 저축
노후 / 저축
열풍 / 각종
건강
자연 / 음식 / 생성
최선
평생
교류
교류 / 세대 / 공감 / 방법

06

동해상에 정체성 高氣壓이 位置하고 초속 2m 미만의 약한 東風이 불 때 서울 등 수도권 一帶에서 年中 가장 높은 오존오염 狀態를 보였고 오염기준을 초과한 지점도 가장 많은 것으로 調査됐다.

9일 國立환경과학원에 따르면 지난 7년 간 기상조건과 오존오염 패턴을 분석한 結果 정체성 高氣壓과 약한 東風 때 1시간 오존농도(ppb)가 최고 88.3+- 8.9를 記錄, 가장 높았고 1시간 오염농도 基準 100ppb는 장시간 노출될 경우 호흡기 질환 등 健康에 영향을 미칠 수 있는 水準을 意味한다.

東海 또는 중국의 북동지역에 고기압에 위치하거나 오호츠크해 고기압이 팽창하고 초속2m 가량의 동풍이 불 경우 1시간 오존농도는 73,1+-10.4로 나타났고, 오염기준 100ppb를 초과한 지점은 15곳에 이르러 비교적 강한 오염상태를 나타냈다.

수도권 전지역에 약한 고기압계가 位置하거나 西海에 고기압이 자리 잡고 초속 2m 未滿의 약한 西風이 불 때도 1시간 오존농도가 70.0+-6.3이고 基準 초과지점을 6곳을 넘어섰다.

科學院은 동해상에 고기압이 존재하고 약한 동풍 또는 동풍이 부는 기상 조건의 경우 서에서 동으로 자연스럽게 移動하는 氣流를 막는 狀態라서 오존 등 오염物質이 확산되지 못하기 때문에 오염이 深化되는 것이라고 說明했다.

(내일신문, 2006년 3월 9일)

고기압 / 위치
동풍 / 일대 / 연중 / 상태
조사
국립
결과 / 고기압 / 동풍
기록 / 기준
건강 / 수준 / 의미
동해
위치 / 서해
미만 / 서풍
기준
과학원
이동 / 기류 / 상태
물질 / 심화
설명

07 Head(두뇌) Heart(마음) Hand(손) Health(건강)의 첫 글자를 딴 4H 運動은 一種의 실천적 사회교육운동이다. 創意的인 思考와 科學的인 行動을 통해 청소년을 未來의 주역으로 키우고 農漁村 發展을 도모하는 것이 主目的이다.

운동 / 일종 / 창의적
사고 / 과학적 / 행동 / 미래 / 농어촌
발전 / 주목적

이 운동은 19세기 말 미국에서 始作됐다. 當時 급격한 工業化로 農村經濟가 위축되면서 將次 農村을 지킬 후계 세대마저 끊길지 모른다는 위기감이 확산됐다. 이에 敎職者와 농촌 指導者들은 조직적으로 自然과 농업에 대한 青少年들의 關心을 높이기 위해 4H 運動에 나섰다.

시작 / 당시 / 공업화 / 농촌
경제 / 장차 / 농촌
교직자 / 지도자 / 자연
청소년 / 관심 / 운동

1910년대에는 네잎 클로버 문양에 지(知) 덕(德) 노(勞) 체(體)를 표상으로 하는 4H 클럽이 조직됐다. 이 운동은 제2차 세계대전 후 敗戰國인 독일 日本 등에 美軍이 주둔하고 新生國들이 미국의 군사 및 경제 원조에 의존하게 되면서 전 世界로 확산됐다. 4H 클럽 出身 人士가 多數 포함된 미군이나 미국 고문단은 주둔국의 농촌 再建과 청소년 교육을 위해 4H운동을 보급시켰다.

패전국
일본 / 미군 / 신생국
세계 / 출신 / 인사 / 다수
재건

한국에 4H 운동이 처음 소개된 것도 미군정 때였다. 1947년 경기도 군정관이던 찰스 앤더슨 中領은 구자옥 경기도 지사와 함께 4H 운동을 경기도에 導入하기로 하고 각 시군에 농촌 청년 구락부를 結成하기 시작했다. 1952년 政府가 국책사업으로 채택함으로써 전국적으로 확산됐다. 戰爭으로 황폐해진 産業을 일으키기 위해 1953년 發足한 한미財團에 예비역 大領이 된 앤더슨 씨가 고문으로 부임(1945년)하면서 4H 운동은 날개를 달게 됐다.

중령
도입 / 결성
정부 / 전쟁
산업 / 발족 / 재단
대령

(동아일보 제 26295호)

확인학습

※ 다음 글에서 밑줄 친 單語 중 漢字로 쓰인 것은 한글로 고치고, 한글로 쓰인 것은 漢字로 고쳐 쓰시오.

01

"국민 여러분, 미국인들은 (1)健康을 위해서 (2)특별한 (3)努力을 해야 합니다."

미국 (4)政界의 거물들이 '건강 (5)傳道師'로 나서 국민들에게 장수, 건강 비결을 잇달아 (6)提示하고 있다. 빌 클린턴 전 (7)大統領은 (8)食事量 (9)조절을, 콘돌리자 라이스 미 국무장관은 꾸준한 (10)운동을 (11)강조했다. 클린턴 전 대통령은 28일 전국 주지사 협의회에서 이렇게 말했다.

"미국 국민들이 (12)현재의 (13)과식 습관을 고치지 않으면 개인적으로 어려움을 겪는 것은 물론이고 미국 (14)經濟에도 엄청난 타격을 가져올 것입니다. 우리 후세대의 수명이 우리 (15)세대보다 짧아질 수도 있습니다."

2004년 9월 심장(16)수술을 받은 이후 (17)식사 습관을 크게 바꾼 것으로 알려진 클린턴 전 대통령은 "식습관을 고치면 당뇨 등을 (18)사전에 예방, 국민 (19)保健 (20)費用을 (21)연간 7000억 달러 (22)절약할 수 있다"고 주장하고 "이는 정부재정의 16% (23)水準인 보건 예산을 11%로 줄일 수 있는 수준"이라고 했다.

한편, 라이스 국무장관은 지난 (24)週末 NBC (25)放送과 특집 인터뷰를 통해 하루 일과중 (26)운동을 얼마나 열심히 하는지를 (27)공개했다. 라이스 (28)長官은 "나는 (29)매일 아침 45분~1시간씩 국무부 (30)체력 단련실에서 운동을 하는 것으로 하루를 (31)시작해, 체력을 유지한다"며 "아령을 들거나, 자전거를 타며 운동한다"고 소개했다. 국무부 애덤 어럴리 부대변인은 1~3일 새벽 5시 45분에 방송되는 이 프로그램에서 "근육미 넘치면서도 유연한" 라이스 장관을 볼 수 있을 것이라고 (32)기자들에게 농담을 건넸다.

(1) 健康	(　　)	(2) 특별	(　　)	(3) 努力	(　　)
(4) 政界	(　　)	(5) 傳道師	(　　)	(6) 提示	(　　)
(7) 大統領	(　　)	(8) 食事量	(　　)	(9) 조절	(　　)
(10) 운동	(　　)	(11) 강조	(　　)	(12) 현재	(　　)
(13) 과식	(　　)	(14) 經濟	(　　)	(15) 세대	(　　)
(16) 수술	(　　)	(17) 식사	(　　)	(18) 사전	(　　)
(19) 保健	(　　)	(20) 費用	(　　)	(21) 연간	(　　)
(22) 절약	(　　)	(23) 水準	(　　)	(24) 週末	(　　)
(25) 放送	(　　)	(26) 운동	(　　)	(27) 공개	(　　)
(28) 長官	(　　)	(29) 매일	(　　)	(30) 체력	(　　)
(31) 시작	(　　)	(32) 기자	(　　)		

정답

(1) 건강 (2) 特別 (3) 노력 (4) 정계 (5) 전도사 (6) 제시 (7) 대통령 (8) 식사량 (9) 調節 (10) 運動
(11) 强調 (12) 現在 (13) 過食 (14) 경제 (15) 世代 (16) 手術 (17) 食事 (18) 事前 (19) 보건 (20) 비용
(21) 年間 (22) 節約 (23) 수준 (24) 주말 (25) 방송 (26) 運動 (27) 公開 (28) 장관 (29) 每日 (30) 體力
(31) 始作 (32) 記者

02

(1)국내에서 수백만 명이 즐긴다는 스타크래프트는 우주 (2)支配權을 다투는 사이버게임이다. 테란, 프로토스, 저그 중 한 종족을 택해 다른 종족을 택한 (3)상대방과 (4)대결한다. 싸우는 (5)방식이 (6)戰爭 그대로다. 한쪽에선 군수품 (7)競爭을 하고 다른 쪽에선 전투를 하는 복합 전장에서 이기려면 탁월한 (8)전술·전략이 (9)필요하다.

(10)인기 프로게이머 임요환은 "스타크래프트와 워게임(war game·컴퓨터 모의 (11)훈련은 별 차이가 없다. 정찰하고 거짓 (12)情報를 흘리는 것까지 비슷하다"고 했다.

프로게이머로 (13)성공하려면 손놀림·(14)反應(15)속도·상황(16)對處 (17)능력, 3가지가 탁월해야 한다. APM (18)測程器로 프로게이머의 손놀림을 재면 1분에 300~600 (19)次例가 나온다. (20)命令語 하나를 (21)실행하는 데 0.1~0.2초밖에 안 걸리는 셈이다. 시각반응속도도 일반인보다 2~3배나 빠르다.

프로게임단 'SK텔레콤' 주훈 (22)監督은 "훈련으로 손놀림과 반응속도를 높인다. 상황 대처 능력을 길러주려고 손자(23)병법도 읽힌다"고 했다. (24)공군이 4월중에 프로게이머 5명을 (25)特技兵으로 뽑아 워게임 프로그램을 (26)개발하는 게임테스터(tester)로 (27)활용하겠다고 밝혔다. 여러 게임대회에도 (28)출전시키고 공군 (29)자체 (30)대회를 여는 (31)方案도 검토하겠다고 했다. 미국산 워게임만 쓰던 공군은 재작년부터 52억원을 들여 워게임 프로그램을 만들고 있다. 디지털 전쟁 (32)시대에 (33)對備하려는 (34)努力이다.

(1) 국내 ( ) (2) 支配權 ( ) (3) 상대방 ( )
(4) 대결 ( ) (5) 방식 ( ) (6) 戰爭 ( )
(7) 競爭 ( ) (8) 전술 ( ) (9) 필요 ( )
(10) 인기 ( ) (11) 훈련 ( ) (12) 情報 ( )
(13) 성공 ( ) (14) 反應 ( ) (15) 속도 ( )
(16) 對處 ( ) (17) 능력 ( ) (18) 測程器 ( )
(19) 次例 ( ) (20) 命令語 ( ) (21) 실행 ( )
(22) 監督 ( ) (23) 병법 ( ) (24) 공군 ( )
(25) 特技兵 ( ) (26) 개발 ( ) (27) 활용 ( )
(28) 출전 ( ) (29) 자체 ( ) (30) 대회 ( )
(31) 方案 ( ) (32) 시대 ( ) (33) 對備 ( )
(34) 努力 ( )

정답

(1) 國內 (2) 지배권 (3) 相對方 (4) 對決 (5) 方式 (6) 전쟁 (7) 경쟁 (8) 戰術 (9) 必要 (10) 人氣
(11) 訓練 (12) 정보 (13) 成功 (14) 반응 (15) 速度 (16) 대처 (17) 能力 (18) 측정기 (19) 차례 (20) 명령어
(21) 實行 (22) 감독 (23) 兵法 (24) 空軍 (25) 특기병 (26) 開發 (27) 活用 (28) 出戰 (29) 自體 (30) 大會
(31) 방안 (32) 時代 (33) 대비 (34) 노력

03

기피시설로 알려져 왔던 수도권 매립지가 폐기물 (1)처리기술 (2)견학과 친환경 테마공원 '드림파크' 이용객들로 붐비고 있다.

13일 수도권 매립지 공사에 따르면 수도권 매립지는 (3)最近 견학이 50% (4)이상 (5)急增하는 등 수도권 지역 (6)最高의 환경 교육장으로 각광받고 있다. 견학 프로그램 (7)參加者는 2004년 2만 명에서 지난해 3만 여명으로 늘었다. 여기에 잔디 축구장, (8)指壓 산책로, 분수대 등으로 구성된 체육공원 (9)이용객과 (10)야생식물전시회, 국화 (11)祝祭, 얼음썰매장 운영 등 계절별 다양한 테마행사에 (12)參加한 사람까지 포함하면 총 40만 명이 (13)訪問한 것으로 나타났다.

방문자들은 (14)初等학생을 비롯한 학생이 52.7%로 가장 많았고 (15)主婦 등 일반인이 38.9%를 차지했다. 계절별로는 국화축제가 열린 10월(49.3%)에 이어 5월(19.2%)에 가장 많았던 것으로 나타났다.

수도권 매립지는 코스별 (16)體驗교육이 (17)可能하고 폐기물의 (18)衛生매립에서 자원화 (19)過程과 양묘(20)온실, (21)야생초 (22)화원 등 환경 테마 공원까지 (23)觀察할 수 있어 다양한 환경 체험학습이 가능하다. 특히 (24)最近에는 중국 및 동남아 지역 환경 담당 (25)高位 (26)公務員들도 수도권 매립지를 견학하기 위해 연간 500명이 방문하고 있어 (27)國際的 (28)교류 협력도 점차 확대되고 있는 추세다.

(1) 처리 ( )	(2) 견학 ( )	(3) 最近 ( )
(4) 이상 ( )	(5) 急增 ( )	(6) 最高 ( )
(7) 參加者 ( )	(8) 指壓 ( )	(9) 이용객 ( )
(10) 야생 ( )	(11) 祝祭 ( )	(12) 參加 ( )
(13) 訪問 ( )	(14) 初等 ( )	(15) 主婦 ( )
(16) 體驗 ( )	(17) 可能 ( )	(18) 衛生 ( )
(19) 過程 ( )	(20) 온실 ( )	(21) 야생초 ( )
(22) 화원 ( )	(23) 觀察 ( )	(24) 最近 ( )
(25) 高位 ( )	(26) 公務員 ( )	(27) 國際的 ( )
(28) 교류 ( )		

정답

(1) 處理 (2) 見學 (3) 최근 (4) 以上 (5) 급증 (6) 최고 (7) 참가자 (8) 지압 (9) 利用客 (10) 野生
(11) 축제 (12) 참가 (13) 방문 (14) 초등 (15) 주부 (16) 체험 (17) 가능 (18) 위생 (19) 과정 (20) 溫室
(21) 野生草 (22) 花園 (23) 관찰 (24) 최근 (25) 고위 (26) 공무원 (27) 국제적 (28) 交流

04

보험에 (1)加入할 때나 가입한 뒤 계약자가 보험금을 제대로 받기 위해서는 보험회사에 반드시 알려야 할 사항들이 있다. 이것을 (2)고지 (3)義務라 한다. 보험에서 고지 의무와 관련해 분쟁이 (4)발생하는 일이 종종 있다. 고지 의무는 크게 보험 회사에 피보험자의 병역 사항 등을 알려주는 계약 전 알릴 의무와 가입 후에 위험한 (5)職業으로의 (6)移職 등을 알려주는 계약 후 알릴 의무로 (7)구분된다.

계약 전 알릴 의무는 계약자 또는 피보험자가 계약 체결 시 보험 계약 (8)請約書상에 피보험자의 위험을 판단할 수 있는 (9)현재나 (10)過去의 건강상태, 직업 등 (11)중요한 사항을 사실 그대로 보험회사에 알려야 할 의무를 말한다. 고지 의무를 하지 않으면 보험회사는 보험사고가 발생했을 때는 물론이고 그런 사고가 없다하더라도 계약을 (12)解止할 수 있다.

또한 해지된 계약을 (13)復活시키려 할 때에도 보험회사는 계약 체결 시 고지의무와 동일하게 피보험자의 건강 상태 등을 살펴 부활 (14)請約의 승낙을 거절할 수 있다. 따라서 피보험자의 건강 상태가 보험 계약의 체결 시에 비하여 나빠진 경우에는 보험 계약이 해지되지 않도록 보험료 납입에 신경을 쓰는 것이 (15)賢明하다고 할 수 있다.

계약 후 (16)통지의무는 보험가입 당시의 직업 또는 직무가 보험가입 후에 바뀌어 위험 변경 (17)사유가 발생하면 이를 보험회사에 알려야 할 의무를 말한다.

이 계약 후 통지의무를 하지 않을 경우, 즉 변경된 직업을 알리지 않고 변경된 직업과 관련된 (18)事故가 발생하였다면 보험회사는 직업 변경 전후의 적용 보험료 비율에 따라 보험금을 삭감하여 (19)支給한다. 그러나 변경된 직업 또는 직무와 관계없는 사고가 발생하였다면 물론 보험금을 삭감하지 않고 전액 지급받을 수 있다.

또 회사가 가입한 (20)단체보험에서 (21)職員이 (22)退社하고 다른 직원이 (23)입사한 경우에도 이를 곧 보험회사에 알려야 한다. 피보험자가 바뀐 경우이므로 보험회사에 알려야만 새로 입사한 직원의 사고 시에 보험금을 받을 수 있다.

(1) 加入	(　　)	(2) 고지	(　　)	(3) 義務	(　　)
(4) 발생	(　　)	(5) 職業	(　　)	(6) 移職	(　　)
(7) 구분	(　　)	(8) 請約書	(　　)	(9) 현재	(　　)
(10) 過去	(　　)	(11) 중요	(　　)	(12) 解止	(　　)
(13) 復活	(　　)	(14) 請約	(　　)	(15) 賢明	(　　)
(16) 통지	(　　)	(17) 사유	(　　)	(18) 事故	(　　)
(19) 支給	(　　)	(20) 단체	(　　)	(21) 職員	(　　)
(22) 退社	(　　)	(23) 입사	(　　)		

정답

(1) 가입 (2) 告知 (3) 의무 (4) 發生 (5) 직업 (6) 이직 (7) 區分 (8) 청약서 (9) 現在 (10) 과거
(11) 重要 (12) 해지 (13) 부활 (14) 청약 (15) 현명 (16) 通知 (17) 事由 (18) 사고 (19) 지급 (20) 團體
(21) 직원 (22) 퇴사 (23) 入社

05

나만의 은퇴준비를 (1)시작해 보자.

첫째, (2)평생 일할 수 있는 것을 찾는 것이다.

그런데 우리 사회는 일정 연령이 되면 직장에서 물러나야 한다. (3)參考로 미국은 연령에 근거한 강제적인 퇴직은 연령차별이라는 (4)이유로 정년제가 없다. 재취업이든 (5)創業이든 지금부터 (6)準備해야 (7)有備無患이다. 조금씩 (8)情報를 (9)收集하고 관련 (10)분야의 공부도 하면서 (11)青寫眞을 세워보자. "이 나이에 무슨?" 하는 그런 (12)固定觀念만 없애면 다 할 수 있다.

둘째, (13)노후를 위해 (14)재정관리를 해야 한다.

노후에는 (15)所得이 없는 기간이다. 따라서 지금부터 준비해야 한다. 유태인의 (16)法則에는 소득의 15%를 (17)貯蓄해야 한다고 나와 있다. 조금씩 꾸준하게 노후를 위해서 저축하면 된다. 그런데 요즘 직장인들 사이에 "10년 안에 10억 만들어 당당히 은퇴하기" (18)熱風이 불고 있다고 한다. 그리고 (19)각종 재테크 비법이 판을 치고 있다. 그야말로 잔칫날 하루 잘 먹기 위해서 사흘을 굶는 격이다. 돈만 모으는 것이 은퇴 준비가 아님을 빨리 깨달아야 한다.

셋째, (20)健康도 준비해야 한다.

꾸준히 운동하고 (21)자연이 주는 건강한 (22)음식을 섭취하자. 그리고 (23)생성된 에너지는 꾸준히 밖으로 배출해서 몸에 쌓이지 않도록 하는 것이 건강관리의 (24)最先이다.

넷째, 평생을 공부해야 한다.

세상은 공부할 것이 널려 있다. 우리 젊었을 때는 없었던 컴퓨터라는 것이 생기더니 이제 컴퓨터 없이는 세상과의 (25)교류가 힘들어지고 있다. 전문성까지 갖출 수는 없지만 최소한 다룰 줄을 알아야 한다. 그것이 세상과 교류하고, (26)세대와 (27)공감하는 (28)방법이다.

(1) 시작	(　　)	(2) 평생	(　　)	(3) 參考	(　　)
(4) 이유	(　　)	(5) 創業	(　　)	(6) 準備	(　　)
(7) 有備無患	(　　)	(8) 情報	(　　)	(9) 收集	(　　)
(10) 분야	(　　)	(11) 青寫眞	(　　)	(12) 固定觀念	(　　)
(13) 노후	(　　)	(14) 재정	(　　)	(15) 所得	(　　)
(16) 法則	(　　)	(17) 貯蓄	(　　)	(18) 熱風	(　　)
(19) 각종	(　　)	(20) 健康	(　　)	(21) 자연	(　　)
(22) 음식	(　　)	(23) 생성	(　　)	(24) 最先	(　　)
(25) 교류	(　　)	(26) 세대	(　　)	(27) 공감	(　　)
(28) 방법	(　　)				

정답

(1) 始作 (2) 平生 (3) 참고 (4) 理由 (5) 창업 (6) 준비 (7) 유비무환 (8) 정보 (9) 수집 (10) 分野 (11) 청사진 (12) 고정관념 (13) 老後 (14) 財政 (15) 소득 (16) 법칙 (17) 저축 (18) 열풍 (19) 各種 (20) 건강 (21) 自然 (22) 飮食 (23) 生成 (24) 최선 (25) 交流 (26) 世代 (27) 共感 (28) 方法

06

동해상에 정체성 (1)高氣壓이 (2)位置하고 초속 2m 미만의 약한 (3)동풍이 불 때 서울 등 수도권 (4)一帶에서 (5)연중 가장 높은 오존오염 (6)狀態를 보였고 오염기준을 초과한 지점도 가장 많은 것으로 (7)調查됐다.

9일 (8)국립환경과학원에 따르면 지난 7년 간 기상조건과 오존오염 패턴을 분석한 (9)결과 정체성 고기압과 약한 동풍 때 1시간 오존농도(ppb)가 최고 88.3+- 8.9를 (10)記錄, 가장 높았고 1시간 오염농도 (11)基準 100ppb는 장시간 노출될 경우 호흡기 질환 등 (12)健康에 영향을 미칠 수 있는 (13)수준을 (14)意味한다.

(15)동해 또는 중국의 북동지역에 고기압에 위치하거나 오호츠크해 고기압이 팽창하고 초속 2m 가량의 동풍이 불 경우 1시간 오존농도는 73,1+-10.4로 나타났고, 오염기준 100ppb를 초과한 지점은 15곳에 이르러 비교적 강한 오염상태를 나타냈다.

수도권 전지역에 약한 고기압계가 위치하거나 (16)서해에 고기압이 자리 잡고 초속 2m (17)未滿의 약한 (18)서풍이 불 때도 1시간 오존농도가 70.0+-6.3이고 기준 초과지점을 6곳을 넘어섰다.

(19)科學院은 동해상에 고기압이 존재하고 약한 동풍 또는 동풍이 부는 기상 조건의 경우 서에서 동으로 자연스럽게 (20)移動하는 (21)기류를 막는 상태라서 오존 등 오염(22)물질이 확산되지 못하기 때문에 오염이 (23)深化되는 것이라고 (24)설명했다.

(1) 高氣壓 ( )	(2) 位置 ( )	(3) 동풍 ( )
(4) 一帶 ( )	(5) 연중 ( )	(6) 狀態 ( )
(7) 調查 ( )	(8) 국립 ( )	(9) 결과 ( )
(10) 記錄 ( )	(11) 基準 ( )	(12) 健康 ( )
(13) 수준 ( )	(14) 意味 ( )	(15) 동해 ( )
(16) 서해 ( )	(17) 未滿 ( )	(18) 서풍 ( )
(19) 科學院 ( )	(20) 移動 ( )	(21) 기류 ( )
(22) 물질 ( )	(23) 深化 ( )	(24) 설명 ( )

정답

(1) 고기압 (2) 위치 (3) 東風 (4) 일대 (5) 年中 (6) 상태 (7) 조사 (8) 國立 (9) 結果 (10) 기록
(11) 기준 (12) 건강 (13) 水準 (14) 의미 (15) 東海 (16) 西海 (17) 미만 (18) 西風 (19) 과학원 (20) 이동
(21) 氣流 (22) 物質 (23) 심화 (24) 說明

07

Head(두뇌) Heart(마음) Hand(손) Health(건강)의 첫 글자를 딴 4H (1)운동은 (2)일종의 실천적 사회교육운동이다. (3)創意的인 (4)思考와 (5)과학적인 (6)행동을 통해 청소년을 미래의 주역으로 키우고 (7)農漁村 (8)발전을 도모하는 것이 (9)주목적이다.

이 운동은 19세기 말 미국에서 (10)시작됐다. (11)당시 급격한 (12)공업화로 농촌 (13)經濟가 위축되면서 (14)將次 농촌을 지킬 후계 세대마저 끊길지 모른다는 위기감이 확산됐다. 이에 (15)教職者와 농촌 (16)指導者들은 조직적으로 (17)자연과 농업에 대한 (18)青少年들의 (19)관심을 높이기 위해 4H 운동에 나섰다.

1910년대에는 네잎 클로버 문양에 지(知) 덕(德) 노(勞) 체(體)를 표상으로 하는 4H 클럽이 조직됐다. 이 운동은 제2차 세계대전 후 (20)敗戰國인 독일 (21)일본 등에 (22)미군이 주둔하고 (23)신생국들이 미국의 군사 및 경제 원조에 의존하게 되면서 전(24)세계로 확산됐다. 4H 클럽 (25)출신 (26)인사가 (27)다수 포함된 미군이나 미국 고문단은 주둔국의 농촌 (28)再建과 청소년 교육을 위해 4H운동을 보급시켰다.

한국에 4H 운동이 처음 소개된 것도 미군정 때였다. 1947년 경기도 군정관이던 찰스 앤더슨 (29)中領은 구자옥 경기도지사와 함께 4H 운동을 경기도에 (30)導入하기로 하고 각 시군에 농촌 청년 구락부를 (31)결성하기 시작했다.

1952년 정부가 국책사업으로 채택함으로써 전국적으로 확산됐다. (32)戰爭으로 황폐해진 (33)산업을 일으키기 위해 1953년 (34)발족한 한미(35)재단에 예비역 (36)大領이 된 앤더슨 씨가 고문으로 부임(1945년)하면서 4H 운동은 날개를 달게 됐다.

(1) 운동 ( )	(2) 일종 ( )	(3) 創意的 ( )
(4) 思考 ( )	(5) 과학적 ( )	(6) 행동 ( )
(7) 農漁村 ( )	(8) 발전 ( )	(9) 주목적 ( )
(10) 시작 ( )	(11) 당시 ( )	(12) 공업화 ( )
(13) 經濟 ( )	(14) 將次 ( )	(15) 教職者 ( )
(16) 指導者 ( )	(17) 자연 ( )	(18) 청소년 ( )
(19) 관심 ( )	(20) 敗戰國 ( )	(21) 일본 ( )
(22) 미군 ( )	(23) 신생국 ( )	(24) 세계 ( )
(25) 출신 ( )	(26) 인사 ( )	(27) 다수 ( )
(28) 再建 ( )	(29) 中領 ( )	(30) 導入 ( )
(31) 결성 ( )	(32) 戰爭 ( )	(33) 산업 ( )
(34) 발족 ( )	(35) 재단 ( )	(36) 大領 ( )

정답

(1) 運動 (2) 一種 (3) 창의적 (4) 사고 (5) 科學的 (6) 行動 (7) 농어촌 (8) 發展 (9) 主目的 (10) 始作
(11) 當時 (12) 工業化 (13) 경제 (14) 장차 (15) 교직자 (16) 지도자 (17) 自然 (18) 青少年 (19) 關心 (20) 패전국
(21) 日本 (22) 美軍 (23) 新生國 (24) 世界 (25) 出身 (26) 人士 (27) 多數 (28) 재건 (29) 중령 (30) 도입
(31) 結成 (32) 전쟁 (33) 産業 (34) 發足 (35) 財團 (36) 대령

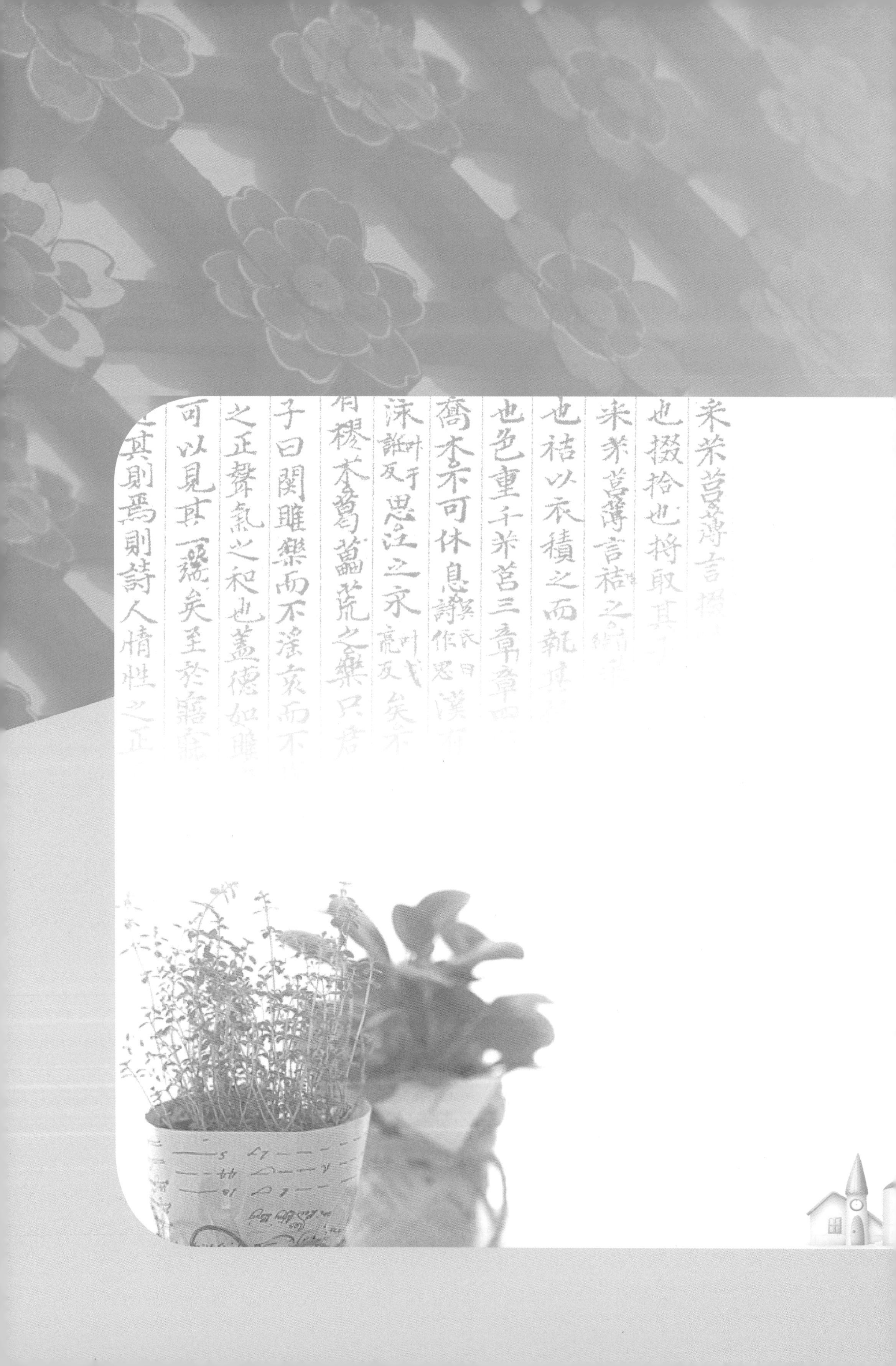

4급II 부록

한자의 3요소

한자는 우리말과 달리 글자마다 고유한 모양[形]과 소리[音]와 뜻[義]을 가지고 있는데, 이를 '한자의 3요소'라고 한다. 따라서, 한자를 익힐 때는 3요소를 함께 익혀야 한다.

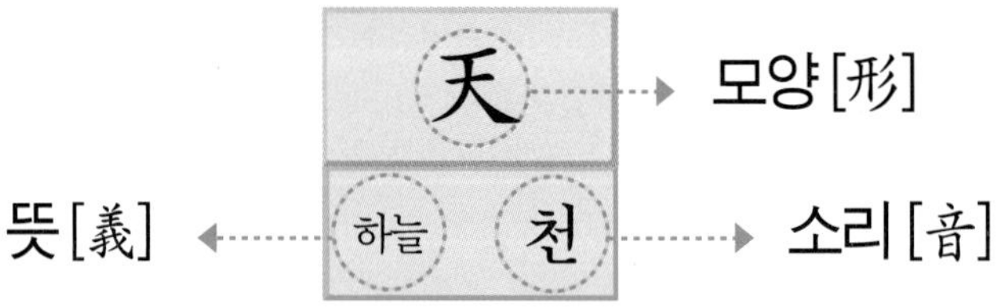

육서(六書)

육서란 한자가 어떻게 만들어졌고 어떤 짜임새를 갖고 있는가에 대한 이론이다. 즉 한자가 만들어진 여섯 가지 원리를 말한다.

① 상형문자(象形文字) : 사물의 모양을 있는 그대로 본떠 만든 글자이다.

木 (나무 목) 가지가 있는 '나무' 모양을 본뜬 한자

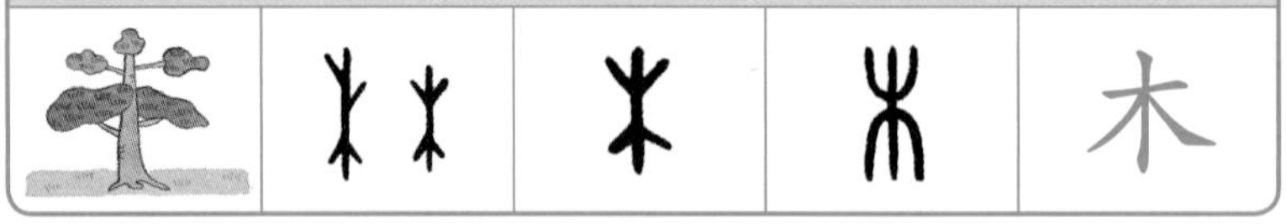

水 (물 수) '물'이 흐르는 모양을 본뜬 한자

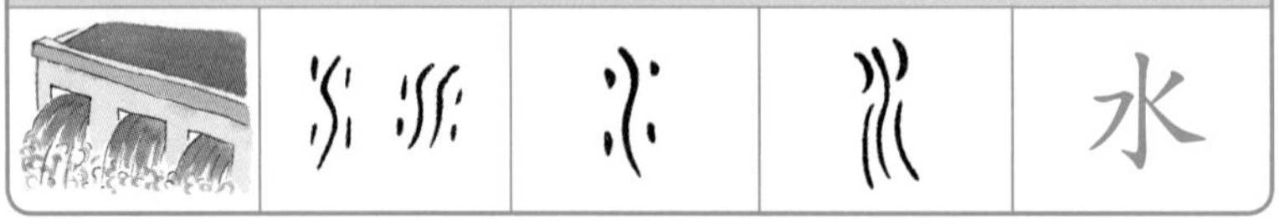

② 지사문자(指事文字) : 무형(無形)의 추상적인 개념을 상징적인 부호로 표시하여 일종의 약속으로 사용하는 글자이다.

二 (두 이) 선 두 개를 옆으로 그어 '둘'을 나타낸 한자

下 (아래 하) 기준선 아래에 점을 찍어 '아래'를 표현한 한자

3 회의문자(會意文字) : 두 개 이상의 상형문자나 지사문자가 합쳐져, 완전히 새로운 의미를 만들어 내는 글자이다.

好 (좋아할 호)	여인[女]이 아이[子]를 안고 좋아하는 모습에서 '좋다'를 뜻함.			
女 계집 녀	+	子 아들 자	=	好 좋아할 호

男 (사내 남)	밭[田]에서 힘[力]을 쓰며 열심히 일하는 사람에서 '사내'를 뜻함.			
田 밭 전	+	力 힘 력	=	男 사내 남

4 형성문자(形聲文字) : 뜻을 나타내는 부분과 음을 나타내는 부분이 합쳐져 만들어진 글자이다.

淸 (맑을 청)	물이 맑다는 데서 물[氵]의 뜻과 청(靑)의 음이 합쳐진 한자			
氵 물 수	+	靑 푸를 청	=	淸 맑을 청

聞 (들을 문)	뜻을 나타내는 귀[耳]와 문(門)의 음이 합쳐진 한자			
耳 귀 이	+	門 문 문	=	聞 들을 문

5 전주문자(轉注文字) : 본래의 의미가 확대되어 완전히 새로운 뜻과 음으로 만들어진 글자이다.

한자	본래의 의미		새로운 의미	
	뜻	음	뜻	음
樂	풍류	악	즐거울 / 좋아할	락 / 요
更	고칠	경	다시	갱
惡	악할	악	미워할	오

6 가차문자(假借文字) : 뜻을 나타내는 한자가 없을 때, 뜻과 관계없이 비슷한 음이나 모양을 가진 글자를 빌려 쓰는 글자이다.

Asia	➡	亞細亞(아세아)	비슷한 음역을 빌려 쓴 한자
Dollar($)	➡	弗(불)	달러 화폐 모양과 비슷해서 빌려 쓴 한자
India	➡	印度(인도)	비슷한 음역을 빌려 쓴 한자

한자어의 짜임

1 주술관계(主述關係) 주어와 서술어로 이루어진 짜임

□ ‖ □

月 ‖ 明 (월명 : 달이 밝다.)
春 ‖ 來 (춘래 : 봄이 오다.)

2 술목관계(述目關係) 서술어와 목적어로 이루어진 짜임

□ | □

立 | 志 (입지 : 뜻을 세우다.)
植 | 木 (식목 : 나무를 심다.)

3 술보관계(述補關係) 서술어와 보어로 이루어진 짜임

□ / □

入 / 學 (입학 : 학교에 들어가다.)
有 / 益 (유익 : 이익이 있다.)

4 수식관계(修飾關係) 앞의 한자가 뒤의 한자를 꾸며 주는 짜임

□ → □

忠 → 臣 (충신 : 충성스런 신하)　青 → 山 (청산 : 푸른 산)

5 병렬관계(竝列關係) 같은 성분의 한자끼리 연이어 결합한 짜임

□ = □

(1) 유사관계 : 서로 뜻이 같거나 비슷한 글자끼리 이루어진 한자어

土 = 地 (토지 : 땅)　家 = 屋 (가옥 : 집)

□ ↔ □

(2) 대립관계 : 서로 의미가 반대되는 한자로 이루어진 한자어

上 ↔ 下 (상하 : 위아래)　內 ↔ 外 (내외 : 안과 밖)

□ — □

(3) 대등관계 : 서로 의미가 대등한 한자로 이루어진 한자어

草 — 木 (초목 : 풀과 나무)　日 — 月 (일월 : 해와 달)

한자의 필순

한자는 점과 획이 다양하게 교차하여 하나의 글자가 만들어져 쓰기가 까다롭다. 그래서 한자를 쓰는 기본적인 순서를 익히면 한자의 구조를 이해할 수 있어 좀더 쉽게 한자를 쓸 수 있다.

1 위에서 아래로 쓴다.

三 ➡ 一 二 三

2 왼쪽에서 오른쪽으로 쓴다.

川 ➡ 丿 川 川

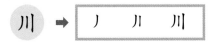

3 가로획을 먼저 쓰고, 세로획은 나중에 쓴다.

木 ➡ 一 十 才 木

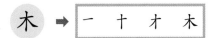

4 좌우가 대칭일 때는 가운데를 먼저 쓴다.

山 ➡ 丨 山 山

※ 예외 : 火 丶 丷 火 火

5 꿰뚫는 획은 나중에 쓴다.

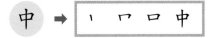

(1) 세로로 뚫는 경우

中 ➡ 丨 口 口 中

(2) 가로로 뚫는 경우

女 ➡ 乚 女 女

※ 예외 : 世 一 十 卄 廿 世

6 꿰뚫는 획이 밑이 막히면 먼저 쓴다.

土 ➡ 一 十 土

7 삐침(丿)은 파임(㇏)보다 먼저 쓴다.

父 ➡ 丿 八 グ 父

8 몸과 안으로 이루어진 글자는 몸을 먼저 쓴다.

同 ➡ 丨 冂 冂 同 同 同

※ 예외 : 臣 一 丅 五 五 五 臣

9 오른쪽 위에 있는 점은 나중에 찍는다.

代 ➡ 丿 亻 仁 代 代

10 받침 중에서 走(辶)과 廴은 나중에 쓰고 나머지는 먼저 쓴다.

近 ➡ 丿 厂 斤 斤 䜣 䜣 䜣 近

起 ➡ 土 丰 走 起 起 起

부수의 위치와 명칭

▶ **머리·두(頭·冠)**: 부수가 글자 윗부분에 위치한다.

亠	돼지해머리	亡(망할 망)	交(사귈 교)	京(서울 경)
宀	갓머리(집 면)	守(지킬 수)	室(집 실)	官(벼슬 관)
艹	초두머리(풀 초)	花(꽃 화)	苦(쓸 고)	英(꽃부리 영)
竹	대나무 죽	第(차례 제)	筆(붓 필)	答(대답할 답)
冖	민갓머리	冠(갓 관)	冥(어두울 명)	冤(원통할 원)
癶	필발머리	登(오를 등)	發(필 발)	癸(열째천간 계)

▶ **변(邊)**: 부수가 글자 왼쪽 부분에 위치한다.

亻	사람인변	仁(어질 인)	代(대신할 대)	件(물건 건)
彳	두인변(자축거릴 척, 걸을 척)	往(갈 왕)	役(부릴 역)	後(뒤 후)
忄	심방변(마음 심)	忙(바쁠 망)	性(성품 성)	快(쾌할 쾌)
禾	벼 화	科(과목 과)	秋(가을 추)	私(사사로울 사)
冫	이수변(얼음 빙)	冷(찰 랭)	凍(얼 동)	涼(서늘할 량)
扌	재방변(손 수)	技(재주 기)	打(칠 타)	推(밀 추)
犭	개사슴록(개 견)	狐(여우 호)	獨(홀로 독)	猛(사나울 맹)
氵	삼수변(물 수)	江(강 강)	法(법 법)	決(결정할 결)

▶ **방(傍)**: 부수가 글자 오른쪽 부분에 위치한다.

刂	선칼도방(칼 도)	利(이로울 리)	刊(새길 간)	初(처음 초)
阝	우부방(고을 읍)	都(도읍 도)	邦(나라 방)	郡(고을 군)
卩	병부절	卯(토끼 묘)	印(도장 인)	卵(알 란)
欠	하품 흠	次(버금 차)	歌(노래 가)	欺(속일 기)

▶ **발·다리(脚)**: 부수가 글자 아랫부분에 위치한다.

儿	어진사람 인	光(빛 광)	元(으뜸 원)	兄(형 형)
廾	스무입발(받들 공)	弁(고깔 변)	弄(희롱할 롱)	弊(폐단 폐)
灬	연화발(불 화)	無(없을 무)	烏(까마귀 오)	熱(더울 열)
皿	그릇 명	益(유익할 익)	盛(성할 성)	盡(다할 진)

▶ **엄(广)** : 부수가 글자의 위와 왼쪽 부분에 위치한다.

厂	민엄호(굴바위 엄)	原(근원 원)	厄(재앙 액)	厚(두터울 후)
尸	주검 시	尺(자 척)	局(판 국)	屋(집 옥)
广	엄호(집 엄)	府(마을 부)	序(차례 서)	度(법도 도)
疒	병질엄(병들어기댈 녁)	痛(아플 통)	病(병 병)	疲(피곤할 피)

▶ **받침(繞)** : 부수가 글자의 왼쪽과 아랫부분에 위치한다.

廴	민책받침(길게걸을 인)	建(세울 건)	延(늘일 연)	廷(조정 정)
辶	책받침(쉬엄쉬엄갈 착)	近(가까울 근)	逆(거스를 역)	連(이을 련)
走	달아날 주	赴(다다를 부)	起(일어날 기)	超(뛰어넘을 초)

▶ **몸(構)** : 부수가 글자 둘레를 에워싸고 있는 부분에 위치한다.

口	큰입구몸(에운 담)	四(넉 사)	囚(가둘 수)	國(나라 국)
匚	감출 혜	匹(짝 필)	區(지경 구)	匿(숨길 닉)
凵	위튼입구몸(그릇/입벌릴 감)	凶(흉할 흉)	出(날 출)	凹(오목할 요)
門	문 문	開(열 개)	間(사이 간)	閉(닫을 폐)
行	다닐 행	術(재주 술)	街(거리 가)	衛(막을 위)

▶ **제부수** : 부수가 한 글자 전체를 구성한다.

木	나무 목	金	쇠 금	火	불 화
水	물 수	女	계집 녀	山	메 산

기본 부수와 변형된 부수

기본자		변형자	기본자		변형자
人(사람 인)	➡	亻(仁)	犬(개 견)	➡	犭(狗)
刀(칼 도)	➡	刂(別)	玉(구슬 옥)	➡	王(珠)
川(내 천)	➡	巛(巠)	示(보일 시)	➡	礻(礼)
心(마음 심)	➡	忄·㣺(性·慕)	老(늙을 로)	➡	耂(考)
手(손 수)	➡	扌(打)	肉(고기 육)	➡	月(肝)
攴(칠 복)	➡	攵(改)	艸(풀 초)	➡	艹(花)
水(물 수)	➡	氵·氺(江·泰)	衣(옷 의)	➡	衤(被)
火(불 화)	➡	灬(烈)	辵(쉬엄쉬엄갈 착)	➡	辶(近)
爪(손톱 조)	➡	爫(爭)	邑(고을 읍)	➡	阝(우부방)(郡)
歹(뼈앙상할 알)	➡	歹(死)	阜(언덕 부)	➡	阝(좌부방)(防)

고사성어

1. **家家戶戶** 가가호호
집집마다.

2. **家內工業** 가내공업
집 안에서 단순한 기술과 도구로써 작은 규모로 생산하는 수공업.

3. **家庭教育** 가정교육
가정의 일상생활 가운데 집안 어른들이 자녀들에게 주는 영향이나 가르침.

4. **各人各色** 각인각색
사람마다 각기 다름.

5. **各自圖生** 각자도생
제각기 살아 나갈 방법을 꾀함.

6. **角者無齒** 각자무치
뿔이 있는 것은 이가 없다는 뜻으로 한사람이 모든 재주나 복을 겸 할 수 없음을 이르는 말.

7. **江湖煙波** 강호연파
강이나 호수 위에 뽀얗게 이는 잔물결. 자연 풍경.

8. **去者必反** 거자필반
떠난 자는 반드시 돌아옴

9. **格物致知** 격물치지
사물을 연구하여 그 이치를 잘 알게 됨.

10. **見利思義** 견리사의
이익을 보면 옳은지를 생각한다는 말.

11. **見物生心** 견물생심
물건을 보면 욕심이 생긴다는 뜻.

12. **決死反對** 결사반대
죽기를 각오하고 있는 힘을 다하여 반대함.

13. **結草報恩** 결초보은
풀을 엮어 은혜를 갚는다는 뜻으로, 죽어서까지도 은혜를 잊지 않고 갚는다는 뜻.

14. **敬老孝親** 경로효친
어른을 공경하고 부모에게 효도함.

15. **經國濟世** 경국제세
나라 일을 경륜하고 세상을 구제함.
경제(經濟)의 본말

16. **敬天愛人** 경천애인
하늘을 공경하고 사람을 사랑함.

17. **高等動物** 고등동물
복잡한 체제를 갖춘 동물.

18. **高速道路** 고속도로
차의 빠른 통행을 위하여 만든 차전용의 도로.

19. **公明正大** 공명정대
하는 일이나 행동이 사사로움이 없이 떳떳하고 바름.

20. **過失相規** 과실상규
나쁜 행실을 하지 못하도록 서로 규제함.

21. **交通信號** 교통신호
교차로나 횡단보도, 건널목 따위에서 사람이나 차량이 질서 있게 길 을 가도록 기호나 등화(燈火)로 신호를 나타냄.

22. **教學相長** 교학상장
가르쳐 주거나 배우면서 학업을 증진시킴.

23. **九死一生** 구사일생
여러 차례 죽을 고비를 넘기고 겨우 살아남.

24. **九十春光** 구십춘광
봄 석 달 90일 동안. 노인의 마음이 청년같이 젊음을 이름.

25. **九牛一毛** 구우일모
아홉 마리 소 가운데 하나의 털로, 썩 많은 가운데 극히 적은 것.

26. **國民年金** 국민연금
일정 기간 또는 죽을 때까지 해마다 지급되는 일정액의 돈

27. **權不十年** 권불십년
아무리 높은 권세도 10년을 지속하기 어려움.

28. **今始初聞** 금시초문
바로 지금 처음으로 들음.

29. **起死回生** 기사회생
죽음에 처했다가 겨우 살아남. 중병의 환자를 살린다는 뜻으로 의술 이 뛰어난 것.

30 **落木寒天** 낙목한천
낙엽 진 나무와 차가운 하늘, 곧 추운 겨울철.

31 **落花流水** 낙화유수
떨어지는 꽃과 흐르는 물. 남녀간의 정.

32 **難兄難弟** 난형난제
누가 형인지 누가 아우인지 구분하기 어렵다. 사물의 우열이 없다.

33 **南男北女** 남남북녀
남쪽지방은 남자가 잘생기고 북쪽지방은 여자가 아름다움을 뜻함.

34 **男女老少** 남녀노소
남자와 여자, 늙은이와 젊은이란 뜻으로, 모든 사람을 이르는 말.

35 **男女有別** 남녀유별
남자와 여자 사이에 분별이 있어야 함을 이르는 말.

36 **怒發大發** 노발대발
아주 크게 노함. 크게 화를 냄을 뜻한다.

37 **論功行賞** 논공행상
공을 논하여 상을 내린다는 뜻.

38 **能小能大** 능소능대
작은 일에도 능하고 큰일에도 능하다는 데서 모든 일에 두루 능함을 이르는 말.

39 **多多益善** 다다익선
많으면 많을수록 더욱 좋음.

40 **多聞博識** 다문박식
견문이 넓고 학식이 많음.

41 **多才多能** 다재다능
재주와 능력이 여러 가지로 많음.

42 **多情多感** 다정다감
감수성이 예민하고 느끼는 바가 많음.

43 **代代孫孫** 대대손손
오래도록 내려오는 여러 대.

44 **大同團結** 대동단결
여러 집단이나 사람이 어떤 목적을 이루려고 크게 한 덩어리로 뭉침.

45 **大明天地** 대명천지
아주 환하게 밝은 세상.

46 **大書特筆** 대서특필
특히 드러나게 큰 글자로 적어 표시함.

47 **大義名分** 대의명분
큰 의리를 밝히고 분수를 지키어 정도에 어긋나지 않게 하는 것.

48 **大韓民國** 대한민국
우리나라의 국호(나라이름).

49 **獨不將軍** 독불장군
혼자 장군이 되지 못한다는 뜻으로, 여럿이 같이 해야 한다는 말이 변하여 자기 멋대로 일을 처리하는 사람을 말함.

50 **同苦同樂** 동고동락
괴로움도 즐거움도 함께 함.

51 **東問西答** 동문서답
동쪽을 묻는데 서쪽을 말한다는 뜻으로 엉뚱한 대답을 말함.

52 **同生共死** 동생공사
서로 같이 살고 같이 죽음.

53 **東西古今** 동서고금
동양과 서양, 옛날과 지금을 통틀어 이르는 말

54 **東西南北** 동서남북
동쪽, 서쪽, 남쪽, 북쪽이라는 뜻으로, 모든 방향을 이르는 말

55 **同姓同本** 동성동본
성(姓)과 본관이 모두 같음.

56 **同時多發** 동시다발
연이어 일이 발생함.

57 **同化作用** 동화작용
외부에서 섭취한 에너지원을 자체의 고유한 성분으로 변화시키는 일.

58 **得意滿面** 득의만면
일이 뜻대로 이루어져 기쁜 표정이 얼굴에 가득함.

59 **燈下不明** 등하불명
등잔 밑이 어둡다는 뜻으로 가까이 있는 것을 오히려 알아내기 어려움을 이르는 말.

60 燈火可親
등화가친
등불을 가까이하여 책을 읽기 좋은 계절, 곧 가을철을 이르는 말.

61 馬耳東風
마이동풍
말귀에 스치는 동쪽바람으로 남의 말이나 충고를 귀담아 듣지 않고 흘려버림을 일컫는 말.

62 萬古不變
만고불변
오랜 세월 동안 변하지 아니함

63 萬國信號
만국신호
배와 배 사이 또는 배와 육지 사이의 연락을 위하여 국제적으로 쓰는 신호.

64 萬里長天
만리장천
아득히 높고 먼 하늘.

65 名山大川
명산대천
이름난 산과 큰 내.

66 無男獨女
무남독녀
아들이 없는 집안의 외동딸.

67 無所不爲
무소불위
하지 못하는 것이 없다.

68 無爲自然
무위자연
인위를 보탬이 없는 자연 그대로의 상태를 말한다.

69 文房四友
문방사우
서재에 꼭 있어야 할 네 벗. 즉 종이, 붓, 벼루, 먹을 말함.

70 門外漢
문외한
어떤 일에 전문적인 지식이 없거나 관계가 없는 사람.

71 聞一知十
문일지십
하나를 들으면 열을 안다. 매우 총명함을 말한다.

72 門前成市
문전성시
권세가 높거나 부자가 되어, 찾아오는 손님들로 마치 시장을 이룬 것 같음을 이른 말.

73 物心一如
물심일여
마음과 형체가 구분됨이 없이 하나로 일치한 상태.

74 物我一體
물아일체
자연물과 내가 하나 된 상태, 즉 대상물에 완전히 몰입된 경지.

75 美風良俗
미풍양속
아름답고 좋은 풍속이나 기풍.

76 博而不精
박이부정
이것저것 널리 알지만 능숙하거나 세밀하지 못함.

77 博學多識
박학다식
학문이 넓고 아는 것이 많음.

78 百年大計
백년대계
백년을 내다본 큰 계획. 먼 장래를 내다보고 세운 계획.

79 百年河淸
백년하청
백년이나 황하의 물이 맑아지기를 기다림. 아무리 세월이 가도 일을 해결할 희망이 없음을 말함.

80 百萬大軍
백만대군
아주 많은 병사로 조직된 군대를 이르는 말.

81 百萬長者
백만장자
재산이 매우 많은 사람 또는 아주 큰 부자.

82 白面書生
백면서생
얼굴이 허여멀건한 글만 읽는 선비. 글만 읽어 세상일에 경험이 없거나 세상물정에 어두운 선비.

83 百發百中
백발백중
백번 쏘아 백번 모두 맞춤. 생각한 일들이 모두 꼭 들어맞음.

84 白衣民族
백의민족
예로부터 흰옷을 즐겨 입는 데서, 우리민족을 이르는 말.

85 百戰老將
백전노장
수많은 싸움을 치른 노련한 장수, 세상의 온갖 풍파를 다 겪은 사람을 비유.

86 百戰百勝
백전백승
싸울 때마다 이김.

87 百害無益
백해무익
해롭기만 하고 이로울 것이 없다.

88 別有天地 별유천지
별세계, 딴 세상.

89 奉仕活動 봉사활동
국가나 사회 또는 남을 위하여 자신을 돌보지 아니하고 힘을 바쳐 애씀.

90 富貴在天 부귀재천
부귀는 하늘에 달려 있어서 인력으로는 어찌할 수 없다는 뜻.

91 父母兄弟 부모형제
아버지·어머니·형·아우라는 뜻으로, 가족을 이르는 말.

92 夫婦有別 부부유별
남편과 아내 사이의 도리는 서로 침범하지 않음에 있음.

93 父傳子傳 부전자전
대대로 아버지가 자식에게 물려줌. 아버지와 자식이 비슷함.

94 北窓三友 북창삼우
백거이 시에 나온 말로 거문고·술·시를 일컫는 말.

95 不可思議 불가사의
사람의 생각으로 알 수 없는 일, 상식으로 알 수 없는 일.

96 不老長生 불로장생
늙지 아니하고 오래 삶.

97 不立文字 불립문자
불도의 깨달음은 마음에서 마음으로 전하는 것이므로 말이나 글에 의지하지 않는다는 말.

98 不問可知 불문가지
묻지 아니하여도 앎.

99 不問曲直 불문곡직
옳고(直) 그름(曲)을 따지지 않고 함부로 일을 처리함.

100 不要不急 불요불급
꼭 필요하거나 급하지 않음.

101 不遠千里 불원천리
천리를 멀다 여기지 아니함.

102 父子有親 부자유친
아버지와 아들 사이의 도리는 친함이 있음을 이름.

103 非一非再 비일비재
한 번 두 번이 아님.

104 氷山一角 빙산일각
아주 많은 것 중에 조그마한 부분.

105 思考方式 사고방식
어떤 문제에 대하여 생각하고 궁리하는 방법이나 태도.

106 士農工商 사농공상
선비·농부(農夫)·장인(匠人)·상인(商人)의 네 계급을 말한다.

107 四面春風 사면춘풍
사방의 봄바람으로 모나지 않게 다 좋도록 처신하는 것.

108 四方八方 사방팔방
여기 저기 모든 방향이나 방면.

109 事事件件 사사건건
해당되는 모든 일 또는 온갖 사건.

110 死生決斷 사생결단
죽음을 각오하고 대들어 끝장 냄.

111 四書三經 사서삼경
유교의 대표적 경전으로 논어(論語) 맹자(孟子) 중용(中庸) 대학(大學)의 사서(四書)와 시경(詩經) 서경(書經) 역경(易經) 또는 주역(周易)의 삼경(三經)이 있다.

112 事實無根 사실무근
근거가 없음, 또는 터무니 없음.

113 四通五達 사통오달
길이나 교통망 통신망 등이 사방으로 막힘없이 통함.

114 四通八達 사통팔달
사방팔방으로 통하여 교통이 좋음을 뜻한다.

115 事親以孝 사친이효
어버이를 섬기기를 효도로써 함을 이름.

116 四海兄弟
사해형제
온 세상 사람이 모두 형제와 같다는 뜻으로, 친밀함을 이르는 말.

117 山川草木
산천초목
산천과 초목, 즉 자연을 가리킨다.

118 山戰水戰
산전수전
산에서 싸우고 물에서도 싸운다는 뜻으로, 세상 온갖 고난을 다 겪어 경험이 많음을 이른다.

119 三三五五
삼삼오오
서너 사람 또는 대여섯 사람이 떼를 지어 다니거나 무슨 일을 함.

120 三十六計
삼십육계
서른 여섯 가지의 꾀, 많은 모계(謀計)를 이름.

121 三位一體
삼위일체
기독교에서 성부(聖父) 성자(聖子) 성신(聖神)이 한 몸이라는 것.

122 三寒四溫
삼한사온
7일을 주기로 사흘 동안 춥고 나흘 동안 따뜻함.

123 上下左右
상하좌우
위, 아래, 왼쪽, 오른쪽을 이르는 말로, 모든 방향을 이름.

124 生年月日
생년월일
태어난 해와 달과 날.

125 生老病死
생로병사
사람이 나고 늙고 병들고 죽는 네 가지 고통.

126 生面不知
생면부지
서로 한 번도 만난 적이 없어서 전혀 알지 못하는 사람.

127 生不如死
생불여사
삶이 죽음만 같지 못하다는 매우 곤경에 처해 있음을 알리는 말.

128 生死苦樂
생사고락
삶과 죽음, 괴로움과 즐거움을 통틀어 이르는 말.

129 善男善女
선남선녀
성품이 착한 남자와 여자란 뜻으로, 착하고 어진 사람들을 이르는 말.

130 善因善果
선인선과
선업을 쌓으면 반드시 좋은 과보가 따름.

131 說往說來
설왕설래
어떤 일의 시비를 따지느라 말로 옥신각신함.

132 世界平和
세계평화
전 세계가 평온하고 화목함.

133 世上萬事
세상만사
세상에서 일어나는 온갖 일.

134 歲時風俗
세시풍속
해마다 또는 일정한 때에 행해지는 풍속.

135 速戰速決
속전속결
싸움을 오래 끌지 아니하고 빨리 몰아쳐 이기고 짐을 결정함.

136 時間問題
시간문제
이미 결과가 뻔하여 조만간 저절로 해결될 문제.

137 市民社會
시민사회
신분적 구속에 지배되지 않으며, 자유롭고 평등한 개인의 이성적 결 합으로 이루어진 사회.

138 信賞必罰
신상필벌
상을 줄만한 사람에게는 꼭 상을 주고, 벌을 줄만한 사람에게는 꼭 벌을 줌. 상벌 규정을 분명히 함.

139 是是非非
시시비비
여러 가지의 잘잘못.

140 始終如一
시종여일
처음부터 끝까지 한결같아서 변함없음.

141 新聞記者
신문기자
신문에 실을 자료를 수집·취재·집필·편집하는 사람.

142 身土不二
신토불이
몸과 땅은 둘이 아니다. 자기가 태어난 땅의 농산물이 몸에 좋다는 뜻이다. 우리 농산물 보호운동 구호.

143 實事求是
실사구시
실제로 있는 일에서 진리를 구함을 뜻한다.

144 實學思想
실학사상
조선시대 임진왜란, 병자호란 뒤에 유교에 대한 반대 운동으로 실생 활에 유익됨을 목표로 연구하던 학문.

145 十年知己
십년지기
오래전부터 친히 사귀어 잘 아는 사람.

146 十中八九
십중팔구
열 가운데 여덟이나 아홉 정도로 거의 대부분이거나 거의 틀림없음.

147 我田引水
아전인수
자기 논에 물을 댄다는 뜻으로 자기에게만 이롭게 되도록 생각한 다 는 뜻이다.

148 安分知足
안분지족
편한 마음으로 제 분수를 지키며 만족한다는 뜻이다.

149 安貧樂道
안빈낙도
가난하면서도 평안하게 도를 즐기며 살아감을 말한다.

150 安心立命
안심입명
하찮은 일에 흔들리지 않는 경지.

151 眼下無人
안하무인
눈앞에 사람이 없는 듯이 말하고 행동함. 남을 업신여김.

152 愛國愛族
애국애족
나라와 민족을 아낌.

153 野生動物
야생동물
산이나 들에서 저절로 나서 자라는 동물.

154 弱肉强食
약육강식
약한 것이 강한 것에 먹힌다. '생존경쟁'의 이치를 말함.

155 良藥苦口
양약고구
좋은 약은 입에 씀을 말한다. 즉 좋은 말은 귀에 거슬림을 말함.

156 魚東肉西
어동육서
제사음식을 차릴 때, 생선은 동쪽에 고기는 서쪽에 놓는 것을 말함.

157 語不成說
어불성설
하는 말이 이치에 맞지 않음. 말이 되지 않음.

158 言文一致
언문일치
실제로 쓰는 말과 그 말을 적은 글이 일치함.

159 言語道斷
언어도단
말할 길이 막혔다. 어이없어 말이 나오지 않음.

160 言行一致
언행일치
말과 행동이 서로 같음.

161 如出一口
여출일구
여러 사람의 말이 한 결 같이 같음.

162 連戰連勝
연전연승
싸울 때마다 계속하여 이김.

163 年中行事
연중행사
해마다 일정한 시기를 정하여 놓고 하는 행사.

164 英才敎育
영재교육
천재아의 재능을 훌륭하게 발전시키기 위한 특수교육.

165 溫故知新
온고지신
옛것을 익히어 새것을 앎.

166 樂山樂水
요산요수
인자요산(仁者樂山), 지자요수(知者樂水)의 준말. 어진사람은 산을 좋 아하고지혜로운 자는 물을 좋아한다는 말. 산수의 자연을 즐김.

167 勇氣百倍
용기백배
격려나 응원 따위에 자극을 받아 힘이나 용기를 더 냄.

168 雨順風調
우순풍조
비가 오고 바람이 부는 것이 때와 분량이 알맞음.

169 右往左往
우왕좌왕
이리저리 왔다 갔다 하며 일이 나아가는 방향을 종잡지 못함.

170 牛耳讀經
우이독경
쇠귀에 경 읽기라는 말로, 어리석어 남의 말을 이해하지 못함.

171 羽化登仙
우화등선
날개 돋친 신선이 되어 하늘로 올라가는 경지에 이름.

172 月態花容
월태화용
아름다운 여인의 얼굴과 맵시를 이르는 말.

173 月下老人
월하노인
부부의 인연을 맺어 준다는 전설상의 늙은이.

174 月下氷人
월하빙인
월하노인(月下老人)과 빙상인(氷上人)의 약어로 중매쟁이를 이르는 말.

175 有口無言
유구무언
입은 있으나 할 말이 없음. 변명할 말이 없음.

176 有名無實
유명무실
이름은 있으나 실상이 없음. 이름뿐이고 실상이 없음.

177 有備無患
유비무환
미리 준비가 있으면 뒤 걱정이 없음.

178 陰德陽報
음덕양보
남모르게 덕을 쌓은 사람은 그 보답을 저절로 받게 된다는 뜻.

179 耳目口鼻
이목구비
눈·코·귀·입을 통틀어 말함. 얼굴 생김.

180 以實直告
이실직고
사실 그대로 고함.

181 以心傳心
이심전심
마음으로 마음을 전함. 말이 없어도 서로 마음이 통하여 아는 것.

182 以熱治熱
이열치열
열은 열로써 다스린다는 뜻으로, 힘에는 힘으로 상대함을 말한다.

183 二律背反
이율배반
서로 모순되어 양립할 수 없는 두 개의 명제.

184 二八青春
이팔청춘
16세 무렵의 꽃다운 청춘.

185 因果應報
인과응보
불교 용어로 전생(前生)에서의 행위로 현재(現在)행복과 불행이 있고 현재에 인하여 내세(來世)에 행복과 불행이 생김을 말한다. 원인과 결과는 서로 관계가 있다.

186 人命在天
인명재천
사람의 목숨은 하늘에 달려 있다는 말.

187 人死留名
인사유명
사람은 죽어서 이름을 남김.
虎死留皮(호사유피).

188 人事不省
인사불성
제 몸에 벌어지는 일을 모를 만큼 정신을 잃은 상태.

189 人山人海
인산인해
사람이 수없이 많이 모인 상태를 이르는 말.

190 人相着衣
인상착의
사람의 생김새와 옷차림.

191 人生無常
인생무상
인생이 덧없음.

192 人海戰術
인해전술
우수한 화기보다 다수의 병력을 투입하여 적을 압도하는 전술.

193 一擧兩得
일거양득
하나의 행동으로 두 가지의 성과를 거두는 것.
一石二鳥(일석이조)

194 一口二言
일구이언
한 입으로 두 가지 말을 함.

195 一脈相通
일맥상통
하나의 맥락으로 서로 통한다는 데서 솜씨나 성격 등이 서로 비슷함을 말함.

196 一問一答
일문일답
한 번 물음에 대하여 한 번 대답함.

197 一石二鳥
일석이조
하나의 돌로 두 마리 새를 잡듯, 한 가지 일로 두 가지 이익을 얻음. 一擧兩得(일거양득)

198 一笑一少
일소일소
한 번 웃으면 한 번 젊어짐.

199 一心同體 일심동체
여러 사람이 한 사람처럼 뜻을 합하여 굳게 결합하는 일.

200 一言半句 일언반구
한 마디의 말과 한 구의 반, 아주 짧은 말이나 글귀.

201 一葉知秋 일엽지추
하나의 낙엽이 가을이 왔음을 알게 해준다. 사소한 것을 보고도 큰 일을 미루어 짐작할 수 있다.

202 一日三省 일일삼성
하루에 세 가지 일로 자신을 되돌아보고 살핌.

203 一日三秋 일일삼추
하루가 가을 세 번, 즉 삼년 같게 느껴짐. 몹시 애태우며 기다림을 비유함.

204 一字無識 일자무식
글자를 한 자도 모를 정도로 무식함.

205 一長一短 일장일단
하나의 장점이 있으면 단점도 있다는 것을 뜻함.

206 一朝一夕 일조일석
하루 아침과 하루 저녁이란 뜻으로, 짧은 시일을 이르는 말.

207 一寸光陰 일촌광음
한 마디 정도의 시간, 즉 아주 짧은 시간.

208 一波萬波 일파만파
하나의 파도가 여러 파장을 만들 듯, 작은 사건이 큰 파장을 불러 일으킴을 의미한다.

209 自強不息 자강불식
스스로 힘쓰고 가다듬어 쉬지 않음.

210 自古以來 자고이래
예로부터 지금까지의 동안.

211 自給自足 자급자족
자기의 필요함을 스스로 생산하여 충당함을 뜻한다.

212 自問自答 자문자답
스스로 묻고 스스로 답함.

213 自生植物 자생식물
산이나 들·강이나 바다에서 저절로 나는 식물.

214 自手成家 자수성가
스스로의 힘으로 한 살림을 이룩함을 뜻한다.

215 子孫萬代 자손만대
오래도록 내려오는 여러 대.

216 自業自得 자업자득
자기가 저지른 일의 과보를 자기가 받는다.

217 自由自在 자유자재
거침없이 자기 마음대로 할 수 있음.

218 自初至終 자초지종
처음부터 끝가지의 동안이나 과정.

219 作心三日 작심삼일
마음 먹은 일이 사흘을 못 감. 결심이 굳지 못함을 비유함.

220 電光石火 전광석화
번갯불과 부싯돌이란 뜻으로, 극히 짧은 시간이나 재빠른 행동.

221 前代未聞 전대미문
이제가지 들어 보지 못한 매우 놀라운 일이나, 새로운 것을 두고 이 르는 말.

222 前無後無 전무후무
이전에도 없었고 앞으로도 없음.

223 全心全力 전심전력
온 마음과 온 힘.

224 戰爭英雄 전쟁영웅
전쟁에 뛰어나고 용맹하여 보통 사람이 하기 어려운 일을 해내는 사람.

225 全知全能 전지전능
어떠한 사물이라도 잘 알고, 모든 일을 다 행할 수 있는 신불(神佛).

226 朝變夕改 조변석개
아침저녁으로 뜯어 고침, 곧 일을 자주 뜯어고침.

227 早失父母 조실부모
어려서 일찍 부모를 여읨.

228 種豆得豆 종두득두
콩 심은데 콩 난다. 뿌린 대로 거둔다.

229 坐不安席
좌불안석
불안하여 한 자리에 오래 앉아 있지 못한다는 뜻.

230 主客一體
주객일체
주체와 객체가 하나가 됨.

231 晝夜長川
주야장천
밤낮으로 쉬지 아니하고 연달아.

232 竹馬故友
죽마고우
죽마(竹馬)를 타고 함께 놀던 친구.

233 衆口難防
중구난방
여러 사람의 입은 막기 어렵다. 여러 사람의 의견이 모아 지지 않아 저마다 소견을 펼치는 상황.

234 知過必改
지과필개
자신이 한 일의 잘못을 알면 반드시 고쳐야 함.

235 地上天國
지상천국
이 세상에서 이룩되는 다시없이 자유롭고 풍족하며 행복한 사회.

236 至誠感天
지성감천
정성이 지극하면 하늘도 감동한다.

237 知行合一
지행합일
지식과 실천은 둘이 아니고 하나임. 앎과 실천을 함께 힘써야 함.

238 進退兩難
진퇴양난
'진퇴유곡(進退維谷)'과 같은 말로, 나아갈 수도 물러가기도 어려움.

239 千萬多幸
천만다행
아주 다행함.

240 天人共怒
천인공노
하늘과 사람이 함께 노한다는 뜻으로, 누구나 분노할 만큼 증오스럽거나 도저히 용납할 수 없음을 이르는 말.

241 天災地變
천재지변
지진·홍수·태풍 따위의 자연현상으로 인한 재앙.

242 天下絶色
천하절색
세상에 다시없는 아름다운 미인.

243 天下第一
천하제일
세상에 견줄 만한 것이 없이 최고임.

244 青山流水
청산유수
푸른 산에 맑은 물이라는 뜻으로, 막힘없이 썩 잘하는 말을 비유적으로 이르는 말.

245 青天白日
청천백일
푸른 하늘의 밝은 태양으로 누구나 다 볼 수 있는 공개된 상황.

246 清風明月
청풍명월
맑은 바람과 밝은 달. 결백하고 온건한 사람의 성격을 평하는 말.

247 草綠同色
초록동색
풀색과 녹색은 같다는 말로, 서로 같은 처지나 같은 유의 사람끼리 행동함을 이르는 말.

248 寸鐵殺人
촌철살인
작은 쇳덩이로 사람을 죽일 수 있다. 짤막한 말 한 마디로도 사람의 마음을 찔러 감동시킴을 말한다.

249 秋風落葉
추풍낙엽
가을에 떨어지는 낙엽과 같이 덧없음을 이르는 말.

250 春秋筆法
춘추필법
춘추와 같은 비판의 태도가 썩 엄정한, 대의명분을 밝히어 세우는 사 실의 논법을 말한다.

251 春夏秋冬
춘하추동
봄·여름·가을·겨울의 네 계절을 이르는 말.

252 忠言逆耳
충언역이
충고하는 말은 귀에 거슬린다. 바른말은 사람들이 듣기 싫어하지만 자신을 이롭게 함을 이른다.

253 出將入相
출장입상
문무를 겸비하여 장상의 벼슬을 모두 지낸 사람.

254 卓上空論
탁상공론
탁자 위에서만 펼치는 헛된 논설. 실현성이 없는 이론을 말한다.

255 土木工事
토목공사
땅과 하천 따위를 고쳐 만드는 공사.

256 特別活動
특별활동
학교 교육 과정에서 교과 학습 이외의 교육 활동.

257 太平聖代
태평성대
세상이 평화롭고 안락한 성군이 다스리던 시대.

258 八道江山
팔도강산
팔도의 강산이라는 뜻으로, 우리나라 전체의 강산을 이르는 말.

259 八方美人
팔방미인
여러 방면의 일에 능통한 사람을 가리키는 말로, 어느 모로 보나 아름다운 미인.

260 敗家亡身
패가망신
집안을 무너뜨리고 자신의 신세도 망친다는 말이다.

261 風待歲月
풍대세월
아무리 바라고 기다려도 실현 될 가망성이 없는 것.

262 風前燈火
풍전등화
바람 앞의 등불로 매우 위급한 경우에 놓여 있음을 가리키는 말.

263 下等動物
하등동물
진화 정도가 낮아 몸의 구조가 단순한 원시적인 동물.

264 海水浴場
해수욕장
해수욕을 할 수 있는 환경과 시설이 갖추어진 바닷가.

265 行動擧止
행동거지
몸을 움직여 하는 모든 것.

266 行方不明
행방불명
간 곳이나 방향을 모름.

267 虛虛實實
허허실실
적의 허한 곳에 실한 것으로 공격하는 전술을 말함. 허실을 알아서 상대방의 동정을 알아냄.

268 形形色色
형형색색
상과 빛깔 따위가 서로 다른 여러 가지.

269 呼父呼兄
호부호형
아버지라 부르고 형이라 부른다는 말로, 부형을 부형답게 모심을 말 한다.

270 呼兄呼弟
호형호제
서로 형과 아우라 부르는 사이. 친 형제처럼 가까운 사이.

271 好衣好食
호의호식
좋은 옷과 좋은 음식으로, 잘 먹고 잘사는 생활.

272 花朝月夕
화조월석
꽃 피는 아침과 달뜨는 저녁. 경치가 좋은 시절. 봄날 아침과 가을 저녁의 즐거운 한때.

273 確固不動
확고부동
확실하게 굳어 움직이지 않음.

274 訓民正音
훈민정음
백성을 가르치는 바른 소리라는 뜻으로, 1443년에 세종이 창제한 우리나라 글자를 이르는 말.

275 凶惡無道
흉악무도
성질이 거칠고 사나우며 도의심이 없음.

유의자

5급Ⅱ 5급Ⅱ

家 집 가	宅 집 택	家宅(가택) 사람이 사는 집.
結 맺을 결	約 맺을 약	結約(결약) 약속을 맺음.
計 셀 계	算 셀 산	計算(계산) 수량을 셈.
恭 공경 공	敬 공경 경	恭敬(공경) 공손히 섬김.
恭 공변될 공	敬 함께 공	公共(공공) 사회 일반이나 공중(公衆)과 관계 되는 것.
共 함께 공	同 함께 동	共同(공동) 둘 이상이 같이함.
果 실과 과	實 열매 실	果實(과실) 열매.
過 지날 과	失 잃을 실	過失(과실) 잘못이나 허물.
敎 가르칠 교	訓 가르칠 훈	敎訓(교훈) 가르치고 깨우침.
軍 군사 군	兵 군사 병	軍兵(군병) 군사.
軍 군사 군	士 선비 사	軍士(군사) 군인이나 군졸.
郡 고을 군	邑 고을 읍	郡邑(군읍) 군과 읍.
軍 군사 군	卒 마칠 졸	軍卒(군졸) 군사.
根 뿌리 근	本 근본 본	根本(근본) 사물의 바탕. 기초.
急 급할 급	速 빠를 속	急速(급속) 급하고 빠름.
記 기록할 기	錄 기록할 록	記錄(기록) 뒤에 남기려고 적음.

堂 집 당	室 집 실	堂室(당실) 집과 방.
道 이름 도	路 길 로	道路(도로) 비교적 큰길.
到 이를 도	着 붙을 착	到着(도착) 목적지에 다다름.
圖 그림 노	畫 그림 화	圖畫(도화) 도면과 그림. 그림 그리기.
等 등	類 류	等類(등류) 같은 무리의 종류.
明 밝을 명	朗 밝을 랑	明朗(명랑) 발고 환함.
名 이름 명	號 이름 호	名號(명호) 이름과 호.
文 글월 문	章 글 장	文章(문장) 생각을 글로 쓴 것.
物 물건 물	品 물건 품	物品(물품) 값어치가 있는 물건.
發 필 발	展 펼 전	發展(발전) 좋은 방향으로 나아감.
法 법 법	度 법도 도	法度(법도) 법률과 제도.
法 법 법	例 법식 례	法例(법례) 법 적용관계를 정한 규례.
法 법 법	式 법 식	法式(법식) 법도와 양식.
法 법 법	典 법 전	法典(법전) 법률을 역은 책.
變 변할 변	化 될 화	變化(변화) 사물의 형상이나 성질이 달라짐.
兵 군사 병	士 선비 사	兵士(병사) 군사.
兵 군사 병	卒 군사 졸	兵卒(병졸) 군사.

奉 받들 봉	仕 섬길 사	奉仕(봉사) 남을 위해 헌신적으로 일함.
分 나눌 분	班 나눌 반	分班(분반) 몇 반으로 나눔.
分 나눌 분	別 나눌 별	分別(분별) 종류에 따라 구분하여 가름.
士 선비 사	卒 군사 졸	士卒(사졸) 군사.
社 모일 사	會 모일 회	社會(사회) 같은 무리가 모여 이루는 집단.
算 셈 산	數 셈 수	算數(산수) 셈에 관한 기초적인 학문.
生 날 생	産 낳을 산	生産(생산) 인간에게 필요한 물품을 만듦.
生 날 생	活 살 활	生活(생활) 살아서 활동함.
說 말씀 설	話 말할 화	說話(설화) 이야기.
樹 나무 수	木 나무 목	樹木(수목) 나무.
身 몸 신	體 몸 체	身體(신체) 사람의 몸.
心 마음 심	情 뜻 정	心情(심정) 마음속의 생각.
兒 아이 아	童 아이 동	兒童(아동) 어린아이.
養 기를 양	育 기를 육	養育(양육) 아이를 보살펴 기름.
言 말씀 언	語 말씀 어	言語(언어) 생각을 소리로 전하는 체계.
旅 나그네 여	客 손 객	旅客(여객) 여행을 하고 있는 사람.
年 해 년	歲 해 세	年歲(연세) 나이의 높임말.

練 익힐 연	習 익힐 습	練習(연습) 되풀이하여 익힘.
永 길 영	遠 멀 원	永遠(영원) 끝없는 세월.
英 꽃부리 영	特 특별할 특	英特(영특) 특별히 뛰어남.
例 법식 례	式 법 식	例式(예식) 관례로 되어있는 법식.
偉 훌륭할 위	大 큰 대	偉大(위대) 뛰어나고 훌륭함.
衣 옷 의	服 옷 복	衣服(의복) 옷.
展 펼 전	開 열 개	展開(전개) 점차 크게 펼쳐짐.
典 법 전	例 법식 례	典例(전례) 전거가 되는 선례.
情 뜻 정	意 뜻 의	情意(정의) 따뜻하고 참된 마음.
正 바를 정	直 곧을 직	正直(정직) 바르고 곧음.
調 고를 조	和 고를 화	調和(조화) 균형이 잘 잡힘.
州 고을 주	郡 고을 군	州郡(주군) 주와 군.
州 고을 주	邑 고을 읍	州邑(주읍) 주와 읍.
知 알 지	識 알 식	知識(지식) 알고 있는 내용.
質 바탕 질	問 물을 문	質問(질문) 궁금한 것을 물음.
集 모일 집	合 합할 합	集合(집합) 한군데로 모임.
集 모일 집	會 모일 회	集會(집회) 단체의 일시적인 모임.

村 마을 촌	里 마을 리	村里(촌리) 촌락. 시골마을.
出 날 출	發 필 발	出發(출발) 일의 시작.
出 날 출	生 날 생	出生(출생) 태아가 모체에서 태어남.
充 찰 충	足 발 족	充足(충족) 넉넉하게 채움.
土 흙 토	地 땅 지	土地(토지) 땅. 흙.
平 평평할 평	和 고를 화	平和(평화) 평온하고 화목함.
海 바다 해	洋 바다 양	海洋(해양) 넓고 큰 바다.
幸 다행할 행	福 복 복	幸福(행복) 만족한 상태.
號 부를 호	名 이름 명	號名(호명) 호와 이름.
會 모일 회	社 토지신 사	會社(회사) 영리 목적으로 설립된 법인.

5급 **4급 II**

家 집 가	屋 집 옥	家屋(가옥) 사람이 사는 집.
歌 노래 가	謠 노래 요	歌謠(가요) 민요, 동요, 속요, 유행가를 통틀어 이르는 말.
家 집 가	戶 지게 호	家戶(가호) 호적상의 집.
計 살 계	量 헤아릴 량	計量(계량) 분량이나 무게 따위를 잼.
空 빌 공	虛 빌 허	空虛(공허) 텅 비다.
過 지날 과	去 갈 거	過去(과거) 지난 일. 지나간 때.
過 지날 과	誤 그릇할 오	過誤(과오) 과실이나 잘못.
具 갖출 구	備 갖출 비	具備(구비) 두루 갖춤.
記 적을 기	錄 기록할 록	記錄(기록) 사실 따위를 적음.
路 길 로	程 법 정	路程(노정) 목적지 까지의 거리나 길가는 과정.
團 둥글 단	圓 둥글 원	團圓(단원) 소설 따위의 단원의 끝.
堂 집 당	舍 집 사	堂舍(당사) 큰집과 작은 집.
到 이를 도	達 통할 달	到達(도달) 어떤 수준에 이르러 도달함.
道 길 도	程 법 정	道程(도정) 여행의 경로.
物 만물 물	件 물건 건	物件(물건) 일정한 형체를 갖춘 대상.
法 법 법	規 법 규	法規(법규) 법률이나 규정.
法 법 법	律 법 률	法律(법률) 사회를 유지하기 위한 강제적인 법.
法 법 법	則 법 칙	法則(법칙) 꼭 지켜야 하는 규범.
部 나눌 부	隊 대 대	部隊(부대) 일정한 규모의 군대 조직.
分 나눌 분	配 나눌 배	分配(분배) 몫몫이 골고루 나눔.

使 부릴 사	令 명령 령	使令(사령) 명령하여 시킴.
省 살필 성	察 살필 찰	省察(성찰) 자신을 돌이켜 깊이 생각함.
始 처음 시	初 처음 초	始初(시초) 맨 처음.
安 편안할 안	康 편안할 강	安康(안강) 편안함.
溫 따뜻할 온	暖 따뜻할 난	溫暖(온난) 날씨가 따뜻함.
要 구할 요	求 구할 구	要求(요구) 달라고 함.
音 소리 음	聲 소리 성	音聲(음성) 말소리.
意 뜻 의	思 생각할 사	意思(의사) 생각이나 마음.
意 뜻 의	志 뜻 지	意志(의지) 생각. 뜻.
才 재주 재	藝 재주 예	才藝(재예) 재능과 기예.
財 재물 재	貨 재화 화	財貨(재화) 재물.
戰 싸움 전	爭 다툴 쟁	戰爭(전쟁) 무력에 의한 싸움.
清 맑을 청	潔 깨끗할 결	清潔(청결) 맑고 깨끗함.
村 마을 촌	落 떨어질 락	村落(촌락) 시골의 취락. 마을.
充 찰 충	滿 찰 만	充滿(충만) 가득하게 참.
形 형상 형	態 모양 태	形態(형태) 사물의 생김새나 모양.
休 쉴 휴	息 숨쉴 식	休息(휴식) 잠깐 쉼.

4급 II **5급 II**

可 옳을 가	能 능할 능	可能(가능) 할 수 있음.
街 거리 가	道 길 도	街道(가도) 큰 길거리.
街 거리 가	路 길 로	街路(가로) 도시의 넓은 길.
監 볼 감	觀 볼 관	監觀(감관) 가시하여 봄.
減 덜 감	省 덜 생	減省(감생) 덜어서 줄임.
建 세울 건	立 설 립	建立(건립) 건물등을 세워 만듦.
建 세울 건	造 지을 조	建造(건조) 건물이나 배를 만드는 일.
境 지경 경	界 지경 계	境界(경계) 지역이 갈라지는 한계.
經 지날 경	過 지날 과	經過(경과) 시간이 지나감.
經 지날 경	歷 지낼 력	經歷(경력) 겪어 지내온 일들.
經 지날 경	文 글월 문	經文(경문) 기도문에 있는 글.
經 지날 경	書 글 서	經書(경서) 유교의 가름침을 적은 책.
故 예 고	舊 옛 구	故舊(고구) 오래 사귀어온 친구.
救 건질 구	濟 건널 제	救濟(구제) 어려운 사람을 도와줌.
救 건질 구	助 도울 조	救助(구조) 위험한 상황의 사람을 도와서 구원함.
規 법 규	例 법식 례	規例(규례) 규칙과 정하여진 관례.

規 법 규	律 법 률	規律(규율) 규준이 되는 법칙.
技 재주 기	術 꾀 술	技術(기술) 일을 해내는 솜씨.
技 재주 기	藝 재주 예	技藝(기예) 미술이나 공예 따위에 관한 기술.
單 홑 단	獨 홀로 독	單獨(단독) 혼자. 단 하나.
斷 끊을 단	切 끊을 절	斷切(단절) 끊어지거나 잘라버림.
擔 멜 담	任 맡길 임	擔任(담임) 학생을 책임지고 맡아 봄.
談 말씀 담	話 말할 화	談話(담화) 허물없이 이야기를 나눔.
黨 무리 당	類 무리 류	黨類(당류) 같은 무리에 드는 사람들.
末 끝 말	端 바를 단	末端(말단) 물건의 맨 끝.
亡 잃을 망	失 잃을 실	亡失(망실) 잃어버림.
配 나눌 배	分 나눌 분	配分(배분) 몫을 나누어 줌.
報 갚을 보	告 알릴 고	報告(보고) 일의 결과를 알림.
費 쓸 비	用 쓸 용	費用(비용) 어떤 일을 하는데 드는 돈.
思 생각할 사	念 생각 념	思念(사념) 마음속으로 생각함.
思 생각할 사	想 생각 상	思想(사상) 생각. 견해.
舍 집 사	宅 집 택	舍宅(사택) 관사. 사원용 주택.
想 생각 상	念 생각 념	想念(상념) 마음 속에 품은 여러 생각.

選 가릴 선	別 나눌 별	選別(선별) 가려서 골라냄.
素 흴 소	朴 순박할 박	素朴(소박) 꾸밈없이 그대로임.
修 닦을 수	習 익힐 습	修習(수습) 실무를 배우고 익힘.
申 납 신	告 알릴 고	申告(신고) 사실을 보고하는 일.
眼 눈 안	目 눈 목	眼目(안목) 사물을 보는 능력.
藝 재주 예	術 꾀 술	藝術(예술) 기예와 학술.
完 완전할 완	全 온전할 전	完全(완전) 부전하거나 흠이 없음.
願 원할 원	望 바랄 망	願望(원망) 원하고 바람.
肉 고기 육	身 몸 신	肉身(육신) 사람의 몸.
律 법 률	法 법 법	律法(율법) 하늘이 내린 규범.
認 알 인	識 알 식	認識(인식) 사물을 분별하고 판단해서 아는 일.
認 알 인	知 알 지	認知(인지) 어떤 사실을 인정해서 앎.
貯 쌓을 저	蓄 쌓을 축	貯蓄(저축) 절약하여 모아둠.
接 사귈 접	着 붙을 착	接着(접착) 끈기있게 붙음.
程 법 정	度 법도 도	程度(정도) 알맞은 한도.
停 머무를 정	留 머무를 류	停留(정류) 멈추어 머무름.
製 지을 제	作 지을 작	製作(제작) 물건을 만듦.

造 지을 조	作 지을 작	造作(조작) 무슨 일을 꾸며냄.
尊 높을 존	重 무거울 중	尊重(존중) 소중하게 여김.
終 끝날 종	結 맺을 결	終結(종결)끝을 냄.
處 머무를 처	所 바 소	處所(처소) 사람이 거처하는 곳.
統 거느릴 통	合 합할 합	統合(통합) 합쳐 하나로 만듦.
敗 패할 패	北 달아날 배	敗北(패배) 싸움이나 겨루기에서 짐.
河 내 하	川 내 천	河川(하천) 시내. 강.
河 내 하	海 바다 해	河海(하해) 큰 강과 바다.
限 한정 한	界 지경 계	限界(한계) 땅의 경계. 범위.
解 풀 해	放 놓을 방	解放(해방) 속박을 풀어 자유로움.
賢 어질 현	良 좋을 량	賢良(현량) 어질고 착함.
協 합할 협	和 고를 화	協和(협화) 협력하여 화합함.
希 바랄 희	望 바랄 망	希望(희망) 앞 일에 대하여 기대를 가지고 바람.

4급II **4급II**

監 볼 감	査 조사할 사	監査(감사) 감독하고 검사함.
減 덜 감	殺 감할 살	減殺(감쇄) 줄어서 없어짐.

監 살필 감	視 볼 시	監視(감시) 경계하여 주의를 지켜 봄.
康 편안할 강	健 튼튼할 건	康健(강건) 기력이 좋고 몸이 건강하다. 健康(건강)
競 다툴 경	爭 다툴 쟁	競爭(경쟁) 서로 이기려고 다툼.
規 법 규	律 법 률	規律(규율) 생활 행위의 기준.
規 법 규	則 법 칙	規則(규칙) 약정한 질서나 표준.
極 다할 극	端 바를 단	極端(극단) 맨 끄트머리.
勞 일할 로	務 힘쓸 무	勞務(노무) 노동에 관한 사무.
論 의논할 론	議 의논할 의	論議(논의) 의견을 내어 토의함.
斷 끊을 단	絶 끊을 절	斷絶(단절) 교류나 관계를 끊음.
防 막을 방	守 지킬 수	防守(방수) 막아서 지킴.
保 보전할 보	守 지킬 수	保守(보수) 제도·방법·습관 등을 그대로 지킴.
保 보전할 보	衛 지킬 위	保衛(보위) 보전하여 지킴.
保 보호할 호	護 보전할 보	保護(보호) 보살펴 돌봄.
副 버금 부	次 버금 차	副次(부차) 그 다음. 부수적인 관계.
思 생각할 사	考 상고할 고	思考(사고) 생각하고 궁리함.
守 지킬 수	防 둑 방	守防(수방) 지키고 막음.
守 지킬 수	衛 지킬 위	守衛(수위) 경비를 맡아봄. 경비보는 사람.

純 순수할 순	潔 깨끗할 결	純潔(순결) 순수하고 아주 깨끗함.
施 베풀 시	設 베풀 설	施設(시설) 차린 설비.
試 시험할 시	驗 시험 험	試驗(시험) 어느 것의 수준이나 능력을 알아 봄.
旅 나그네 려	客 손 객	旅客(여객) 여행을 하고 있는 사람.
硏 갈 연	究 궁구할 구	硏究(연구) 사물의 이치를 밝힘.
連 이을 연	續 이을속	連續(연속) 끊이지 않고 계속 이음.
連 이을 연	接 이을 접	連接(연접) 서로 잇닿음.
恩 은혜 은	惠 은혜 혜	恩惠(은혜) 고마운 혜택.
議 의논할 의	論 의논할 론	議論(의론) 서로 의견을 주고받음.
接 사귈 접	續 이을 속	接續(접속) 맞대서 이음.
精 정성 정	誠 정성 성	精誠(정성) 참되고 성실한 마음.
停 머무를 정	止 그칠 지	停止(정지) 멈추거나 그침.
政 정사 정	治 다스릴 치	政治(정치) 나라를 다스리는 일.
製 지을 제	造 지을 조	製造(제조) 원료를 가공하여 제품을 만듦.
助 도울 조	護 보호할 호	助護(조호) 도와서 보호함.
終 끝날 종	端 끝 단	終端(종단) 맨 끝. 마지막.
終 끝날 종	末 끝 말	終末(종말) 일의 맨 끝.

終 끝날 종	止 그칠 지	終止(종지) 끝마쳐 그치는 것.
增 불어날 증	加 더할 가	增加(증가) 수나 양이 더 많아짐.
至 이를 지	極 다할 극	至極(지극) 더없이 극진함.
測 잴 측	量 헤아릴 량	測量(측량) 생각하여 헤아림.
統 거느릴 통	領 옷깃 령	統領(통령) 통합하여 거느림.
退 물러날 퇴	去 갈 거	退去(퇴거) 물러감. 거주를 옮김.
包 쌀 포	容 얼굴 용	包容(포용) 감싸 받아들임.
寒 찰 한	冷 찰 랭	寒冷(한랭) 매우 추움.
許 허락할 허	可 옳을 가	許可(허가) 청원 따위를 들어줌.
護 보호할 호	衛 지킬 위	護衛(호위) 따라다니며 신변을 경호함.
確 굳을 확	固 굳을 고	確固(확고) 확실하고 굳다.
希 바랄 희	願 원할 원	希願(희원) 희망.

상대자 • 반대자

	5급 II	5급 II
강산	江 (강 강)	山 (메 산)
강약	強 (강할 강)	弱 (약할 약)
고금	古 (예 고)	今 (이제 금)
고락	苦 (쓸 고)	樂 (즐거울 락)
공과	功 (공 공)	過 (허물 과)
교학	教 (가르칠 교)	學 (배울 학)
근원	近 (가까울 근)	遠 (멀 원)
남녀	男 (사내 남)	女 (계집 녀)
남북	南 (남녘 남)	北 (북녘 북)
내외	內 (안 내)	外 (바깥 외)
냉온	冷 (찰 랭)	溫 (따뜻할 온)
노사	勞 (일할 로)	使 (부릴 사)
노소	老 (늙을 로)	少 (젊을 소)
다소	多 (많을 다)	少 (적을 소)
동서	東 (동녘 동)	西 (서녘 서)
동하	冬 (겨울 동)	夏 (여름 하)
모부	母 (어미 모)	父 (아비 부)
문답	問 (물을 문)	答 (대답 답)
물심	物 (물건 물)	心 (마음 심)
민왕	民 (백성 민)	王 (임금 왕)
민주	民 (백성 민)	主 (임금 주)
반합	班 (나눌 반)	合 (합할 합)
발착	發 (필 발)	着 (붙을 착)
부정	不 (아닐 불/부)	正 (바를 정)
분합	分 (나눌 분)	合 (합할 합)

사생	死 (죽을 사)	生 (날 생)
사활	死 (죽을 사)	活 (살 활)
산천	山 (메 산)	川 (내 천)
산해	山 (메 산)	海 (바다 해)
상하	上 (윗 상)	下 (아래 하)
생사	生 (날 생)	死 (죽을 사)
선후	先 (먼저 선)	後 (뒤 후)
설우	雪 (눈 설)	雨 (비 우)
소위	小 (작을 소)	偉 (클 위)
소태	小 (작을 소)	太 (클 태)
소현	消 (사라질 소)	現 (나타날 현)
속절	續 (이을 속)	切 (끊을 절)
수족	手 (손 수)	足 (발 족)
수화	水 (물 수)	火 (불 화)
승절	承 (이을 승)	切 (끊을 절)
시졸	始 (비로소 시)	卒 (마칠 졸)
신구	新 (새로울 신)	舊 (예 구)
신왕	臣 (신하 신)	王 (임금 왕)
신주	臣 (신하 신)	主 (임금 주)
심신	心 (마음 심)	身 (몸 신)
야오	夜 (밤 야)	午 (낮 오)
언행	言 (말씀 언)	行 (행할 행)
여주	旅 (나그네 려)	主 (주인 주)
연절	連 (이을 련)	切 (끊을 절)
오애	惡 (미워할 오)	愛 (사랑 애)
육해	陸 (뭍 륙)	海 (바다 해)

이해	利 (이로울 리)	害 (해로울 해)
일월	日 (날 일)	月 (달 월)
장단	長 (긴 장)	短 (짧을 단)
전화	戰 (싸움 전)	和 (화할 화)
전후	前 (앞 전)	後 (뒤 후)
절직	切 (끊을 절)	直 (곧을 직)
정반	正 (바를 정)	反 (돌이킬 반)
조석	朝 (아침 조)	夕 (저녁 석)
조손	祖 (할아비 조)	孫 (손자 손)
좌우	左 (왼 좌)	右 (오른 우)
주객	主 (주인 주)	客 (손님 객)
주야	晝 (낮 주)	夜 (밤 야)
착발	着 (붙을 착)	發 (필 발)
천지	天 (하늘 천)	地 (땅 지)
춘추	春 (봄춘)	秋 (가을추)
출입	出 (날 출)	入 (들 입)
학훈	學 (배울 학)	訓 (가르칠 훈)
합반	合 (합할 합)	班 (나눌 반)
합별	合 (합할 합)	別 (나눌 별)
형제	兄 (맏 형)	弟 (아우 제)

	5급 II	4급 II
경향	京 (서울 경)	鄕 (시골 향)
고저	高 (높을 고)	低 (낮을 저)
당락	當 (마땅 당)	落 (떨어질 락)

명암	明 (밝을 명)	暗 (어두울 암)
문무	文 (글월 문)	武 (군사 무)
반상	班 (반 반(양반))	常 (항상 상(상민))
방원	方 (모 방)	圓 (둥글 원)
방조	放 (놓을 방)	操 (잡을 조)
방타	防 (막을 방)	打 (칠 타)
벌상	罰 (벌할 벌)	賞 (상줄 상)
보타	保 (지킬 보)	打 (칠 타)
복재	福 (복 복)	災 (재앙 재)
본말	本 (근본 본)	末 (끝 말)
부부	夫 (남편 부)	婦 (아내 부)
빈부	貧 (가난할 빈)	富 (부할 부)
산하	山 (메 산)	河 (물 하)
생가	省 (덜 생)	加 (더할 가)
성패	成 (이룰 성)	敗 (패할 패)
손가	損 (덜 손)	加 (더할 가)
쇄가	殺 (감할 쇄)	加 (더할 가)
수타	守 (지킬 수)	打 (칠 타)
순역	順 (순할 순)	逆 (거스릴 역)
승패	勝 (이길 승)	敗 (패할 패)
시종	始 (처음 시)	終 (끝 종)
여타	如 (같을 여)	他 (다를 타)
온랭	溫 (따뜻할 온)	冷 (찰 냉)
온한	溫 (따뜻할 온)	寒 (찰 한)
유무	有 (있을 유)	無 (없을 무)
자타	自 (스스로 자)	他 (다를 타)

저탁	低 (낮을 저)	卓 (높을 탁)
정오	正 (바를 정)	誤 (그르칠 오)
제가	除 (덜 제)	加 (더할 가)
졸초	卒 (마칠 졸)	初 (처음 초)
집배	集 (모을 집)	配 (나눌 배)
출결	出 (날 출)	缺 (이지러질 결)
화하	火 (불 화)	河 (물 하)
흥망	興 (흥할 흥)	亡 (망할 망)

	4급 II	5급 II
가감	加 (더할 가)	減 (덜 감)
거래	去 (갈 거)	來 (올 래)
경중	輕 (가벼울 경)	重 (무거울 중)
곡직	曲 (굽을 곡)	直 (곧을 직)
관민	官 (벼슬 관)	民 (백성 민)
길흉	吉 (길할 길)	凶 (흉할 흉)
낙비	樂 (즐길 락)	悲 (슬플 비)
득실	得 (얻을 득)	失 (잃을 실)
말시	末 (끝말)	始 (비로소시)
무유	無 (없을 무)	有 (있을 유)
무재	無 (없을 무)	在 (있을 재)
벌수	伐 (칠 벌)	守 (지킬 수)
사장	士 (선비 사)	將 (장수 장)
사제	師 (스승 사)	弟 (아우 제)
상벌	賞 (상줄 상)	罰 (벌할 벌)
생살	生 (날 생)	殺 (죽일 살)
생익	省 (덜 생)	益 (더할 익)
생증	省 (덜 생)	增 (더할 증)
선악	善 (착할 선)	惡 (악할 악)
소중	少 (적을 소)	衆 (무리 중)
속절	續 (이을 속)	絶 (끊을 절)
송수	送 (보낼 송)	受 (받을 수)
수수	受 (받을 수)	授 (줄 수)
승절	承 (이을 승)	絶 (끊을 절)
역순	逆 (거역할 역)	順 (순할 순)
연절	連 (이을 련)	絶 (끊을 절)
옥석	玉 (구슬 옥)	石 (돌 석)
왕래	往 (갈 왕)	來 (올 래)
음양	陰 (그늘 음)	陽 (볕 양)
이합	離 (떠날 리)	合 (합할 합)
인과	因 (원인 인)	果 (결과 과)
장병	將 (장수 장)	兵 (병사 병)
장졸	將 (장수 장)	卒 (군사 졸)
쟁화	爭 (다툴 쟁)	和 (화할 화)
풍흉	豊 (풍성할 풍)	凶 (흉할 흉)
한난	寒 (찰 한)	暖 (따뜻할 난)
허실	虛 (빌 허)	實 (열매 실)
호오	好 (좋을 호)	惡 (미워할 오)
흑백	黑 (검을 흑)	白 (흰 백)

	4급Ⅱ	4급Ⅱ
냉열	冷 (찰 랭)	熱 (더울 열)
단속	斷 (끊을 단)	續 (이을 속)
만허	滿 (찰 만)	虛 (빌 허)
말초	末 (끝 말)	初 (처음 초)
망성	亡 (망할 망)	盛 (성할 성)
매매	賣 (팔 매)	買 (살 매)
빙탄	氷 (얼음 빙)	炭 (숯 탄)
쇄익	殺 (감할 쇄)	益 (더할 익)
쇄증	殺 (감할 쇄)	增 (더할 증)
수수	授 (줄 수)	受 (받을 수)
시비	是 (옳을 시)	非 (아닐 비)
약해	約 (맺을 약)	解 (풀 해)
열한	熱 (더울 열)	寒 (찰 한)
왕복	往 (갈 왕)	復 (회복할 복)
익제	益 (더할익)	除 (덜 제)
쟁협	爭 (다툴 쟁)	協 (화할 협)
저존	低 (낮을 저)	尊 (높을 존)
전협	戰 (싸움 전)	協 (화할 협)
절접	切 (끊을 절)	接 (이을 접)
절접	絶 (끊을 절)	接 (이을 접)
제익	除 (덜 제)	益 (더할 익)
제증	除 (덜 제)	增 (더할 증)
증감	增 (더할 증)	減 (덜 감)
진가	眞 (참 진)	假 (거짓 가)
진퇴	進 (나아갈 진)	退 (물러날 퇴)
초단	初 (처음 초)	端 (끝 단)
초종	初 (처음 초)	終 (끝 종)
합배	合 (합할 합)	配 (나눌 배)
활살	活 (살 활)	殺 (죽일 살)

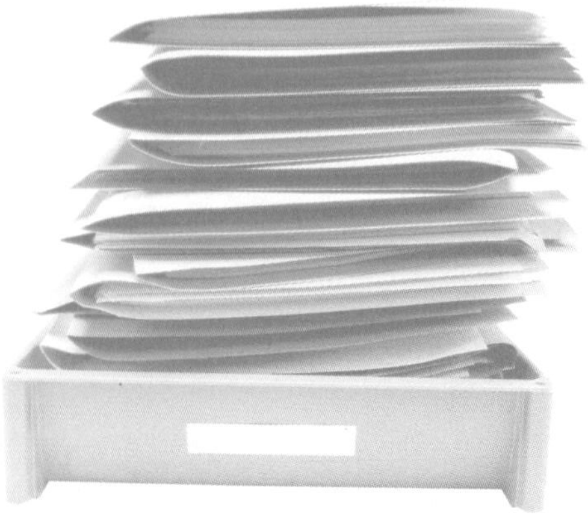

상대어 · 반의어

5급Ⅱ ↔ 5급Ⅱ

感情(감정) ↔ 理性(이성)
共用(공용) ↔ 全用(전용)
國內(국내) ↔ 國外(국외)
來生(내생) ↔ 前生(전생)
多元(다원) ↔ 一元(일원)
對話(대화) ↔ 獨白(독백)
母音(모음) ↔ 子音(자음)
文語(문어) ↔ 口語(구어)

5급Ⅱ ↔ 5급Ⅱ

文化(문화) ↔ 自然(자연)
部分(부분) ↔ 全體(전체)
不運(불운) ↔ 幸運(행운)
不實(부실) ↔ 充實(충실)
死後(사후) ↔ 生前(생전)
生家(생가) ↔ 養家(양가)
生食(생식) ↔ 火食(화식)
實質(실질) ↔ 形式(형식)

5급Ⅱ ↔ 5급Ⅱ

溫情(온정) ↔ 冷情(냉정)
立體(입체) ↔ 平面(평면)
自動(자동) ↔ 手動(수동)
子正(자정) ↔ 正午(정오)
正當(정당) ↔ 不當(부당)
合法(합법) ↔ 不法(불법)
幸福(행복) ↔ 不幸(불행)

5급Ⅱ ↔ 4급Ⅱ

光明(광명) ↔ 暗黑(암흑)
口傳(구전) ↔ 記錄(기록)
樂觀(낙관) ↔ 悲觀(비관)
登場(등장) ↔ 退場(퇴장)

5급Ⅱ ↔ 4급Ⅱ

物質(물질) ↔ 精神(정신)
放心(방심) ↔ 操心(조심)
本業(본업) ↔ 副業(부업)
生花(생화) ↔ 造花(조화)

5급Ⅱ ↔ 4급Ⅱ

成功(성공) ↔ 失敗(실패)
勝利(승리) ↔ 敗北(패배)
自動(자동) ↔ 受動(수동)
直線(직선) ↔ 曲線(곡선)

4급Ⅱ ↔ 5급Ⅱ

個別(개별) ↔ 全體(전체)
故意(고의) ↔ 過失(과실)
固定(고정) ↔ 流動(유동)
空想(공상) ↔ 現實(현실)
空虛(공허) ↔ 充實(충실)
過去(과거) ↔ 未來(미래)

4급Ⅱ ↔ 5급Ⅱ

過去(과거) ↔ 未來(미래)
求心(구심) ↔ 遠心(원심)
內容(내용) ↔ 形式(형식)
秘密(비밀) ↔ 公開(공개)
非番(비번) ↔ 當番(당번)
善意(선의) ↔ 惡意(악의)

4급Ⅱ ↔ 5급Ⅱ

消費(소비) ↔ 生産(생산)
原始(원시) ↔ 文名(문명)
原因(원인) ↔ 結果(결과)
人爲(인위) ↔ 自然(자연)
絶對(절대) ↔ 相對(상대)

4급Ⅱ	4급Ⅱ	4급Ⅱ	4급Ⅱ	4급Ⅱ	4급Ⅱ
減少(감소) ↔	增加(증가)	未備(미비) ↔	完備(완비)	連作(연작) ↔	輪作(윤작)
缺席(결석) ↔	出席(출석)	發達(발달) ↔	退步(퇴보)	理想(이상) ↔	現實(현실)
輕減(경감) ↔	加重(가중)	背恩(배은) ↔	報恩(보은)	敵對(적대) ↔	友好(우호)
高潔(고결) ↔	低俗(저속)	保守(보수) ↔	進步(진보)	切斷(절단) ↔	連結(연결)
權利(권리) ↔	義務(의무)	富者(부자) ↔	貧者(빈자)	增進(증진) ↔	減退(감퇴)
能動(능동) ↔	受動(수동)	分斷(분단) ↔	連結(연결)	直接(직접) ↔	間接(간접)
斷絶(단절) ↔	連結(연결)	分擔(분담) ↔	全擔(전담)	退院(퇴원) ↔	入院(입원)

약자 · 속자

5급Ⅱ 배정 한자

본자	약자	훈	음
價	価	값	가
學	学	배울	학
觀	観	볼	관
關	関	관계할	관
廣	広	넓을	광
敎	教	가르칠	교
區	区	구분할	구
舊	旧	예	구
國	国	나라	국
氣	気	기운	기
戰	戦	싸움	전
團	団	둥글	단
當	当	마땅	당
對	対	대할	대
德	徳	큰	덕
圖	図	그림	도
獨	独	홀로	독
讀	読	읽을	독
同	仝	같을	동
樂	楽	즐거울	락

본자	약자	훈	음
藥	薬	약	약
來	来	올	래
萬	万	일만	만
禮	礼	예도	례
勞	労	일할	로
數	数	셈	수
發	発	필	발
變	変	변할	변
實	実	열매	실
惡	悪	악할	악
兒	児	아이	아
溫	温	따뜻할	온
醫	医	의원	의
傳	伝	전할	전
晝	昼	낮	주
參	参	참여할	참
體	体	몸	체
號	号	이름	호
畫	画	그림	화
會	会	모일	회

4급Ⅱ 배정 한자

본자	약자	훈	음
假	仮	거짓	가
擧	挙	들	거
興	兴	일	흥
驗	験	시험할	험
賢		어질	현
經	経	글/지날	경
輕	軽	지날	경
斷	断	끊을	단
賣	売	팔	매
師	师	스승	사
寫	写	베낄	사
單	単	홑	단
擔	担	멜	담
黨	党	무리	당
續	続	이을	속
燈	灯	등	등
兩	両	두	량
滿	満	가득할	만
榮	栄	영화	영
邊	辺	가	변
寶	宝	보배	보
佛	仏	부처	불

본자	약자	훈	음
狀	状	형상	상
將	将	장수	장
聲	声	소리	성
收	収	거둘	수
壓	圧	누를	압
餘	余	남을	여
藝	芸	재주	예
圓	円	둥글	원
爲	為	할	위
應	応	응할	응
爭	争	다툴	쟁
濟	済	건널	제
處	処	곳	처
鐵	鉄	쇠	철
總	総	다	총
蟲	虫	벌레	충
齒	歯	이	치
豐	豊	풍년	풍
解	觧	풀	해
鄕	郷	시골	향
虛	虚	빌	허

* 본책의 약자·속자는「한국한자능력검정회」에서 공식적으로 제시한 한자를 바탕으로 구성하였습니다.
* 본책의 약자(略字)·속자(俗字)는 동자(同字), 고자(古字), 본자(本字), 이체자(異體字) 중의 일부를 흡수하였습니다.

경로	經路	지나는 길
	敬老	노인을 공경함
고대	古代	옛 시대.
	高大	높고 큼.
고급	高級	높은 등급
	告急	급하게 알림
공법	工法	공사(工事)하는 방법
	公法	국가의 조직이나 국가간 또는 국가와 개인간의 관계를 규정하는 법률
	空法	항공법(航空法)
공용	公用	공공의 목적으로 사용함
	共用	공동으로 씀
과실	果實	열매, 과일
	過失	잘못이나 허물
관념	關念	관심
	觀念	어떤 일에 대한 견해나 생각
국사	國史	나라의 역사
	國事	나라의 중대한 일. 나라 전체에 관련되는 일
노병	老兵	나이 많은 병사.
	老病	늙어서 오는 병.
단신	短信	짤막하게 쓴 편지.
	短身	키가 작은 몸.
	單身	혼자의 몸.

단정	斷情	정을 끊음.
	端正	얌전하고 깔끔하다.
대결	代決	대리로 결재함, 또는 그런결재
	對決	양자(兩者)가 맞서서 이기로심, 또는 옳고 그름을 판정함
대풍	大風	큰 바람
	大豊	곡식이 썩 잘된 풍작, 또는 그러한 해
동기	銅器	구리로 만든 그릇.
	同氣	형제자매를 이르는 말.
동문	同門	동창.
	東門	동쪽 문.
	洞門	동굴 입구.
	同文	글이나 글자가 같음.
동심	同心	마음을 같이함, 또는 같은마음
	動心	마음이 움직임
	童心	어린이의 마음, 또는 어린이의 마음처럼 순진한 마음
동지	冬至	밤이 가장 긴 절기.
	同志	뜻을 같이 하는 일.
명문	名文	매우 잘 지은 글.
	名聞	세상 평판이나 소문.
	名門	문벌이 좋은 집안.
	明文	뚜렷하게 규정된 문구.

문재	文才	글을 짓거나 글씨를 쓰는 재능
	門材	문을 짜는데 쓰는 질이 좋은 목재
방문	房門	방으로 출입 하는 문.
	訪問	남을 찾아봄.
보도	報道	새 소식을 널리 알림.
	步道	사람이 다니는 길.
	保導	보살피며 지도함.
부인	婦人	결혼한 여자.
	夫人	남의 아내를 높임말.
부자	夫子	덕행이 높은 사람.
	富者	살림이 넉넉한 사람.
	父子	아버지와 아들.
부정	不正	바르지 않음.
	不定	일정하지 않음.
비행	非行	도리에 어긋난 행위.
	飛行	하늘을 날아다님.
사기	士氣	씩씩한 기개.
	史記	역사적 사실을 적은 책.
	事記	사건의 내용을 적은 기록.
사은	師恩	스승의 은혜.
	謝恩	입은 은혜에 감사함.
사후	死後	죽은 뒤
	事後	일이 끝난 뒤

상품	上品	높은 품격.
	商品	사고파는 물품.
성가	成家	따로 한집을 이룸.
	聖歌	성스러운 노래. 종교가곡 통칭.
성전	成典	정해진 법전이나 의식.
	聖典	성인의 언행을 기록한 책.
	聖戰	거룩한 사명을 띤 전쟁.
소장	少長	젊은이와 늙은이.
	少將	중장아래 군인계급.
	所長	所(소)자가 붙은 기관의 책임자.
수도	水道	上水道(상수도)의 줄임말.
	修道	도를 닦음.
수상	水上	물위.
	手相	손금.
	首相	내각의 우두머리.
시공	施工	공사를 시행(施行)함
시도	試圖	시험 삼아 꾀하여 봄.
	市道	행정단위.
시장	市長	시(市)를 대표하고 시의 행정을 관장하는 직, 또는 그 직에 있는 사람
	市場	여러 가지 상품을 팔고 사는 장소
식수	食水	식용으로 쓰는 물
	植樹	나무를 심음

신고	申告	국민이 의무적으로 행정 관청에 일정한 사실을 보고하는 일
	新古	새것과 헌것을 아울러 이르는 말
신임	信任	믿고 일을 맡김
	新任	새로 임명됨, 또는 그 사람
신부	新婦	갓 결혼한 여자. 새색시.
	神父	사제 서품을 받은 성직자.
실신	失身	절개를 지키지 못함
	失神	정신을 잃음
양식	良識	건전한 사고방식.
	洋式	西洋式(서양식)의 준말.
	糧食	생활에 필요한 먹을거리.
여객	女客	안손님
	旅客	기차, 비행기, 배 따위로 여행하는 사람
역사	力士	뛰어나게 힘이 센 사람
	歷史	인간 사회가 거쳐 온 변천의 모습, 또는 그 기록
역전	力戰	힘을 다하여 싸움.
	逆戰	역습하여 싸움.
	歷傳	대대로 전해져 옴.
외형	外兄	이종형
	外形	사물의 겉모양

우군	友軍	자기와 한편인 군대
	右軍	우익
운행	運行	정하여진 길을 따라 차량 따위를 운전하여 다님
	雲行	구름이 떠다님
의사	醫師	병을 고치는 사람.
	義士	의리와 지조를 굳게 지킨 사람.
	議事	어떤 안건을 토의함.
인상	人相	사람의 생김새와 골격.
	引上	끌어 올림.
일일	一日	하루
	日日	매일
자모	子母	아들과 어머니
	字母	표음문자(表音文字)의 음절을 이루는 단위인, 하나하나의 글자
자신	自身	제 몸, 자기
	自信	자기의 값어치나 능력을 믿음 또는 그런 마음
전공	電工	전기공의 준말.
	全功	모든 공로나 공적.
	前功	전에 세운 공로.
	戰功	전투에서 세운 공로.
전기	傳記	개인 일생의 사적을 적은 기록.

	電氣	전자 이동에 의한 에너지의 한 형태.
전선	戰線	교전상태의 보병 전투 단위가 형성한 선.
	電線	전기가 통하도록 만든 금속선.
	全線	철도의 모든 선로.
전시	全市	온 시중. 시의 전체.
	戰時	전쟁을 하고 있는 때.
전력	戰力	전투나 경기 따위를 할 수 있는 능력
	前歷	과거의 경력
정부	政府	국가의 정책을 집행하는 행정부.
	情夫	몰래 정을 통한 남자.
정사	情事	남녀간 사랑에 관한일.
	政事	정치에 관한일.
	正史	정확한 사실을 편찬한 역사.
조사	早死	일찍 죽다.
	朝使	조정의 사신.
조화	調和	서로 잘 어울림.
	造花	종이나 헝겊으로 만든 꽃.
	造化	천지자연의 이치.
주가	主家	주인의 집.
	住家	住宅(주택).

주간	晝間	낮 동안.
	週間	한주일 동안.
중세	重稅	부담하기에 너무 무거운 세금
	中世	역사의 시대 구분의 한 가지, 고대(古代)와 근대의 중간 시대
중지	中指	가운뎃손가락.
	衆志	뭇 사람의 지혜나 뜻.
	重地	아주 중요한 곳.
지구	地區	어떤 일정한 구역.
	地球	인류가 살고 있는 천체.
	知舊	오랜 친구.
천년	千年	어느 세월에 라는 뜻을 나타내는 말
	天年	타고난 수명을 제대로 다 사는 나이
추수	秋收	가을걷이.
	秋水	가을철의 맑은 물.
태고	太古	아주 오랜 옛날.
	太高	매우 높음.
통관	洞觀	꿰뚫어 봄.
	通觀	전체에 걸쳐서 한 번 쭉 내다 봄.
	通關	세관을 통과하는 일.
평정	平定	평온하게 진정시킴.
	平正	공평하고 올바름.

현상	現狀	현재의 상태.
	賢相	현명한 재상.
호기	呼氣	내쉬는 숨.
	號旗	신호에 쓰이는 기.
화구	火具	불을 켜는 도구.
	火口	불을 뿜는 입구.
	畫具	그림 그리는 제구.
화과	畫科	그림 주제(主題)의 종류
	花果	꽃과 과일
화기	和氣	화창한 날씨.
	火器	화약 병기나, 불을 담는 도구.
	火氣	불기운.
	花器	꽃꽂이 그릇.
화병	火兵	지난날 군에서 밥 짓던 군사.
	火病	울화병.
회의	會意	뜻을 깨달음.
	會議	모여 의논함.
	回議	돌려가며 의견을 묻거나 동의를 구함.
후기	後記	뒷날의 기록.
	後氣	버티어 나가는 힘.
후대	後隊	후방의 부대.
	後代	뒤의 세대.

5급Ⅱ 배정 한자

한자	훈	음	급수	예
車	수레	거		人力車 (인력거)
	수레	차		自動車 (자동차)
見	볼	견		見聞 (견문)
	뵈올	현	3급	謁見 (알현)
告	고할	고		告發 (고발)
	청할	곡	4급	告歸 (곡귀)
金	쇠	금		金色 (금색)
	성	김		金家 (김가)
度	법도	도		角度 (각도)
	헤아릴	탁		度地 (탁지)
讀	읽을	독		讀書 (독서)
	구절	두	3급Ⅱ	吏讀 (이두)
洞	마을	동		洞里 (동리)
	통할	통	4급Ⅱ	洞察 (통찰)
樂	즐길	락		安樂 (안락)
	좋아할	요		樂山 (요산)
	풍류	악		音樂 (음악)
北	북녘	북		南北 (남북)
	달아날	배		敗北 (패배)
不	아니	불	5급	不可 (불가)
	아닐	부		不當 (부당)
說	말씀	설		說明 (설명)
	달랠	세	4급	遊說 (유세)
	기쁠	열		說樂 (열락)
省	살필	성		反省 (반성)
	덜	생	4급	省略 (생략)
數	셀	수		數學 (수학)
	자주	삭		數白 (삭백)
	촘촘할	촉	특급	數罟 (촉고)
宿	잘	숙		合宿 (합숙)
	별자리	수	4급Ⅱ	星宿 (성수)
食	밥	식		食堂 (식당)
	먹일	사	3급Ⅱ	疏食 (소사)
識	알	식		知識 (지식)
	기록할	지	4급	標識 (표지)
惡	악할	악		善惡 (선악)
	미워할	오	3급Ⅱ	憎惡 (증오)
切	끊을	절		切望 (절망)
	온통	체		一切 (일체)
參	참여할	참		參席 (참석)
	석	삼		參千 (삼천)
宅	집	택		住宅 (주택)
	집	댁		宅內 (댁내)
便	편할	편		便利 (편리)
	오줌	변		便所 (변소)
合	합할	합		合同 (합동)
	홉	홉		一合 (일홉)
行	다닐	행		行事 (행사)
	항렬	항	4급Ⅱ	行列 (항렬)
畫	그림	화		畫家 (화가)
	그을	획		畫順 (획순)

4급Ⅱ 배정 한자

한자	뜻	음	예
句	글귀	구	句讀(구두)
	구절	귀	句節(귀절)
復	회복할	복	回復(회복)
	다시	부	復活(부활)
寺	절	사	寺院(사원)
	내시	시	寺人(시인)
殺	죽일	살	殺生(살생)
	감할	쇄	相殺(상쇄)
狀	형상	상	現狀(현상)
	문서	장	賞狀(상장)
提	끌	제	3급 提携(제휴)
	보리수	리	1급 菩提(보리)
布	베	포	布木(포목)
	펼	포	公布(공포)
	보시	보	布施(보시)
暴	사나울	폭	暴力(폭력)
	사나울	포	暴惡(포악)

읽기 어려운 한자

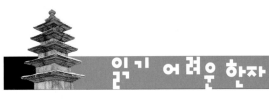

비슷한 한자에 독음달기 연습

各別(각별)	各自(각자)	名曲(명곡)	代身(대신)	伐木(벌목)
午前(오전)	減殺(감쇄)	臣下(신하)	兩班(양반)	土地(토지)
兵士(병사)	決心(결심)	未定(미정)	末端(말단)	親友(친우)
背反(배반)	古今(고금)	發令(발령)	考察(고찰)	老人(노인)
客地(객지)	容量(용량)	山村(산촌)	木材(목재)	句讀(구두)

具備(구비)	綠陰(녹음)	清談(청담)	情感(정감)	思想(사상)
恩功(은공)	家族(가족)	旅行(여행)	決心(결심)	快活(쾌활)
便秘(변비)	使用(사용)	末端(말단)	未備(미비)	切實(절실)
功名(공명)	大成(대성)	太平(태평)	布施(보시)	住所(주소)
往來(왕래)	辦事(판사)	氷山(빙산)	永遠(영원)	原因(원인)

比重(비중)	北方(북방)	書堂(서당)	晝夜(주야)	畫家(화가)
相殺(상쇄)	狀態(상태)	問答(문답)	間食(간식)	所聞(소문)
殺到(쇄도)	水洗(수세)	檢査(검사)	十月(시월)	旅客(여객)
惡寒(오한)	一切(일체)	洞察(통찰)	敗北(패배)	行列(항렬)
復活(부활)	詩人(시인)			

ㄱ

ㄴ

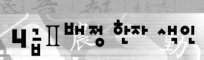

ㄷ

ㅅ

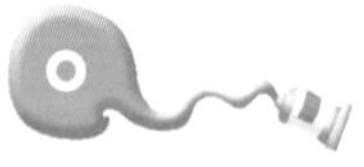

memo

memo

한자능력 검정시험

4급 Ⅱ

통합 급수 시험 대비
• 한국어문회 • 진흥회 • 검정회

책속의 책

✓ 쓰기 노트
✓ 정답

배정 한자 쓰기

쓰기 노트

4급II

01과

停	머무를 정	人부 5급
貯	쌓을 저	貝부 5급
打	칠 타	手부 5급
可	옳을 가	口부 5급
歌	노래 가	欠부 7급
河	물 하	水부 5급
力	힘 력	力부 7급
協	화할 협	十부 4급Ⅱ
加	더할 가	力부 5급
初	처음 초	刀부 5급
認	알 인	言부 4급Ⅱ
別	다를 별	刀부 6급
土	흙 토	土부 8급
街	거리 가	行부 4급Ⅱ
陸	뭍 륙	阜부 5급
熱	더울 열	火부 5급
勢	형세 세	力부 4급Ⅱ
藝	재주 예	艸부 4급Ⅱ
社	모일 사	示부 6급
士	선비 사	士부 5급

02과

仕 벼슬 사	人부 5급
吉 길할 길	口부 5급
結 맺을 결	糸부 5급
志 뜻 지	心부 4급Ⅱ
任 맡길 임	人부 5급
程 길 정	禾부 4급Ⅱ
庭 뜰 정	广부 6급
聖 성인 성	耳부 4급Ⅱ
將 장수 장	寸부 4급Ⅱ
活 살 활	水부 7급
話 말씀 화	言부 7급
舍 집 사	舌부 4급Ⅱ
宅 집 택	宀부 5급
半 반 반	十부 6급
午 낮 오	十부 7급
許 허락할 허	言부 5급
年 해 년	干부 8급
牛 소 우	牛부 5급
件 물건 건	人부 5급
牧 기를 목	牛부 4급Ⅱ

告 고할 고 口부 5급

造 지을 조 辶부 4급II

笑 웃음 소 竹부 4급II

高 높을 고 高부 6급

橋 다리 교 木부 5급

大 큰 대 大부 8급

太 클 태 大부 6급

天 하늘 천 大부 7급

送 보낼 송 辶부 4급II

夫 지아비 부 大부 7급

03과

失 잃을 실 大부 6급

知 알 지 矢부 5급

短 짧을 단 矢부 6급

果 실과 과 木부 6급

課 과정 과 言부 5급

未 아닐 미 木부 4급II

味 맛 미 口부 4급II

末 끝 말 木부 5급

木 나무 목 木부 8급

本 근본 본 木부 6급

李	오얏 리	木부 6급
床	상 상	广부 4급Ⅱ
林	수풀 림	木부 7급
禁	금할 금	示부 4급Ⅱ
極	극진할 극	木부 4급Ⅱ
相	서로 상	目부 5급
想	생각 상	心부 4급Ⅱ
深	깊을 심	水부 4급Ⅱ
來	올 래	人부 7급
束	묶을 속	木부 5급
速	빠를 속	辵부 6급
東	동녘 동	木부 8급
練	익힐 련	糸부 5급
車	수레 거	車부 7급
連	이을 련	辵부 4급Ⅱ

04과

軍	군사 군	車부 8급
運	옮길 운	辵부 6급
家	집 가	宀부 7급
隊	무리 대	阜부 4급Ⅱ
假	거짓 가	人부 4급Ⅱ

屋	집 옥	尸부 5급
局	판 국	尸부 5급
硏	갈 연	石부 4급Ⅱ
形	모양 형	彡부 6급
展	펼 전	尸부 5급
出	날 출	凵부 7급
戶	집 호	戶부 4급Ⅱ
典	법 전	八부 5급
論	논할 론	言부 4급Ⅱ
檢	검사할 검	木부 4급Ⅱ
驗	시험 험	馬부 4급Ⅱ
各	각각 각	口부 6급
格	격식 격	木부 5급
落	떨어질 락	艸부 5급
客	손 객	宀부 5급
路	길 로	足부 6급
夕	저녁 석	夕부 7급
名	이름 명	口부 7급
夜	밤 야	夕부 6급
液	액체 액	水부 4급Ⅱ

05과

多				
많을 다	夕부 6급			

移				
옮길 이	禾부 4급Ⅱ			

列				
벌릴 렬	刀부 4급Ⅱ			

例				
법식 례	人부 6급			

死				
죽을 사	歹부 6급			

包				
쌀 포	勹부 4급Ⅱ			

砲				
대포 포	石부 4급Ⅱ			

的				
과녁 적	白부 5급			

約				
맺을 약	糸부 5급			

獨				
홀로 독	犬부 5급			

口				
입 구	口부 7급			

句				
글귀 구	口부 4급Ⅱ			

敬				
공경 경	攴부 5급			

警				
깨우칠 경	言부 4급Ⅱ			

回				
돌아올 회	口부 4급Ⅱ			

圖				
그림 도	口부 6급			

因				
인할 인	口부 5급			

恩				
은혜 은	心부 4급Ⅱ			

溫				
따뜻할 온	水부 6급			

品				
물건 품	口부 5급			

區				
구분할 구	匚부 6급			

操				
잡을 조	手부 5급			

元				
으뜸 원	儿부 5급			

院				
집 원	阜부 5급			

完				
완전할 완	宀부 5급			

06과

光				
빛 광	儿부 6급			

兒				
아이 아	儿부 5급			

兄				
형 형	儿부 8급			

祝				
빌 축	示부 5급			

競				
다툴 경	立부 5급			

稅				
세금 세	禾부 4급II			

說				
말씀 설	言부 5급			

充				
채울 충	儿부 5급			

銃				
총 총	金부 4급II			

統				
거느릴 통	糸부 4급II			

流				
흐를 류	水부 5급			

育				
기를 육	肉부 7급			

世				
세상 세	一부 7급			

葉				
잎 엽	艸부 5급			

船				
배 선	舟부 5급			

한자	훈음	부수·급수
治	다스릴 치	水부 4급II
始	비로소 시	女부 6급
古	예 고	口부 6급
苦	쓸 고	艸부 6급
故	연고 고	攴부 4급II
固	굳을 고	口부 5급
個	낱 개	人부 4급II
湖	호수 호	水부 5급
豆	콩 두	豆부 4급II
頭	머리 두	頁부 6급

07과

한자	훈음	부수·급수
樹	나무 수	木부 6급
曲	굽을 곡	曰부 5급
農	농사 농	辰부 7급
豐	풍년 풍	豆부 4급II
禮	예도 례	示부 6급
體	몸 체	骨부 6급
去	갈 거	厶부 5급
法	법 법	水부 5급
擧	들 거	手부 5급
興	일 흥	臼부 4급II

한자	훈음	부수·급수
學	배울 학	子부 8급
寫	베낄 사	宀부 5급
擔	멜 담	手부 4급II
平	평평할 평	干부 7급
呼	부를 호	口부 4급II
眼	눈 안	目부 4급II
根	뿌리 근	木부 6급
銀	은 은	金부 6급
退	물러날 퇴	辵부 4급II
限	한할 한	阜부 4급II
良	어질 량	艮부 5급
朗	밝을 랑	月부 5급
目	눈 목	目부 6급
見	볼 견	見부 5급
現	나타날 현	玉부 6급

08과

한자	훈음	부수·급수
規	법 규	見부 5급
視	볼 시	見부 4급II
親	친할 친	見부 6급
門	문 문	門부 8급
問	물을 문	口부 7급

한자	훈음	부수·급수
聞	들을 문	耳부 6급
開	열 개	門부 6급
間	사이 간	門부 7급
基	터 기	土부 5급
期	기약할 기	月부 5급
旗	기 기	方부 7급
同	한가지 동	口부 7급
洞	골 동	水부 7급
銅	구리 동	金부 4급II
向	향할 향	口부 6급
常	떳떳할 상	巾부 4급II
賞	상줄 상	貝부 5급
堂	집 당	土부 6급
當	마땅 당	田부 5급
黨	무리 당	黑부 4급II
物	물건 물	牛부 7급
陽	볕 양	阜부 6급
場	마당 장	土부 7급
日	날 일	日부 8급
壇	단 단	土부 5급

09과

한자	훈음	부수·급수
檀	박달나무 단	木부 4급II
得	얻을 득	彳부 4급II
早	이를 조	日부 4급II
草	풀 초	艸부 7급
竹	대 죽	竹부 4급II
卓	높을 탁	十부 5급
唱	부를 창	口부 5급
白	흰 백	白부 8급
習	익힐 습	羽부 6급
百	일백 백	白부 7급
宿	잘 숙	宀부 5급
線	줄 선	糸부 6급
原	언덕 원	厂부 5급
願	원할 원	頁부 5급
韓	한국 한	韋부 8급
朝	아침 조	月부 6급
月	달 월	月부 8급
明	밝을 명	日부 6급
比	견줄 비	比부 5급
指	가리킬 지	手부 4급II

한자	훈음	부수·급수
化	될 화	匕부 5급
花	꽃 화	艸부 7급
貨	재물 화	貝부 4급Ⅱ
北	북녘 북	匕부 8급
背	등 배	肉부 4급Ⅱ
10과 節	마디 절	竹부 5급
鄕	시골 향	邑부 4급Ⅱ
武	호반 무	止부 4급Ⅱ
代	대신 대	人부 6급
式	법 식	弋부 6급
試	시험 시	言부 4급Ⅱ
伐	칠 벌	人부 4급Ⅱ
國	나라 국	口부 8급
減	덜 감	水부 4급Ⅱ
感	느낄 감	心부 6급
成	이룰 성	戈부 6급
城	재 성	土부 4급Ⅱ
盛	성할 성	皿부 4급Ⅱ
誠	정성 성	言부 4급Ⅱ
歲	해 세	止부 5급

鐵	쇠 철	金부 5급
申	납(원숭이) 신	田부 4급Ⅱ
神	귀신 신	示부 6급
由	말미암을 유	田부 6급
油	기름 유	水부 6급
田	밭 전	田부 4급Ⅱ
男	사내 남	田부 7급
細	가늘 세	糸부 4급Ⅱ
界	지경 계	田부 6급
里	마을 리	里부 7급

11과

理	다스릴 리	玉부 6급
量	헤아릴 량	里부 5급
童	아이 동	立부 6급
重	무거울 중	里부 7급
動	움직일 동	力부 7급
種	씨 종	禾부 5급
黑	검을 흑	黑부 5급
增	더할 증	土부 4급Ⅱ
會	모일 회	日부 6급
無	없을 무	火부 5급

한자	훈음	부수·급수
臣	신하 신	臣부 5급
賢	어질 현	貝부 4급Ⅱ
監	볼 감	皿부 4급Ⅱ
工	장인 공	工부 7급
功	공 공	力부 6급
空	빌 공	穴부 7급
江	강 강	水부 7급
亡	망할 망	亠부 5급
望	바랄 망	月부 5급
共	한가지 공	八부 6급
港	항구 항	水부 4급Ⅱ
選	가릴 선	辵부 5급
暴	사나울 폭	日부 4급Ⅱ
中	가운데 중	부 8급
忠	충성 충	心부 4급Ⅱ

12과

한자	훈음	부수·급수
患	근심 환	心부 5급
英	꽃부리 영	艸부 6급
決	결단할 결	水부 5급
缺	이지러질 결	缶부 4급Ⅱ
快	쾌할 쾌	心부 4급Ⅱ

한자	훈음	부수·급수
史	사기 사	口부 5급
使	하여금 사	人부 6급
便	편할 편	人부 7급
近	가까울 근	辵부 6급
所	바 소	戶부 7급
新	새 신	斤부 6급
斷	끊을 단	斤부 4급II
兵	군사 병	八부 5급
印	도장 인	卩부 4급II
爲	할 위	爪부 4급II
愛	사랑 애	心부 6급
爭	다툴 쟁	爪부 5급
暖	따뜻할 난	日부 4급II
受	받을 수	又부 4급II
授	줄 수	手부 4급II
督	감독할 독	目부 4급II
支	지탱할 지	支부 4급II
技	재주 기	手부 5급
石	돌 석	石부 6급
右	오른 우	口부 7급

13과

한자	훈음	부수·급수
左	왼 좌	工부 7급
有	있을 유	月부 7급
友	벗 우	又부 5급
布	베 포	巾부 4급Ⅱ
希	바랄 희	巾부 4급Ⅱ
反	돌아올 반	又부 6급
板	널 판	木부 5급
才	재주 재	手부 6급
材	재목 재	木부 5급
財	재물 재	貝부 5급
在	있을 재	土부 6급
級	등급 급	糸부 6급
吸	마실 흡	口부 4급Ⅱ
急	급할 급	心부 6급
事	일 사	亅부 7급
律	법칙 률	彳부 4급Ⅱ
筆	붓 필	竹부 5급
書	글 서	日부 6급
晝	낮 주	日부 6급
畫	그림 화	田부 6급

建	세울 건	廴부 5급
健	굳셀 건	人부 5급
寸	마디 촌	寸부 8급
村	마을 촌	木부 7급
守	지킬 수	宀부 4급Ⅱ
謝	사례할 사	言부 4급Ⅱ
府	마을 부	广부 4급Ⅱ
寺	절 사	寸부 4급Ⅱ
時	때 시	日부 7급
詩	시 시	言부 4급Ⅱ
待	기다릴 대	彳부 6급
特	특별할 특	牛부 6급
等	무리 등	竹부 6급
侵	침노할 침	人부 4급Ⅱ
康	편안할 강	广부 4급Ⅱ
掃	쓸 소	手부 4급Ⅱ
婦	며느리 부	女부 4급Ⅱ
郡	고을 군	邑부 6급
端	끝 단	立부 4급Ⅱ
身	몸 신	身부 6급

14과 (謝부터)

한자	훈음	부수·급수
引	끌 인	弓부 4급II
強	군셀 강	弓부 6급
弱	약할 약	弓부 6급
弟	아우 제	弓부 8급
第	차례 제	竹부 6급
佛	부처 불	人부 4급II
費	쓸 비	貝부 5급
行	다닐 행	行부 6급
人	사람 인	人부 8급
信	믿을 신	人부 6급

15과

한자	훈음	부수·급수
休	쉴 휴	人부 7급
以	써 이	人부 5급
保	지킬 보	人부 4급II
修	닦을 수	人부 4급II
創	비롯할 창	刀부 4급II
餘	남을 여	食부 4급II
除	덜 제	阜부 4급II
作	지을 작	人부 6급
昨	어제 작	日부 6급
入	들 입	入부 7급

한자	훈음	부수·급수
內	안 내	入부 7급
肉	고기 육	肉부 4급Ⅱ
全	온전 전	入부 7급
金	쇠 금	金부 8급
病	병 병	疒부 6급
兩	두 량	入부 4급Ⅱ
滿	찰 만	水부 4급Ⅱ
八	여덟 팔	八부 8급
分	나눌 분	刀부 6급
貧	가난할 빈	貝부 4급Ⅱ
今	이제 금	人부 6급
陰	그늘 음	阜부 4급Ⅱ
念	생각 념	心부 5급
合	합할 합	口부 6급
給	줄 급	糸부 5급

16과

한자	훈음	부수·급수
答	대답 답	竹부 7급
令	하여금 령	人부 5급
領	거느릴 령	頁부 5급
冷	찰 랭	冫부 5급
命	목숨 명	口부 7급

한자	훈음	부수·급수
序	차례 서	广부 5급
野	들 야	里부 6급
務	힘쓸 무	力부 4급Ⅱ
子	아들 자	子부 7급
字	글자 자	子부 7급
京	서울 경	亠부 6급
景	볕 경	日부 5급
立	설 립	立부 7급
位	자리 위	人부 5급
倍	곱 배	人부 5급
部	떼 부	邑부 6급
接	이을 접	手부 4급Ⅱ
産	낳을 산	生부 5급
言	말씀 언	言부 6급
音	소리 음	音부 6급
暗	어두울 암	日부 4급Ⅱ
意	뜻 의	心부 6급
億	억 억	人부 5급
識	알 식	言부 5급
職	직분 직	耳부 4급Ⅱ

17과

한자	훈음	부수·급수
境	지경 경	土부 4급II
章	글 장	立부 6급
障	막힐 장	阜부 4급II
單	홑 단	口부 4급II
戰	싸움 전	戈부 6급
壁	벽 벽	土부 4급II
幸	다행 행	干부 6급
服	옷 복	月부 6급
報	알릴 보	土부 4급II
經	글 경	糸부 4급II
輕	가벼울 경	車부 5급
川	내 천	巛부 7급
州	고을 주	巛부 5급
災	재앙 재	火부 5급
訓	가르칠 훈	言부 6급
順	순할 순	頁부 5급
脈	줄기 맥	肉부 4급II
求	구할 구	水부 4급II
救	구원할 구	攴부 5급
球	공 구	玉부 6급

水	물 수	水부 8급
氷	얼음 빙	水부 5급
永	길 영	水부 6급
承	이을 승	手부 4급Ⅱ
綠	푸를 록	糸부 6급
錄	기록 록	金부 4급Ⅱ
面	낯 면	面부 7급
首	머리 수	首부 5급
道	길 도	辵부 7급
導	인도할 도	寸부 4급Ⅱ

18과

類	무리 류	頁부 5급
夏	여름 하	夊부 7급
術	재주 술	行부 6급
和	화할 화	口부 6급
利	이할 리	刀부 6급
秋	가을 추	禾부 7급
香	향기 향	香부 4급Ⅱ
歷	지낼 력	止부 5급
番	차례 번	田부 6급
老	늙을 로	老부 7급

한자	훈음	부수·급수
考	생각할 고	老부 5급
孝	효도 효	子부 7급
敎	가르칠 교	攴부 8급
者	놈 자	老부 6급
都	도읍 도	邑부 5급
公	공평할 공	八부 6급
俗	풍속 속	人부 4급II
浴	목욕할 욕	水부 5급
容	얼굴 용	宀부 4급II
氣	기운 기	气부 7급

19과

한자	훈음	부수·급수
汽	물끓는김 기	水부 5급
斗	말 두	斗부 4급II
料	헤아릴 료	斗부 5급
科	과목 과	禾부 6급
米	쌀 미	米부 6급
過	지날 과	辵부 5급
師	스승 사	巾부 4급II
官	벼슬 관	宀부 4급II
宮	집 궁	宀부 4급II
關	관계할 관	門부 5급

한자	훈음	부수·급수
樂	즐길 락	木부 6급
藥	약 약	艸부 6급
蓄	모을 축	艸부 4급Ⅱ
素	본디 소	糸부 4급Ⅱ
係	맬 계	人부 4급Ⅱ
孫	손자 손	子부 6급
變	변할 변	言부 5급
觀	볼 관	見부 5급
權	권세 권	木부 4급Ⅱ
護	도울 호	言부 4급Ⅱ
進	나아갈 진	辵부 4급Ⅱ
集	모을 집	隹부 6급
準	준할 준	水부 4급Ⅱ
羅	벌릴 라	网부 4급Ⅱ
舊	예 구	臼부 5급

20과

한자	훈음	부수·급수
確	굳을 확	石부 4급Ⅱ
應	응할 응	心부 4급Ⅱ
曜	빛날 요	日부 5급
雄	수컷 웅	隹부 5급
鳥	새 조	鳥부 4급Ⅱ

島	섬 도	山부 5급
馬	말 마	馬부 5급
長	긴 장	長부 8급
玉	구슬 옥	玉부 4급II
班	나눌 반	玉부 6급
王	임금 왕	玉부 8급
主	주인 주	丶부 7급
住	살 주	人부 7급
注	부을 주	水부 6급
往	갈 왕	彳부 4급II
黃	누를 황	黃부 6급
廣	넓을 광	广부 5급
漢	한수 한	水부 7급
難	어려울 난	隹부 4급II
示	보일 시	示부 5급
宗	마루 종	宀부 4급II
祭	제사 제	示부 4급II
際	즈음 제	阜부 4급II
察	살필 찰	宀부 4급II
謠	노래 요	言부 4급II

21과

한자	훈음	부수·급수
四	넉 사	口부 8급
罰	벌할 벌	网부 4급Ⅱ
西	서녘 서	襾부 8급
價	값 가	人부 5급
票	표 표	示부 4급Ⅱ
煙	연기 연	火부 4급Ⅱ
醫	의원 의	酉부 6급
尊	높을 존	寸부 4급Ⅱ
衣	옷 의	衣부 6급
表	겉 표	衣부 6급
園	동산 원	口부 6급
遠	멀 원	辶부 6급
卒	군사 졸	十부 5급
窓	창문 창	穴부 6급
器	그릇 기	口부 4급Ⅱ
狀	형상 상	犬부 4급Ⅱ
壓	누를 압	土부 4급Ⅱ
然	그럴 연	火부 7급
父	아비 부	父부 8급
交	사귈 교	亠부 6급

한자	훈음	부수·급수
校	학교 교	木부 8급
效	본받을 효	攴부 5급
文	글월 문	文부 7급
總	다 총	糸부 4급II
雲	구름 운	雨부 5급
雨	비 우	雨부 5급
電	번개 전	雨부 7급
雪	눈 설	雨부 6급
己	몸 기	己부 5급
記	기록 기	言부 7급

22과

한자	훈음	부수·급수
起	일어날 기	走부 4급II
配	짝 배	酉부 4급II
改	고칠 개	攴부 5급
邑	고을 읍	邑부 7급
色	빛 색	色부 7급
絕	끊을 절	糸부 4급II
地	땅 지	土부 7급
他	다를 타	人부 5급
女	계집 녀	女부 8급
好	좋을 호	女부 4급II

努	힘쓸 노	力부 4급II	
怒	성낼 노	心부 4급II	
如	같을 여	女부 4급II	
安	편안 안	宀부 7급	
案	책상 안	木부 5급	
要	요긴할 요	襾부 5급	
母	어미 모	毋부 8급	
毒	독 독	毋부 4급II	
每	매양 매	毋부 7급	
海	바다 해	水부 7급	

23과

方	모 방	方부 7급	
防	막을 방	阜부 4급II	
房	방 방	戶부 4급II	
放	놓을 방	攴부 6급	
訪	찾을 방	言부 4급II	
施	베풀 시	方부 4급II	
族	겨레 족	方부 6급	
旅	나그네 려	方부 5급	
帶	띠 대	巾부 4급II	
市	저자 시	巾부 7급	

한자	훈음	부수·급수
制	절제할 제	刀부 4급II
製	지을 제	衣부 4급II
濟	건널 제	水부 4급II
航	배 항	舟부 4급II
築	쌓을 축	竹부 4급II
設	베풀 설	言부 4급II
殺	죽일 살	殳부 4급II
角	뿔 각	角부 6급
解	풀 해	角부 4급II
用	쓸 용	用부 6급
勇	날랠 용	力부 6급
通	통할 통	辵부 6급
備	갖출 비	人부 4급II
週	주일 주	辵부 5급
調	고를 조	言부 5급

24과

한자	훈음	부수·급수
博	넓을 박	十부 4급II
傳	전할 전	人부 5급
團	둥글 단	口부 5급
惠	은혜 혜	心부 4급II
福	복 복	示부 5급

副	버금 부	刀부 4급Ⅱ
富	부자 부	宀부 4급Ⅱ
朴	성 박	木부 6급
外	바깥 외	夕부 8급
店	가게 점	广부 5급
非	아닐 비	非부 4급Ⅱ
悲	슬플 비	心부 4급Ⅱ
罪	허물 죄	网부 5급
消	사라질 소	水부 6급
少	적을 소	小부 7급
省	살필 성	目부 6급
小	작을 소	小부 8급
食	밥 식	食부 7급
手	손 수	手부 7급
拜	절 배	手부 4급Ⅱ
毛	털 모	毛부 4급Ⅱ
義	옳을 의	羊부 4급Ⅱ
議	의논 의	言부 4급Ⅱ
羊	양 양	羊부 4급Ⅱ
洋	큰바다 양	水부 6급

25과

한자	훈음	부수·급수
養	기를 양	食부 5급
美	아름다울 미	羊부 6급
着	붙을 착	目부 5급
善	착할 선	口부 5급
達	통달할 달	辵부 4급II
害	해할 해	宀부 5급
潔	깨끗할 결	水부 4급II
春	봄 춘	日부 7급
奉	받들 봉	大부 5급
勝	이길 승	力부 6급
紙	종이 지	糸부 7급
低	낮을 저	人부 4급II
民	백성 민	氏부 8급
千	일천 천	十부 7급
純	순수할 순	糸부 4급II
逆	거스를 역	辵부 4급II
生	날 생	生부 8급
性	성품 성	心부 5급
姓	성 성	女부 7급
星	별 성	日부 4급II

한자	훈음	부수·급수
飮	마실 음	食부 6급
次	버금 차	欠부 4급Ⅱ
誤	그르칠 오	言부 4급Ⅱ
赤	붉을 적	赤부 5급
不	아니 불	一부 7급

26과

한자	훈음	부수·급수
上	윗 상	一부 7급
下	아래 하	一부 7급
一	한 일	一부 8급
二	두 이	二부 8급
三	석 삼	一부 8급
六	여섯 륙	八부 8급
七	일곱 칠	一부 8급
切	끊을 절	刀부 5급
九	아홉 구	乙부 8급
究	연구할 구	穴부 4급Ⅱ
五	다섯 오	二부 8급
語	말씀 어	言부 7급
十	열 십	十부 8급
計	셀 계	言부 6급
南	남녘 남	十부 8급

한자	훈음	부수·급수
止	그칠 지	止부 5급
齒	이 치	齒부 4급Ⅱ
步	걸음 보	止부 4급Ⅱ
正	바를 정	止부 7급
政	정사 정	攴부 4급Ⅱ
定	정할 정	宀부 6급
足	발 족	足부 7급
走	달릴 주	走부 4급Ⅱ
是	이 시	日부 4급Ⅱ
提	끌 제	手부 4급Ⅱ

27과

한자	훈음	부수·급수
題	제목 제	頁부 6급
先	먼저 선	儿부 8급
洗	씻을 세	水부 5급
登	오를 등	癶부 7급
燈	등(불) 등	火부 4급Ⅱ
發	필 발	癶부 6급
冬	겨울 동	冫부 7급
終	마칠 종	糸부 5급
後	뒤 후	彳부 7급
復	회복할 복	彳부 4급Ⅱ

한자	훈음	부수·급수
至	이를 지	至부 4급Ⅱ
致	이를 치	至부 5급
室	집 실	宀부 8급
到	이를 도	刀부 5급
參	참여할 참	厶부 5급
自	스스로 자	自부 7급
息	쉴 식	心부 4급Ⅱ
鼻	코 비	鼻부 5급
邊	가 변	辵부 4급Ⅱ
查	조사할 사	木부 5급
助	도울 조	力부 4급Ⅱ
祖	할아비지 조	示부 7급
具	갖출 구	八부 5급
直	곧을 직	目부 7급
植	심을 식	木부 7급

28과

한자	훈음	부수·급수
置	둘 치	网부 4급Ⅱ
德	큰 덕	彳부 5급
眞	참 진	目부 4급Ⅱ
講	욀 강	言부 4급Ⅱ
再	두 재	冂부 5급

한자	훈음	부수·급수
前	앞 전	刀부 7급
寒	찰 한	宀부 5급
青	푸를 청	青부 8급
清	맑을 청	水부 6급
請	청할 청	言부 4급Ⅱ
情	뜻 정	心부 5급
精	정할 정	米부 4급Ⅱ
責	꾸짖을 책	貝부 5급
敗	패할 패	攴부 5급
質	바탕 질	貝부 5급
寶	보배 보	宀부 4급Ⅱ
則	법칙 칙	刀부 5급
測	헤아릴 측	水부 4급Ⅱ
買	살 매	貝부 5급
賣	팔 매	貝부 5급
讀	읽을 독	言부 6급
續	이을 속	糸부 4급Ⅱ
員	인원 원	口부 4급Ⅱ
圓	둥글 원	口부 4급Ⅱ
實	열매 실	宀부 5급

29과

한자	훈음	부수·급수
貴	귀할 귀	貝부 5급
能	능할 능	肉부 5급
態	모습 태	心부 4급Ⅱ
波	물결 파	水부 4급Ⅱ
破	깨뜨릴 파	石부 4급Ⅱ
偉	클 위	人부 5급
衛	지킬 위	行부 4급Ⅱ
麗	고울 려	鹿부 4급Ⅱ
慶	경사 경	心부 4급Ⅱ
魚	고기 어	魚부 5급
漁	고기잡을 어	水부 5급
鮮	고울 선	魚부 5급
蟲	벌레 충	虫부 4급Ⅱ
風	바람 풍	風부 6급
算	셈 산	竹부 7급
飛	날 비	飛부 4급Ⅱ
度	법도 도	广부 6급
席	자리 석	巾부 6급
火	불 화	火부 8급
談	말씀 담	言부 5급

30과

炭	숯 탄	火부 5급
榮	영화 영	木부 4급Ⅱ
勞	수고할 로	力부 5급
必	반드시 필	心부 5급
密	빽빽할 밀	宀부 4급Ⅱ
心	마음 심	心부 7급
思	생각 사	心부 5급
號	이름 호	虍부 6급
處	곳 처	虍부 4급Ⅱ
虛	빌 허	虍부 4급Ⅱ
收	거둘 수	攴부 4급Ⅱ
留	머무를 류	田부 4급Ⅱ
萬	일만 만	艸부 8급
演	펼 연	水부 4급Ⅱ
敵	대적할 적	攴부 4급Ⅱ
商	장사 상	口부 5급
耳	귀 이	耳부 5급
聲	소리 성	耳부 4급Ⅱ
取	가질 취	又부 4급Ⅱ
最	가장 최	日부 5급

山
메 산 山부 8급

仙
신선 선 人부 5급

業
업 업 木부 6급

對
대할 대 寸부 6급

惡
악할 악 心부 5급

凶
흉할 흉 凵부 5급

益
더할 익 皿부 4급II

血
피 혈 血부 4급II

衆
무리 중 血부 4급II

數
셈 수 攴부 7급

정답 4급Ⅱ

01 과 丁·力·刀·土·士 모양을 가진 한자

1

(1) 머무를 정	(2) 쌓을 저	(3) 칠 타	(4) 옳을 가	(5) 노래 가	(6) 물 하
(7) 힘 력	(8) 화할 협	(9) 더할 가	(10) 처음 초	(11) 알 인	(12) 다를 별
(13) 흙 토	(14) 거리 가	(15) 뭍 륙	(16) 더울 열	(17) 형세 세	(18) 재주 예
(19) 모일 사	(20) 선비 사	(21) 벼슬 사	(22) 길할 길	(23) 맺을 결	(24) 뜻 지
(25) 맡길 임					

2

(1) 정차	(2) 저유	(3) 타석	(4) 가망	(5) 가수	(6) 하천
(7) 체력	(8) 협력	(9) 가속	(10) 초등	(11) 인가	(12) 별종
(13) 토질	(14) 가도	(15) 대륙	(16) 열정	(17) 권세	(18) 예술
(19) 사훈	(20) 사병	(21) 사관	(22) 길일	(23) 결혼	(24) 지원
(25) 임용	(26) 가감	(27) 산하	(28) 구별	(29) 초종	(30) 육해
(31) 냉열	(32) 종말	(33) 길흉			

3

(1) 結	(2) 協	(3) 打	(4) 認	(5) 陸	(6) 歌
(7) 河	(8) 力	(9) 加	(10) 貯	(11) 初	(12) 別
(13) 土	(14) 街	(15) 熱	(16) 仕	(17) 勢	(18) 停
(19) 藝	(20) 社	(21) 吉	(22) 志	(23) 可	(24) 士
(25) 任					

4

(1) 歌手	(2) 體力	(3) 區別	(4) 土地	(5) 陸地	(6) 會社
(7) 結果					

02 과 壬·舌·午·牛·大 모양을 가진 한자

1

(1) 길 정	(2) 뜰 정	(3) 성인 성	(4) 장수 장	(5) 살 활	(6) 말씀 화
(7) 집 사	(8) 집 택	(9) 반 반	(10) 낮 오	(11) 허락할 허	(12) 해 년
(13) 소 우	(14) 물건 건	(15) 기를 목	(16) 고할 고	(17) 지을 조	(18) 웃음 소
(19) 높을 고	(20) 다리 교	(21) 큰 대	(22) 클 태	(23) 하늘 천	(24) 보낼 송
(25) 지아비 부					

2

(1) 공정	(2) 정원	(3) 성가	(4) 장차	(5) 쾌활	(6) 전화
(7) 사감	(8) 택지	(9) 반신	(10) 정오	(11) 허용	(12) 풍년
(13) 우보	(14) 문건	(15) 목초	(16) 고백	(17) 조경	(18) 담소
(19) 고공	(20) 석교	(21) 대상	(22) 태양	(23) 천기	(24) 송별
(25) 부부	(26) 사활	(27) 가택	(28) 연세	(29) 허가	(30) 조작
(31) 고저	(32) 송영	(33) 오야			

3

(1) 庭	(2) 造	(3) 將	(4) 牧	(5) 話	(6) 天
(7) 宅	(8) 牛	(9) 許	(10) 年	(11) 舍	(12) 太
(13) 活	(14) 件	(15) 告	(16) 半	(17) 笑	(18) 高
(19) 大	(20) 橋	(21) 午	(22) 程	(23) 聖	(24) 夫
(25) 送					

4

(1) 親庭	(2) 活氣	(3) 宅地	(4) 對話	(5) 午後	(6) 告發
(7) 太陽					

03과 失·未·木·東·車 모양을 가진 한자

1
(1) 잃을 실 (2) 알 지 (3) 짧을 단 (4) 실과 과 (5) 과정 과 (6) 아닐 미
(7) 맛 미 (8) 끝 말 (9) 나무 목 (10) 근본 본 (11) 오얏 리 (12) 상 상
(13) 수풀 림 (14) 금할 금 (15) 극진할 극 (16) 서로 상 (17) 생각 상 (18) 깊을 심
(19) 올 래 (20) 묶을 속 (21) 빠를 속 (22) 동녘 동 (23) 익힐 련 (24) 수레 거
(25) 이을 련

2
(1) 실격 (2) 지식 (3) 단문 (4) 성과 (5) 과세 (6) 미정
(7) 흥미 (8) 말기 (9) 목판 (10) 본론 (11) 이조 (12) 평상
(13) 임야 (14) 금지 (15) 극동 (16) 상대 (17) 회상 (18) 심야
(19) 내일 (20) 단속 (21) 속성 (22) 동풍 (23) 연습 (24) 차비
(25) 연결 (26) 실패 (27) 인과 (28) 말단 (29) 본말 (30) 심천
(31) 왕래 (32) 사계 (33) 이씨

3
(1) 知 (2) 果 (3) 禁 (4) 木 (5) 未 (6) 味
(7) 想 (8) 短 (9) 本 (10) 床 (11) 連 (12) 束
(13) 林 (14) 極 (15) 東 (16) 相 (17) 深 (18) 來
(19) 課 (20) 失 (21) 速 (22) 車 (23) 李 (24) 練
(25) 末

4
(1) 知能 (2) 短命 (3) 課長 (4) 相對 (5) 來年 (6) 團束
(7) 速度

04과 豕·尸·侖·僉·夕 모양을 가진 한자

1
(1) 군사 군 (2) 옮길 운 (3) 집 가 (4) 무리 대 (5) 거짓 가 (6) 집 옥
(7) 판 국 (8) 갈 연 (9) 모양 형 (10) 펼 전 (11) 날 출 (12) 집 호
(13) 법 전 (14) 논할 론 (15) 검사할 검 (16) 시험 험 (17) 각각 각 (18) 격식 격
(19) 떨어질 락 (20) 손 객 (21) 길 로 (22) 저녁 석 (23) 이름 명 (24) 밤 야
(25) 액체 액

2
(1) 군복 (2) 운동 (3) 가정 (4) 대원 (5) 가령 (6) 사옥
(7) 약국 (8) 연구 (9) 형태 (10) 전개 (11) 출석 (12) 호구
(13) 경전 (14) 논설 (15) 검인 (16) 효험 (17) 각별 (18) 합격
(19) 낙서 (20) 객실 (21) 노선 (22) 조석 (23) 명단 (24) 심야
(25) 액체 (26) 운하 (27) 연타 (28) 진가 (29) 가사 (30) 법전
(31) 시험 (32) 각종 (33) 명물

3
(1) 落 (2) 家 (3) 液 (4) 檢 (5) 屋 (6) 局
(7) 研 (8) 格 (9) 展 (10) 出 (11) 戶 (12) 軍
(13) 論 (14) 驗 (15) 各 (16) 假 (17) 運 (18) 客
(19) 隊 (20) 形 (21) 路 (22) 夕 (23) 名 (24) 夜
(25) 典

4
(1) 對局 (2) 人形 (3) 展示 (4) 典禮 (5) 各種 (6) 客室
(7) 夜間

05과 句·勺·口·元 모양을 가진 한자

1

(1) 많을 다	(2) 옮길 이	(3) 벌릴 렬	(4) 법식 례	(5) 죽을 사	(6) 쌀 포
(7) 대포 포	(8) 과녁 적	(9) 맺을 약	(10) 홀로 독	(11) 입 구	(12) 글귀 구
(13) 공경 경	(14) 깨우칠 경	(15) 돌아올 회	(16) 그림 도	(17) 인할 인	(18) 은혜 은
(19) 따뜻할 온	(20) 물건 품	(21) 구분할 구	(22) 잡을 조	(23) 으뜸 원	(24) 집 원
(25) 완전할 완					

2

(1) 다독	(2) 이민	(3) 배열	(4) 예외	(5) 사별	(6) 소포
(7) 총포	(8) 공적	(9) 약정	(10) 고독	(11) 구호	(12) 결구
(13) 경애	(14) 경고	(15) 회상	(16) 지도	(17) 원인	(18) 은사
(19) 온냉	(20) 품절	(21) 구별	(22) 조업	(23) 원조	(24) 원장
(25) 완결	(26) 사생	(27) 이운	(28) 약속	(29) 화도	(30) 온난
(31) 완전	(32) 은원	(33) 예식			

3

(1) 列	(2) 多	(3) 包	(4) 敬	(5) 死	(6) 砲
(7) 的	(8) 警	(9) 移	(10) 獨	(11) 口	(12) 約
(13) 圖	(14) 溫	(15) 阮	(16) 例	(17) 恩	(18) 品
(19) 回	(20) 操	(21) 區	(22) 元	(23) 句	(24) 因
(25) 完					

4

(1) 多福	(2) 例外	(3) 死別	(4) 約束	(5) 獨身	(6) 性品
(7) 原理					

06과 兄·充·世·台·古·豆 모양을 가진 한자

1

(1) 빛 광	(2) 아이 아	(3) 형 형	(4) 빌 축	(5) 다툴 경	(6) 세금 세
(7) 말씀 설	(8) 채울 충	(9) 총 총	(10) 거느릴 통	(11) 흐를 류	(12) 기를 육
(13) 인간 세	(14) 잎 엽	(15) 배 선	(16) 다스릴 치	(17) 비로소 시	(18) 예 고
(19) 쓸 고	(20) 연고 고	(21) 굳을 고	(22) 낱 개	(23) 호수 호	(24) 콩 두
(25) 머리 두					

2

(1) 광선	(2) 건아	(3) 사형	(4) 축복	(5) 경매	(6) 과세
(7) 설교	(8) 충실	(9) 총기	(10) 통계	(11) 유행	(12) 교육
(13) 세대	(14) 엽전	(15) 선원	(16) 치안	(17) 시작	(18) 고궁
(19) 고생	(20) 고향	(21) 고정	(22) 개체	(23) 호서	(24) 두유
(25) 선두	(26) 광명	(27) 아동	(28) 축원	(29) 설화	(30) 육성
(31) 경쟁	(32) 고금	(33) 치리			

3

(1) 兒	(2) 祝	(3) 頭	(4) 世	(5) 充	(6) 個
(7) 苦	(8) 船	(9) 流	(10) 育	(11) 光	(12) 銃
(13) 葉	(14) 治	(15) 競	(16) 稅	(17) 始	(18) 古
(19) 故	(20) 說	(21) 固	(22) 湖	(23) 豆	(24) 統
(25) 兄					

4

(1) 兒童	(2) 說明	(3) 充分	(4) 體育	(5) 古物	(6) 苦生
(7) 世代					

07과 曲·與·艮·良·目 모양을 가진 한자

❶

(1) 나무 수	(2) 굽을 곡	(3) 농사 농	(4) 풍년 풍	(5) 예도 례	(6) 몸 체
(7) 갈 거	(8) 법 법	(9) 들 거	(10) 일 흥	(11) 배울 학	(12) 베낄 사
(13) 멜 담	(14) 평평할 평	(15) 부를 호	(16) 눈 안	(17) 뿌리 근	(18) 은 은
(19) 물러날 퇴	(20) 한할 한	(21) 어질 량	(22) 밝을 랑	(23) 눈 목	(24) 볼 견
(25) 나타날 현					

❷

(1) 수액	(2) 곡예	(3) 농업	(4) 풍성	(5) 예배	(6) 체온
(7) 제거	(8) 법률	(9) 거동	(10) 흥미	(11) 학술	(12) 복사
(13) 담임	(14) 평등	(15) 호흡	(16) 안구	(17) 근성	(18) 은상
(19) 퇴보	(20) 제한	(21) 양호	(22) 낭보	(23) 목례	(24) 견문
(25) 표현	(26) 수목	(27) 곡직	(28) 풍흉	(29) 예절	(30) 체육
(31) 거래	(32) 한계	(33) 평화			

❸

(1) 現	(2) 曲	(3) 農	(4) 樹	(5) 體	(6) 去
(7) 呼	(8) 良	(9) 學	(10) 寫	(11) 限	(12) 朗
(13) 平	(14) 眼	(15) 擔	(16) 銀	(17) 根	(18) 興
(19) 禮	(20) 法	(21) 見	(22) 豊	(23) 學	(24) 目
(25) 退					

❹

(1) 樹木	(2) 禮物	(3) 體溫	(4) 法學	(5) 銀行	(6) 良心
(7) 現金					

08과 門·其·同·向·勿 모양을 가진 한자

❶

(1) 법 규	(2) 볼 시	(3) 친할 친	(4) 문 문	(5) 물을 문	(6) 들을 문
(7) 열 개	(8) 사이 간	(9) 터 기	(10) 기약할 기	(11) 기 기	(12) 한가지 동
(13) 골 동	(14) 구리 동	(15) 향할 향	(16) 떳떳할 상	(17) 상줄 상	(18) 집 당
(19) 마땅 당	(20) 무리 당	(21) 물건 물	(22) 볕 양	(23) 마당 장	(24) 날 일
(25) 단 단					

❷

(1) 규격	(2) 시력	(3) 친구	(4) 문전	(5) 방문	(6) 견문
(7) 개방	(8) 간식	(9) 기준	(10) 기약	(11) 기수	(12) 동갑
(13) 통달	(14) 동전	(15) 향배	(16) 상용	(17) 상품	(18) 식당
(19) 당연	(20) 당수	(21) 물질	(22) 석양	(23) 장소	(24) 일과
(25) 화단	(26) 규칙	(27) 문호	(28) 문답	(29) 개폐	(30) 기본
(31) 정상	(32) 상벌	(33) 음양			

❸

(1) 視	(2) 門	(3) 基	(4) 銅	(5) 聞	(6) 規
(7) 當	(8) 陽	(9) 期	(10) 同	(11) 場	(12) 間
(13) 向	(14) 開	(15) 洞	(16) 常	(17) 賞	(18) 旗
(19) 黨	(20) 物	(21) 親	(22) 壇	(23) 日	(24) 問
(24) 堂					

❹

(1) 親舊	(2) 質問	(3) 開通	(4) 基金	(5) 國旗	(6) 合同
(7) 發見					

09과 日·白·月·比·化 모양을 가진 한자

1

(1) 박달나무 단 (2) 얻을 득 (3) 이를 조 (4) 풀 초 (5) 대 죽 (6) 높을 탁
(7) 부를 창 (8) 흰 백 (9) 익힐 습 (10) 일백 백 (11) 잘 숙 (12) 줄 선
(13) 언덕 원 (14) 원할 원 (15) 한국 한 (16) 아침 조 (17) 달 월 (18) 밝을 명
(19) 견줄 비 (20) 가리킬 지 (21) 될 화 (22) 꽃 화 (23) 재물 화 (24) 북녘 북
(25) 등 배

2

(1) 단군 (2) 득표 (3) 조퇴 (4) 초원 (5) 죽도 (6) 탁견
(7) 가창 (8) 백설 (9) 습득 (10) 백성 (11) 숙식 (12) 직선
(13) 원시 (14) 민원 (15) 한방 (16) 조회 (17) 월급 (18) 명도
(19) 비중 (20) 지목 (21) 진화 (22) 화단 (23) 재화 (24) 북극
(25) 배신 (26) 득실 (27) 조속 (28) 초목 (29) 고백 (30) 연습
(31) 청원 (32) 조석 (33) 재화

3

(1) 得 (2) 草 (3) 背 (4) 貨 (5) 卓 (6) 唱
(7) 白 (8) 檀 (9) 習 (10) 線 (11) 月 (12) 竹
(13) 願 (14) 韓 (15) 朝 (16) 花 (17) 明 (18) 比
(19) 指 (20) 原 (21) 北 (22) 早 (23) 宿 (24) 化
(25) 百

4

(1) 新聞 (2) 草木 (3) 自習 (4) 宿所 (5) 朝會 (6) 發明
(7) 花草

10과 皀·戈·由·田·里 모양을 가진 한자

1

(1) 마디 절 (2) 시골 향 (3) 호반 무 (4) 대신 대 (5) 법 식 (6) 시험 시
(7) 칠 벌 (8) 나라 국 (9) 덜 감 (10) 느낄 감 (11) 이룰 성 (12) 재 성
(13) 성할 성 (14) 정성 성 (15) 해 세 (16) 쇠 철 (17) 납 신 (18) 귀신 신
(19) 말미암을 유 (20) 기름 유 (21) 밭 전 (22) 사내 남 (23) 가늘 세 (24) 지경 계
(25) 마을 리

2

(1) 절감 (2) 향가 (3) 무관 (4) 대표 (5) 식순 (6) 시음
(7) 벌초 (8) 국어 (9) 감산 (10) 감사 (11) 성공 (12) 성벽
(13) 강성 (14) 성실 (15) 세월 (16) 철도 (17) 내신 (18) 정신
(19) 유래 (20) 석유 (21) 전원 (22) 남편 (23) 세심 (24) 경계
(25) 이장 (26) 경향 (27) 무사 (28) 대신 (29) 벌목 (30) 감소
(31) 성과 (32) 정성 (33) 신고

3

(1) 鄕 (2) 細 (3) 代 (4) 歲 (5) 試 (6) 國
(7) 盛 (8) 油 (9) 成 (10) 城 (11) 伐 (12) 界
(13) 誠 (14) 鐵 (15) 申 (16) 式 (17) 由 (18) 武
(19) 減 (20) 里 (21) 男 (22) 田 (23) 感 (24) 神
(25) 節

4

(1) 方式 (2) 國軍 (3) 成果 (4) 神童 (5) 石油 (6) 男便
(7) 學界

11과 ▶ 重·會·工·亡·中 모양을 가진 한자

1
(1) 다스릴 리 (2) 헤아릴 량 (3) 아이 동 (4) 무거울 중 (5) 움직일 동 (6) 씨 종
(7) 검을 흑 (8) 더할 증 (9) 모일 회 (10) 없을 무 (11) 신하 신 (12) 어질 현
(13) 볼 감 (14) 장인 공 (15) 공 공 (16) 빌 공 (17) 강 강 (18) 망할 망
(19) 바랄 망 (20) 한가지 공 (21) 항구 항 (22) 가릴 선 (23) 사나울 폭 (24) 가운데 중
(24) 충성 충

2
(1) 이지 (2) 용량 (3) 아동 (4) 체중 (5) 수동 (6) 종별
(7) 흑각 (8) 증강 (9) 회담 (10) 무적 (11) 가신 (12) 현명
(13) 감찰 (14) 공사 (15) 공과 (16) 공군 (17) 강호 (18) 망신
(19) 희망 (20) 공통 (21) 개항 (22) 선거 (23) 포악 (24) 중간
(25) 충성 (26) 중요 (27) 종자 (28) 증가 (29) 회사 (30) 감시
(31) 공작 (32) 공허 (33) 선별

3
(1) 中 (2) 理 (3) 童 (4) 臣 (5) 動 (6) 黑
(7) 增 (8) 空 (9) 工 (10) 種 (11) 賢 (12) 量
(13) 會 (14) 監 (15) 重 (16) 功 (17) 共 (18) 江
(19) 望 (20) 無 (21) 港 (22) 亡 (23) 暴 (24) 忠
(25) 選

4
(1) 童心 (2) 重責 (3) 種類 (4) 會社 (5) 功臣 (6) 所望
(7) 中部

12과 ▶ 夬·吏·斤·爪·又 모양을 가진 한자

1
(1) 근심 환 (2) 꽃부리 영 (3) 결단할 결 (4) 이지러질 결 (5) 쾌할 쾌 (6) 사기 사
(7) 하여금 사 (8) 편할 편 (9) 가까울 근 (10) 바 소 (11) 새 신 (12) 끊을 단
(13) 군사 병 (14) 도장 인 (15) 할 위 (16) 사랑 애 (17) 다툴 쟁 (18) 따뜻할 난
(19) 받을 수 (20) 줄 수 (21) 감독할 독 (22) 지탱할 지 (23) 재주 기 (24) 돌 석
(25) 오른 우

2
(1) 병환 (2) 영재 (3) 결승 (4) 결석 (5) 쾌거 (6) 사료
(7) 사용 (8) 편지 (9) 최근 (10) 소유 (11) 신곡 (12) 단식
(13) 해병 (14) 인장 (15) 위시 (16) 애창 (17) 논쟁 (18) 난방
(19) 수강 (20) 수업 (21) 독학 (22) 지국 (23) 특기 (24) 석교
(25) 우회 (26) 환난 (27) 결판 (28) 출결 (29) 노사 (30) 편리
(31) 원근 (32) 신구 (33) 단속

3
(1) 英 (2) 決 (3) 近 (4) 史 (5) 便 (6) 授
(7) 缺 (8) 患 (9) 快 (10) 所 (11) 斷 (12) 受
(13) 印 (14) 爭 (15) 使 (16) 愛 (17) 暖 (18) 兵
(19) 技 (20) 新 (21) 支 (22) 石 (23) 督 (24) 爲
(25) 右

4
(1) 英才 (2) 決意 (3) 近海 (4) 兵力 (5) 愛人 (6) 石山
(7) 所感

13과 反·才·及·聿·寸 모양을 가진 한자

1

(1) 왼 좌	(2) 있을 유	(3) 벗 우	(4) 베 포	(5) 바랄 희	(6) 돌아올 반
(7) 널 판	(8) 재주 재	(9) 재목 재	(10) 재물 재	(11) 있을 재	(12) 등급 급
(13) 마실 흡	(14) 급할 급	(15) 일 사	(16) 법칙 률	(17) 붓 필	(18) 글 서
(19) 낮 주	(20) 그림 화	(21) 세울 건	(22) 굳셀 건	(23) 마디 촌	(24) 마을 촌
(25) 지킬 수					

2

(1) 좌열	(2) 보유	(3) 우호	(4) 보시	(5) 희원	(6) 반응
(7) 판지	(8) 천재	(9) 재질	(10) 재산	(11) 재야	(12) 등급
(13) 흡수	(14) 위급	(15) 사전	(16) 법률	(17) 친필	(18) 서당
(19) 주간	(20) 서화	(21) 건국	(22) 건재	(23) 촌지	(24) 부촌
(25) 수비	(26) 친우	(27) 유무	(28) 재화	(29) 급속	(30) 사건
(31) 도서	(32) 촌락	(33) 방비			

3

(1) 守	(2) 有	(3) 布	(4) 板	(5) 反	(6) 才
(7) 友	(8) 左	(9) 材	(10) 級	(11) 希	(12) 急
(13) 寸	(14) 事	(15) 律	(16) 晝	(17) 書	(18) 吸
(19) 健	(20) 畫	(21) 建	(22) 村	(23) 筆	(24) 財
(25) 在					

4

(1) 友愛	(2) 人才	(3) 財力	(4) 等級	(5) 筆順	(6) 畫工
(7) 急流					

14과 寺·帚·身·弓·人 모양을 가진 한자

1

(1) 사례할 사	(2) 마을 부	(3) 절 사	(4) 때 시	(5) 시 시	(6) 기다릴 대
(7) 특별할 특	(8) 무리 등	(9) 침노할 침	(10) 편안 강	(11) 쓸 소	(12) 며느리 부
(13) 고을 군	(14) 끝 단	(15) 몸 신	(16) 끌 인	(17) 굳셀 강	(18) 약할 약
(19) 아우 제	(20) 차례 제	(21) 부처 불	(22) 쓸 비	(23) 다닐 행	(24) 사람 인
(25) 믿을 신					

2

(1) 사죄	(2) 정부	(3) 사원	(4) 시계	(5) 시구	(6) 대령
(7) 특허	(8) 등수	(9) 남침	(10) 강복	(11) 소제	(12) 신부
(13) 군계	(14) 단오	(15) 신분	(16) 인상	(17) 강국	(18) 약소
(19) 사제	(20) 낙제	(21) 불가	(22) 비용	(23) 행진	(24) 인형
(25) 배신	(26) 접대	(27) 특별	(28) 안강	(29) 말단	(30) 흡인
(31) 강약	(32) 형제	(33) 신체			

3

(1) 府	(2) 謝	(3) 時	(4) 侵	(5) 詩	(6) 等
(7) 弟	(8) 信	(9) 特	(10) 康	(11) 掃	(12) 婦
(13) 郡	(14) 寺	(15) 人	(16) 費	(17) 強	(18) 待
(19) 端	(20) 第	(21) 佛	(22) 行	(23) 身	(24) 弱
(25) 引					

4

(1) 當時	(2) 苦待	(3) 平等	(4) 強要	(5) 特性	(6) 行動
(7) 信用					

15과 攸·余·乍·入·今 모양을 가진 한자

1

(1) 쉴 휴	(2) 써 이	(3) 지킬 보	(4) 닦을 수	(5) 비롯할 창	(6) 남을 여
(7) 덜 제	(8) 지을 작	(9) 어제 작	(10) 들 입	(11) 안 내	(12) 고기 육
(13) 온전 전	(14) 쇠 금	(15) 병 병	(16) 두 량	(17) 찰 만	(18) 여덟 팔
(19) 나눌 분	(20) 가난할 빈	(21) 이제 금	(22) 그늘 음	(23) 생각 념	(24) 합할 합
(25) 줄 급					

2

(1) 휴일	(2) 이북	(3) 보전	(4) 연수	(5) 창작	(6) 여념
(7) 제초	(8) 작곡	(9) 작금	(10) 입사	(11) 내용	(12) 혈육
(13) 전교	(14) 합금	(15) 병자	(16) 양반	(17) 충만	(18) 팔각
(19) 분가	(20) 빈민	(21) 금시	(22) 음지	(23) 이념	(24) 합숙
(25) 급식	(26) 휴식	(27) 창시	(28) 제거	(29) 내외	(30) 만족
(31) 빈부	(32) 음양	(33) 상념			

3

(1) 保	(2) 修	(3) 創	(4) 念	(5) 給	(6) 餘
(7) 作	(8) 全	(9) 內	(10) 除	(11) 肉	(12) 今
(13) 金	(14) 入	(15) 貧	(16) 休	(17) 滿	(18) 八
(19) 病	(20) 分	(21) 陰	(22) 以	(23) 合	(24) 昨
(25) 兩					

4

(1) 以北	(2) 作品	(3) 昨今	(4) 病名	(5) 記念	(6) 合心
(7) 休日					

16과 令·子·京·立·意 모양을 가진 한자

1

(1) 대답 답	(2) 하여금 령	(3) 거느릴 령	(4) 찰 랭	(5) 목숨 명	(6) 차례 서
(7) 들 야	(8) 힘쓸 무	(9) 아들 자	(10) 글자 자	(11) 서울 경	(12) 볕 경
(13) 설 립	(14) 자리 위	(15) 곱절 배	(16) 떼 부	(17) 이을 접	(18) 낳을 산
(19) 말씀 언	(20) 소리 음	(21) 어두울 암	(22) 뜻 의	(23) 억 억	(24) 알 식
(25) 직분 직					

2

(1) 보답	(2) 발령	(3) 영유	(4) 급랭	(5) 사명	(6) 서두
(7) 야산	(8) 의무	(9) 자음	(10) 문자	(11) 경관	(12) 풍경
(13) 기립	(14) 위치	(15) 배수	(16) 부족	(17) 직접	(18) 산모
(19) 언동	(20) 장음	(21) 암실	(22) 의지	(23) 천억	(24) 지식
(25) 직업	(26) 문답	(27) 냉온	(28) 서열	(29) 경향	(30) 배가
(31) 명암	(32) 언어	(33) 직업			

3

(1) 子	(2) 令	(3) 冷	(4) 景	(5) 命	(6) 野
(7) 務	(8) 億	(9) 字	(10) 京	(11) 職	(12) 立
(13) 序	(14) 産	(15) 位	(16) 音	(17) 倍	(18) 言
(19) 領	(20) 答	(21) 接	(22) 意	(23) 暗	(24) 識
(25) 部					

4

(1) 野外	(2) 部品	(3) 産地	(4) 音質	(5) 意外	(6) 智識
(7) 對答					

17과 竟·單·幸·求·水 모양을 가진 한자

1
(1) 지경 경 (2) 글 장 (3) 막힐 장 (4) 홑 단 (5) 싸움 전 (6) 벽 벽
(7) 다행 행 (8) 옷 복 (9) 알릴 보 (10) 글 경 (11) 가벼울 경 (12) 내 천
(13) 고을 주 (14) 재앙 재 (15) 가르칠 훈 (16) 순할 순 (17) 줄기 맥 (18) 구할 구
(19) 구원할 구 (20) 공 구 (21) 물 수 (22) 얼음 빙 (23) 길 영 (24) 이을 승
(25) 푸를 록

2
(1) 국경 (2) 도장 (3) 고장 (4) 단식 (5) 전사 (6) 벽화
(7) 불행 (8) 교복 (9) 보도 (10) 경제 (11) 경시 (12) 하천
(13) 주군 (14) 천재 (15) 교훈 (16) 순서 (17) 인맥 (18) 구애
(19) 구출 (20) 지구 (21) 냉수 (22) 빙판 (23) 영세 (24) 승인
(25) 녹말 (26) 경계 (27) 요구 (28) 단독 (29) 전쟁 (30) 보고
(31) 경과 (32) 재해 (33) 순역

3
(1) 章 (2) 單 (3) 救 (4) 幸 (5) 障 (6) 服
(7) 訓 (8) 戰 (9) 經 (10) 報 (11) 川 (12) 求
(13) 災 (14) 州 (15) 順 (16) 輕 (17) 脈 (18) 球
(19) 綠 (20) 壁 (21) 氷 (22) 水 (23) 永 (24) 承
(25) 境

4
(1) 勝戰 (2) 天幸 (3) 校訓 (4) 順理 (5) 草綠 (6) 校服
(7) 樂章

18과 首·禾·耂·公·气 모양을 가진 한자

1
(1) 기록 록 (2) 낯 면 (3) 머리 수 (4) 길 도 (5) 인도할 도 (6) 무리 류
(7) 여름 하 (8) 재주 술 (9) 화할 화 (10) 이할 리 (11) 가을 추 (12) 향기 향
(13) 지낼 력 (14) 차례 번 (15) 늙을 로 (16) 생각할 고 (17) 효도 효 (18) 가르칠 교
(19) 놈 자 (20) 도읍 도 (21) 공평할 공 (22) 풍속 속 (23) 목욕할 욕 (24) 얼굴 용
(25) 기운 기

2
(1) 등록 (2) 면회 (3) 수도 (4) 도덕 (5) 인도 (6) 조류
(7) 하지 (8) 무술 (9) 화음 (10) 이용 (11) 추수 (12) 향수
(13) 학력 (14) 당번 (15) 노인 (16) 고사 (17) 효도 (18) 교실
(19) 부자 (20) 도시 (21) 공평 (22) 속세 (23) 입욕 (24) 용공
(25) 기온 (26) 기록 (27) 원수 (28) 종류 (29) 화평 (30) 이익
(31) 경력 (32) 고시 (33) 기술

3
(1) 面 (2) 道 (3) 俗 (4) 錄 (5) 導 (6) 類
(7) 術 (8) 容 (9) 老 (10) 和 (11) 香 (12) 公
(13) 首 (14) 浴 (15) 歷 (16) 番 (17) 孝 (18) 敎
(19) 者 (20) 利 (21) 夏 (22) 氣 (23) 秋 (24) 都
(25) 考

4
(1) 首席 (2) 部類 (3) 美術 (4) 歷代 (5) 番號 (6) 調和
(7) 利害

19과 斗·白·糸·雚·隹 모양을 가진 한자

1

(1) 물끓는김 기	(2) 말 두	(3) 헤아릴 료	(4) 과목 과	(5) 쌀 미	(6) 지날 과
(7) 스승 사	(8) 벼슬 관	(9) 집 궁	(10) 관계할 관	(11) 즐거울 락	(12) 약 약
(13) 모을 축	(14) 본디 소	(15) 맬 계	(16) 손자 손	(17) 변할 변	(18) 볼 관
(19) 권세 권	(20) 도울 호	(21) 나아갈 진	(22) 모을 집	(23) 법 준	(24) 벌릴 라
(25) 예 구					

2

(1) 기자	(2) 두량	(3) 요리	(4) 과목	(5) 백미	(6) 과거
(7) 교사	(8) 관가	(9) 궁합	(10) 관계	(11) 낙원	(12) 약국
(13) 축재	(14) 소박	(15) 계장	(16) 외손	(17) 변화	(18) 관광
(19) 권능	(20) 호국	(21) 진도	(22) 집합	(23) 준비	(24) 나성
(25) 구식	(26) 사제	(27) 쾌락	(28) 저축	(29) 조손	(30) 관찰
(31) 권세	(32) 보호	(33) 진퇴			

3

(1) 集	(2) 斗	(3) 米	(4) 蓄	(5) 料	(6) 權
(7) 汽	(8) 師	(9) 宮	(10) 關	(11) 官	(12) 樂
(13) 藥	(14) 素	(15) 係	(16) 變	(17) 觀	(18) 護
(19) 孫	(20) 進	(21) 準	(22) 羅	(23) 過	(24) 舊
(25) 科					

4

(1) 教科	(2) 米飮	(3) 過速	(4) 關心	(5) 安樂	(6) 藥草
(7) 變化					

20과 鳥·長·玉·示 모양을 가진 한자

1

(1) 굳을 확	(2) 응할 응	(3) 빛날 요	(4) 수컷 웅	(5) 새 조	(6) 섬 도
(7) 말 마	(8) 긴 장	(9) 구슬 옥	(10) 나눌 반	(11) 임금 왕	(12) 주인 주
(13) 살 주	(14) 부을 주	(15) 갈 왕	(16) 누를 황	(17) 넓을 광	(18) 한수 한
(19) 어려울 난	(20) 보일 시	(21) 마루 종	(22) 제사 제	(23) 즈음 제	(24) 살필 찰
(25) 노래 요					

2

(1) 확신	(2) 응용	(3) 요일	(4) 웅지	(5) 길조	(6) 도민
(7) 마구	(8) 장관	(9) 옥설	(10) 양반	(11) 왕손	(12) 주체
(13) 주소	(14) 주입	(15) 왕년	(16) 황우	(17) 광야	(18) 한시
(19) 난민	(20) 훈시	(21) 종회	(22) 제례	(23) 실제	(24) 사찰
(25) 가요	(26) 확고	(27) 응답	(28) 장성	(29) 거주	(30) 관찰
(31) 반상	(32) 주객	(33) 옥석			

3

(1) 班	(2) 確	(3) 祭	(4) 曜	(5) 應	(6) 島
(7) 往	(8) 馬	(9) 玉	(10) 鳥	(11) 漢	(12) 主
(13) 示	(14) 住	(15) 黃	(16) 際	(17) 廣	(18) 王
(19) 難	(20) 宗	(21) 謠	(22) 雄	(23) 長	(24) 察
(25) 注					

4

(1) 班長	(2) 主力	(3) 注目	(4) 黃土	(5) 廣告	(6) 漢文
(7) 住宅					

21 과 四·西·衣·犬·父 모양을 가진 한자

1

(1) 넉 사 (2) 벌할 벌 (3) 서녘 서 (4) 값 가 (5) 표 표 (6) 연기 연
(7) 의원 의 (8) 높을 존 (9) 옷 의 (10) 겉 표 (11) 동산 원 (12) 멀 원
(13) 군사 졸 (14) 창문 창 (15) 그릇 기 (16) 형상 상 (17) 누를 압 (18) 그럴 연
(19) 아비 부 (20) 사귈 교 (21) 학교 교 (22) 본받을 효 (23) 글월 문 (24) 다 총
(25) 구름 운

2

(1) 사촌 (2) 중벌 (3) 서양 (4) 대가 (5) 표결 (6) 연기
(7) 의학 (8) 존중 (9) 의류 (10) 표시 (11) 공원 (12) 원양
(13) 군졸 (14) 창구 (15) 용기 (16) 상장 (17) 압력 (18) 연후
(19) 생부 (20) 교류 (21) 교사 (22) 무효 (23) 문법 (24) 총론
(25) 운우 (26) 상벌 (27) 존중 (28) 의복 (29) 표면 (30) 정원
(31) 원근 (32) 창구 (33) 기구

3

(1) 文 (2) 罰 (3) 西 (4) 價 (5) 票 (6) 四
(7) 校 (8) 煙 (9) 表 (10) 遠 (11) 衣 (12) 尊
(13) 卒 (14) 窓 (15) 器 (16) 狀 (17) 壓 (18) 父
(19) 園 (20) 交 (21) 總 (22) 效 (23) 然 (24) 醫
(25) 雲

4

(1) 衣類 (2) 表現 (3) 公園 (4) 卒業 (5) 交代 (6) 效果
(7) 雲海

22 과 雨·己·巴·女·母 모양을 가진 한자

1

(1) 비 우 (2) 번개 전 (3) 눈 설 (4) 몸 기 (5) 기록 기 (6) 일어날 기
(7) 짝 배 (8) 고칠 개 (9) 고을 읍 (10) 빛 색 (11) 끊을 절 (12) 땅 지
(13) 다를 타 (14) 계집 녀 (15) 좋을 호 (16) 힘쓸 노 (17) 성낼 노 (18) 같을 여
(19) 편안 안 (20) 책상 안 (21) 요긴할 요 (22) 어미 모 (23) 독 독 (24) 매양 매
(25) 바다 해

2

(1) 우기 (2) 전화 (3) 설해 (4) 지기 (5) 등기 (6) 기립
(7) 배달 (8) 개정 (9) 도읍 (10) 색상 (11) 절대 (12) 지역
(13) 타의 (14) 여성 (15) 호의 (16) 노육 (17) 노기 (18) 여일
(19) 안전 (20) 안건 (21) 요구 (22) 모음 (23) 독기 (24) 매회
(25) 근해 (26) 자기 (27) 분배 (28) 토지 (29) 우호 (30) 고안
(31) 해독 (32) 해양 (33) 편안

3

(1) 努 (2) 雪 (3) 改 (4) 海 (5) 記 (6) 毒
(7) 己 (8) 邑 (9) 雨 (10) 配 (11) 色 (12) 地
(13) 他 (14) 好 (15) 電 (16) 絶 (17) 安 (18) 怒
(19) 如 (20) 案 (21) 要 (22) 母 (23) 每 (24) 起
(25) 女

4

(1) 雨衣 (2) 電車 (3) 雪山 (4) 自己 (5) 日記 (6) 重要
(7) 每日

23과 方·巾·殳·用·周 모양을 가진 한자

1
(1) 모 방 (2) 막을 방 (3) 방 방 (4) 놓을 방 (5) 찾을 방 (6) 베풀 시
(7) 겨레 족 (8) 나그네 려 (9) 띠 대 (10) 저자 시 (11) 절제할 제 (12) 지을 제
(13) 건널 제 (14) 배 항 (15) 쌓을 축 (16) 베풀 설 (17) 죽일 살 (18) 뿔 각
(19) 풀 해 (20) 쓸 용 (21) 날랠 용 (22) 통할 통 (23) 갖출 비 (24) 주일 주
(25) 고를 조

2
(1) 방금 (2) 방공 (3) 난방 (4) 방송 (5) 방문 (6) 시설
(7) 민족 (8) 여로 (9) 안대 (10) 시장 (11) 제도 (12) 제본
(13) 결제 (14) 항법 (15) 신축 (16) 설립 (17) 살충 (18) 다각
(19) 해설 (20) 용건 (21) 용사 (22) 통달 (23) 구비 (24) 주초
(25) 조화 (26) 방원 (27) 친족 (28) 제한 (29) 구제 (30) 건축
(31) 설치 (32) 해결 (33) 비용

3
(1) 放 (2) 製 (3) 航 (4) 通 (5) 房 (6) 旅
(7) 設 (8) 勇 (9) 帶 (10) 市 (11) 築 (12) 制
(13) 方 (14) 施 (15) 備 (16) 防 (17) 殺 (18) 角
(19) 用 (20) 訪 (21) 週 (22) 解 (23) 族 (24) 濟
(25) 調

4
(1) 家族 (2) 旅行 (3) 直角 (4) 用法 (5) 通路 (6) 今週
(7) 調理

24과 尃·卜·非·小·手 모양을 가진 한자

1
(1) 넓을 박 (2) 전할 전 (3) 둥글 단 (4) 은혜 혜 (5) 복 복 (6) 버금 부
(7) 부자 부 (8) 성 박 (9) 바깥 외 (10) 가게 점 (11) 아닐 비 (12) 슬플 비
(13) 허물 죄 (14) 사라질 소 (15) 적을 소 (16) 살필 성 (17) 작을 소 (18) 밥 식
(19) 손 수 (20) 절 배 (21) 털 모 (22) 옳을 의 (23) 의논 의 (24) 양 양
(25) 큰바다 양

2
(1) 박애 (2) 전설 (3) 단속 (4) 시혜 (5) 복음 (6) 부업
(7) 부귀 (8) 질박 (9) 외면 (10) 점원 (11) 비명 (12) 비관
(13) 죄벌 (14) 소등 (15) 소량 (16) 성찰 (17) 소변 (18) 식품
(19) 수족 (20) 배상 (21) 모근 (22) 의리 (23) 의원 (24) 양모
(25) 양식 (26) 전달 (27) 단합 (28) 은혜 (29) 상점 (30) 시비
(31) 수족 (32) 빈부 (33) 죄악

3
(1) 義 (2) 手 (3) 少 (4) 惠 (5) 剖 (6) 富
(7) 團 (8) 朴 (9) 傳 (10) 洋 (11) 外 (12) 福
(13) 罪 (14) 博 (15) 省 (16) 悲 (17) 小 (18) 店
(19) 食 (20) 拜 (21) 毛 (22) 議 (23) 羊 (24) 消
(25) 非

4
(1) 傳說 (2) 團束 (3) 幸福 (4) 書店 (5) 食水 (6) 洗手
(7) 洋服

25과 丰·失·氏·生·次 모양을 가진 한자

❶
(1) 기를 양　(2) 아름다울 미　(3) 붙을 착　(4) 착할 선　(5) 통달할 달　(6) 해할 해
(7) 깨끗할 결　(8) 봄 춘　(9) 받들 봉　(10) 이길 승　(11) 종이 지　(12) 낮을 저
(13) 백성 민　(14) 일천 천　(15) 순수할 순　(16) 거스를 역　(17) 날 생　(18) 성품 성
(19) 성씨 성　(20) 별 성　(21) 마실 음　(22) 버금 차　(23) 그르칠 오　(24) 붉을 적
(25) 아니 불

❷
(1) 양성　(2) 미용　(3) 착공　(4) 선악　(5) 발달　(6) 공해
(7) 고결　(8) 춘추　(9) 봉축　(10) 승자　(11) 백지　(12) 저속
(13) 민중　(14) 천대　(15) 순금　(16) 역행　(17) 생육　(18) 성질
(19) 동성　(20) 토성　(21) 음복　(22) 차남　(23) 오용　(24) 적색
(25) 부정　(26) 양육　(27) 순결　(28) 승패　(29) 성숙　(30) 재차
(31) 정오　(32) 죄악　(33) 저속

❸
(1) 美　(2) 害　(3) 姓　(4) 不　(5) 性　(6) 着
(7) 春　(8) 養　(9) 奉　(10) 勝　(11) 善　(12) 低
(13) 千　(14) 飮　(15) 純　(16) 逆　(17) 生　(18) 星
(19) 民　(20) 潔　(21) 次　(22) 誤　(23) 赤　(24) 達
(25) 紙

❹
(1) 入養　(2) 着用　(3) 公害　(4) 代價　(5) 切望　(6) 不良
(7) 奉養

26과 一·九·五·十·止·正·足 모양을 가진 한자

❶
(1) 윗 상　(2) 아래 하　(3) 한 일　(4) 두 이　(5) 석 삼　(6) 여섯 륙
(7) 일곱 칠　(8) 끊을 절　(9) 아홉 구　(10) 연구할 구　(11) 다섯 오　(12) 말씀 어
(13) 열 십　(14) 셀 계　(15) 남녘 남　(16) 그칠 지　(17) 이 치　(18) 걸음 보
(19) 바를 정　(20) 정사 정　(21) 정할 정　(22) 발 족　(23) 달릴 주　(24) 이 시
(25) 끌 제

❷
(1) 상향　(2) 하수　(3) 일보　(4) 이차　(5) 삼각　(6) 육각
(7) 칠석　(8) 친절　(9) 구중　(10) 연구　(11) 오복　(12) 어법
(13) 십경　(14) 계량　(15) 남촌　(16) 지혈　(17) 치석　(18) 보행
(19) 정직　(20) 정치　(21) 정립　(22) 충족　(23) 경주　(24) 필시
(25) 제시　(26) 하락　(27) 일치　(28) 일차　(29) 절단　(30) 계산
(31) 정지　(32) 시인　(33) 언어

❸
(1) 下　(2) 計　(3) 走　(4) 一　(5) 六　(6) 切
(7) 上　(8) 南　(9) 究　(10) 五　(11) 提　(12) 語
(13) 七　(14) 步　(15) 十　(16) 二　(17) 齒　(18) 正
(19) 政　(20) 九　(21) 定　(22) 是　(23) 止　(24) 足
(25) 三

❹
(1) 便紙　(2) 消火　(3) 反省　(4) 性品　(5) 定式　(6) 足球
(7) 過飮

27과 先·冬·彳·至·自 모양을 가진 한자

1

(1) 제목 제	(2) 먼저 선	(3) 씻을 세	(4) 오를 등	(5) 등불 등	(6) 필 발
(7) 겨울 동	(8) 마칠 종	(9) 뒤 후	(10) 회복할 복	(11) 이를 지	(12) 이를 치
(13) 집 실	(14) 이를 도	(15) 참여할 참	(16) 스스로 자	(17) 쉴 식	(18) 코 비
(19) 가 변	(20) 조사할 사	(21) 도울 조	(22) 할아버지 조	(23) 갖출 구	(24) 곧을 직
(25) 심을 식					

2

(1) 제목	(2) 신두	(3) 세면	(4) 등교	(5) 전등	(6) 발전
(7) 동지	(8) 종말	(9) 후기	(10) 회복	(11) 지당	(12) 합치
(13) 교실	(14) 도래	(15) 참가	(16) 자율	(17) 안식	(18) 비조
(19) 강변	(20) 사정	(21) 조력	(22) 조모	(23) 도구	(24) 직행
(25) 식수	(26) 출발	(27) 초종	(28) 도착	(29) 자타	(30) 휴식
(31) 변경	(32) 감사	(33) 협조			

3

(1) 室	(2) 助	(3) 植	(4) 登	(5) 發	(6) 終
(7) 鼻	(8) 邊	(9) 題	(10) 後	(11) 復	(12) 致
(13) 到	(14) 參	(15) 先	(16) 自	(17) 息	(18) 洗
(19) 査	(20) 祖	(21) 具	(22) 冬	(23) 直	(24) 燈
(25) 至					

4

(1) 題目	(2) 洗車	(3) 出發	(4) 終日	(5) 倒着	(6) 參席
(7) 家具					

28과 冓·靑·責·貝·賣 모양을 가진 한자

1

(1) 둘 치	(2) 큰 덕	(3) 참 진	(4) 욀 강	(5) 두 재	(6) 앞 전
(7) 찰 한	(8) 푸를 청	(9) 맑을 청	(10) 청할 청	(11) 뜻 정	(12) 세밀할 정
(13) 꾸짖을 책	(14) 패할 패	(15) 바탕 질	(16) 보배 보	(17) 곧 즉	(18) 헤아릴 측
(19) 살 매	(20) 팔 매	(21) 읽을 독	(22) 이을 속	(23) 인원 원	(24) 둥글 원
(25) 열매 실					

2

(1) 치중	(2) 변덕	(3) 진리	(4) 강당	(5) 재수	(6) 전후
(7) 한파	(8) 청동	(9) 청빈	(10) 청약	(11) 정표	(12) 정성
(13) 책임	(14) 패망	(15) 질량	(16) 가보	(17) 학칙	(18) 관측
(19) 매식	(20) 매점	(21) 독해	(22) 수속	(23) 교원	(24) 원형
(25) 실과	(26) 배치	(27) 진실	(28) 한난	(29) 감정	(30) 정밀
(31) 패배	(32) 질문	(33) 접속			

3

(1) 淸	(2) 買	(3) 德	(4) 講	(5) 眞	(6) 再
(7) 續	(8) 前	(9) 置	(10) 靑	(11) 精	(12) 則
(13) 責	(14) 敗	(15) 質	(16) 寶	(17) 賣	(18) 圓
(19) 情	(20) 測	(21) 讀	(22) 員	(23) 請	(24) 寒
(25) 實					

4

(1) 德望	(2) 前面	(3) 感情	(4) 責任	(5) 靑春	(6) 讀書
(7) 事實					

29과 能·皮·魚·火·必 모양을 가진 한자

1
(1) 귀할 귀 (2) 능할 능 (3) 모습 태 (4) 물결 파 (5) 깨뜨릴 파 (6) 클 위
(7) 지킬 위 (8) 고울 려 (9) 경사 경 (10) 고기 어 (11) 고기잡을 어 (12) 고울 선
(13) 벌레 충 (14) 바람 풍 (15) 셈 산 (16) 날 비 (17) 법도 도 (18) 자리 석
(19) 불 화 (20) 말씀 담 (21) 숯 탄 (22) 영화 영 (23) 수고할 로 (24) 반드시 필
(25) 빽빽할 밀

2
(1) 귀하 (2) 예능 (3) 생태 (4) 풍파 (5) 파산 (6) 위인
(7) 위생 (8) 미려 (9) 경축 (10) 양어 (11) 어부 (12) 선혈
(13) 충치 (14) 풍습 (15) 산출 (16) 비보 (17) 연도 (18) 입석
(19) 화재 (20) 회담 (21) 석탄 (22) 영광 (23) 노사 (24) 필요
(25) 밀림 (26) 귀중 (27) 가능 (28) 형태 (29) 위대 (30) 수위
(31) 산수 (32) 영락 (33) 노고

3
(1) 能 (2) 勞 (3) 貴 (4) 波 (5) 破 (6) 衛
(7) 麗 (8) 炭 (9) 慶 (10) 密 (11) 漁 (12) 鮮
(13) 態 (14) 蟲 (15) 算 (16) 飛 (17) 度 (18) 風
(19) 席 (20) 談 (21) 火 (22) 榮 (23) 必 (24) 魚
(25) 偉

4
(1) 本能 (2) 偉人 (3) 人魚 (4) 生鮮 (5) 風力 (6) 溫度
(7) 勞力

30과 心·虍·禺·耳·血 모양을 가진 한자

1
(1) 생각 사 (2) 마음 심 (3) 이름 호 (4) 곳 처 (5) 빌 허 (6) 거둘 수
(7) 머무를 류 (8) 일만 만 (9) 펼 연 (10) 대적할 적 (11) 장사 상 (12) 귀 이
(13) 소리 성 (14) 가질 취 (15) 가장 최 (16) 메 산 (17) 신선 선 (18) 업 업
(19) 대할 대 (20) 악할 악 (21) 흉할 흉 (22) 더할 익 (23) 피 혈 (24) 무리 중
(25) 셈 수

2
(1) 선심 (2) 의사 (3) 호령 (4) 처소 (5) 허기 (6) 수익
(7) 유학 (8) 만세 (9) 연기 (10) 적병 (11) 상점 (12) 이순
(13) 성악 (14) 거취 (15) 최고 (16) 산림 (17) 선가 (18) 업보
(19) 대립 (20) 악덕 (21) 흉계 (22) 유익 (23) 혈안 (24) 중론
(25) 산수 (26) 심성 (27) 수입 (28) 거류 (29) 대적 (30) 편익
(31) 취득 (32) 길흉 (33) 혈육

3
(1) 處 (2) 心 (3) 演 (4) 血 (5) 收 (6) 對
(7) 留 (8) 萬 (9) 業 (10) 思 (11) 商 (12) 耳
(13) 最 (14) 虛 (15) 山 (16) 號 (17) 仙 (18) 惡
(19) 敵 (20) 數 (21) 凶 (22) 益 (23) 衆 (24) 聲
(25) 取

4
(1) 商品 (2) 最上 (3) 家業 (4) 信號 (5) 凶家 (6) 分數
(7) 對面

4급Ⅱ 한자총정리 정답

146p

4급Ⅱ 쓰기 배정 한자

머무를 정	뜰 정	클 태	오얏 리	옮길 운	길 로	입 구	말씀 설
停	庭	太	李	運	路	口	說
힘 력	살 활	하늘 천	수풀 림	집 가	저녁 석	공경 경	채울 충
力	活	天	林	家	夕	敬	充
다를 별	말씀 화	지아비 부	서로 상	판 국	이름 명	그림 도	흐를 류
別	話	夫	相	局	名	圖	流
흙 토	집 택	잃을 실	올 래	모양 형	밤 야	따뜻할 온	기를 육
土	宅	失	來	形	夜	溫	育
뭍 륙	반 반	알 지	묶을 속	펼 전	많을 다	물건 품	인간 세
陸	半	知	束	展	多	品	世
선비 사	낮 오	짧을 단	빠를 속	날 출	법식 례	구분할 구	비로소 시
士	午	短	速	出	例	區	始
벼슬 사	해 년	실과 과	동녘 동	법 전	죽을 사	으뜸 원	예 고
仕	年	果	東	典	死	元	古
모일 사	고할 고	과정 과	익힐 련	각각 각	과녁 적	빛 광	호수 호
社	告	課	練	各	的	光	湖
맺을 결	높을 고	나무 목	수레 거	격식 격	맺을 약	아이 아	머리 두
結	高	木	車	格	約	兒	頭
맡길 임	큰 대	근본 본	군사 군	손 객	홀로 독	형 형	나무 수
任	大	本	軍	客	獨	兄	樹

147p

농사 농	눈 목	기 기	풀 초	될 화	귀신 신	씨 종	꽃부리 영
農	目	旗	草	化	神	種	英
예도 례	볼 견	한가지 동	흰 백	꽃 화	말미암을 유	모일 회	결단할 결
禮	見	同	白	花	由	會	決
몸 체	나타날 현	골 동	익힐 습	북녘 북	기름 유	신하 신	사기 사
體	現	洞	習	北	油	臣	史
법 법	친할 친	향할 향	일백 백	마디 절	사내 남	장인 공	하여금 사
法	親	向	百	節	男	工	使
배울 학	문 문	집 당	잘 숙	대신 대	지경 계	공 공	편할 편
學	門	堂	宿	代	界	功	便
평평할 평	물을 문	마땅 당	줄 선	법 식	마을 리	빌 공	가까울 근
平	問	當	線	式	里	空	近
뿌리 근	들을 문	물건 물	한국 한	나라 국	다스릴 리	강 강	바 소
根	聞	物	韓	國	理	江	所
은 은	열 개	볕 양	아침 조	느낄 감	아이 동	바랄 망	새 신
銀	開	陽	朝	感	童	望	新
어질 량	사이 간	마당 장	달 월	이룰 성	무거울 중	한가지 공	군사 병
良	間	場	月	成	重	共	兵
밝을 랑	터 기	날 일	밝을 명	해 세	움직일 동	가운데 중	사랑 애
朗	基	日	明	歲	動	中	愛

148p

돌 석	등급 급	기다릴 대	사람 인	병 병	글자 자	싸움 전	푸를 록
石	級	待	人	病	字	戰	綠
오른 우	급할 급	특별할 특	믿을 신	여덟 팔	서울 경	다행 행	낯 면
右	急	特	信	八	京	幸	面
왼 좌	일 사	무리 등	쉴 휴	나눌 분	설 립	옷 복	머리 수
左	事	等	休	分	立	服	首
있을 유	붓 필	고을 군	써 이	이제 금	떼 부	내 천	길 도
有	筆	郡	以	今	部	川	道
벗 우	글 서	몸 신	지을 작	생각 념	낳을 산	고을 주	무리 류
友	書	身	作	念	産	州	類
돌이킬 반	낮 주	굳셀 강	어제 작	합할 합	말씀 언	가르칠 훈	여름 하
反	晝	強	昨	合	言	訓	夏
재주 재	그림 화	약할 약	들 입	대답 답	소리 음	순할 순	재주 술
才	畫	弱	入	答	音	順	術
재목 재	마디 촌	아우 제	안 내	목숨 명	뜻 의	공 구	화할 화
材	寸	弟	內	命	意	球	化
재물 재	마을 촌	차례 제	온전 전	들 야	알 식	물 수	이할 리
財	村	第	全	野	識	水	利
있을 재	때 시	다닐 행	쇠 금	아들 자	글 장	길 영	가을 추
在	時	行	金	子	章	永	秋

149p

지낼 력	지날 과	나눌 반	값 가	사귈 교	고을 읍	놓을 방	전할 전
歷	過	班	價	交	邑	放	傳
차례 번	관계할 관	임금 왕	의원 의	학교 교	빛 색	겨레 족	둥글 단
番	關	王	醫	校	色	族	團
늙을 로	즐길 락	주인 주	옷 의	본받을 효	땅 지	나그네 려	복 복
老	樂	主	衣	效	地	旅	福
효도 효	약 약	살 주	겉 표	글월 문	계집 녀	저자 시	성 박
孝	藥	住	表	文	女	市	朴
가르칠 교	손자 손	부을 주	동산 원	구름 운	편안 안	뿔 각	바깥 외
敎	孫	注	園	雲	安	角	外
놈 자	변할 변	누를 황	멀 원	비 우	요긴할 요	쓸 용	가게 점
者	變	黃	遠	雨	要	用	店
공평할 공	볼 관	넓을 광	군사 졸	번개 전	어미 모	날랠 용	사라질 소
公	觀	廣	卒	電	母	勇	消
기운 기	모을 집	한수 한	창문 창	눈 설	매양 매	통할 통	작을 소
氣	集	漢	窓	雪	每	通	小
과목 과	예 구	넉 사	그럴 연	몸 기	바다 해	주일 주	적을 소
科	舊	四	然	己	海	週	少
쌀 미	긴 장	서녘 서	아비 부	기록 기	모 방	고를 조	살필 성
米	長	西	父	記	方	調	省

150p

밥 식	종이 지	한 일	셀 계	겨울 동	큰 덕	클 위	이름 호
食	紙	一	計	冬	德	偉	號
손 수	백성 민	두 이	남녘 남	뒤 후	앞 전	고울 선	일만 만
手	民	二	南	後	前	鮮	萬
큰바다 양	일천 천	석 삼	바를 정	집 실	푸를 청	바람 풍	장사 상
洋	千	三	正	室	青	風	商
기를 양	날 생	여섯 륙	정할 정	이를 도	맑을 청	셈 산	메 산
養	生	六	定	到	淸	算	山
아름다울 미	성품 성	일곱 칠	발 족	참여할 참	뜻 정	법도 도	업 업
美	性	七	足	參	情	度	業
붙을 착	성씨 성	끊을 절	제목 제	스스로 자	꾸짖을 책	자리 석	대할 대
着	姓	切	題	自	責	席	對
해할 해	마실 음	아홉 구	먼저 선	할아버지 조	바탕 질	불 화	흉할 흉
害	飮	九	先	祖	質	火	凶
봄 춘	윗 상	다섯 오	씻을 세	갖출 구	읽을 독	수고할 로	셈 수
春	上	五	洗	具	讀	勞	數
받들 봉	아래 하	말씀 어	오를 등	곧을 직	열매 실	반드시 필	신선 선
奉	下	語	登	直	實	必	仙
이길 승	아니 불	열 십	필 발	심을 식	능할 능	마음 심	악할 악
勝	不	十	發	植	能	心	惡

151p

진흥회, 검정회 추가 한자 쓰기

수건 건	개 견	칼 도	가운데 앙	조개 패	달 감	철 계	임금 군	누이 매
巾	犬	刀	央	貝	甘	季	君	妹
성씨 씨	누이 자	있을 존						
氏	姉·姊	存						

4급II 읽기 배정 한자 음훈 달기

貯	初	志	件	味	連	檢	砲
쌓을 저	처음 초	뜻 지	물건 건	맛 미	이을 련	검사할 검	대포 포
打	認	程	牧	末	隊	驗	句
칠 타	알 인	길 정	칠 목	끝 말	무리 대	시험 험	글귀 구
可	街	聖	造	床	假	落	警
옳을 가	거리 가	성인 성	지을 조	상 상	거짓 가	떨어질 락	깨우칠 경
歌	熱	將	笑	禁	屋	液	回
노래 가	더울 열	장수 장	웃음 소	금할 금	집 옥	액체 액	돌아올 회
河	勢	舍	橋	極	硏	移	因
물 하	형세 세	집 사	다리 교	극진할 극	갈 연	옮길 이	인할 인
協	藝	許	送	想	戶	列	恩
화할 협	재주 예	허락할 허	보낼 송	생각 상	집 호	벌릴 렬	은혜 은
加	吉	牛	未	深	論	包	操
더할 가	길할 길	소 우	아닐 미	깊을 심	논할 론	쌀 포	잡을 조

152p

院	苦	寫	常	原	減	增	缺
집 원	쓸 고	베낄 사	떳떳할 상	언덕 원	덜 감	더할 증	이지러질 결
完	故	擔	賞	願	城	無	快
완전할 완	연고 고	멜 담	상줄 상	원할 원	재 성	없을 무	쾌할 쾌
祝	固	呼	黨	比	盛	賢	斷
빌 축	굳을 고	부를 호	무리 당	견줄 비	성할 성	어질 현	끊을 단
競	個	眼	壇	指	誠	監	印
다툴 경	낱 개	눈 안	단 단	가리킬 지	정성 성	볼 감	도장 인
稅	豆	退	檀	貨	鐵	亡	爲
세금 세	콩 두	물러날 퇴	박달나무 단	재물 화	쇠 철	망할 망	할 위
銃	曲	限	得	背	申	港	爭
총 총	굽을 곡	한할 한	얻을 득	등 배	펼 신	항구 항	다툴 쟁
統	豊	規	早	鄕	田	選	暖
거느릴 통	풍년 풍	법 규	이를 조	시골 향	밭 전	가릴 선	따뜻할 난
葉	去	視	竹	武	細	暴	受
잎 엽	갈 거	볼 시	대 죽	호반 무	가늘 세	사나울 폭	받을 수
船	擧	期	卓	試	量	忠	授
배 선	들 거	기약 기	높을 탁	시험 시	헤아릴 량	충성 충	줄 수
治	興	銅	唱	伐	黑	患	督
다스릴 치	일어날 흥	구리 동	부를 창	칠 벌	검을 흑	근심 환	감독할 독

153p

支	謝	佛	貧	倍	經	香	官
지탱할 지	사례할 사	부처 불	가난할 빈	곱절 배	글 경	향기 향	벼슬 관
技	府	費	陰	接	輕	考	宮
재주 기	마을 부	쓸 비	그늘 음	이을 접	가벼울 경	생각할 고	집 궁
布	寺	保	給	暗	災	都	蓄
베 포	절 사	지킬 보	줄 급	어두울 암	재앙 재	도읍 도	모을 축
希	詩	條	令	億	脈	俗	素
바랄 희	글 시	가지 조	하여금 령	억 억	줄기 맥	풍속 속	흴 소
板	侵	創	領	職	求	浴	係
널 판	침노할 침	비롯할 창	거느릴 령	직분 직	구할 구	목욕할 욕	맬 계
吸	康	餘	冷	境	救	容	權
마실 흡	편안할 강	남을 여	찰 랭	지경 경	구원할 구	얼굴 용	권세 권
律	掃	除	務	障	氷	汽	護
법칙 률	쓸 소	덜 제	힘쓸 무	막힐 장	얼음 빙	물끓는김 기	도울 호
建	婦	肉	序	單	承	斗	進
세울 건	며느리 부	고기 육	차례 서	홑 단	이을 승	말 두	나아갈 진
健	端	兩	景	壁	錄	料	準
굳셀 건	끝 단	두 량	볕 경	벽 벽	기록 록	헤아릴 료	준할 준
守	引	滿	位	報	導	師	羅
지킬 수	끌 인	찰 만	자리 위	알릴 보	인도할 도	스승 사	벌릴 라

4급II 한자총정리 정답

154p

確	示	器	努	制	惠	羊	赤
굳을 확	보일 시	그릇 기	힘쓸 노	절제할 제	은혜 혜	양 양	붉을 적
應	宗	狀	怒	製	副	善	究
응할 응	마루 종	형상 상	성낼 노	지을 제	버금 부	착할 선	연구할 구
曜	祭	壓	如	濟	富	達	止
빛날 요	제사 제	누를 압	같을 여	건널 제	부자 부	통달할 달	그칠 지
雄	際	總	案	航	非	潔	齒
수컷 웅	즈음 제	다 총	책상 안	배 항	아닐 비	깨끗할 결	이 치
鳥	察	起	毒	築	悲	低	步
새 조	살필 찰	일어날 기	독 독	쌓을 축	슬플 비	낮을 저	걸음 보
島	謠	配	防	設	罪	純	政
섬 도	노래 요	짝 배	막을 방	베풀 설	허물 죄	순수할 순	정사정
馬	罰	改	房	殺	拜	逆	走
말 마	벌할 벌	고칠 개	방 방	죽일 살	절 배	거스를 역	달릴 주
玉	票	絶	訪	解	毛	星	是
구슬 옥	표 표	끊을 절	찾을 방	풀 해	털 모	별 성	옳을 시
往	煙	他	施	備	義	次	提
갈 왕	연기 연	다를 타	베풀 시	갖출 비	옳을 의	버금 차	끌 제
難	尊	好	帶	博	議	誤	燈
어려울 난	높을 존	좋을 호	띠 대	넓을 박	의논 의	그르칠 오	등불 등

155p

終	邊	再	則	圓	麗	談	虛
마칠 종	가 변	두 재	법칙 칙	둥글 원	고울 려	말씀 담	빌 허
復	查	寒	測	貴	慶	炭	收
회복할 복	조사할 사	찰 한	헤아릴 측	귀할귀	경사 경	숯 탄	거둘 수
致	助	請	買	態	魚	榮	留
이를 치	도울 조	청할 청	살 매	모습 태	고기 어	영화 영	머무를 류
至	置	精	賣	波	漁	密	演
이를 지	둘 치	정할 정	팔 매	물결 파	고기잡을 어	빽빽할 밀	펼 연
息	眞	敗	續	破	蟲	思	敵
쉴 식	참 진	패할 패	이을 속	깨뜨릴 파	벌레 충	생각 사	대적할 적
鼻	講	寶	員	衛	飛	處	耳
코 비	욀 강	보배 보	인원 원	지킬 위	날 비	곳 처	귀이
聲	取	最	益	血	衆		
소리 성	가질 취	가장 최	더할 익	피 혈	무리 중		

진흥회, 검정회 추가 한자 읽기

巾	犬	刀	央	貝	甘	季	君
수건 건	개견	칼 도	가운데 앙	조개 패	달 감	철 계	임금 군
妹	氏	姉·姊	存				
누이 매	성씨 시	누이 자	있을 존				

국가공인 한자능력검정시험 4급Ⅱ

펴 낸 곳 어시스트하모니(주)
펴 낸 이 이정균
등록번호 제2019-000078호
주 소 서울시 영등포구 선유로 170, 동양빌딩 301호
구입문의 02)2088-4242
팩 스 02)6442-8714
I S B N 979-11-980465-1-2 13710